现代服务领域技能型人才培养模式创新规划教材

服务营销

主　编　刘金章

副主编　王慧敏

中国水利水电出版社
www.waterpub.com.cn

内 容 提 要

本书共分 17 个单元，全方位、多视角地论述现代服务营销的理论与实务、历史与现实，以及国内外发展现状及未来趋势。本书内容包括：服务、服务业及服务市场，服务消费与购买行为，服务营销概述，服务营销组合，服务营销战略，服务质量的管理，服务营销的绩效评估，金融服务营销，电信服务营销，旅游服务营销，会展服务营销，创新营销，直复营销，关系营销，数据库营销，CRM 的营销自动化，服务营销中的电子营销。

本书极具理论性、适用性、创新性及前瞻性，可作为市场营销专业及经济类、管理类等应用型本科、高职或成人教育服务营销专业的教材或参考书。

本书配有电子教案，读者可以从中国水利水电出版社网站和万水书苑免费下载，网址为：http://www.waterpub.com.cn/softdown 和 http://www.wsbookshow.com。

图书在版编目（CIP）数据

服务营销 / 刘金章主编. -- 北京：中国水利水电出版社，2011.5
 现代服务领域技能型人才培养模式创新规划教材
 ISBN 978-7-5084-8541-6

Ⅰ. ①服… Ⅱ. ①刘… Ⅲ. ①服务营销－职业教育－教材 Ⅳ. ①F719

中国版本图书馆CIP数据核字(2011)第072693号

策划编辑：杨 谷　　责任编辑：宋俊娥　　封面设计：李 佳

书　名	现代服务领域技能型人才培养模式创新规划教材 **服务营销**
作　者	主　编　刘金章 副主编　王慧敏
出版发行	中国水利水电出版社 （北京市海淀区玉渊潭南路1号D座　100038） 网址：www.waterpub.com.cn E-mail: mchannel@263.net（万水） 　　　　sales@waterpub.com.cn 电话：(010) 68367658（营销中心）、82562819（万水）
经　售	全国各地新华书店和相关出版物销售网点
排　版	北京万水电子信息有限公司
印　刷	三河市鑫金马印装有限公司
规　格	184mm×260mm　16开本　18.75印张　460千字
版　次	2011年5月第1版　2011年5月第1次印刷
印　数	0001—4000册
定　价	30.00元

凡购买我社图书，如有缺页、倒页、脱页的，本社营销中心负责调换

版权所有·侵权必究

现代服务业技能人才培养培训模式研究与实践课题组名单

顾　问：王文槿　　李燕泥　　王成荣
　　　　汤鑫华　　周金辉　　许　远
组　长：李维利　　邓恩远
副组长：郑锐洪　　闫　彦　　邓　凯
　　　　李作聚　　王文学　　王淑文
　　　　杜文洁　　陈彦许
秘书长：杨庆川
秘　书：杨　谷　　周益丹　　胡海家
　　　　陈　洁　　张志年

课题参与院校

北京财贸职业学院
北京城市学院
国家林业局管理干部学院
北京农业职业学院
北京青年政治学院
北京思德职业技能培训学校
北京现代职业技术学院
北京信息职业技术学院
福建对外经济贸易职业技术学院
泉州华光摄影艺术职业学院
广东纺织职业技术学院
广东工贸职业技术学院
广州铁路职业技术学院
桂林航天工业高等专科学校
柳州铁道职业技术学院
贵州轻工职业技术学院
贵州商业高等专科学校
河北公安警察职业学院
河北金融学院
河北软件职业技术学院
河北政法职业学院
中国地质大学长城学院
河南机电高等专科学校
开封大学
大庆职业学院
黑龙江信息技术职业学院
伊春职业学院
湖北城市建设职业技术学院
武汉电力职业技术学院
武汉软件工程职业学院
武汉商贸职业学院
武汉商业服务学院
武汉铁路职业技术学院
武汉职业技术学院
湖北职业技术学院
荆州职业技术学院
上海建桥学院

常州纺织服装职业技术学院
常州广播电视大学
常州机电职业技术学院
常州建东职业技术学院
常州轻工职业技术学院
常州信息职业技术学院
江海职业技术学院
金坛广播电视大学
南京化工职业技术学院
苏州工业园区职业技术学院
武进广播电视大学
辽宁城市建设职业技术学院
大连职业技术学院
大连工业大学职业技术学院
辽宁农业职业学院
沈阳师范大学工程技术学院
沈阳师范大学职业技术学院
沈阳航空航天大学
营口职业技术学院
青岛恒星职业技术学院
青岛职业技术学院
潍坊工商职业学院
山西省财政税务专科学校
陕西财经职业技术学院
陕西工业职业技术学院
天津滨海职业学院
天津城市职业学院
天津天狮学院
天津职业大学
浙江机电职业技术学院
鲁迅美术学院
宁波职业技术学院
浙江水利水电专科学校
太原大学
太原城市职业技术学院
兰州资源环境职业技术学院

实践先进课程理念　构建全新教材体系
——《现代服务领域技能型人才培养模式创新规划教材》
出版说明

"现代服务领域技能型人才培养模式创新规划教材"丛书是由中国高等职业技术教育研究会立项的《现代服务业技能人才培养培训模式研究与实践》课题[①]的研究成果。

进入新世纪以来，我国的职业教育、职业培训与社会经济的发展联系越来越紧密，职业教育与培训的课程的改革越来越为广大师生所关注。职业教育与职业培训的课程具有定向性、应用性、实践性、整体性、灵活性的突出特点。任何的职业教育培训课程开发实践都不外乎注重调动学生的学习动机，以职业活动为导向、以职业能力为本位。目前，职业教育领域的课程改革领域，呈现出指导思想多元化、课程结构模块化、职业技术前瞻化、国家干预加强化的特点。

现代服务类专业在高等职业院校普遍开设，招生数量和在校生人数占到高职学生总数的40%左右，以现代服务业的技能人才培养培训模式为题进行研究，对于探索打破学科系统化课程，参照国家职业技能标准的要求，建立职业能力系统化专业课程体系，推进高职院校课程改革、推进双证书制度建设有特殊的现实意义。因此，《现代服务业技能人才培养培训模式研究与实践》课题是一个具有宏观意义、沟通微观课程的中观研究，具有特殊的桥梁作用。该课题与人力资源和社会保障部的《技能人才职业导向式培训模式标准研究》课题[②]的《现代服务业技能人才培训模式研究》子课题并题研究。经过酝酿，于2008年底进行了课题研究队伍和开题准备，2009年正式开题，研究历时16个月，于2010年12月形成了部分成果，具备结题条件。课题组通过高等职业技术教育研究会组织并依托60余所高等职业院校，按照现代服务业类型分组，选取市场营销、工商企业管理、电子商务、物流管理、文秘、艺术设计专业作为案例，进行技能人才培养培训模式研究，开展教学资源开发建设的试点工作。

《现代服务业技能人才培养培训方案及研究论文汇编》（以下简称《方案汇编》）、《现代服务领域技能型人才培养模式创新规划教材》（以下简称《规划教材》）既作为《现代服务业技能人才培养培训模式研究与实践》课题的研究成果和附件，也是人力资源和社会保障部部级课题《技能人才职业导向式培训模式标准研究》的研究成果和附件。

《方案汇编》收录了包括市场营销、工商企业管理、电子商务、物流管理、文秘（商务秘书方向、涉外秘书方向）、艺术设计（平面设计方向、三维动画方向）共6个专业8个方向的人才培养方案。

《规划教材》是依据《方案汇编》中的人才培养方案，紧密结合高等职业教育领域中现代服务业技能人才的现状和课程设置进行编写的，教材突出体现了"就业导向、校企合作、

---

① 课题来源：中国高等职业技术教育研究会，编号：GZYLX2009-201021
② 课题来源：人力资源和社会保障部职业技能鉴定中心，编号：LA2009-10

双证衔接、项目驱动"的特点，重视学生核心职业技能的培养，已经经过中国高等职业技术教育研究会有关专家审定，列入人力资源和社会保障部职业技能鉴定中心的《全国职业培训与技能鉴定用书目录》。

本课题在研究过程中得到了中国水利水电出版社的大力支持。本丛书的编审委员会由从事职业教育教学研究、职业培训研究、职业资格研究、职业教育教材出版等各方面专家和一线教师组成。上述领域的专家、学者均具有较强的理论造诣和实践经验，我们希望通过大家共同的努力来实践先进职教课程理念，构建全新职业教育教材体系，为我国的高等职业教育事业以及高技能人才培养工作尽自己一份力量。

丛书编审委员会

现代服务领域技能型人才培养模式创新规划教材
市场营销专业编委会

主　任： 郑锐洪

副主任：（排名不分先后）

平建恒	刘金章	杨家栋	闫文谦	孙京娟	李建峰
张翠英	施凤芹	白福贤	刘艳玲	李占军	饶　欣
陈　娟	王　涛	刘　凤	张于林	李子剑	马峥涛
王玉波	孙　炎				

委　员：（排名不分先后）

易正伟	彭　娟	李正敏	严　琳	王麟康	孙肖丽
张桂芝	赵立华	毛锦华	王霄宁	周志年	林祖华
杨贵娟	蒋　平	蒋良俊	李春侠	王　方	赵　轶
包发根	金欢阳	郑荷芬	吴文英	陈竹韵	董　媛
邓迪夫	王社民	雷锋刚	张馨予	张　洁	赵志江
王心良	方志坚	赖月云	谭清端	王海刚	张　涛
王建社	王福清	陈　宇	张晨光	周彦民	赵润慧
王霖琳	王汉忠	王连仁	刘　伟	王慧敏	马会杰
刘艳丽	刘　媛	王　云	孙吉春	刘　凤	田学忠
胡　皓	郗亚坤	余　荣	顾　伟	卞进圣	晏　霞
周万发	谢　刚	薛　莉	陆　玲	李柏杏	

前　言

服务营销是市场经济条件下，在营销竞争中脱颖而出的一个新型"宠儿"。它不仅成为广大消费品购买者关注追逐的焦点，更是产品营销者挖空心思极尽创新服务扩大营销的动力源泉。

服务营销的产生与发展，源于服务业的飞速增长。人类社会在经历了农业时代和工业时代之后正大步迈向服务经济时代。无论是在发达国家还是发展中国家，服务业都已呈现出快速增长的态势，并已成为世界经济发展的新的增长点，而且国民经济发展对服务业的依赖程度已成为衡量一个国家、一个地区、一个城市经济发展水平的重要标志，可以说，当今世界经济已经名副其实地进入服务经济的新时代。在我国，同样随着经济发展水平的不断提高，服务业的规模也正在快速增长，其地位和作用亦在日益攀升。正如著名的管理大师中的大师——彼得·德格克在其巨著《巨变时代的管理》（Managing in a Time of Great Change）中所预言的，"未来中国将是全球的服务市场"。

服务业在发展，必然会带动其服务营销的发展。服务营销，作为一门正式为各国学界公认的学科，至今也只不过三十年左右的时间。在此期间恰好也是我国改革开放的三十年，这就是说"服务营销"在我国的发展历程与世界发达国家基本是同步的。作为一门专业学科，"服务营销学"还远没有达到成熟阶段，其仍处于不断演进发展阶段，这正如同我国经济的增长还没有达到顶点，正期待着一个新的阶段性增长。如果前一阶段的增长主要是依靠制造业带动的话，那么在下一阶段必将是以服务业为引擎的快速增长。因此，我们可以毫不夸张地说，服务业及其服务营销的发展必将会创造中国经济的美好未来。

本书是我们在完成了"中国高等职业技术教育研究会"的《现代服务技能人才培养模式研究与实践》子课题的基础上编写的。本书主要面向应用型本科及高职、高专人才的专业培养。教材是课程的载体，是课堂教学的依托，也是最为重要的课程教学资源。因此，我们在编写中注意了本书的适用性、时代性、创新性及前瞻性等特征。

本书共分为17个单元，全方位、多视角地论述了现代服务营销的理论与实务、历史与现实，以及国内外发展的现状及未来趋势。参加本书编写的有刘金章（前言、单元一、三、十一、十二、十三、十四、十五）、王慧敏（单元六、七、九）、刘伟（单元八）、刘媛（单元十）、刘艳丽（单元二、十六）、马会杰（单元四、五）、李海超（单元十七）。

全书由刘金章教授设计框架、拟定撰写提纲与总纂。王慧敏协助主编进行了大量的调研资料的收集整理及书稿的审改、校阅等工作。同时窦宝明、李海超亦协助主编进行了一些资料编排与输录工作。

本书的成书并能有幸出版，应感谢中国水利水电出版社/万水分社的总编与责编的信任，以及天津天狮学院领导的关心与支持。同时，在本书编写过程中，我们还参阅了大量同行专家的研究成果，并引用了一些专家已出版的研究成果及典型案例，在此也表示深深的谢意！

鲁迅先生曾说过:"在要求天才的产生之前,应该先要求可以使天才成长的民众。——譬如想有乔木,想看好花,一定要有好土。"我们希望这本教程能成为这样的泥土——"零落成泥碾作尘,只有香如故。"这就是我们有些老师在教学异常繁忙之中,仍愿挤出时间,移情于这个新的研究领域坚持编写此书的真正初衷。

由于水平有限,书中有不当之处,敬请批评指正。

刘金章

2011年3月于天津

目 录

前言

单元一 服务与服务业及服务市场 …………… 1
项目一 服务与服务业 ……………………… 1
  任务1 服务的概念与特征 ………………… 1
  任务2 服务业 ……………………………… 4
项目二 服务市场 …………………………… 14
  任务1 服务市场的概念范围 ……………… 14
  任务2 服务市场的运行机制 ……………… 15
  任务3 服务全球化与服务市场的对外开放 … 15
  单元小结 …………………………………… 19

单元二 服务消费与购买行为 ………………… 23
项目一 了解服务消费 ……………………… 23
  任务1 服务消费的发展趋势 ……………… 23
  任务2 服务消费者心理 …………………… 24
项目二 通晓购买行为 ……………………… 25
  任务1 消费者的购买动机 ………………… 25
  任务2 消费者购买服务的主要影响因素 … 26
  任务3 消费者购买行为类型的划分 ……… 28
  单元小结 …………………………………… 29

单元三 服务营销概述 ………………………… 32
项目一 了解服务营销的概念与特征 ……… 32
  任务1 服务营销的概念 …………………… 32
  任务2 服务营销的特征 …………………… 33
  任务3 服务营销与传统市场营销的区别 … 33
项目二 服务营销的演进历程 ……………… 34
  任务1 起步阶段（1980年之前）………… 34
  任务2 探索阶段（1981～1985年）……… 35
  任务3 挺进阶段（1986～1992年）……… 37
  任务4 深化阶段（1993年至20世纪末）… 38
项目三 服务营销的体系构成 ……………… 40
项目四 服务营销理念的塑造 ……………… 41
  任务1 关系营销理念的塑造 ……………… 42
  任务2 顾客满意理念塑造 ………………… 43
  任务3 超值服务理念的塑造 ……………… 43
  单元小结 …………………………………… 45

单元四 服务营销组合 ………………………… 48
项目一 服务营销组合的含义 ……………… 48
  任务1 营销组合的概念 …………………… 49
  任务2 服务营销组合的要素 ……………… 49
  任务3 服务营销组合的特殊性 …………… 50
项目二 服务产品 …………………………… 52
  任务1 服务产品的内涵与特点 …………… 52
  任务2 服务产品的设计 …………………… 54
  任务3 服务产品的市场生命周期 ………… 54
  任务4 服务新产品的开发 ………………… 54
  任务5 服务产品的品牌 …………………… 55
项目三 服务定价 …………………………… 55
项目四 服务渠道 …………………………… 57
  任务1 服务渠道的拓展 …………………… 57
  任务2 服务渠道的创新 …………………… 57
项目五 服务促销 …………………………… 58
  任务1 服务广告方式 ……………………… 58
  任务2 服务人员推销方式 ………………… 58
  任务3 服务公关方式 ……………………… 58
项目六 服务人员 …………………………… 58
  任务1 服务人员的内部管理 ……………… 58
  任务2 服务人员的培训 …………………… 59
项目七 服务过程 …………………………… 59
  任务1 服务产能的利用 …………………… 59
  任务2 顾客的服务过程参与 ……………… 60
  任务3 质量控制 …………………………… 60
项目八 服务有形展示 ……………………… 60
  任务1 服务有形展示的类型 ……………… 60
  任务2 服务有形展示的效应 ……………… 61
  任务3 服务有形展示的管理 ……………… 61
  单元小结 …………………………………… 61

单元五 服务营销战略 ………………………… 63
项目一 服务营销战略概述 ………………… 63
  任务1 战略的概念及战略服务观 ………… 63

  任务 2 服务营销战略的概念 ……… 65
  任务 3 服务战略制定应考虑的问题 ……… 66
  任务 4 服务战略的互动及整合体系 ……… 68
 项目二 基于服务特点的服务营销定位战略 … 69
  任务 1 服务的无形性对市场营销活动的影响 ……… 69
  任务 2 服务的异质性对市场营销活动的影响 ……… 70
  任务 3 服务的不可分离性对市场营销活动的影响 ……… 70
  任务 4 服务的不可储存性对市场营销活动的影响 ……… 70
 项目三 基于服务特点的定位战略 ……… 71
  任务 1 基于服务无形性的定位战略 ……… 71
  任务 2 基于服务异质性的定位战略 ……… 78
  任务 3 基于服务不可分离性的定位战略 … 81
  任务 4 基于服务不可储存性的定位战略 … 83
 单元小结 ……… 84

单元六 服务质量的管理 ……… 86
 项目一 服务质量概述 ……… 86
  任务 1 服务质量的概念 ……… 86
  任务 2 可感知服务质量的形成过程及影响因素 ……… 87
  任务 3 服务质量构成要素 ……… 89
 项目二 服务质量的评估 ……… 90
  任务 1 服务质量评估的过程 ……… 90
  任务 2 差距模型 ……… 90
  任务 3 服务质量评估——SERVQUAL 模型及其应用 ……… 94
 项目三 服务营销质量的管理 ……… 98
  任务 1 服务质量管理框架 ……… 98
  任务 2 全面服务质量管理的内涵 ……… 99
  任务 3 全面服务质量管理的方法 ……… 100
 单元小结 ……… 103

单元七 服务营销的绩效评估 ……… 106
 项目一 服务绩效考核及其体系 ……… 106
  任务 1 认识服务绩效评估的概念 ……… 106
  任务 2 服务绩效考核的目的 ……… 107
  任务 3 服务绩效评估的内容 ……… 107
  任务 4 服务绩效评估的方法 ……… 108
  任务 5 服务绩效评估的方式 ……… 111
 项目二 服务绩效的评价指标 ……… 111
  任务 1 认识服务质量指标 ……… 111
  任务 2 服务效益指标 ……… 113
 项目三 服务绩效审计与服务方案的实施 … 114
  任务 1 服务绩效审计的内容 ……… 114
  任务 2 顾客服务方案的实施 ……… 115
  任务 3 营销人员绩效评价的实施 ……… 116
 单元小结 ……… 121

单元八 金融服务营销 ……… 124
 项目一 金融创新与金融产品开发 ……… 124
  任务 1 金融创新的含义和类型 ……… 124
  任务 2 金融创新产品概述 ……… 125
  任务 3 金融产品的开发与创新 ……… 127
 项目二 金融营销概述 ……… 131
  任务 1 金融营销的含义及其理解 ……… 131
  任务 2 金融营销的构成要素 ……… 132
  任务 3 金融营销的特点 ……… 136
 项目三 金融营销的战略及其选择 ……… 138
  任务 1 金融营销战略的类型 ……… 138
  任务 2 金融营销战略的选择 ……… 139
 项目四 金融营销中的关系营销 ……… 141
  任务 1 关系营销理论简说 ……… 141
  任务 2 金融服务中的关系营销 ……… 142
  任务 3 金融服务中关系营销的实施 ……… 143
 项目五 我国金融营销的现状及发展 ……… 144
  任务 1 我国发展金融营销的意义 ……… 144
  任务 2 当前我国金融营销中存在的主要问题 ……… 146
  任务 3 我国发展金融营销的对策 ……… 147
 单元小结 ……… 149

单元九 电信服务营销 ……… 152
 项目一 电信市场的特征及发展趋势分析 … 152
  任务 1 电信行业概述 ……… 152
  任务 2 电信行业的特征 ……… 153
  任务 3 电信行业的未来发展趋势 ……… 153
 项目二 我国电信行业的营销战略 ……… 156
  任务 1 中国电信市场现状分析 ……… 156

任务 2　电信业务营销的基本战略…………157
　　单元小结………………………………161
单元十　旅游服务营销………………………164
　项目一　旅游业的发展趋势分析………………164
　　任务 1　旅游业概述……………………165
　　任务 2　旅游服务与旅游服务系统………168
　　任务 3　旅游业发展趋势分析……………174
　项目二　旅游购买者需求及其影响因素分析…178
　　任务 1　旅游需求分析……………………178
　　任务 2　影响旅游消费者旅游需求的因素…179
　项目三　旅游产品的开发………………………184
　　任务 1　旅游产品的概念及特征…………184
　　任务 2　旅游产品开发原则………………186
　　任务 3　旅游新产品开发策略……………187
　项目四　旅游服务质量与服务文化……………190
　　任务 1　旅游服务质量概述………………190
　　任务 2　顾客满意度——衡量旅游服务质量
　　　　　 的客观标准………………………191
　　单元小结………………………………198
单元十一　会展服务营销……………………201
　项目一　会展营销概述…………………………201
　　任务 1　会展营销的含义与会展营销
　　　　　 的特点………………………201
　　任务 2　会展营销要素的组合……………202
　　任务 3　会展营销模式的发展创新………204
　项目二　会展营销的顾客服务策略……………205
　　任务 1　会展营销的顾客满意度…………205
　　任务 2　会展营销的服务策略……………205
　项目三　会展营销的产品策略…………………207
　　任务 1　会展产品的概念和层次…………207
　　任务 2　会展产品服务包…………………208
　　任务 3　会展基本服务和会展扩展服务…208
　项目四　会展市场销售渠道策略………………209
　　任务 1　会展销售渠道的分类与协调……209
　　任务 2　智选展览市场中间商……………211
　项目五　会展营销的有形展示策略……………213
　　任务 1　会展营销有形展示的含义………213
　　任务 2　会展服务有形展示的作用………213
　项目六　会展促销策略…………………………215

　　任务 1　会展促销组合与营销沟通系统…215
　　任务 2　会议的促销策略…………………216
　　任务 3　展览的促销策略…………………217
　项目七　会展营销的管理………………………218
　　任务 1　会展营销管理的含义与特点……218
　　任务 2　会展营销的策划…………………218
　　任务 3　会展营销的控制…………………218
　　单元小结………………………………219
单元十二　创新营销…………………………225
　项目一　全方位认识创新营销…………………225
　　任务 1　创新营销的含义及必要性………225
　　任务 2　创新营销的原则与方法…………226
　项目二　掌握服务性产业营销创新的内容……227
　　任务 1　服务系统的类型…………………227
　　任务 2　创新服务的管理…………………228
　项目三　懂得企业创新营销的步骤……………229
　　任务 1　产品创新…………………………229
　　任务 2　产品结构与市场结构的创新……229
　　任务 3　营销团队的建设…………………229
　　任务 4　营销网络的再造升级……………230
　　任务 5　品牌培育…………………………230
　　单元小结………………………………230
单元十三　直复营销…………………………235
　项目一　全方位了解直复营销的概念…………235
　　任务 1　直复营销的含义…………………235
　　任务 2　直复营销的特点…………………236
　项目二　掌握直复营销的主要形式……………237
　　任务 1　掌握电话营销……………………237
　　任务 2　直接邮寄营销……………………237
　　任务 3　购物目录营销……………………237
　　任务 4　电视直销…………………………237
　　任务 5　信息亭营销………………………237
　项目三　直复营销与人员直销的异同…………238
　　任务 1　直复营销与人员直销的相同点…238
　　任务 2　直复营销与人员直销的区别……238
　　任务 3　直复营销包含的内容……………239
　项目四　通晓直复营销和 CRM 的关系以及
　　　　　 面临的政策与道德问题…………239
　　任务 1　直复营销和 CRM 的关系………239

任务2　注意直复营销面临的公共政策和
　　　　　道德问题……………………………240
　　单元小结……………………………………240
单元十四　关系营销………………………………245
　项目一　认识关系营销…………………………245
　　任务1　关系营销的概念……………………245
　　任务2　关系营销的组织设计与实施………246
　项目二　关系营销策略…………………………247
　　任务1　企业与客户的关系营销策略………247
　　任务2　企业与供应商的关系营销策略……247
　　任务3　企业与竞争者的关系营销策略……247
　　任务4　企业与内部员工的关系营销策略…247
　　任务5　企业与相关者的关系营销策略……248
　项目三　关系营销策略流程……………………248
　　任务1　组织设计与资源配置………………248
　　任务2　文化整合……………………………249
　　任务3　关系营销的效率提升………………249
　　单元小结……………………………………249
单元十五　数据库营销……………………………251
　项目一　数据库营销的内涵、特点及作用……251
　　任务1　数据库营销的内含…………………251
　　任务2　数据库营销的特点…………………251
　　任务3　数据库营销的基本作用……………252
　项目二　网络数据库营销的独特价值…………252
　　任务1　注意动态更新………………………252
　　任务2　客户主动的加入……………………252
　　任务3　改善客户关系………………………253
　项目三　掌握数据库营销的实际应用…………253
　　任务1　辅助营销决策………………………253
　　任务2　客户分类营销………………………253
　　任务3　提升客户关系管理水平……………254
　　任务4　营销知识共享………………………254

　　任务5　注意防范营销黑洞…………………254
　项目四　开展一对一定制营销…………………255
　　任务1　一对一营销的含义与内容…………255
　　任务2　一对一营销的实施…………………256
　　单元小结……………………………………258
单元十六　CRM的营销自动化……………………259
　项目一　认识CRM的营销自动化………………259
　　任务1　营销自动化的概念…………………259
　　任务2　CRM与Web营销的关系……………260
　　任务3　Web集成管理………………………261
　项目二　CRM营销中的概念营销与逆向营销…262
　　任务1　概念营销……………………………262
　　任务2　逆向营销……………………………263
　项目三　CRM营销中的协同营销与整合营销…264
　　任务1　协同营销……………………………264
　　任务2　整合营销……………………………266
　项目四　CRM营销中的体验营销………………267
　　任务1　体验营销……………………………267
　　任务2　顾客口碑效应………………………270
　　单元小结……………………………………271
单元十七　服务营销中的电子营销………………272
　项目一　电子营销………………………………272
　　任务1　电子营销的概念……………………272
　　任务2　电子营销是数字时代的产物………272
　　任务3　电子营销的几个领域………………274
　项目二　网络营销………………………………275
　　任务1　网络营销的概念、特点及优势……275
　　任务2　网络营销环境………………………276
　　任务3　网络营销策略………………………277
　　单元小结……………………………………282
参考文献……………………………………………283

单元一　服务与服务业及服务市场

本章导读

服务是服务营销学的核心概念，需首先弄懂它的确切内涵。通过本章的学习，在了解什么是服务的基础上，弄懂服务业的层次及其种类划分；重点掌握服务的特征，理解服务业在经济和社会发展中的重要作用。

知识点

- 了解服务的概念与特征；
- 认识什么是服务业；
- 了解服务业的发展及作用；
- 通晓服务市场的主要范围与运行机制。

技能点

- 掌握服务业的层次及类别划分；
- 理解服务市场的发展及其对外开放的意义。

项目一　服务与服务业

服务是以物质财富为基础，为提高消费者效用所进行的创造价值的活动。其具有双重属性，第一是服务的过程属性，与其他实物产品的生产制造过程一样，由投入、处理、输出等一系列相互联系的活动组成；第二是服务的产品属性，与实物产品的概念并列，服务也是一种无形产品。

人类社会随着服务活动的不断发展，使服务的内涵与外延得以不断扩展，服务业则成为国民经济中最重要的产业。

任务 1　服务的概念与特征

1. 服务的概念

世界各国有关服务概念的界定不下几十种，其中具有代表性的有如下几种。

1960 年 AMA（美国市场营销学会）最先给服务下的定义是"用于出售或者同产品连在一起进行出售的活动、利益或满足感"。

1963 年著名学者雷根（Begen）把服务定义为是"直接提供满足（交通、租房）或者与有形商品或其他服务（信用卡）一起提供满足的不可感知活动"。

1990年北欧学者格鲁诺斯（Cronroos）的定义为"服务是指或多或少具有无形特征的一种或一系列活动，通常（但并一定）发生在顾客同服务的提供者及其有形的资源、商品或系统相互作用的过程中，以便能解决消费者的有关问题。"

不过，市场营销学界普遍认为AMA在1960年定义的基础上进一步补充完善之后的定义比较全面，基本上抓住了服务活动的本质。综合以上各种定义，可将服务定义为：服务是具有无形特征却可给人带来某种利益或满足感可供有偿转让的一种或一系列活动。在《科林斯经济学词典》（第3版）中，对"服务"一词的解释是："任何无形的经济活动（美发、公共餐饮、保险、银行等），可以直接地或间接地满足人类需要。服务是国民生产总值的重要组成部分。"

对于服务的概念可以从多方位、多视角地进行理解。

（1）从满足消费者效用的角度理解服务的概念。所谓的效用是消费者从消费某种实物产品或服务中所得到的满足程度。为了满足这两种需求，客观上存在着以满足消费者物质需求为主要目的的服务活动、生产制造活动和以满足消费精神需求为目的的服务活动。生产制造活动是以对"物"的加工、处理为中心的，而服务则是以"事"的处理为中心的。因此，从满足消费者效用的角度分析，服务与制造活动是相同的，都是创造价值的活动。

（2）从服务与农业和制造业之间的关系理解服务的概念。一方面，服务是以农业和制造业所创造的物质财富为基础的，比如航空服务是在制造业生产的飞机的基础上进行的，餐饮服务是在农业提供的各种谷物、蔬菜、肉类产品的基础上开展的。另一方面，农业与制造业离不开服务活动的支持，农产品和制造业生产的最终消费品需要批发、零售服务才能够实现其商品价值，同时农业与制造业的生产活动所需要的原材料、信息、资金的筹措等，也都离不开服务活动的支持。

（3）从服务的产品属性理解服务的概念。按照马斯洛需求层次理论，人的需求是分层次的，处于最低层次的是生理需求，包括衣、食、住、行等。一般来说，只有当人们的低层次需求得到满足之后才会对高一层的需求提出要求。过去，由于物质财富匮乏，人们偏好消费尽可能多的实物产品，消费的实物产品数量越多则获得的效用越大。但是在生产力高度发达的今天，由于消费者对实物产品数量的要求已经得到充分满足，因此开始转向满足非实物产品的需要，即追求心理和精神上的满足。因此大量的服务产品应运而生，如旅游服务、体育健康服务、休闲娱乐服务、教育服务等。此外，消费者在消费物质产品的过程中，也更加注重精神上的满足。从这个意义上讲，所有的产品和技术都可以理解为服务的载体，离开了服务，实物产品将失去价值，技术优势也无法转化为经济效益。一个饭店即使饭菜质量上乘，但是服务水平低，也是无法吸引更多顾客的。同样，一种高品质的汽车，如果没有系统化的、良好的售后服务网络作后盾，也会很少有顾客问津。

（4）从服务产品和实物产品的关系理解服务的概念。传统意义下，人们一般将产品划分为两类：一类是实物产品或有形产品；另一类是非实物产品或无形产品，主要指服务。随着社会的进步和消费需求特点的变化，这种划分已经难以适应当前的实际情况。事实上，在绝大多数情况下有形产品与无形产品是无法截然分开的，人们所消费的产品通常是有形产品与无形产品的复合体，按照产品中所包含的有形成分与无形成分的比例不同，可以划分为以下五种类型：

1）纯粹的有形产品，如饮料和面包，一般不需要售后服务。

2) 有形产品伴随无形服务，如小汽车、计算机，需要售后服务。

3) 实物产品与服务的比例相当，在饭店用餐时，饭店在提供实物产品——饭菜的同时，也包含了饭店服务人员提供的各种服务。

4) 服务为主伴随少量实物产品，如乘坐飞机旅行，航空公司向旅客提供的主要是运输服务，同时也提供食品和饮料。

5) 纯粹的服务产品，如学生在学校接受教育，患者到心理医生那里接受心理咨询服务。

实物产品与服务产品的关系体现在两个方面：一方面，服务产品往往是以有形商品或物质资源为基础的，如百货商店提供的销售服务是以其销售的商品为基础的，医院提供的医疗服务是以药品、医疗设备为基础的，公园提供的服务是以公园所拥有的自然风光或人造景观为基础的。另一方面，实物产品的制造也离不开服务的支持，特别是那些需要售后服务的商品，如家用电器、汽车等，只有建立了相对完善的服务体系才能最大限度地满足消费者需求。由此可见，实物产品服务化、服务产品化是现代社会生产活动发展的必然趋势。

综上所述，可以将"服务"通俗地概括为：服务是可被区分界定，主要为人可感知，却可使欲望获得满足的活动，这种活动并不需要利用实物，而且即使需要借助某些实物协助生产服务，这些实物的所有权将不涉及转移的问题。

2. 服务的特征

服务与产品由起初的交融在一起，到彼此分离呈现出如下四种状态：①纯有形商品状态（如香皂、牙膏、盐等），产品本身没有附带服务；②附有服务的商品状态（如计算机、家电产品等），附有服务以提高对服务的吸引力；③附有少部分商品的服务状态（如空中旅行的头等舱），除提供服务外，还提供食品、报纸、杂志等；④纯服务状态（如心理咨询、家政服务等），服务者直接为顾客提供相关的服务。

随着服务业的发展，当今服务与有形商品相比有了本质的不同。一般而言服务具有以下共同的特征。

（1）不可感知性。不可感知性是服务最明显的特征。服务若与有形的消费品或产业用品比较，服务的特质及组成服务的元素很多时候都是无形无质的，消费者在购买服务之前，无法看见、听见、品尝、触摸、嗅闻服务。消费者在购买服务之前，往往无法肯定会得到什么样的服务，也无法明确说明他们希望得到什么样的服务。即使消费者曾经购买过某种服务，他们再次购买这种服务时，也无法肯定是否能得到同样的服务。这一特征使消费者在购买服务之前所面临的购买风险比购买有形商品要大得多。

（2）不可分离性。有形的产业用品或消费品从生产、流通到最终消费的过程中往往要经过一系列的中间环节，生产与消费过程具有一定的时间间隔。而服务则是服务过程和消费过程同时发生，服务与消费不能分离，消费者往往参与服务（如快餐店的顾客），或通过与服务人员合作（如美容店的顾客）积极地参与服务过程，享受服务的使用价值。因为服务具有这一特征，服务企业往往将生产、零售和消费场所融为一体。大多数消费者必须到服务场所才能接受服务，或服务企业必须将服务送到消费者手中。因而，各个服务网点只能为某一个地区的消费者服务，服务场所的选址工作对服务企业显得十分重要。

（3）差异性。差异性是指服务的构成成分及其质量水平经常变化，很难统一界定。一方面，由于服务企业往往不易制定与执行统一的服务质量标准，不易保证服务质量。即使制定了统一的服务质量标准，因服务人员经历、心理状态、性格特点、工作态度的不同，面对各种各样的服务场合，其服务行为也难以把握，提供给一个顾客的服务不可能与提供给下一个顾客的服务完全相同。另一方面，由于顾客直接参与服务的生产与消费过程，顾客本身的因素（如知识水平、兴趣爱好等）也直接影响服务质量和效果。

（4）不可储存性。由于服务的不可感知性以及服务的生产与消费同时进行，使得服务不可能像有形的产业用品和消费品一样被储存起来，以备未来出售；而且消费者在大多数情况下，亦不能将服务携带回家安放。服务企业为消费者提供服务之后，服务就立即消失。虽然如此，服务企业为了给消费者提供及时的服务，必须把提供服务的各种设备、材料提前准备好，但生产出来的服务如不能当时消费掉，就会造成损失（如飞机空位等）。不过这种损失不像有形产品损失那样明显，它仅表现为机会的丧失和折旧的发生。因此，不可储存性的特征要求服务企业必须解决由缺乏库存引起的产品供求不平衡的问题，如何制定分销战略来选择分销渠道和分销商，以及如何设计生产过程和有效地弹性处理被动的服务需求等问题。

（5）缺乏所有权。缺乏所有权是指在服务的生产和消费过程中不涉及任何商品的所有权转移。既然服务是无形的又不可储存，服务在交易完成后便消失了，消费者并没有"实质性"地拥有服务。乘坐航班抵达目的地后，除了机票和登机卡在手上外，其他一切都清算交割，同时航空公司也没有把任何东西的所有权转移给旅客。到银行提取存款，在服务过程结束后，储户手中拿到了钱，但并没有引起所有权的转移，因为这些存款是储户自己的，银行只不过是一个存放的场所，而且银行还要给储户一定的利息。不过也有例外的情况，比如在百货公司购物后，购买者取得了所购买商品的所有权，公司的服务导致了有形商品权的转让。

服务具有的五个特征中，不可感知性是最基本的特征，其他特征都是从这一特征派生出来的。

任务 2 服务业

1. 服务业的概念

服务业，又称第三产业（或第三次产业），它的范围取决于三大（或三次）产业的划分。联合国有关组织对三大产业进行过专门的划分（见表1-1）。根据这个划分，服务业的范围包括除农业、畜牧业、林业、渔业、狩猎业、制造业、建筑业、自来水、电力和煤气生产、采购业和矿业以外的所有行业。这个产业范围是很广的。

表1-1 联合国经合组织和世界银行对三大产业的划分

产业划分	产业范围
第一产业	农业、畜牧业、林业、渔业、狩猎业
第二产业	制造业、建筑业、自来水、电力和煤气生产、采掘业和矿业
第三产业（服务业）	商业、餐饮业、仓储业、运输业、交通业、邮政业、电讯业、金融业、保险业、房地产业、租赁业、技术服务业、职业介绍、咨询业、广告业、会计事务、律师事务、旅游业、装修业、娱乐业、美容业、修理业、洗染业、家庭服务业、文化艺术、教育、科学研究、新闻传媒、出版业、体育、医疗卫生、环境卫生、环境保护、宗教、慈善事业、政府机构、军队、警察等

有的国家或经济学家对三大产业的划分和对服务业范围的界定，与表1-1略有不同。如英国经济学家克拉克（C.Clark），作为最早提出用"服务业"代替"第三产业"的学者，把建筑

业列入服务业，而把旅游业列入第一产业。把建筑业列入服务业有一定的道理，因为建筑业是按客户要求提供设计服务和施工服务（也称劳务）的，从过程来看，建筑业可以算是一种服务业。现在，国际建筑工程承包有时可被看做一种"劳务输出"，就说明了这一点。但从生产的结果看，建筑业与制造业相似，应当被列入第二产业。把旅游业列入第一产业，也有一定的道理。旅游业的基础是自然景观和人文景观。自然景观是土地资源，而人文景观是一种地缘文化，也可以看做一种土地资源。旅游业直接依赖土地资源，是一个开发和利用土地资源的产业，这一点与农业等第一产业是相似的。但土地资源只是旅游业的基础，从旅游业的构成和活动性质看，它还是属于服务业。事实上，旅游业主要是由旅行社、旅馆、餐馆、饭店、旅游景点管理、旅游交通、旅游商店、旅游文化和娱乐等企业构成的。这些企业都是提供服务的企业，它们的生产和交换活动，是为满足游客"食、宿、游、行、购"的需要而进行的服务活动。由此可见，划分标准的不同，对行业的产业归属的看法可能不同，从而对三大产业的划分和服务业范围的界定也可能不同。

迄今为止，对三大产业还没有完全统一的划分标准，但表1-1是目前国际上比较通用的划分，由此而界定的服务业范围，比较普遍地被国际社会所接受。根据1985年国务院批准的《国家统计局关于建立第三产业统计的报告》，我国现在对三大产业的划分和服务业范围的界定是与表1-1一致的。不过，我国过去对产业的划分和服务业范围的界定是与表1-1不同的。过去将产业划分为"物质生产部门"和"非物质生产部门"。"物质生产部门"包括表1-1中"第一产业"、"第二产业"和"第三产业（服务业）"一栏中的"商业、餐饮业、仓储业、运输业、交通业、邮政业、电讯业"；而"非物质生产部门"只包括"第三产业（服务业）"一栏中剩下的行业，其中"政府机构、军队、警察等"公共服务业还不进入GNP统计。因此，如果将这样划分的"非物质生产部门"看做服务业的范围，那么，这个"服务业的范围"显然要比表1-1狭窄。从与国际接轨的需要看，还是采用表1-1所界定的服务业范围比较合适。

服务业的范围比我国过去所说的"非物质生产部门"宽广，但仍然有一定的界限。如制造业的产品服务部门也是提供服务的，而且随着服务越来越成为制造业市场竞争的一个焦点，服务部门在制造业的地位越来越重要了，那么是否应当把制造业的产品服务部门也列入服务业的范围呢？有学者是这样主张的。如北欧服务营销学家格鲁诺斯（又译为格隆鲁斯，C.Gronroos）写道："制造商必须知道，他们也是服务经济的一部分，他们也应该懂得新的服务规律。"格鲁诺斯还把制造业的产品服务部门看做国民经济统计上没有列出的"隐性服务部门"（即"隐性服务业"）。格鲁诺斯的观点是有道理的，符合现在制造业向"服务型"转变的发展趋势。但在制造业的产品服务没有分离出来变成社会化、专业化的服务以前，还是不宜将它们的服务部门列入服务业的范围，否则，服务业与制造业之间变得没有界限了，正如英国服务营销学家佩恩（A.Payne）所指出的，造成"服务概念的混乱"，由此难以研究服务业不同于制造业的特点或规律（包括市场营销的特点或规律）。佩恩写道："服务概念的混乱是由任意分类造成的。例如，高成本的大型喷气式发动机的检修服务，如果由发动机制造公司PRATT WITNEY自己来提供，那么检修服务是制造业活动的一部分。如果发动机的检修服务，由像加拿大STANDARD AERO这样新兴的、全球化和专业化的发动机检修公司来提供，那么检修服务是服务业活动的一部分。"只有社会化、专业化的服务机构才算服务业，这就是界限。这样的范围限制或界定，在学术上是必要的，在实践中也是重要的。事实上，社会化、专业化服务机构特殊的服务优势，是非社会化和非专业化服务机构难以具备的（参阅专论摘要1-1）。

当然，服务中的一些共性的东西，服务业与制造业之间可以相互借鉴。

2. 服务业的层次

服务业的范围广，包括的行业很多，为了便于研究，需要进一步划分类别或层次。根据1985年国务院批准的《国家统计局关于建立第三产业统计的报告》，我国在作 GNP 统计时对服务业层次的划分如表1-2所示。从表1-2看，整个服务业按性质可分为四个层次：流通服务业；生产和生活服务业；精神和素质服务业；公共服务业。不过，将餐饮业划入第一层次的流通服务业，还可以商讨。从餐饮业的交易看，食品和饮料的出售与零售商业相似，因而划入流通服务业有一定的道理。但从餐饮业的生产过程看，它的烹饪服务、饮料配置服务、店堂服务等，更接近第二层次的生活服务业。本书倾向于将餐饮业划入第二层次，参见表1-2。

表1-2 服务业层次的划分

层次	性质	服务行业
第一层次	流通服务业	商业（包括国际商业、物资商业）、（餐饮业）、仓储业、运输业、交通业、邮政业、电讯业等
第二层次	生产和生活服务业	金融业、保险业、房地产业、租赁业、技术服务业、职业介绍、咨询业、广告业、会计事务、律师事务、旅游业、餐饮业、娱乐业、美容业、修理业、洗染业、家庭服务业等
第三层次	精神和素质服务业	文艺、教育、科学研究、新闻传媒、图书博物、出版、体育、医疗卫生、环境卫生、环境保护、宗教、慈善事业等
第四层次	公共服务业	政府机构、军队、检察院、法院、警察等

（1）第一层次服务业。

第一层次服务业是流通服务业，即为商流、物流、客流（人流）、信息流服务的行业，包括商业、仓储业、运输业、交通业、邮政业和电讯业等。商业包括批发业、零售业、进出口商业、物资商业、代理商、期货商等，主要是为商流服务的。所谓"商"，就是买卖，商业就是提供商品买卖服务的行业。明确商业的服务业属性是重要的，有助于改变我国商业长期以来存在的"重商品，轻服务"的偏向。仓储业和运输业，主要是为物流服务的，国外称之为"实物流通"（Physical Disrebution）业。交通业，包括公路（汽车）客运、铁路客运、航空客运、航船客运、城市公共交通和出租汽车业等，主要是为客流服务的。邮政业，包括信件包裹投递、特快专递、报刊投递、广告投递、货币汇兑（邮政储蓄）邮市交易等。电讯业，包括有线电话、无线电话、无线传呼和网上通讯等。邮政业和电讯业主要是为信息流服务的。明确仓储、运输、交通、邮政、电讯等业的服务业属性也是重要的，有助于改变这些行业"重设备，重技术，轻服务"的偏向。作为第一层次的流通服务业，主要有两个特点：一是物质性。商业、仓储业和运输业是直接同物质产品打交道的行业，而交通业、邮政业和电讯业是物质技术密集的行业。二是行业之间的高度相关性。在流通体系中，商流、物流、客流和信息流之间客观上存在的系统关联性，决定着整个流通服务业各行业之间是高度相关的。如商业与仓储业、运输业、交通业、邮政业、电讯业都是密切的关系：现代连锁商业的发展离不开作为新型仓储业的大型配货中心；国际商业的发展离不开作为新型运输业的集装箱运输，现代城市商业中心的形成离不开发达的城市交通；作为新兴业态的邮购商业和网上商业又依次离不开邮政业和电讯业。

（2）第二层次服务业。

第二层次服务业是生产服务业和生活服务业,即为生产和生活服务的行业。这个层次又可分为三类:①生产(或以生产为主的)服务行业,有金融业、技术服务业、咨询业、广告业、展览业(指经济展览)、会计事务等;②生活(或以生活为主的)服务行业,有旅游业、餐饮业、娱乐业、美容业、洗染业、洗理业、照相业、家庭服务业等;③生产和生活兼顾的服务行业,有保险业、房地产业、房屋装修(饰)业、租赁业、职业介绍、修理业、律师事务等。

生产(或以生产为主的)服务行业的服务对象是企事业机构。这类行业与生活服务行业相比有四个特点:一是各行业服务品种的多样化。如金融业中的银行业提供贷款、存款、理财咨询、会计结算等服务。而证券业提供证券交易委托、证券发行、证券评介和咨询等服务。又如技术服务业提供产品设计、建筑设计、工程设计、研究与开发、技术推广、技术中介等服务;咨询业提供信息咨询、市场调研、管理咨询、营销策划和技术咨询等服务;广告业提供广告设计、广告制作、广告媒体代理、广告效果调研、市场调研、营销策划等服务;展览业提供产品展示、产品介绍、产品演示、产品广告、交易洽谈、交易中介、信息发布、技术咨询、技术交流和研讨等服务。各行业服务品种多样化的原因,主要在于企事业机构对生产服务需求的复杂性、多样性。二是服务的知识化或信息化。金融服务、技术服务、咨询服务、广告服务、展览服务、会计事务都涉及比较广博的知识或大量的信息,这一点也同生产服务需求的复杂性有关。三是客户的数量相对较少,但客户关系比较持久。四是这类行业的服务之间存在相互交叉或渗透。如金融服务包括一部分咨询服务和会计事务,而后两者也提供一部分金融服务(如投资咨询、融资咨询、股票上市公司的报表等)。如20世纪90年代以来,外资银行进入我国,它们除了提供金融服务外,还为他们的客户即一些进入或准备进入我国的外资企业提供市场调研、信息咨询等服务。这些银行的服务已经渗透到资讯业领域。

生活(或以生活为主的)服务行业,主要是为家庭或个人消费服务的。与上述生产服务行业相比,这类行业也有四个特点:一是各行业的服务品种相对较少,但行业的门类较多。这是因为家庭或个人对某种生活服务行业的需求相对比较简单,因此单个生活服务行业提供服务品种相对比较单一。而家庭或个人对生活服务的多样化需求,是靠不同门类的服务行业予以满足的,因此生活服务行业的门类要比生产服务行业多。随着现代生活消费需求日益多样化,生活服务行业的门类还在不断增加。如20世纪90年代以来,诸如钟点工家务、上门厨师、网吧、氧吧、陶艺馆、茶艺馆、保龄球馆、卡丁车、迪斯科舞厅、美容店、健美操俱乐部、婚纱摄影社、桑拿浴室等生活性服务门类,在我国城市不断涌现。二是休闲化。生活服务消费都是闲暇消费或休闲消费,因此,生活服务行业都带有较强的休闲化色彩。三是客户的数量比较多,但与客户的关系一般是短暂的。四是这类行业的服务之间一般不存在交叉或渗透,是相互独立的。

生产和生活兼顾的服务行业,既为企事业的生产服务,也为家庭或个人的生活服务。如保险业,既为企事业保险,也为家庭或个人保险。前者是生产服务,后者是生活服务。房地产业既买卖商用楼盘,也买卖住宅楼盘;房屋装修业既装修企事业用房,也装修家庭住房;租赁业既向企事业出租机器设备、也向个人出租汽车、电脑等;职业介绍所既为企事业招聘员工,也为个人谋生服务;修理业既修理生产工具,也修理生活用具;律师事务所既做企事业机构的法律顾问,也受理个人的诉讼案等。生产和生活两头兼顾的服务行业在提供生产服务时,应表现出与提供生活服务时不同的特点,反之亦然。应当指出,除上述兼顾的服务行业外,第二层次的其他服务行业实际上许多都是以一头为主和兼顾另一头的。广告业主要服务于企业;旅游业和餐饮业,主要服务于生活需要;商务旅游和商务用餐,却服务于生产活动的需要。

服务业的第二层次与第一层次相比，有一点是相同的，即都是营利性或非公益性的服务业。①这两个层次的服务业是按产业化、市场化的机制运作的。

（3）第三层次服务业。

第三层次服务业是精神和素质服务行业，是为满足人的精神需要和身体素质需要的服务业。其中，教育（这里不含体育）、文艺、科学、新闻传媒、出版业、公共图书和博物、宗教等，服务于人的精神享受和精神素质的需要，而体育运动、医疗卫生、环境卫生、环境保护等，服务于人的身体素质的需要。②第三层次服务业的特点，首先无疑是精神性。不但教育、文艺、科学等完全是精神服务业，体育运动、医疗卫生、环境卫生和环境保护等业，现在也越来越讲精神了。离开了现代体育精神，体育运动形成不了像奥运会、世界杯足球赛这样的全球性体育市场。现代医疗卫生，除了不断提高物质技术水平外，也重视给病人精神方面的服务，如重视医务人员与病人之间精神上的交流，并将此作为医疗手段之一。环境卫生和环境保护，不但已经产业化而且本身已经成为一种世界性的公民意识。其次是行业门类的多样性。如文艺的门类很多，有文学、戏剧、音乐、舞蹈、电影、电视艺术和美术等。而其中每一个门类又包括许多小的门类。如戏剧，包括话剧、京剧、昆剧、评剧、曲剧、川剧、黄梅戏、梆子腔、晋剧、豫剧、吕剧、吉剧、越剧、彩调剧、花鼓戏、秧歌剧、沪剧、滑稽剧、甬剧、绍剧、淮剧、锡剧、粤剧，乃至小品、哑剧、木偶剧、皮影戏等。教育、科学、新闻传媒、出版、图书和博物、体育运动、医疗卫生的门类，都是多样性的。门类的多样性，与精神生产的自由性、创造性和个性有关。最后，是以非营利性为主，兼顾营利性。第三层次的服务行业，就其总体性质而言是非营利性的，或公益性的，这也是与第三层次的精神性有关的。但这个层次的各个行业，不同程度地兼顾营利性。如电影、电视、报业、出版业、体育运动等，对营利性的兼顾比较明显。这些行业对营利性的兼顾，通常表现为增强其服务的娱乐性、消遣性和感官享受性，并且与广告业有密切的联系。如足球俱乐部，作为体育的营利性部分，其收入主要来自娱乐性或带有感官享受性的球赛"服务"和工商企业在传媒转播球赛时所做的赞助性广告。教育、科学和其他文艺，也部分地兼顾营利性。如家庭教师、民办学校、职业培训、MBA等教育，就有一定的营利性。应用性自然科学研究中的专利成果和应用性社会科学研究中的咨询服务，也带有营利性。戏剧演员的经纪人行为和美术作品的拍卖等，也都表现出营利性的特征。对营利性的兼顾，有利于第三层次的产业化、市场化。不过，第三层次的营利性或产业化部分，就其性质而言，已经与第二层次或第一层次有所交叉。例如，娱乐性或商业性电影，既可以看做第三层次的文艺，又可以看做第二层次的娱乐。家庭教师，既可以看做第三层次的教育，又可以看做第二层次的家庭服务。

（4）第四层次服务业。

第四层次服务业，是公共服务业，包括政府机构、军队、警察等。它们向企业或个人提供公共服务，同时向后者征税，以补偿服务的成本。政府机构等提供的服务完全是非营利性的或公益性的服务，因而第四层次在性质上不能产业化、市场化。事实上，在我国的 GNP 统计

---

① 这两个层次的某些行业，如邮政、公共交通、会计事务、审计事务等，兼有一定的公益性。
② 环境保护除了包含与人类体质直接有关的生活环境外，还保护自然资源，而保护自然资源就是保护人类体质所必需的物质和能量来源，因而，环境保护业在这两点意义上可以看做服务于人的身体素质需要的行业。

中，也没有第四层次的产值统计。但如果把政府机构等的公共服务与企业或个人的交税看做一种特殊的"市场交换"，那么，第四层次的机构在服务运作上可以借用"产业化、市场化"的方式，以提高服务效率或"交换"效率。现在政府的涉外管理机构，像外经贸管理机构、开发区管理机构、招商引资机构、进出口商品检验局、海关等，都很重视内外客户的需要（即市场意识）和提高对他们的服务效率（即产业化、市场化效率），这实际上借用了"产业化、市场化"的服务运作方式。虽然这些政府所属机构是非营利性服务机构，但他们"客户意识"的增强、服务质量和效率的提高，有利于客户经济效益的提高，因而最终有利于政府税收的增加。另外，有些政府机构还向企业或个人提供一部分非公益性服务，并直接收取一定的费用作为服务的补偿，这也是借用"产业化、市场化"的服务运作方式。因此，第四层次的公共服务业，尽管在性质上不能产业化、市场化，但在形式上还是可以看做一个有"市场交换"行为的"产业"，因而可以作为服务市场营销研究的一个对象。按照国际上对市场营销广义的理解，现代服务市场营销不但研究第一、第二层次营利性服务业的市场营销，也研究第三、第四层次非营利服务业的市场营销。

服务业的第四层次与第三层次相比，共同点在于公益性或非营利性。因此，这两个层次的交叉现象比前述第二、三层次的交叉更加明显。如教育、科学、文艺、公共图书和博物、出版、体育、医疗卫生、环卫、环保等服务业的公益性部分，通常是由政府机构直接管理和支付经费的。

3. 服务业的类别划分

各类服务在内容和形式上相差甚远，服务的种类也难以统计。为了更好地强化服务过程的设计与管理，需要对服务进行分类。对服务的分类方法多种多样，但最为流行和有影响的主要有：

（1）按服务推广顾客参与程度划分，服务可分为三大类，即高接触性服务、中接触性服务和低接触性服务。

高接触性服务——指顾客在服务推广的过程中参与其中全部或大部分的活动，如电影院、娱乐场所、公共交通、学校等部门所提供的服务。

中接触性服务——指顾客只是部分地或在局部时间内参与其中的活动，如银行、律师、房地产经纪人等所提供的服务。

低接触性服务——指在服务推广的过程中顾客与服务的提供者接触甚少，他们的交往大都是通过仪器设备进行的，如信息中心、邮电业等所提供的服务。

以上分类方法表明，企业应针对顾客参与程度的不同而制定相应的战略。高接触性服务会因顾客需求的多样化而对企业营销提出更高的要求。

（2）按服务营销的综合因素可从以下四个方面划分。

根据提供服务的工具的不同划分为：以机器设备为基础的服务，如自动化汽车清洗、自动售货机等；以人为基础的服务（如会计服务）。而以人为基础的服务又可分为非技术性服务、技术性服务和专业服务等。

根据顾客在服务现场出现的必要性进行划分，可分为：①有的服务必须要求顾客亲临现场才能进行，如身体检查、理发等。对这种服务，服务提供者要更多地考虑顾客对服务过程之外的各种要求，如顾客对服务现场环境的要求。②有的服务则不需要亲临现场，如汽车修理服务。

根据服务会因个人需要与企业需要的不同而有差别地进行划分。

根据服务组织的目的与所有制的不同分为营利性服务和非营利性服务以及私人服务和公共服务等。

（3）按服务营销管理过程进行分类。

这种分类方法是将分类同管理过程结合起来。因为这种分类法认为，只简单地提出一个（些）分类方案是不全面的，更为重要的是要通过分类能够概括出在不同行业中服务的共同特征，以便为营销管理过程提供决策依据。可从五个角度对服务进行划分。

1）概括服务活动的本质，即按服务活动是有形的还是无形的以及服务对象是人还是物把服务分为四类：作用于人的有形服务，如民航服务、美容服务；作用于物的有形服务，如航空运输、草坪修整；作用于人的无形服务，如广播、教育；作用于物的无形服务，如保险、咨询服务。

2）根据服务组织同顾客之间的关系是连续还是间断的、正式的还是非正式的将服务分为：连续性、会员关系的服务，如保险、汽车协会和银行；连续性、非正式关系的服务，如广播电台、警察保护；间断的、会员关系的服务，如担保维修、对方付款电话服务；间断的、非正式关系的服务，如邮购、街头收费电话。

3）根据在服务过程中服务提供者选择服务方式的自由度大小以及服务本身对顾客需求的满足程度进行划分。有些服务过程比较标准化，无论服务提供者还是顾客的选择余地都较小，如公共汽车司机必须行驶在固定的线路上，而乘客只能在固定的车站下车。有些服务虽然能使每个顾客的需求得到充分满足，但服务提供者对服务方式的选择自由度却很小，如电话服务、旅馆服务等。不过有些服务虽然提供者的选择余地较大，但又难以满足单个顾客的需求，如老师在有较多学生的教室讲课，他所讲的内容只能照顾大多数学生，不可能照顾每个学生的学习要求。还有一类服务不仅单个顾客的需求能够得到充分的满足，服务提供者也有发挥的空间，如美容、建筑设计、律师服务等。

4）根据服务供应与需求的关系进行划分，可分为需求波动较小的服务，如保险、法律、银行服务；需求波动幅度大而供应基本能跟上的服务，如电力、天然气、电话等；需求波动较大并会超过供应能力的服务，如交通运输、饭店和宾馆等。

5）根据服务推广的方法，可划分为在单一地点顾客主动接触服务组织，如电影院；在单一地点服务组织主动接触顾客，如直销；在单一地点顾客与服务组织远距离交易，如信用卡公司；在多个地点顾客主动接触服务组织，远距离交易，如广播网、电话公司等。

按世界贸易组织统计和信息系统局（SISD）提供的服务贸易分类，全世界分服务部门分为以下11大类142个服务项目：

①商业服务。指在商业活动中涉及的服务交换活动。

专业服务：包括法律服务，会计、审计和簿记服务，税收服务，建筑服务，工程服务，综合工程服务，城市规划与风景建筑物服务，医疗与牙科服务，兽医服务，助产士、护士、理疗医生、护理人员提供的服务及其他的需要专业知识的服务。

计算机及其有关服务：包括与计算机硬件装配有关的咨询服务；软件执行服务；包括与计算机硬件装配有关的咨询服务，软件执行服务，数据处理服务，数据库服务及其他。

研究与开发服务：包括自然科学的研究与开发服务，社会科学与人文科学的研究与开发服务，交叉科学的研究与开发服务。

房地产服务：指产权所有或租赁，基于费用或合同的房地产服务，无经纪人介入的租赁服务，与其他机械设备有关的租赁服务等。

其他商业服务：包括广告服务，市场调研与民意测验服务，管理咨询服务，与咨询人员有关的服务，技术测验与分析服务，与农业、狩猎、林业有关的服务，人员的安排与补充服务，安全检查，有关的科学技术咨询服务，设备的维修（不包括船舶、飞机及其他运输工具），建筑物的清洗服务，照相服务，包装服务，印刷、出版，会议服务及其他。

②通信服务。邮政服务；快件服务；电讯服务：包括声频电话服务，组合开关数据传输服务，电路开关数据传输服务，用户电报服务，电报服务，传真服务，私人租用电路服务，电子邮递，声频邮件，有线信息与数据检索，电子数据交换，增强/附加值传真服务（包括存储与传递、存储与检索），法规与议定书变更，在线信息或数据处理（包括交易处理），其他电讯服务；视听服务：包括电影与录像带的生产与批发服务，无线电与电视传输服务，录音服务；其他视听服务。

③建筑及有关工程服务。包括建筑物的一般建筑工作，民用工程的一般建筑工作，安装与装配工作，建筑物的完善与装饰工作等。

④销售服务。包括代理机构的服务，批发贸易服务，零售服务，特约代理服务，其他销售服务。

⑤教育服务。包括初等教育服务，中等教育服务，高等教育服务，成人教育服务，其他教育服务。

⑥环境服务。包括污水处理服务，废物处理服务，卫生及其相关服务，其他环境服务。

⑦金融服务。

所有保险及与保险有关的服务：包括生命、事故与健康保险服务，非生命保险服务，再保险与交还，与保险有关的辅助服务（包括经纪和代理服务）；

银行及其他金融服务（保险除外）：公众存款及其他可偿还资金的承兑；所有类型的贷款，尤其包括用户信用、抵押信用、商业交易的代理与融资；金融租赁；所有支付货币的传递服务；保证与承诺；户主账户或顾客账户的交易形式，如货币市场的票据、外汇、衍生性产品、汇率和利率票据、可转让证券、其他可转让票据及金融资产；参与各种证券的发行，包括作为代理商的承包与安排以及与证券发行有关的服务措施；代理借贷款的经纪人；资产管理，诸如现金或有价证券管理，所有形式的集体投资管理、养老金管理、存款保管及信托服务；金融资产的结账与清算服务，包括证券、衍生性产品及其他可转让票据；咨询服务及其他辅助性金融服务，包括信用查询与分析、投资与有价证券研究与咨询、收购通知及公司战略调整介绍等；其他金融服务提供者所提出的关于金融信息、金融数据处理及其有关软件的供给及转让；其他金融服务。

⑧健康与社会服务及与旅游有关的服务。健康与社会服务包括医院服务，其他人类健康服务，社会服务，其他健康与社会服务。与旅游有关的服务包括宾馆与饭店，旅行社及旅游经纪人服务社，导游服务等。

⑨娱乐、文化与体育服务。娱乐服务（包括剧场、乐队与杂技表演等），新闻机构服务，图书馆、档案馆、博物馆及其他文化服务，体育及其他娱乐服务。

⑩运输服务。海运服务：包括客运，货运，船舶包租，船舶的维护与修理，推船与拖船服务，海运的支持服务；内河航运：包括客运，货运，船舶包租，船舶的维修，推船与拖船服务，内河航运的支持服务；空运服务：包括客运，货运，包机出租，飞机的维修，客运的支持

服务；空间运输；铁路运输服务：包括客运，货运，机车的推与拖服务，铁路运输设备的维修，铁路运输的支持服务；公路运输服务：包括客运，货运，包车出租，公路运输设备的维修，公路运输的支持服务；管道运输：包括燃料运输，其他物资运输。所有运输方式的辅助性服务：包括货物处理服务，存储与仓库服务，货运代理服务及其他辅助性服务。

除了上述四种主要分类方法之外，服务的分类方法还有很多。根据研究的出发点不同，某个特定的服务可能会被划入不同类型，这说明了服务内涵的复杂性。为了提高在不同场合服务的有效性，需从不同角度研究服务的分类问题。

4. 服务业的作用

20世纪末期以来，服务业之所以发展较快，主要因为它在整个经济和社会的发展中发挥着不可或缺的作用。

（1）发展服务业有利于经济体制的改革。

一个国家的经济体制与服务业的发展水平之间有一定的联系。从世界上看，市场经济国家的服务业一般要比计划经济国家发达得多。如北美、西欧各国和日本服务业的发达程度，都要超过计划体制的前苏联、东欧国家和我国。20世纪70年代末，北美、西欧和日本各国服务业产值占GNP的比重平均在60%左右，就业比重平均在65%左右，而我国这两个数字分别只有23%和10%。在市场经济国家中，市场机制越完善的国家，服务业也越发达。美国的市场化程度高于日本，美国服务业的发达水平也高于日本，美国的上述两个数字都高于平均数，而日本则都低于平均数。从国际经济的角度看，国际服务业的发展与国际范围内市场经济体制的关系也是明显的。如WTO代表着国际范围内市场经济的体制，它对国际服务业贸易的发展起到了促进作用，而国际服务业贸易的发展反过来也成了促进WTO体制进一步完善的一个重要因素。现在，发展服务（业）贸易的问题正是WTO的一个主要议题。可见，服务业的兴旺发达与市场经济体制有密切的关系，二者之间是相互促进的。

在我国原有的计划经济体制下，服务业的发展受到束缚，服务业的作用难以体现。这是由于计划经济是靠行政关系组织生产的，它排斥市场、排斥交换，使行业、地区、企事业单位、乃至家庭和个人都在不同程度上陷入自我服务的封闭体系，阻碍了各类服务的社会化、市场化和产业化。其次，许多传统的服务业是劳动密集型产业，而作为劳动密集产业主要资源的人，在计划体制下被严重地束缚在行政的藩篱之内，难以流动，因而以人为主要资源的服务业就发展不起来。最后，计划经济体制使整个社会经济的信息流变成狭窄的、单向的、从上到下的行政信息流，社会经济的信息量难以扩大，因而信息服务为核心的新兴服务业就缺乏用武之地，也就难以发展。总之，我国过去服务业的相对萎缩和发展缓慢，与计划经济体制之间有一定的关系。服务业的重要地位和作用，只有在市场经济中才能真正体现出来。

我国经济改革的目标，就是要打破原有的计划经济体制和建立社会主义市场经济体制。要实现改革的目标，就要转换企业经营机制、培育各类市场、建立社会保障制度和转换政府机构的职能，而这四项改革任务的完成，都离不开服务业的发展。这就是服务业在经济改革中的作用。

（2）发展服务业有利于国家的经济增长。

尽管服务业在各国经济中的地位有所不同，但服务业对各国经济的增长都具有不可忽视的作用。一个国家经济的增长，取决于生产要素投入的增加和要素生产率的提高。如美国经济的增长，一半来自要素投入的增加，一半来自要素生产率的提高。

（3）发展服务业有利于整个社会全方位发展。

经济改革和经济增长，是社会发展的物质基础，但不是社会发展的全部，除了经济改革和经济增长外，还包括社会生活质量、社会文明程度和社会控制程度的提高，也就是物质文明与精神文明的协调发展和最大限度地满足人的需要。然而，社会生活质量、社会文明和社会控制，又都与服务业的发展水平有直接的关系。服务业对整个社会的全面发展、综合发展和协调发展起着关键性的作用。

发展服务业首先有利于社会生活质量的提高，这是衡量一个国家社会综合发展水平的尺度之一。然而，社会生活质量的高低与服务业的发展水平有关。如在美国等发达国家，随着社会生活质量的提高，人们对服务业的需求不断增加。如美国人的生活质量比较高，他们的服务消费要占到个人生活消费的一半以上。美国人的生活费用大量地花费在旅游、餐饮、交通、电讯、娱乐、文化、教育、医疗、体育、家庭服务等消费上了。而在我国服务业的发展提速，则源于我国的"改革开放"以来人民生活的迅速提高。服务业的发展是与现代社会生活的需求相伴而行的，如表1-3所示，在我国社会生活逐渐实现"小康水平"的过程中，服务业的发展起到了相当重要的作用。

表1-3 服务业发展的原因——现代社会生活的需要

现代社会生活的特点	对服务业的需求
生活富足	以往自己干的草坪修剪、地毯清洗等工作，现在可请别人完成
休闲时间增加	对旅行社、旅游景点度假和成人教育需求的增加
妇女就业比重上升	对日间托儿服务、佣人服务需求的增加以及减少在家用餐等
人的预期寿命延长	对养老院及保健服务需求的增加
产品功能复杂	汽车、电脑等高科技产品在修理保养上需要专家的指导
生活事务繁多	收入申报、婚姻咨询、法律顾问、就业服务等需求的增加
生态平衡和资源稀缺	公共汽车到家接送服务及汽车出租业务的增加
新产品涌现	计算机发展推动程序设计、维修及分时服务系统的发展

其次，发展服务业有利于提高社会精神文明的程度。精神文明的程度，是衡量一个国家社会发展水平的主要尺度之一。精神的需要，是人们的高级需要。精神的享受、精神的发展，是人类社会或文明社会区别于动物界的本质特征。然而，一个国家精神文明的程度，显然与一个国家服务业的发展水平密切相关。其一，服务业的第三层次是由精神服务业和素质服务业两部分组成的，其中，精神服务业整个就是为满足人们的精神享受、精神发展服务的。发展文艺、教育、科学、传媒出版、图书博物等精神服务业。无疑可以直接提高社会的精神文明程度。而素质服务业，如前所述，也具有一定的精神色彩，体育运动、医疗卫生、环境卫生、环境保护等服务业的发展，也能在一定程度上提高社会精神文明程度。其二，服务业的第四层次，即政府机构、军队、警察、法律机构等，具有一个国家精神文明的示范作用和领导作用。如政府高层领导人的思想和行为，一般来说可以被理解为一个国家精神文明的集中体现和在一定时期发展的方向。其中基层政府公务员的思想和行为，对社会精神文明也有影响作用。此外，军队也能在一个国家精神文明的建设中起到重要的示范作用。以上两点，完全可以从我国的历史和现实中得到证明。其三，服务业的第一、第二层次，虽然主要关系到物质文明的发展程度，但它们所包括的行业都有所谓"社会精神文明窗口"的作用。如"商业窗口"、"公交窗口"、"邮政

窗口"、"银行窗口"等；而且它们中的不少行业都具有一定的文化色彩，如现在"旅游文化"、"餐饮文化"、"娱乐文化"、"美容文化"、"广告文化"、"商业文化""装饰（修）文化"乃至"网上（通讯）文化"等。可见，即使物质性较强的服务业也影响到社会精神文明的高低。总之，提高一个国家精神文明的程度，完全离不开服务业的发展。

第三，发展服务业有利于提高社会控制的程度。社会控制程度的高低，是衡量一个国家社会是否协调发展的一个尺度。所谓社会控制程度，简单地说，就是对各种社会问题防范和解决的能力。这方面能力较强的社会，其控制程度较高。其发展就比较协调。然而，不少社会问题的防范和解决，与服务业有密切的关系。许多社会调查报告中反映的社会问题、我国各级人民代表大会或政协会议许多提案中反映的社会问题，以及许多政府机构为解决社会问题而办的大事或实事，往往都与服务业有关。20世纪90年代以来，我国社会的老年人问题、妇女和儿童保护问题、青少年保护问题、残疾人保护问题、下岗和再就业问题、个体或私营经济的发展问题、证券投资问题城市流动人口问题、住房问题、城市交通问题、教育问题、医疗保险问题、环卫问题、社会治安问题、禁毒扫黄问题等，都与服务业关系密切。这一系列社会问题的防范和解决，都需要相关的服务业给予支持和配合。而且，在三大产业中，服务业与社会的接触最直接、最广泛、最频繁。人们的社会接触、社会交流大量地发生在服务业。各种社会问题和由此产生的社会反馈、社会情绪，往往容易集中在服务业。服务业社会躯体的敏感部位，这也需要服务业增强自身的社会功能，用良好的社会服务来稳定社会情绪和促进社会问题的解决。

项目二 服务市场

任务1 服务市场的概念范围

在交易市场上，出现了服务的需求与供给的价值交换，就产生了服务市场。传统的服务市场是狭义的概念，即指生活服务的经营场所和领域，主要是指旅行社、洗染、照相、饮食和服务性手工业所形成的市场。

现代服务市场是一个广泛的概念，所涉及的行业不仅包括现代服务业的各行各业，而且包括物质产品交换过程中伴生的服务交换活动。现代服务市场所涉及的服务业的范围包括以下方面：

（1）金融服务业：银行、保险、证券、信托等。
（2）公用事业：供水、供电、供气、电话、电信、水陆空运输。
（3）个人服务业：理发、美容、照相、洗染、修补、旅游、医疗保健、音乐、电影、电视、文艺、殡葬等。
（4）企业服务：情报资料、技术咨询、广告业务、设备租赁等。
（5）教育慈善事业：宗教及其他非营利企业所提供的服务，体育、卫生、社会福利等。
（6）各种修理服务：修理各种日用品。
（7）社会公共需要服务部门，国际组织、社会团体等。
（8）其他各种专业性或特殊性的服务行业。

服务产业与第三产业是基本吻合的，但服务市场的范畴与第三产业的外延并不完全吻合。有些范畴如国家机关、军队、警察被划归第三产业，但这些内容并不构成服务市场的范畴，这些特殊的第三产业不构成服务市场交换的对象。

任务 2　服务市场的运行机制

服务市场或称服务产品市场，是服务产品交换关系的集合。它既是市场体系的一个组成部分，又是商品市场形成、发展和完善的条件或经济环境。任何时候，在消费品中，除了以商品形式存在的消费品以外，还包括一定量的服务形式存在的消费品。在传统经济条件下，服务市场伴随着商品市场而存在；在现代经济条件下，服务市场迅猛拓展，成为独立于实物商品市场之外的有机部分，并充当市场体系中具有生命活力的组成因素。

服务市场运行中的供求机制有别于商品市场。其突出特点是，服务产品的生产能力与购买能力之间的矛盾在通常情况下难以暴露，只有在矛盾相当尖锐激化的时候才反映出来，在一般情况下，人们不大在意也不大关心服务市场的供求关系，这表明服务市场供求弹性大，服务市场运行的自由度高。例如海港泊位少，装卸能力不足，在平时难以觉察，直到压船压港，问题积压严重时，才暴露出海港泊位少，装卸能力不足的矛盾。

服务市场运行机制中的这一突出特点是由以下原因形成的：

（1）服务设施、设备的设计能力与实际能力是不同的量，实际能力大于设计能力。

（2）自我服务和社会服务处于相互转换之中，社会服务不足，可转向以自我服务为主。社会服务发展，自我服务可相对减少。

任务 3　服务全球化与服务市场的对外开放

近年来，服务全球化后来居上，成为全球化的主导力量和主要内容。服务全球化的表现多种多样：中国研发机构为其他国家的企业研发产品，是出口研发服务；法国接待中国游客，是出口旅游服务；英国的金融机构在新加坡设立分支机构，是服务业跨国投资，如果其利润汇回就是金融服务出口；中国医生在加拿大投资开业并为美国游客看病，是中加之间的服务业投资和加美之间的服务出口，简而言之，服务本身、服务提供者和其他相关要素中任何一项的跨境流动，都是服务全球化的表现。

1. 服务全球化的含义

服务全球化是指服务的生产、消费和相关生产要素的配置跨越国家边界，形成一体化的国际网络，各国服务业相互渗透、配合和依存，国际化的服务供给和消费不断增加。国际服务外包则是服务全球化的一种形式，但要附加特别定义：企业签订境外供应合约完成过去在内部进行的服务活动，其中有两个要素：一是将原本在企业内部的业务外移出去，二是包出去的业务还是企业整体业务的组成部分，只是以合约方式从境外供给。

服务全球化的发展程度可以从宏观和微观两个层面看。宏观层面经常使用国际贸易和跨国投资两项指标，微观层面可以用企业跨国经营指标或跨国公司海外业务等指标来衡量。进入 21 世纪后服务全球化程度，可从两个方面看，服务全球化的水平在迅速提高，服务贸易占全球贸易总额的比重达到 1/5 左右，服务业跨国投资占全球跨国投资的比重已达 65%左右。全球"500 强"跨国公司中服务业公司超过一半，这些公司的"跨国经营指数"也超过 50%，这说明海外业务的重要性超过了本土业务。

2. 中国服务业的现状与对外开放

（1）中国自 20 世纪中期从国外引入市场营销学后，中国政府在对国内经济进行宏观管理的过程中，十分重视对服务业的规范管理并积极推进服务业的发展，为中国服务营销学的扎根奠定了基础。国务院1985年批准了国家统计局《关于建立第三产业统计的报告》，对中国三大产业做出了以国际通行的分类法进行分类的决定。按照新的分类方法，将中国国民经济的各部门分成三大产业：第一产业指农业（含畜牧业、渔业和林业）；第二产业指工业（含采矿业、制造业、自来水、电力蒸汽、热水和煤气）和建筑业；第三产业则是除了上述各业外的其他产业。中国政府对第三产业的界定与服务业的内涵完全一致，可以说服务业即第三产业。中国政府对服务业的规范管理是推广服务营销的基本保证。

1992年6月，中共中央、国务院做出了关于加快发展第三产业的决定，并在1995年召开的中国共产党第十四届五中全会上明确指出，"第三产业兴旺发达，是现代经济的一个重要特征。""发展第三产业，不仅有利于缓解资金、资源供求矛盾和就业压力，优化产业构造，而且有利于提高整个经济的效益，促进市场的发育。"党和国家对发展服务业的高度重视，为我国服务业的发展，为服务营销学的形成构建指明了方向。

（2）服务业自身成长、发展以及提高竞争力的需要，使服务业产生了理论渴求感，广大服务业的迫切期待为服务营销学的广泛传播提供了广大的空间。我国自加入"世贸"以来，服务业不仅要面对国内同行业的竞争，而且也要面对国际强大的服务企业的严峻挑战，服务业急需战斗的思想武器和竞争手段，服务营销学有关理论的推广与传播可以说是具有雪中送炭之功。

（3）随着社会发展，在客观上人们对服务营销有关理论知识的需求日益增大，于是在一些商业及经济类大专院校中都开设了服务营销的课程，并形成了一支强大的理论队伍。他们熟悉市场，熟悉产业，熟悉企业，既懂经济，又懂管理，这为服务市场的完善为服务营销理论的传播、发展均提供了组织基础和理性保证。

近年来，中国服务业开放程度不断扩大。中国加入世贸组织后，服务领域准入不断扩大，目前我国已开了《服务贸易总协定》12个服务大类中的10个，包括银行、保险、证券、电信服务、分销等在内的服务部门都已开放。服务贸易出口总额快速增长，2003～2006年，我国服务贸易出口平均增长23.4%，高于同期世界平均水平出口增速9.3个百分点，2006年服务贸易出口914.2亿美元，是2002年的2.3倍。服务业吸收外面增长较快，截止到2007年年度，我国累积实际使用外资总额中，非金融领域服务占比约为27%，按全口径（含银行、保险、证券等金融领域吸收的外资）计算，占比约为31%。2007年吸收外资总额中，服务业（含金融业）实际吸收外资达430亿美元，占吸收外资总额的52%，比2002年的比重提高一倍。但总体上看，我国服务业开放仍然低于全球平均水平。

现代服务业至今已成为中国的主导产业。2007年3月，国务院颁布了《关于加快发展服务业的若干意见》，这是促进我国服务业加快发展的一项重要战略决策。该意见中明确指出：到2010年，我国服务业增加值占国内生产总值的比重要比2005年提高3个百分点；服务业从业人员占全社会从业人员的比重要比2005年提高4个百分点；服务贸易总额将达到4000亿美元；有条件的大中型城市将组成以服务经济为主的产业结构；服务增加值的增长速度将超过国内生产总值和第二产业的增长速度。到2020年，我国将基本实现向服务经济为主的经济结构转变，服务业增加值占国内生产总值的比重将超过50%——我国近几年是在40%左右徘徊。到那时，服务业结构将会显著优化，就业容量将会显著增加，公共服务均等化程度显著提高，市场竞争力显著增强，总体发展水平基本与全面建设小康社会的要求相适应。这是服务业发展的方向，也是我国实现科学发展，可持续发展、构建和谐社会战略思想的具体体现。

【专论摘要】服务业发展的动力和条件

我国正进入工业化、信息化发展阶段，人均 GDP 的水平逐年提高。在这个阶段，服务业的发展进入加速时期，成为经济结构调整和发展方式转变的一个重要标志。特别是对于以建设成为经济中心为目标的城市来说，服务业的发展水平在相当程度上反映着城市的集聚和扩散功能的强弱，也将决定城市中心地位的高低。从一些发达国家走过的历程看，工业化进程和服务业的发展是相辅相成、相互促进的。服务业发展的转折点一般是在人均 GDP 4000 美元～8000 美元之间，而其加速的区间一般在 5000 美元左右。这一规律在国内几个大城市的发展中也已初步得到证实。

然而在实践中可以观察到，服务业的发展在不同地区、不同发展阶段经常呈非均衡或者说非线性的发展。例如，在一些按照常理认为可以大发展的地方，服务业比重却并不高；而在一些不符合"规划"甚至被城市管理部门驱赶的地段，"自发"的市场却红红火火；在不少人为地建设起来、具有相当现代化硬件水平的地方，市场所需的"人气"则长期聚集不起来。凡此种种，都需要我们对服务业发展的规律有一个全新的认识，特别是对服务业发展的动力机制及其所需的必要条件进行分析，据此来调整服务业发展的规划和思路，从新的视角制定方略，更好地促进服务业的发展。

从历史上看，服务业的发展有其自然演化的条件，如北京的大栅栏、天津的三岔河口和梨栈（如今的劝业场一带）、上海的城隍庙等。这些地方无一不是人群密集、物流活跃并且将购物、休闲、娱乐、品尝、酒肆、茶楼、观赏、洗浴集于一身之地，因而形成品牌效应。当然，进入现代社会，服务业的内容和手段都已有了极大的丰富和提升，但其发展的内在规律却不容忽视。

在市场经济条件下，服务业发展的动力大致来源于：

一是以城市服务业高度聚集区为核心的圈层式专业化集聚，主要体现在目前不少城市都在大力兴建的中心商务区（CBD）上。随着服务业知识、技术含量的不断提高和人力资本在其中作用的不断增强，这种 CBD 所影响的空间地域不断扩大，并且从制造业中的分离趋势日益明显，从而形成服务业专业化集聚区，以其产业聚集的规模、成本和专业化优势确立市场地位。明显的区位优势，加上高素质劳动力和资金的便利性等因素，都将进一步促使知识、技术密集型服务业向大城市的 CBD 集聚，进而强化这种优势。

二是依附于现代制造业周边的综合性服务业集聚，亦即我们常说的生产性服务业的发展。坚持科学发展观，制造业企业保持竞争优势的重要途径是转变粗放的增长方式。在对制造业产业结构进行优化和升级的过程中，制造业内部服务性活动的外部化和服务交易的市场化是一个世界性趋势。将制造业企业中原有的"第三产业"剥离出去，必然产生对大量与制造业关系密切的生产性服务业的需求。而从生产性服务业所包含的研发、金融、信息、各类专业服务、物流和供应链服务、市场营销和咨询服务等内容可以看出，这种服务既包括与制造业直接相关的各种配套服务，也包括公共性服务。现代制造业的强大显然有利于这种服务业的集聚和发展。

三是为特定产业集群提供配套的系统化集聚。产业集群是产业上相互关联的众多企业及辅助部门在同一个地域空间上的聚集。这种聚集表现为生产要素在某一区域高度集中，从而产生出明显的规模经济效益和竞争优势。这种由于区域要素聚集所形成的规模效应也称为"范围经济"，通常体现出空间性、外部性和规模性特征。服务业在特定区域形成的产业聚集，将促进符合该产业集群特性的知识技术密集型和生产性服务体系的形成，美国硅谷就是最为典型的例证。

以上是从产业发展和空间布局的角度对服务业发展动力所做的简要分析。如果从服务业参与的主体角度看,还要将政府政策和企业行为加以考虑。具体包括政府通过发展服务业增强区域竞争力的动力、企业和行业技术推动的动力、分工细化的驱动力、需求供给的带动力等。这四个动力因素形成了一个相互作用、相互促进的良性循环系统。

市场经济条件下,政府对产业的发展仍具有较大的调控力和影响力。如通过财政、金融、税收等手段可以对某些产业起到明显的推动作用。而近年来在总需求中始终保持较高比重的固定资产投资,其投向城市基础设施的部分更是为服务业的发展创造着越来越好的外部条件。

从企业主体方面看,由于一般服务业的进入门槛不高,因而起步时其发展水平并不高,也就是我们常说的我国服务业存在产业结构分散、企业规模偏小、集成化程度低、增值服务能力弱等问题,难以形成有效的竞争力。但确实有一批企业经历了发展、提升阶段,打出了自己的特色。按照迈克尔·波特的三种"一般竞争战略"划分(广泛低成本、广泛差异化、聚焦战略)理论,差异化经营和具有自己的核心竞争力或曰"特殊资产"才是未来服务业企业的发展方向。

要达到加快服务业发展、尽快提高其在 GDP 中的比重的目的,还要关注服务业这个大系统发展的外生环境动力,主要包括技术进步的推动、市场环境的作用、产业发展的带动和政府部门的导向等方面。近几年来,天津市和滨海新区投资建设了一大批先进制造业项目,分批推出服务业重大建设项目,为生产性服务业和消费性服务业的发展创造了良好的外部条件。但仍存在着市场在服务业资源配置中的作用小、城市综合服务功能不够强大、服务业内部结构不合理、现代服务业比重低、服务业在 GDP 所占比重不高等问题。发展低碳经济、走可持续发展道路,大力发展服务业无疑是一个重要选择。

目前天津服务业的比重不足 40%,与北方经济中心的目标要求有较大距离。加快发展服务业已成为全市上下的共识。

要大力发展依托电子信息等高新技术或现代经营方式和组织形式发展起来的现代服务业。推动以互联网为基础的网络服务、移动通信信息服务和现代物流等新兴服务业的发展,提升和改造金融、电信、商业、中介、房地产等传统服务业,融入更多的现代化手段。

要大力发展生产性服务业。要围绕天津现代制造业集群,通过发展总部经济、楼宇经济、研发服务、建设专业园区、资产评估、投资咨询、信息咨询、技术咨询、管理服务、工程设计、公共关系、人才市场等途径,形成生产性服务业集群和产业链,并通过"外溢效应"为环渤海地区提供服务。

要大力发展商业、餐饮、娱乐、家政、美容、保安等消费性服务业,巩固其在服务业中的传统地位,发扬光大"老字号",并在市场竞争中形成新的品牌。

要大力培育现代服务业所需的人才。在经典的经济理论中,生产要素只包含普通劳动力、资本和土地,而在舒尔茨和贝克尔之后,人力资本成为新的、重要的生产要素,这在以消费的主观性、即时性和不可储存性为特征的服务业中表现得尤为突出。因此要在大、中专学校中开设更加贴近服务业的课程,同时加大对服务业在职人员的培训,尽快提高服务水平。

要加大政府推动的力度。在大力加强硬件建设的同时,政府部门应与所属中介、评估、咨询等机构彻底脱钩;要推动天津与周边地区的经济合作,拓展服务业发展空间;要在构建社会主义和谐社会过程中缩小收入差距,稳步提高居民收入;要治理房地产市场的泡沫,改善消费预期,把大量积存于房地产领域的潜在消费能力释放出来。

(资料来源:天津日报 2010年9月27日 作者:阎金明)

单元小结

对于服务的概念可以从多方位、多视角地进行理解。既可以从满足消费者效用的角度理解，也可以从服务于农业和制造业之间的关系理解，还可以从服务的产品属性、从实物产品与服务产品关系理解服务的概念。服务是可被区分界定，主要为不可感知却可使欲望获得满足的活动，而这种活动并不需要利用实物，而且即使需要借助某些实物协助生产服务，这些实物的所有权将不涉及转移的问题。

服务具有不可感知性、不可分离性、差异性、不可储存性、缺乏所有权等特征。

服务活动的不断发展，使服务的内涵与外延得以不断地扩展，服务业成为国民经济中最重要的一个产业，即经济学家所称谓的第三产业。第三产业包括服务业及分销性交易行业。由于服务业的迅速发展，服务行业本身也在不断分化，一些经济学家主张服务行业需要进一步分类。一般认为服务业包括交通运输、通信、分销业、保险、银行服务及工商服务、专业和科技服务、其他杂项服务、公共行政管理和防卫。由于各类服务在内容和形式上相差甚远，于是服务的种类也难以统计。为了更好地强化服务过程的设计与管理，就需要对服务进行分类。最为有影响的分类方法有：①按服务推广顾客参与程度划分，服务可分为高接触性服务、中接触服务和低接触性服务；②按服务营销的综合因素可从四个方面划分，即可根据提供服务的工具不同划分，可根据顾客在服务现场出现的必要性进行划分，可根据服务会因个人需要与企业需求的不同而有差别地进行划分，还可根据服务组织的目的与所有制的不同分为营利性服务和非营利性服务的及私人服务和公共服务等；③按服务营销管理过程进行分类；④还可按世界贸易组织统计和信息系统局提供的服务贸易分类。

在交易市场上，出现了服务需求与供给的价格交换，就产生了服务市场。服务市场突破一国国界就成为对外开放的服务市场，进而逐步发展为全球化的服务市场。

核心概念

服务　服务业　服务市场　第一层次服务业　第二层次服务业
第三层次服务业　第四层次服务业　服务外包　服务全球化

训练题

1. 服务的本质是什么？它具有什么特征？
2. 什么是实物产品？什么是服务产品？
3. 服务业应如何划分？为什么有不同划分？
4. 服务业对经济和社会有何作用？
5. 应如何加快发展我国的服务业？

【阅读材料】

资料1　服务是什么

服务究竟是什么？服务的英文是 service，除了字面意义，还有没有其他意义呢？我认为"S"表示微笑待客（Smile for everyone），"E"就是精通业务上的工作（Excellence in everything you do），"R"就是对顾客态度亲切友善（Reaching out to every customer with hospitality），"V"就是要将每一个顾客都视为特殊和重要的大人物（Viewing every customer as special），"I"就是要邀请每一位顾客再次光临（Inviting your customer to return），"C"就是要为顾客营造一个温馨的服务环境（Creating a warm atmosphere），"E"就是要用眼神表达对顾客的关心（Eye contact that shows we care）。

我们可以根据这七个字面的含义来检查自己的服务表现，并要求为我们提供服务的厂商也做到这一点。

（屈云波：《服务优势与全面服务系统规划》，第145页）

资料2 ISO9000所定义的服务

在 ISO9000 系列标准中，对服务所做的定义是：服务是为满足顾客的需要，在与顾客的接触中，服务提供者的活动和活动的结果。

在ISO90004-2《品质管理和品质体系要素——第二部分 服务指南》中，对上述定义还附有四个注释：

（1）在接触中，服务提供者和顾客可由人员和设备代表。
（2）对提供一项服务来说，与服务者接触的顾客接触的各种活动可能很重要。
（3）实体产品的提供可能成为服务的一部分。
（4）服务可以与实体产品的制造和供应结合起来。

从管理角度看这个定义的话，服务既然是一种活动，服务提供者就必须对活动过程进行有效的规划、组织与控制；服务既然是一种结果，就必须达到满足顾客需求的目的。这个定义既对服务作出了高度的抽象描述，也有利于探索建立服务作业管理的思考方向。

资料3 产业布局调整成就"海河之变"

在海河两岸启动了"筑巢"工程，吸引了3000多家科技、金融、商贸企业总部和服务业项目落户。服务业增速今年上半年首次进入全国三强，对财政收入的贡献率首次超过工业。

本报讯 昨日中央电视台《新闻联播》在重要位置播发消息《天津：产业布局调整成就"海河之变"》，报道了天津市服务业增速今年上半年首次进入全国三强，对财政收入的贡献率首次超过工业，沿海河两岸进行的城市产业布局调整，成就了天津经济结构"升级之变"的情况。

报道说，爱好摄影的汪宝树是海河变迁的记录者，他在海河边介绍，几年前，这里还是一片老厂区和旧仓库，以前可没有这么好的景色，想拍一张海河的景观照片，后面净是大烟囱，拍照的时候怎么躲也躲不开。天津城依海河而兴，过去，钢铁、纺织等工业全都布局在海河两岸的中心城区，仅纺织企业就有大大小小60多家，这些曾为天津做出过巨大贡献的企业，有不少因为科技落后、产能低下、污染严重而陷入困境。天津市产业布局调整的第一步，就是把海河两岸中心城区的工业企业，逐步迁到城区以外的工业园区，同时沿海河打造以高端服务业为主的经济带、旅游带和文化带。

记者指着有70多年历史的天津棉纺织一厂介绍，随着这家企业不久前搬离，这里从工业用地转变为服务业用地，将建成集酒店式公寓和大型商业设施为一体的商业综合体。报道说，让出寸土寸金的地块，为"棉一"赢得了转型升级的资金。和"棉一"一样，60多家纺织企业现在全都落户到空港纺织工业园，实现了资源整合的天津纺织业，在市场上重新站稳脚跟。

报道说，为了吸引服务业在海河两岸聚集，天津在海河两岸启动了"筑巢"工程，政府部门先期投入上百亿元，改善海河两岸的基础设施和环境景观，为服务业项目落户提供良好的环境，吸引了3000多家科技、金融、商贸企业总部和服务业项目落户。产业转型还直接拉动了旅游产业的发展，打造出"近代中国看天津"等旅游品牌。天津市发改委服务业办公室主任逯柯盛介绍，这一出一进，不简简单单是一批企业搬出去，一批企业搬进来，而是代表了天津市经济结构和经济增长方式的转型。

（资料来源：天津日报　2010年9月20日）

专论摘要　发展服务业是市场经济本质的要求

如果说计划经济是以不重视服务业为特征的，那么市场经济正是以重视依托和发展服务业为特征的。市场经济是高度社会化分工的商品经济，它不仅是要求产品之间或生产工序之间实行社会化、专业化分工，而且要求服务与生产之间、服务与服务之间实行社会化、专业化分工。而生产服务的社会化、专业化过程，正是生产服务业不断形成和发展的过程。这是其一。

其二，市场经济是价格导向的经济，它需要能够灵敏地反映供求的价格机制。高度灵敏的价格机制的形成，有赖于高度发达的交换，即大规模、高效率的市场，如聚集的零售市场、发达的批发市场、期货市场和证券市场等，而大规模、高效率市场的建设离不开商业、物资、外贸、期货、证券等服务业的发展。

其三，市场经济是高度竞争的经济，它要求市场上不断存在一定数目的竞争对手。竞争的压力，必然推动企业不断地改进技术和管理，这就需要服务业提供科技服务和管理咨询服务。

其四，市场经济是高度信息化的经济，它要求提高市场信息交换和分配的效率，而服务业的信息咨询、广告、邮政、电讯等是否发达，直接关系到市场信息的运转效率。商业、物资、外贸、期货、银行、保险、证券乃至交通运输等服务业都有很强的信息功能，他们的功能水平也关系到市场经济信息化的水平。

其五，市场经济是开放的经济，它要求发展国际贸易、国际金融等国际服务业和引进国外的服务业。

其六，市场经济是法治经济，它要求发展律师事务、审计实务、公证事务、工商行政管理等促进法治的服务业。

可见，市场经济各方面机制的形成和完善，都要求加快服务业的发展。所以，发服务业，不仅是调整产业结构的要求，而且是建立社会主义市场经济体制的本质要求。从某种意义上可以说，用以发展服务业的资源投入，正是体制改革或建立社会主义市场经济体制所必需的成本。

服务业——美国经济的常青树

服务业的兴起是20世纪最重要的经济现象之一。世纪之初，美国的婴儿几乎都在家里接生，而现在都出生在医院里。服务业在美国的地位越来越重要，门类越来越安全，就业人数越来越多，占GNP的比重也越来越大。

20世纪20年代，美国汽车和钢铁工业的兴起，形成了所谓后工业化社会，开始转向以服务业为主的经济。从20世纪50年代以后，进入所谓后工业化社会，开始转向以服务业为主的经济。从20世纪50年代以后，进入所谓后工业化社会，开始转向以服务业为主的经济。从20世纪50年代到现在，美国制造业产值占GNP的比重从40%下降到20%，就业人数所占比重从50%下降到20%以下，而与此同时，美国服务业的这两个比重分别上升到72%以上和75%以上。美国服务业的种类繁多，从金融、保险、通讯、批发、零售到医疗、教育、文化，甚至包括政府的一部分公共开支。

有人把服务业看做美国经济的"常青树"。美国近5年多来新增就业岗位1500万，其中近87%是服务业岗位。美国外贸年年有赤字，但其中的服务贸易却年年有余。美国20世纪90年代初经济发展曾一度放慢，1991年制造业曾下跌3.4%，但服务业却没有下滑。近年来，在通货收缩的形势下，美国制成品零售价格的上涨微乎其微，但服务业平均价格的上涨在2.5%以上。这说明美国人对服务业的市场需求是持续旺盛的。20世纪90年代以来，美国人每年用于服务消费的支出占整个GNP支出的比重高达36%。因此，在人们谈论高技术是美国经济的推动力时，不能忘记服务业对美国经济的巨大贡献。

单元二 服务消费与购买行为

服务企业只有真正地理解和把握住顾客的消费心理及购买行为，才会为本企业制定出有效的服务营销战略及开展多项有针对性的营销活动。"让顾客满意"是企业营销过程的最终目的，"为顾客提供尽善尽美服务"是市场经济条件下每一个成功企业所共有的信条。

- 理解服务消费的内含及其发展趋势；
- 通晓消费者购买行为动机。

技能点

- 掌握消费者的心理；
- 掌握影响消费者购买服务行为的各种社会因素。

项目一　了解服务消费

任务1　服务消费的发展趋势

进入21世纪以来，随着社会经济的发展和人们生活水平的提高，服务消费呈现出一些新的发展趋势。

1. 服务消费在消费结构中所占的比例呈上升趋势

这种上升的趋势与我国城乡居民的恩格尔系数下降的趋势相一致，人们用于基本物质消费的比重呈下降的趋势，而用于服务消费的比重呈上升的趋势。

现在，我国大部分地区尤其是城市已基本实现小康。与温饱型消费不同，小康型消费的消费结构，高生活质量的需求日益旺盛，老百姓逐步成为服务消费的主体。就普通家庭而言，日常的服务消费就相当可观：一部固定电话，一到两部手机，月支出要几百元；请个保姆或钟点工要上千元；请家教又是一笔开销，还有如休闲、娱乐、旅游、保健等支出都属于服务消费。随着人们生活水平的不断提高，老百姓的服务消费支出会越来越大，需求越来越多样化。

2. 服务消费的领域呈多元化扩大的趋势

服务消费现在已经不仅仅局限于购买产品的过程或之后所享受的种种待遇，也不局限于传统的服务业所提供的消费，而是扩大到社会各个领域，包括社会文化娱乐、人际交往、社会组织系统、高科技领域等。例如，随着改革的深入，后勤服务社会化势在必行，这也为进一步开拓服务消费提供了前所未有的机遇。

3. 服务消费向个性化扩展的趋势

长期以来，标准化服务都是服务企业经营管理追寻的目标。但是，消费者的需求都是有差异的，特别是现代社会，消费者的需求个性日益突出，个性化需求与服务标准之间的冲突愈演愈烈。面对同一服务的多种需求，企业经营者应以消费者个性化需求为导向，增强服务弹性和应变能力。

4. 服务技术迅速革新，服务产品呈不断创新、不断扩大的趋势

如同实物消费品生产需要不断开发新产品一样，服务消费品也在不断创新。技术的突飞猛进使服务产品能更好地服务于消费者，如随着科学的发展，医疗技术不断提高，手术也变得比以前更加安全了。凡事老百姓感到不方便、不称心，或需要提供帮助的地方，都是服务消费的潜在市场，只要认真加以开发，就能创造出许多新的服务品种来。同时，服务性行业是劳动力密集型产业，是容量最大的吸纳劳动力的场所。发展服务消费，对于缓解目前巨大的就业压力，促进改革，维护社会稳定，具有特别重要的意义。在西方发达国家，第三产业的从业人员占总就业人口的比例超过70%。

5. 服务消费正在向追求名牌的境界发展

随着消费者自我保护意识的增强，服务消费进入了追求名牌服务产品消费的阶段。现在服务消费市场秩序较乱，缺乏规范，欺诈性行为时有发生，严重损害了消费者利益，以致让消费者望而生畏。这种现象，在娱乐业尤为突出。这个问题不解决，服务消费就不可能有大的发展。物质产品要创名牌，服务产品也要提倡创名牌。许多企业都在借鉴国外服务企业的先进管理经验和经营方式，努力提高从业人员的素质，逐步形成一批服务规范、信誉好、消费者信得过的名牌服务企业，以推动整个服务消费市场向更高境界发展。

任务2 服务消费者心理

消费者日益提高的生活质量和消费水平导致了消费者对商品及服务的需求及购买心理多样化，呈现出如下一些基本特征。

1. 追求时尚，喜欢新奇

"喜新厌旧"是一般人的心理规律。企业的商品要经常翻新，才会吸引更多的购买者。现代人不仅对服务内在质量要求高，而且喜欢服务的新奇。

2. 讲究保健，崇尚自然

现代社会不仅老年人重视健康投资，就是年青人、中年人也相当重视健康投资。市场上的健康食品、保健饮料、健身器械、旅游物品等，均成了消费商品中的新宠。同时由于人们生活在机械化时代，他们四周都是人造的东西，许多食物都是加工的。对此，他们一般会有逆反心理，要返璞归真，要回归自然。

3. 突出个性，倾向高档

现在，中青年人一代消费者喜欢在生活上表现出自己的个性。市场上的消费品，每年都有新的流行款式，尽管大众化的流行款式不会消失，但是，现在越来越多的人喜欢按照自己的观念进行消费，表现出与众不同。由于人们的收入不断提高，加之受教育水平提高，许多人对高档商品有较强的购买欲望，从而使一些名牌服饰、手表、珠宝、玉器、高档食品等，都占有

很多的市场份额。

4. 注重方便，讲究情趣

根据现代生活节奏快速化的趋势，生产厂商开发商品也越来越注重如何使消费者节约时间，如快餐业的兴起。同时消费品轻、薄、短、小也成为一股潮流。例如节油车、超薄型照相机、小包装方便食品都受到了人们的青睐。现代社会由于工商业务过于繁忙，人们的日常生活像机器运转一般，刻板而缺乏乐趣。因此，大多数人热衷于追求生活情趣，以使自己成为有情趣的现代人。

由于中国市场巨大，消费者的收入水平、支付能力和购买习惯仍然存在着很大的差异，表现在市场上，消费者对生产和服务的需求呈现出多层次、多元化的发展趋势。据有关部门对百名消费者的问卷调查显示，消费者购买商品和服务大致有如下七个倾向，即：追求质量、追求实用、追求方便、追求价廉、追求信誉、追求新奇、追求名牌。

总之，产品及服务市场上的消费者心态是多样的、变化的，服务营销的决策者、管理者及营销人员要善于具体问题具体分析，从而采取针对性的措施。

项目二　通晓购买行为

任务 1　消费者的购买动机

消费者购买服务的活动都是由动机推动的，并且是某种需要的反应。由于消费者具有不同的性格、兴趣、经济条件和文化素养，因此其购买行为是受多种多样的购买动机所推动的。

在购买服务的行动中，消费者经常表现出来的购买动机主要有以下几种：

1. 求实型

求实型消费者是以追求服务产品的实用价值为主要目标的消费群。具有这种购买动机的消费者在购买服务产品时，特别重视服务的实际效用、质量和功能，讲究经济实惠，而不太注重服务产品的品牌、包装等。

该类消费者在选购服务产品时，大多数都比较认真、细致，受服务产品广告和宣传的影响较小。目前，我国虽然人们的消费水平在不断提高，但求实的动机仍普遍存在。

2. 求廉型

求廉型消费是以追求价格廉价的服务为主要目的的消费群。具有这种动机的消费者在购买服务产品时，特别注意"价廉"和"物美"，对价格变动格外敏感。

为了得到低价、折价的服务，求廉型消费者宁肯多花体力和精力，多方了解有关产品的价格信息，并对服务之间的价格差异进行详细比较，反复衡量。可见，价格对该类消费者的购买选择起着决定性的作用。

这种购买动机多与消费者的经济条件有关，但也不是绝对的。高收入阶层也有节俭成性的人，他们也会保持这种购买动机。

3. 求新型

求新型购买动机是指消费者以追求服务产品的时尚为目的。新颖和奇特为主要目的购买动机。具有这种购买动机的消费者往往富于联想，愿意接受新事物，因此，他们在选择产品时容易受广告宣传和流行时尚的影响。

该类消费者不太注重服务产品的实用程度和价格高低，有时甚至会做出冲动式的购买决策。随着人们生活水平的提高，这种购买动机越来越具有普通性，尤以年轻人最为突出，主要集中在时装美容和各种新式的服务产品的购买上。

4. 求速型

求速型的购买动机是指消费者在购买服务产品时，希望迅速、方便地完成主要目的的购买动机。

该类消费者特别看重时间和效率，他们讨厌繁琐的服务方式，过长的选购时间和过低的效率，希望能快速、方便地得到适合需要的服务，快餐业、送货上门和电话订货服务业务的兴起，就是充分考虑了这类消费者的购买动机。

在我国，随着人们生活节奏的加快和商业服务设施的完善，在社会各界阶层中具有求速购买动机的消费者也会越来越多。

5. 求名型

求名型购买动机是指消费者以追求名牌产品或仰慕某种传统服务的名望，来显示或提高自己的身份和地位而形成的购买动机。

该类消费者在购买服务产品时，注重这些服务的社会信誉和象征意义。他们往往认为的名牌服务产品的质量绝对有保证，堪称同类产品中的精品，所以对名牌产品倍加信任。

该类消费者一般来说经济条件较好，相信有说服力的产品信息，如服务质量和企业信誉等方面的信息，他们在购买过程中讲求服务的优质，不计较价格，因为他们一贯奉行的原则是"一分价钱一份服务"。

任务2 消费者购买服务的主要影响因素

消费行为是消费者的社会行为，因此消费者在决定购买某种服务时，要受到文化、社会、个人和心理等因素的影响。

1. 文化因素

文化因素包括文化、亚文化和社会阶层等文化因素对消费者的行为具有最广泛和最深远的影响。

（1）文化。文化是指人类生活实践中建立起来的价值观念、道德、理想和其他有意义而具有某种象征性的综合体。文化是决定人类欲望和行为的基本因素，文化的差异会引发消费者行为的差异，主要表现为婚丧、服饰、饮食起居、建筑风格、节日、礼仪等物质和文化生活各个方面的不同特点。

（2）亚文化。每一文化中都包含了能为其成员提供更为具体的认同感，社会化较小的亚文化群体，包括民族亚文化群、宗教亚文化群、宗族亚文化群、地理亚文化群。

（3）社会阶层。社会阶层是社会学根据职业、收入来源、教育水平、价值观和居住区域对人们进行的一种社会分类，是按层次排列的，具有同质性和持久性的社会群体。

2. 社会因素

一系列的社会因素，如消费者的相关群体、家庭、社会角色与地位等，也会影响到消费者的购买行为。

（1）相关群体。相关群体是指能够影响消费者的购买行为的个人或集体。只要某一群人在消费行为中存在相互影响，就构成了一个相关群体，如家庭、朋友、邻居和同事。相关群体对消费行为的影响，主要表现在三个方面：一是示范性，二是仿效性，三是一致性。

(2) 家庭。消费者的家庭成员参考购买行为也施加了很大的影响。家庭不同成员对购买决策的影响往往是由家庭的特点所决定的。家庭购买决策大致分为三种类型：一人独立做主，全家参与意见；全家共同决定（这里的"全家"虽然包括子女，但主要还是夫妻二人）；夫妻二人购买决定权的大小取决于多种因素（例如各地的生活习惯、妇女就业状况、双方工资及教育水平等）。

(3) 社会角色与地位。一个人在其一生中会参加许多群体，如家庭、俱乐部及其他各种组织。每个人在各个群体中的位置可用角色和地位来确定，每个角色都将在某种程度上影响其购买行为。

3. 个人因素

(1) 年龄和生命周期阶层。在人的一生中，人们购买的产品和服务随年龄增长而不断变化。年龄很小的时候人们吃婴儿食品，发育和成年时期需要各类食品，到晚年时就有了特殊的食谱。同样，人们在服装、家具和娱乐的品味上也与年龄有关。年轻人是娱乐服务的导向者，愿意购买各种游戏设备和度假品；而老年人则更为关注医疗保健产品，以有助于睡眠与健康。

(2) 经济状况。经济状况是决定购买行为的主要因素，决定着能否发生购买行为以及发生何种规模的购买行为，同时决定着购买产品的种类和档次。一个人的经济状况包括可支配收入、储蓄和资产、借债能力以及对消费和储蓄的态度。

(3) 个性。每个人的独特个性都会影响到他的购买行为。个性是一个人的心理特征，它导致一个人对他所处环境的相对稳定和持久的反应。通常可用自信、支配、自主、服从、交际、保守和适应等性格特征来描述一个人的个性。如果个性的种类能得到区分，那么它就在分析消费者行为时成为一个有用的变量，在某些个性类型同服务产品或品牌选择之间就存在着密切联系。

(4) 生活方式。生活方式指一个人在生活中表现出来的活动、兴趣、看法和模式。不同的生活方式群体对产品和品牌有不同的需求。服务营销人员应设法从多种角度区分出不同生活方式的群体，如节俭型、高成就型、革新型、自我主义型等，在设计产品和广告时应能针对某一生活方式群体。例如，保龄球馆不会向节俭者推广保龄球运动，名贵饭店应研究高成就者群体的特点以及如何开展有效的营销活动。

4. 心理因素

(1) 动机。有关消费者的需要与动机，如前所述，动机是一种升华到足够强度的需要，它能够及时引导人们去探求满足需要的目标。尚未被满足的需要才能影响人的行为，也就是说已满足的需要已不再是一种动因了。

(2) 知觉。当消费者决定行动后，他如何行动则受其对情况的知觉程度的影响。处于相同动机和目标情况下的两个人，其购买的行为也可能大不一样，这是由于人们对情况的知觉存在着差异。所谓知觉，是指个人选择、组织并解释信息的投入，以便创造一个有意义的过程。它不仅取决于刺激物的特征，而且依赖于刺激物同周围环境的关系以及个人所处的状况。

(3) 学习。当人们行动时，他们就是在学习。学习是指由于经验而引起的个人行为的改变。一个人的学习是通过驱使力、刺激物、诱因、反应和强化的相互影响而产生的。由于服务影响环境的不断变化，新的服务种类和品牌不断涌现，消费者必须经过多方收集有关信息之后，才能做出购买决策，这本身就是一个学习过程。

（4）信念与态度。通过行动和学习，人们获得了自身的信念和态度，反过来，它们又影响到人们的购买行为。信念是指一个人对某些事物所持有的描述性思想。例如，有些顾客就认定了规模较大的旅行社信誉卓著、服务热情周到。信念的形成可以基于知识，也可以基于信仰或情感等。顾客的信念决定于企业和产品在顾客心中的形象，决定了顾客的购买行为。态度则是指一个人对某些事物或观念长期持有的好与坏的认识上的评价、情感上的感受和行动倾向。态度使人们对相同的事物产生相当一致的认识，因为人们通常不会对同一事物建立新的态度或作出新的解释，按照已有态度对所接触到的事物作出反应和解释能够节约时间和精力。例如，某顾客对饮食的态度是：饮食要讲究一定的氛围和档次。那么，他决不会选择低档次的饭馆去消费。正因为人们的态度呈现为稳定一致的模式，所以改变消费者的态度是十分困难的。因此，企业最有效的服务营销策略应是提供满足不同消费者的有效服务需求，做为既定的服务态度。

任务3 消费者购买行为类型的划分

消费者的购买行为有多种类型，可从不同角度划分。

1. 根据消费者性格分析划分

从一般的意义来分析，不同的人有不同的性格，不同的性格就有不同的消费习惯。

（1）习惯型购买行为。习惯型购买行为是由信任动机产生的。信任可建立在知识的基础上，也可建立在见解和信念的基础上。消费者对某种品牌或对某个企业产生良好的信任感，促使其根据过去的购买经验和使用习惯采取购买行为。

（2）慎重型购买行为。慎重型购买行为是理智型消费者发生的购买行为。他们喜欢收集产品的有关信息，了解市场行情，在经过周密的分析和思考后，做到对服务产品心中有数。他们在做出购买决策时不容易被打动，不轻率做出决定，决定之后也不轻易反悔。

（3）经济型购买行为。经济型购买者特别重视价格，一心寻求经济合算的商品，并由此得到心理上的满足。这种消费者在购买时表现为犹豫不定，货比三家，对价格信息非常敏感，容易受促销活动的影响。

（4）冲动型购买行为。冲动型消费者往往是由情绪引发的。这种消费者以年轻人居多，血气方刚，容易受产品外观、广告宣传或相关人员的影响，决定轻率，易于动摇和反悔。市场营销刺激对这种消费者的影响非常大，并且这种消费者在购买时容易受到外界因素的干扰，常表现出购买时的从众心理。冲动型购买行为与慎重型购买行为恰恰相反。

（5）不定型购买行为。不定型购买行为表现为两方面：一是指那些没有明确购买目的的消费者；二是指消费者对购买对象的性能特点知之甚少，想购买又怕决策失误，犹豫不定。他们往往是一些年轻的、刚刚开始独立购物的消费者，易于接受新的东西，消费习惯和消费心理正在形成之中，尚不稳定，缺乏主见，没有固定的偏好。

2. 根据消费者行为的复杂程度和所购商品本身的差异划分

（1）复杂的购买行为。这是消费者初次购买差异很大的耐用消费品时发生的购买行为。购买这类商品时，通常要经过一个认真考虑的过程，广泛收集各种有关信息，对可供选择的品牌反复评估，在此基础上建立起品牌信念，形成各个品牌的态度，最后慎重地做出购买选择。

（2）和谐型的购买行为。这是消费者购买差异性不大的商品时发生的一种购买行为。由于商品本身的差异不明显，消费者一般不必花费很多时间去收集并评估不同品牌的各种信息，而主要关心价格是否优惠，购买时间、地点是否便利等。因此，和谐型购买行为从引起需要、产生动机到决定购买的时间比较短。

（3）习惯性的购买行为。这是一种简单的购买行为，属于一种常规反应行为。消费者已熟知商品特性和各主要特点，并已形成品牌偏好，因而不需要寻找、收集有关信息。

（4）寻求多样性的购买行为。这是消费者为了使消费多样化而常常变换品牌的一种购买行为，一般是指购买牌号差别虽大但易于选择的商品，如罐头食品等。同习惯型一样，这也是一种简单的购买行为。

单元小结

自进入 21 世纪以来，随着经济的发展和人们生活水平的提高，服务消费呈现出一些新的发展趋势。一是服务消费在消费结构中所占的比重呈上升趋势；二是服务消费的领域呈多元化扩大的趋势；三是服务消费向个性化扩展的趋势；四是服务技术迅速革新，服务产品呈不断创新、不断扩大的趋势；五是服务消费正在向追求名牌的境界发展。

消费者服务购买行为主要是由需求引发的，是消费者心理的外在表现；需求、愿望与期望等心理因素是消费者服务购买行为的制约因素和动力。

消费者购买服务的主要影响因素有文化、社会、个人、心理等诸因素。

关于消费者购买行为的类型，可从不同角度进行划分。根据消费者性格分析划分，可分为习惯型购买行为、慎重型购买行为、经济型购买行为和不定型购买行为；根据消费者行为的复杂程度和所购商品本身的差异划分，可分为复杂的购买行为、和谐型的购买行为、习惯性的购买行为和寻求多样性的购买行为。

核心概念

服务消费　　　　购买行为　　　　习惯性购买行为　　　　慎重型购买行为
经济型购买行为　　冲动型购买行为　　和谐型购买行为

训练题

1. 进入 21 世纪以来，消费发展趋势有何变化？
2. 消费者在购买商品或服务时，一般具有哪些心理需求？
3. 消费者的购买动机可划分几种类型？
4. 影响消费者购买商品或服务的影响因素有哪些？

综合案例分析

案例思考 1：一碗面等于十八桌婚宴

一天中午，餐厅里来了一位老先生，这位老先生自己找了一个不显眼的角落坐下，对面带笑容前来上茶、点菜的服务员小秦说："不用点菜了，给我一份面条就可以，就三鲜面吧。"

服务员仍然微笑着对老先生说："我们饭店的面条口味不错，您请稍等，喝点茶，面条很快就会烧好。"说完，小秦又为客人添了点茶才离开。

10分钟后,热气腾腾的面条端上了老先生的餐桌,老先生吃完后,付了款,就离开了餐厅。

晚上六点多,餐厅里已经很热闹了,小秦发现中午的那位老先生又来了,他还是走到老位置坐下。小秦连忙走上前去,笑语盈盈地向老先生打招呼:"先生,您来了,我中午没来得及向您征询意见呢。面条合您的口味吗?"老先生看着面带甜美笑容的小秦说:"挺好的,晚上我再换个口味,吃炒面,就肉丝炒面吧。"小秦给客人填好单子,顺手拿过茶壶,给客人添好茶,说:"请您稍候。"老先生看着微笑着离开的小秦,禁不住点了点头。

用餐完毕,小秦亲切地笑着询问老先生:"先生,炒面合您口味吗?"老先生说:"好,好,挺好的。我要给我侄子订18桌标准高一些的婚宴,所以到几家餐厅看看,我看你们这服务真好,决定就放这儿啦。"小秦一听只吃一碗面的客人要订18桌婚宴,愣了一下,马上恢复了笑容,对老先生说:"没问题,我这就领您到宴会预订处办理预订手续。"

只吃一碗面的客人原来是为了给其侄子选择举办婚宴的餐厅,而服务员小秦自始至终面带微笑地为他提供规范的服务,并没有因为其消费低而对客人冷嘲热讽另眼相看,结果客人当场预订了18桌消费标准较高的婚宴,可见微笑服务也可以为饭店带来良好的经济效益。

由此说明,餐厅服务人员对所有的客人都要一视同仁,不要因为客人消费低而冷眼相看或让客人感到尴尬。对低消费的客人的服务好坏,体现了一家餐饮企业的服务质量与管理水平,最终将直接影响企业的经济效益。

案例分析:
1. 本案例中,影响消费者购买行为的因素是什么?
2. 试分析该顾客的购买决策过程。

案例思考2:微笑是属于顾客的阳光

希尔顿饭店被誉为当今世界的"饭店之王",这座辉煌大厦的一块奠基石是"微笑服务",这是希尔顿的母亲在他成功之路上授予他的秘诀,这秘诀是如此的平常,却又是那样的深奥。希尔顿刚在得克萨斯的第一家旅馆经营中稍有成效的时候,他母亲对他取得的成绩却不屑一顾。她指出要使经营真正得到发展,只有掌握一种秘诀,这种秘诀简单、易行,不花本钱却又行之有效。希尔顿冥思苦想,终得其解。这秘诀不是别的,就是微笑。他发现只有微笑才能同时满足以上四个条件,且能发挥强大的功效。以后,"微笑服务"就成了希尔顿旅馆经营的一大特色。几十年来,希尔顿的成功秘诀,说明了一个道理,那就是服务质量是服务企业的生命线。这是因为服务直接与顾客打交道,顾客从他们那儿得到的不只是有形的商品,而主要是无形的服务。完善的服务设施、舒适的服务环境、齐全的服务项目,能令顾客"宾至如归";热情的服务态度、周到的服务项目、精湛的服务艺术更能使顾客"流连忘返",并因此对企业留下深刻的印象。所以,希尔顿微笑之魅力就不可低估。希尔顿说过,"微笑是属于顾客的阳光",受阳光沐浴的顾客当然不会忘记温暖着他们的太阳。

讨论题:
1. 希尔顿成功的秘诀是什么?
2. 微笑服务对服务业的营销成功有何意义?

【资料选读】

心情消费：都市人的新体验

生活在繁华都市中的人们，为工作忙碌，为家庭操劳，紧张、焦虑、压力往往使人感到心累大于身累。于是 KTV、健身、泡吧、上网迅速兴起，成为都市人体验生活和放飞心情的最佳途径。"心情消费"应运而生。一如减压消费。现代人学会善待自己，每天工作结束到健身房锻炼锻炼，毕竟身体是最大的本钱。紧张的工作要求你保持高度的运转状态，脑力及体力必将经受严峻的考验。运动不仅可以锻炼意志和耐力，增强体质，以充沛的体力迎接每天的工作，而且能使人从紧张的工作中解脱出来。有的人选择了休闲式减压方法——"泡吧"，约上三五知己，边喝边聊，与朋友分享乐趣，分担忧愁，以此缓解身心压力。二如宣泄消费。人的心理承受能力是有限度的，当心中的郁闷与痛苦积压较多，便要发泄。如到游泳池跳台上跳水，当身体以近乎自由落体的速度下落时，心中的不快会随着身体的高速运动而释放出来。三如情调消费。情人节的烛光对饮、圣诞节的贺卡传递和生日的祝酒宴等，都是情调消费，是人们感情生活的"调味品"。四如奖励消费。个人获奖了，在饭店请客吃饭。父母为子女获得优异的学习成绩或考上大学而高兴，举家外出旅游。五如宁静消费。渴望宁静，远离喧嚣，人们去图书馆、供人垂钓的湖塘、较原始的旅游景点、上网乃至上业余学校。如今，心情消费已经成了都市消费生活中不可缺少的新景观。

丽兹·卡尔登饭店成功的秘密

三年前，韩国一家大集团副总裁到澳大利亚出差。当他住进丽兹·卡尔登饭店（Raitz Carlton Hotel，1992 年美国国家品质奖服务类奖得主）后，他打电话给该饭店客房服务部门，要求将浴室内放置的润肤乳液换成另一种婴儿牌的产品。服务人员很快满足了他的要求。

事情并没有结束。三周后，这位副总裁住进美国新墨西哥的丽兹·卡尔登饭店，他发现浴室的架子上已经摆着他所熟悉的乳液，一种回家的感觉在他心中油然而生……

"凭借信息技术和多一点点的用心，丽兹·卡尔登饭店使宾至如归不再是口号。"丽兹·卡尔登饭店澳大利亚地区品质训练负责人琴·道顿女士道出了丽兹·卡尔登饭店成功的秘密。

在丽兹·卡尔登全球联网的电脑档案中，详细记载了超过 24 万个客户的个人资料。这是每一个顾客和卡尔登员工共同拥有的秘密，使顾客满意在他乡。

（王克威、龙飞咏：《顾客满意学》，北京，企业管理出版社）

单元三　服务营销概述

本章导读

服务营销是现代市场营销的一个领域，在以商品为中心转向以服务为中心的背景下，随着服务业的不断发展和市场竞争，从市场营销中独立出来的一门新的学科。

知识点

- 了解服务营销的概念与特征；
- 了解服务营销的演进历程；
- 通晓服务营销的构成体系；
- 通晓服务营销理念的塑造。

技能点

- 熟知服务营销与传统营销的区别；
- 掌握服务营销体系的具体构成；
- 掌握顾客满意度的内含要求。

项目一　了解服务营销的概念与特征

任务1　服务营销的概念

1. 服务营销的一般概念

服务营销是指服务企业为了满足顾客对服务产品所带来的服务效用的需求，实现企业预订的目标，通过采取的一系列整合的营销策略而达成服务交易的商务服务过程。服务营销的核心理念是顾客满意和顾客忠诚，通过取得顾客的满意和忠诚来促进相互有利的交换，最终实现营销绩效的改进和企业的长期成长。

2. 服务营销的本质

要理解服务营销这一概念，必须从三个方面进行认识。

（1）服务营销的核心是满足顾客对服务产品的需求。不断地提供创新服务，以向顾客提供其需要的服务产品。顾客对服务产品的需要，不是服务产品的本身，而是服务产品所能够给顾客带来的服务效用。

（2）服务营销的手段是一系列整合的营销策略。服务营销要取得实效，不能单靠某一项营销策略与措施，而必须把企业各部门及营销组合各因素整合起来，采取综合的服务营销策略与措施。

（3）服务营销的目的是达成市场交易，实现企业预订的目标。

任务2　服务营销的特征

由于服务及其服务业的特点，决定了服务业的市场营销有着与一般产品营销不同的特征。

1. 推销比较困难

一般产品可以被陈列、展销，以便于消费者进行比较、挑选，但大多数服务产品却没有自己独立存在的实物形式，难以展示，也不可能给出标准的服务样品或利用许多通常的推销方式。

消费者在购买服务产品之前一般不能进行检查、比较和评价，只能凭借经验、品牌和推销宣传信息来选购。因此，要想吸引消费者，只有靠富有想象力和创造力的推销方法和行之有效的广告宣传，充分激发消费者对服务产品功能和效用的想象、共鸣和需求；只能靠良好的服务信誉和较高的企业知名度推销商品，招徕顾客。

此外，由于服务产品的无形性，大多数企业也无法利用专利来保护服务产品。

2. 销售方式单一

一般实物产品通常要经过一个或若干个中间商的转卖，最后到达消费者手中。而服务产品的生产和消费在时间和空间上的同一性，决定了它们通常只能采取直接销售的方式，既不能通过中间商间接销售，也不能储存代售。如摄影师不与顾客接触就无法拍下照片，顾客不去旅店住宿，不去饭店吃饭，就无法接受服务员的服务。

直接销售的方式使服务产品的生产者不可能同时在许多市场上出售自己的产品，这在一定程度上限制了服务业市场的规模和范围。

3. 服务需求弹性大

人们对服务产品的需求是随着经济的发展、收入水平的提高以及生产的专业化、效率化的加强而产生发展的，需求的弹性较大。

对服务产品的需求与其他项目的开支，尤其是与购买有形产品的开支经常发生冲突，因此，服务的消费需求总是表现出很强的弹性，在实际生活中，它又是一个很难确定的变量，因为人们对服务的消费需求还常受到各种因素的影响，如气候因素对旅游服务要求的影响就很大。

由于服务产品的不可储存，要调节服务的供给与需求之间的矛盾很困难。美国一位著名的营销学者对全美服务市场的经营策略以及面临的问题曾做过大量的实证研究，结果发现："需求的波动"是服务业经营者最为棘手的问题。

4. 服务的供求分散

人们对服务产品的供求具有分散性。例如，即使是大量的机械修理公司，也只能在有机械损坏或发生故障的地方提供服务。

由于一般服务业具有占地小、资金少、经营灵活等特点，因此只要具备起码的场地和生产工具就可以生产服务产品。服务供求的分散性，要求服务网点要广泛而分散，尽可能地接近消费者。

任务3　服务营销与传统市场营销的区别

前面我们已提到，服务营销是一种在营销过程中强调服务和服务人员作用的营销方式，它与传统市场营销的区别主要体现在以下几点：

1. 研究对象的差异

传统市场营销学是以产品生产企业的整体营销行为作为研究对象，服务营销学则以服务企业的行为和产品在营销中的服务环节作为研究对象。

2. 对待质量问题的着眼点不同

传统市场营销学强调产品全面营销质量，强调质量的标准化、合格认证等。服务营销学研究的是服务质量的控制。质量控制问题之所以成为服务营销学区别于传统市场营销学的重要问题之一，就在于服务质量很难像有形产品那样用统一的质量标准来衡量，其缺点不易发现和改进，因而要研究服务质量的过程控制。

3. 服务营销学强调对顾客的管理

服务过程是服务生产与服务消费的统一过程，服务生产过程也是消费者参与的过程，因而服务营销学必须把对顾客的管理纳入服务营销管理的轨道。传统市场营销学强调的是以消费者为中心，满足消费者需求，而不涉及对顾客管理的内容。

4. 服务营销学强调内部营销管理

服务产品的生产与消费过程，是服务提供者与顾客广泛接触的过程。服务产品的优劣、服务绩效的好坏不仅取决于服务提供者的素质，也与顾客行为密切相关，因而研究对服务员工素质的提高，加强服务业内部管理，研究顾客的服务消费行为十分重要，人是服务的重要构成部分。传统市场营销学也涉及人，但其中人只是商品买卖行为的承担者，而不是产品本身的构成因素。

5. 服务营销学突出解决有形展示问题

服务产品的无形性，要求服务营销学要研究服务的有形展示问题。服务产品有形展示的方式、方法、途径、技巧成为服务营销学研究的系列问题，这也是服务营销学的突出特色之一。传统市场营销学不需要涉及此类问题的研究。

项目二　服务营销的演进历程

服务营销理论作为整个市场营销理论体系的一个分支，专门研究服务业市场营销的普遍规律。同许多其他学科一样，服务营销作为一门新的学科，在发展的过程中也经历了从探索式的发展、激励的论战、大胆的探索到广泛而深入的研究并继续向更深、更广方向发展的历程。根据不同时期服务营销研究的内容和特点，瓦拉瑞尔.A.泽丝曼尔（Valarie A. Zeithaml）和玛丽·乔·比特纳（Mary Jo Bitner）把1992年前服务营销诞生和发展的历程分为三个阶段，1992年以后，服务营销理论继续发展，研究更细化、深入，因此我们把1992年至今称为服务营销理论的深化阶段。

任务1　起步阶段（1980年之前）

服务营销的起步阶段是它脱胎于市场营销学的时期。

尽管从20世纪40年代起，许多国家已经在向服务经济过渡或者已经进入到服务经济时代，但是人们针对服务营销的专门研究还是一片空白，在各类出版物中，市场营销都只是在讨论针对有形产品的营销。

1953 年出现的服务营销文献为它的起步阶段拉开了序幕，而 20 世纪 80 年份的商品营销和服务营销的论战标志着这一阶段的结束。大部分研究服务营销的学者都是从发表论文开始的。在这个阶段，学者们共发表了 120 篇作品，其中大部分是 70 年代发表的。这一时期服务营销的研究者可以说是服务营销理论的先驱，他们中很多是在读的博士或尚未取得终身教授资格的年轻学者，他们不但没有前人的文献可以借鉴，而且还受到市场营销传统观念的质疑和阻挠。这些服务营销理论的先驱者为使他们的作品得到发表，进行了坚持不懈的努力。当时，学者们研究的重点和主要贡献是阐述服务的性质、服务的定义和服务的特性。其中拉思梅尔（Rathmall）对服务的定义至今仍为人们所用；关于服务的特性，贝特森（Bateson）、肖斯塔克（Shawstack）、贝瑞（Berry）等人经典地总结出了服务具有不可感知性、不可分离性、差异性、不可储存性和所有权不转移五大特征，证明服务是有别于有形产品的，服务营销和商品营销存在着很大的不同。

在这个阶段的后期，出现了具有深远意义的商品与服务之间的论战。1969 年约翰逊（Johnson）在论文中首次提出了"服务与商品是否有区别"的问题，从而引发了这场论战。论战意味着对服务营销学存在的必要性提出了挑战。服务营销是否具有独特性关系到这个领域是否会得到认可，以及是否可能获得长足发展。因为如果服务营销仅仅是商品营销的延伸，这门学科就没有独立存在的必要了。在这场论战的前期，服务营销处于不利地位，学者和评论家或多或少地对服务营销研究和存在的合理性提出了质疑。1975 年，维克汉姆（Wyekhamn）等人曾在《欧洲营销月刊》公开发表批评服务营销的文章，认为将商品和服务进行分类有失偏颇。

1977 年，一篇里程碑式的文章改变了这个论战，也改变了服务营销学的发展历史。时任花旗银行总裁的林恩·肖斯塔克（Lynn Shostack）在《市场营销月刊》上发表了一篇名为《从产品营销中解放出来》的文章。她在文章中这样写到："服务行业中没有能够建立相关的理论，恐怕与市场营销本身的'近视'作用不无关系……因为市场营销中缺乏与服务密切相关的指导、术语或操作准则，所以服务行业在将营销决策和控制等主要活动相结合的过程中，往往行动迟缓。"这位非学术界人士的批评震动了营销界，在很大程度上改变了学者们对服务营销的理解，激起了无数服务营销学者的研究激情。1979 年，托马斯（Thomas）在《哈佛商业评论》中提出服务型企业的战略应该不同于生产型企业。另外一些学者，如贝特森、洛夫洛克（Christopher Lovelock）等，也明确提出要给服务营销更清晰、完整的界定，并将其作为市场营销中的一个重要分支和领域予以重视。贝瑞于 1980 年发表的文章《服务营销的独特性》具有决定意义，标志着论战的胜利和起步阶段的结束。

任务 2　探索阶段（1981～1985 年）

1981 年至 1985 年被认为是服务营销的探索阶段。在这个阶段，学者们对服务营销研究表现出极大的兴趣和热情。

在这一阶段，服务和商品的辩论已逐渐淡出，理论研究者和实际操作者开始广泛交流，关于服务营销的文章迅速增加，研究的重点从服务的本质、特性转移到具体的服务内容，特别是转移到服务质量、服务接触、服务运营、战略管理等新课题。

这期间一个重要的现象就是西方国家对服务业的管制开始解除，尤其是北美地区。从事运输、金融、健康保健以及电信业的企业开始面临着激烈的市场竞争，展开了大规模的价格战，消费者期望也随之攀升。因此，如何提高企业的竞争力成为企业面临的首要问题。它们对服务营销知识和技能的寻求，促使其与服务营销学者开展广泛交流并不断创新，提出对策，使得这一时期的服务营销文献不断出现。其中，1983年到1985年发表在《市场营销月刊》的四篇文章被认为是服务营销探索阶段的代表作，它不仅鼓舞了服务营销领域的研究者，也巩固了服务营销的地位。

第一篇是洛夫洛克在1983年发表的《将服务分类，以获得战略性营销见解》一文。该文提出了五种服务分类方法，在每种方法后，都针对服务的各种性质在营销战略和战术方面提出了深刻独到的见解，因此具有很强的实践指导性和启示意义，并且这些方法均超越了狭隘的行业界限。

第二、三篇是1985年由A.潘拉苏拉曼（Parasuranman）、瓦拉瑞尔.A.泽丝曼尔和里奥纳多·贝瑞（Leonard Berry）合作完成的。在他们的第一篇论文中提出了一个概念化框架来总结服务的独特性，并建立了第一个全面综合的服务营销案例，这也是首篇发表在主要杂志上的关于服务实证研究的作品。此后，他们又发表了另一篇文章，创造了关于服务质量研究的盖普斯模型（Gaps Model），使得服务质量从此成为服务营销领域一个核心的研究方向。

第四篇是索罗门（Solomon）等人于1985年发表的《二元互动的角色理论总揽：服务基础》一文。该文论述了服务接触（服务提供者和顾客之间）与服务满意度之间的直接关系，开拓了服务营销领域的又一个研究方向。

除了以上四篇代表作外，该阶段还出现了其他重要的论著。在服务分类问题上，肖斯塔克提出了《可感知性与不可感知性差异序列理论》（The Tangible Intangible Continuum），戚斯（Chase）提出了《高卷入和低卷入模式》（High Involvement Versus Low Involvement），贝尔也提出了他的分类方法；贝瑞撰文对关系营销进行论述；布姆斯（Booms）和比特纳将服务营销4P组合扩充为7P组合；格罗鲁斯对内部营销作了深入的研究；泽丝曼尔论述了服务业消费者评价的独特过程；莱维特（Levitt）关于无形商品营销的研究，坎顿关于服务经济的论述，肖斯塔克关于服务设计的探索，贝瑞对节约时间的消费者研究，凯利（Kelly）和乔治（Gorge）关于服务业零售战略问题的论述，贝特森关于自助服务消费者的论述……所有这些都对当时的服务营销及以后的发展产生了重要的影响。

1984年，洛夫洛克出版了第一本服务营销方面的教科书《服务营销》。这本教科书体系完善，内容丰富、资料详实，其中阅读材料均出自名家之手，案例则都以著名企业为背景。而在此期间，"北欧学派"开始崭露头角。其中，诺曼（Noman）编写了《服务管理》一书，格罗鲁斯和古门森（Gummesson）编著了《服务营销——北欧学派的观点》，唐纳德.W.考埃尔出版了《服务市场营销》一书。此外，在美国市场营销协会（American Marketing Association, AMA）的帮助下，南希·汉森（Nancy Hansen）整理编写了涵盖面较广的服务营销课程系列教学大纲，菲斯克与坦苏哈耶编制了第一份服务营销的文献目录，为服务营销教学和研究提供了便利。

反映了探索阶段服务营销理论研究繁荣景象的还有各种专业期刊的出现和各种学术会议的召开。1980年《服务行业月刊》（Services Industries Journal，SIJ）诞生；1985年《专业服务营销月刊》（Journal of Professional Service Marketiong，JPSM）创刊发行。这两本期刊为服务营销开辟了新的研究论坛，为研究者发表论文专著提供了更多的渠道。

美国市场营销协会给予了服务营销更多的关注，于1981年、1983年和1985年先后四次举行服务营销会议。1985年，首届以服务为主题的美国市场营销协会教授联合会在A&M大学举行。同年，纽约还召开了一次关于服务接触的学术会议。这些会议具有积极的影响和意义：第一，加强了欧洲和美国市场营销界人士的联系，极大地鼓舞了来自欧美国家的学者和企业界人士；第二，促进了学界与企业办的交流，并关注服务营销思想的实践意义；第三，肯定了欧洲学者对服务营销的贡献；第四，会议讨论的结果为以后的研究，特别是20世纪八九十年代的论著提供了素材。

1985年，服务营销第一州际中心（First Interstate Center for Service Marketing，FICSM）在亚利桑那州立大学成立。这一中心致力于鼓励服务营销学术研究以及帮助和促进学术研究与商业社会的联系，它标志着美国市场营销学者开始重视对服务市场营销学的研究。

总之，这一时期的研究和理论贡献，具有承前启后的作用，既巩固了服务市场营销学的地位，又为其"挺进阶段"打下了坚实的基础。

任务3　挺进阶段（1986～1992年）

挺进阶段最显著的特征是与服务营销相关出版物数量急剧增加以及对服务营销的实证与理论研究的严密性不断提高。从1986年开始，关于服务和商品是否有区别的讨论已经不复存在，服务营销思想被越来越广泛地接受，服务营销研究者的队伍迅速扩大。服务业对服务营销理论的需求进一步增加，与营销服务相关会议的召开更加频繁；学者们也有了更多的交流机会。

这一时期的大部分文献已经将重点集中到服务营销的具体问题上来，研究工作开始细化和实证化，有关理论研究获得了突破性的进展。在探索阶段对服务的基本特征已经达成了共识的基础上，学者们研究的主题包括：如何利用服务经验提高服务质量，优化设计服务过程及其控制，服务供求管理，处理组织职能重叠等。

服务质量这个经典问题的研究在这一阶段得到了深化。格罗鲁斯在对"服务"的最新定义和"服务特征"的理解的基础上重新解释了"服务质量"。他认为服务质量由"服务硬件"构成。A.潘拉苏拉曼、里奥纳多·内瑞和瓦拉瑞尔.A.泽丝曼尔共同设计了盖普斯模型（Gaps model），也有人把它称为"差距理论"。这是一个评估服务质量的概念模型，描述了服务质量受五种"差距"的影响和制约。他们还依据盖普斯模型设计了名为SERQUAL的测量工具，从五种角度或标准对服务质量进行测量。这五个标准是：可靠性、可感知性、应对性、保证性和移情性。这种定量性的研究在服务营销领域尚属少见，具有十分重要的意义。还有不少学者和研究人员对服务质量开展实证性的研究，这类研究主要是针对服务满意度来展开的，也具有十分重要的意义。

早在探索阶段，不少学者就已经开始对"服务接触"进行研究。由于在服务接触过程中，顾客的感知会对最终的服务感知和满意起到关键的作用。在这方面，贝特森、西尔派克、菲斯克、戚斯、索罗门、西普里尔等人都作出了贡献。洛夫洛克在《服务营销》一书中总结这一时期服务营销的研究时，将其分为三种类型：第一种是源于贝特森早期对自助服务的顾客的研究而引起的对于顾客在服务过程中所起的作用的研究；第二种是对服务接触中管理的研究和顾客评价方面的研究；第三种是研究服务环境对服务评价的影响。通过这些研究，他提出了很多建设性的意见，如可以利用顾客及员工的"控制欲"、"角色感"和"期望"等因素来提高服务质量。

当时，全面质量管理（TQM）开始流行。然而在服务业，人的因素使得整个服务过程难以控制，一般也没有企业对其服务流程进行严格的设计。这一时期，学者们逐渐确定了在传统的 4P 之上的人（people）的重要性，确认了人在服务推广和生产服务过程中的角色地位，并由此衍生出一个新的研究领域——服务系统设计。肖斯塔克在 1984 年、1987 年和 1992 年发表的论文中，论述了她在服务系统设计方面的研究成果。她论述了"蓝图技巧"（blueprinting technique）在分析、设计和生产服务过程中不可或缺的作用，服务蓝图对整个服务运营的设计是基于顾客的立场的，它帮助企业更好地创造和传递服务。可以明显地看到，这种研究已经不仅仅限于营销领域，还涉及生产运营管理、人力资源管理。科学技术因素对服务过程设计的也是举足轻重的，因此也受到营销学界之外的学者的关注。同样，这些学者的研究也促进了服务设计水平的发展和提高。

这一阶段，服务营销会议频繁召开，会议报告和学术论文数量急剧上升，与前一段时间相比翻了一番。亚利桑那州立大学的"服务营销第一州际中心"在《市场营销月刊》等期刊发表了系列服务营销论文，1992 年又出版了名为《服务营销学的发展》的论文集。与此同时，有关服务营销的书籍和期刊论文不断出现，而且一直有论文在一些优秀的学术期刊（如《市场营销月刊》、《零售业月刊》等）上发表，从 1991 年起也开始有论文在《消费者研究月刊》上登出。

贝特森出版了一本全新的服务营销教科书，名为《管理服务营销》，并于 1992 年发行了第 2 版；洛夫洛克在探索阶段出版的教材《服务营销》的再版也于 1991 年面世，在这本书里，洛夫洛克重新收录了不少案例。此外，有关顾客服务、顾客关系管理、服务质量的书籍也层出不穷。

同时，各国的大学相继举行服务营销会议，建立服务研究中心，极大地推动了服务营销理论和实践的发展。1988 年首届服务质量会议（Quality in Service，QUIS）由瑞典的卡尔斯塔德大学服务研究中心与亚利桑那州立大学服务营销第一州际中心联合发起召开；1990 年第二次 QUIS 会议在美国召开；1992 年第三次 QUIS 会议再次在瑞典举行，与会学者和企业界人士从首届的 10 个国家扩大到 15 个国家。范德比尔特大学从 1990 年到 1993 年连续组织了四次服务营销学术会议。1993 年 6 月，亚利桑那州立大学召开 AMA 教授联合会，这是继 1985 年之后服务营销学教授的第二次聚会。在这里，很值得一提的是法国马赛大学每隔两年举行一次的管理与营销夏季研讨会。这个会议从 1988 年开始组织召开，由埃里克·兰吉尔德（Eric Lagilde）和皮埃尔·艾格里尔（Pierre Igril）主持，与会学者不仅有市场营销方面的专家，还有生产运营管理和人力资源方面的学者和专家，三个领域的研究人员齐聚一堂，各抒己见，真正使生产管理、人力资源和服务营销走向"三位一体"。

任务 4　深化阶段（1993 年至 20 世纪末）

深化阶段的研究呈现出明显的深入性、系统性和整合性，所设计的模型越来越多且向着动态化方向发展。

进入 20 世纪 90 年代以后，制造企业也意识到服务在竞争中的作用，它们的竞争亦从技术、价格竞争转向服务竞争。当产品的制造商将其兴趣从与顾客的一次性交易转向长期关系时，消费或使用的性质也从纯粹的产出（结果）消费转变为持续的过程消费。而信息技术的不断更新与推广使这种状况更加突出，从而使产品与服务的界限越来越模糊了。正如格罗鲁斯在 1994 年所言："顾客购买的不是传统以上的商品或服务，而是可以给顾客创造价值的服务中的效用，因而传统意义上的商品和服务的区分方法早已过时。"这就使服务营销研究的学者重新审视过去的主要观点和模型，以便进一步深化并扩展其理论的应用范围。若说挺进阶段的研究叫注重模型与评价方法的话，那么深化阶段则较注重有关变量与利润或行为结果的关系。在这个阶段，学者们的研究主要集中在以下几个主题：消费者行为与服务购买决策过程，服务的顾客感知与顾客满意，服务营销调研，服务传递中的员工角色与内部营销，服务承诺与整合服务营销沟通，服务质量、顾客满意度与服务绩效评估，服务于实物商品的经济属性，服务的国际化与全球化。学者们并获得了不少有关服务营销的研究成果。

在这一阶段中，人们研究最多的是服务中的消费者行为与服务购买决策过程。这一研究可以分为四个方面：顾客在服务中的行为研究、顾客对于服务的选择采用研究、顾客服务转换行为研究和影响消费者行为的外部因素研究。有如下研究及成果。兰克（Lenk）等人在 1996 年用贝叶斯等级随机效应模型来进行消费者行为实验研究。维拉汉第（Weerahandi）等在 1995 年提出一个顾客采用和转换的数据预测模型，例证了消费者对于特殊通信服务的需求，并引入了三个要素：传播、顾客特质、转换。服务的感知与顾客满意度研究主题也分为三类：服务的顾客感知研究、顾客满意与报怨研究。乔斯福.C.努斯（Joseph C. Nunes）在 2000 年研究了消费者在购买考虑期如何预期产品/服务的使用价值，并提出了一个描述性模型。韦卡斯·米特斯（Vikas Mittals）等在 1999 年针对消费系统的满意度构建了一个理论上的模型，并采用 5206 个车主的纵向数据对这个模型进行实证检验，结果显示，满意度、行为动机都能够改善我们对服务领域顾客抱怨和其购买行为之间关系的理解。服务领域与产品消费领域等这些关系间存在一定差异，埃里克.R. 斯潘金伯格（Eric R. Spangengerg）在 1996 年对顾客对服务场所的评价和顾客购买行为之间的关系进行了研究。服务承诺与整合服务营销沟通的研究主要集中在两个方面：服务的推介及促销模式研究和服务广告内容研究。服务质量、顾客满意度与服务绩效评估研究主要集中于三个领域：服务质量评价方法、客户满意度测量与服务绩效管理。如加德普辛（Jagdip Singh）在 2000 年进行的对服务组织中一线雇员的服务研究；迈克尔.K.布拉迪（Michael K. Brady）在 2001 年提出了顾客对于服务质量的认知遵循三级因子模型。服务的国际化与全球化研究分为三个主要方面：服务企业及服务业的国际化方式，服务企业及服务业国际化过程中的知识管理和风险收益管理问题，国际化的服务组织和模型研究。例如，鲁斯.N.布尔顿（Ruth N. Bolton）等人在 2003 年构建和检验了一个在国际环境中根据消费者的价格弹性需求进行定价的模型。另外，还有服务企业国际扩张模型，服务业全球化案例、服务业中的国际技术传递、服务业国际化风险测量、服务企业中的国际多样化与绩效之间的关系、国际旅馆业的组织形式研究。

这一阶段其他比较有影响力的成果有：诺曼（Roman）和拉斯米力尔斯（Rasmirez）在 1993 年提出的"价值群"，朱特纳（Juttner）和韦黑尔利（Wrhtli）在 1994 年提出的"价值系统"，克拉克（Clark）和洛夫洛克在 1995 年提出的"关系管理链"，韦德默威（Vandermerwe）在 2000 年提出的"顾客活动周期"理论。沃德路夫（Woodruff）教授在 1997 年基于信息处理的认知逻辑所提出的顾客价值层次模型，可用来解决顾客所感知到的企业提供的价值问题。关于顾客感知价值的另一个重要发现是顾客价值的动态性。斯莱特（Slater）和纳尔福（Narver）在 1994 年认为："不断为顾客创造优异价值需要销售商理解购买者的整个价值链，不仅仅是价值链现状，而且还需要了解这一价值链随着时间的发展变化的状况。"在对顾客价值来源与决定因素的研究中，最重要的一个发展是 1997 年格罗鲁斯的关系营销视角或理论范式的出现。他认为顾客在感知价值时，除了关注企业供应物以外还关注相互间的整体关系，顾客价值不仅来源于核心产品附加服务，还应包括维持关系的努力，企业可以通过发展良好而持续的顾客关系来创造价值。海斯格特（Heskett）在 1994 年建立了服务利润链模型，纳牙尔（Nayyar）与莱斯特（Rust）等人在 1995 年展开对服务质量和财务绩效相关性的研究，泽丝曼尔等人在 1996 年对服务质量高低引发的消费者行为和心理变化进行研究。1999 年，理查德.L.奥利弗（Richard L. Oliver）在《营销季刊》杂志发表了《顾客忠诚感从何而来》一文，对顾客满意感与顾客忠诚感的前提，只有满意的顾客才可能成为企业的忠诚者。莱斯特、泽丝曼尔和莱蒙（Lemon）在 2000 年进一步提出了"顾客金字塔"模型，认为针对不同级别的客户提供不同的服务有利于培育和保持顾客忠诚，也更有利于巩固和发展顾客资产。

纵观历史发展可以清晰地看出，从 20 世纪末到 21 世纪初，关系营销成为营销业关注的重点，市场营销的发展创新将服务营销推向了一个新的境地，见图 3-1。

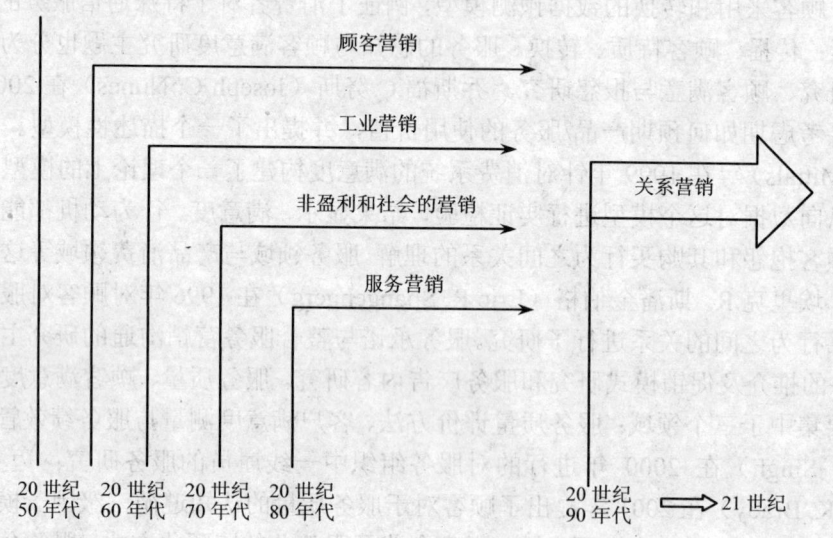

图 3-1　营销重点的变化

从以上可以看出，服务营销将是 21 世纪的主导，服务营销将随着知识经济的日臻成熟而日益显现出其重要性，并将伴随着经济的全球化而形成服务营销的国际化趋势，同时服务营销也将会极大地推动知识经济时代的进步和经济全球化进程。服务营销将以其自身的特点为世人所瞩目和重视。服务营销的演变经历了上述五个阶段，21 世纪将朝着关系营销发展。

项目三　服务营销的体系构成

消费者对服务企业的总体评价，除了可视部分的服务操作体系之外还有一些其他因素。这些因素包括服务企业的广告部、公关部、营销部的市场沟通活动，服务人员与消费者之间的电话交谈，电子邮件和信件往来，财务部门寄给消费者的账单，大众传播媒介的宣传报道，消费者的口口相传，消费者所能看到的有形证据和服务人员等。这些因素与服务操作体系共同构成服务营销体系，见图 3-2。服务营销体系实际是消费者接触或了解服务企业的各种途径。服务营销体系中的各个组成部分都向消费者表明服务的性质和服务的质量。

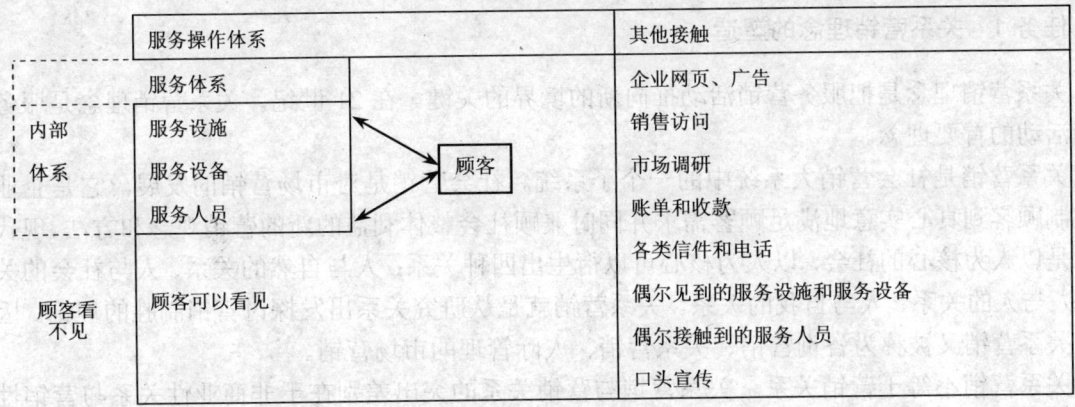

图 3-2 服务营销体系

服务营销体系由以下几个部分组成：

1. 服务人员

因为服务人员是联系企业的纽带，其言谈举止在一定程度上代表着服务企业的服务质量与水准。服务人员在服务营销体系中起着重要作用。消费者可能通过面对面接触、电信设备（电话、电传、电报、传真、电子邮件等）、邮件等方式与服务人员联系。服务企业的服务人员主要包括销售代表、客户服务人员、收银员和财会人员、售后服务人员、企业保安人员、与消费者非直接接触人员（仓库保管人员、设备检修人员等）、分销商等。

2. 服务设施和服务设备

服务设施和服务设备是服务企业有形展示的重要内容，消费者往往从这些有形展示证据中认识服务企业，得出自己对服务企业的"第一印象"。服务设施和服务设备主要包括：企业的标识、建筑物的外观、停车场、园林绿化；建筑物内部装饰和室内陈设、自助设施、车辆和其他服务设备。

3. 其他接触

服务企业与消费者的沟通，除了服务人员与消费者沟通之外，还必须通过各种媒介搞好非人员沟通。非人员沟通可采用以下媒介：企业网页、印刷函件、广告、宣传册、产品目录册、操作手册、企业形象标志图样、大众传播媒介的宣传报道等。除此以外，其他人员也是营销体系的组成部分。其他人员主要指消费者消费过程中及在日常生活工作中所接触的其他消费者，如亲友、同事和其他人的口头宣传。

项目四 服务营销理念的塑造

当今世界呈现出了经济与文化一体化发展的趋势，企业营销的成败受经济理念的支配。经营理念是企业经营哲学，是企业制定营销规划的基本出发点和依据。经营理念要顺应时代的发展潮流而不断创新。如前所述在 21 世纪，服务营销要围绕树立关系营销、服务满意、超值服务等理念而努力。理念是企业行为的指南，是企业的灵魂。只有具有新的理念，才能产生新的行为。服务营销的创新首先应该是服务营销的理念的创新。

服务营销理念主要包括关系营销理念、顾客满意度理念、超值服务理念。

任务 1　关系营销理念的塑造

关系营销理念是把服务营销活动推向新的境界的关键。在 21 世纪，关系营销理念是服务营销活动的首要理念。

关系营销是社会营销大系统中的一个子系统。社会营销是对市场营销的发展，它是企业从控制顾客到真心实意地满足顾客需求并同时兼顾社会整体利益的新的营销观念和方法。现代社会是以人为核心的社会，以人为核心可以衍生出四种关系：人与自然的关系、人与社会的关系、人与人的关系、人与自我的关系。关系营销就是从研究关系出发探讨营销制胜的理论。因此，关系营销又被称为咨询营销、关系营销、人际管理的市场营销。

关系营销不等于营销关系。关系营销与营销关系的突出差别在于非商业性关系与营销性关系引起的连锁反应。尤其是商业关系中又强调非顾客关系与顾客关系。从图 3-3 还可以看出营销关系与关系营销的相同点，掌握二者间的异同，便于开展工作。

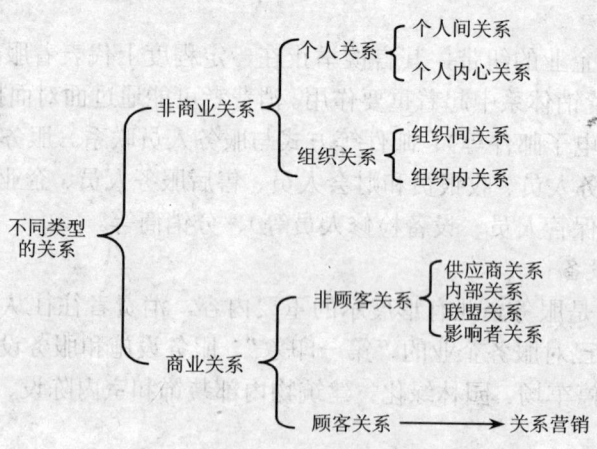

图 3-3　关系营销与营销关系

关系营销与交易营销存在着本质差异性。关系营销包括两个基本点：在宏观上，认识到市场营销会对范围很广的一系列领域产生影响，包括顾客市场、劳动力市场、供应市场、内部市场、机关市场及影响力市场（也就是政府和金融市场）等；在微观上，认识到企业与顾客关系的性质在不断改变，市场营销的核心从交易转到关系，两者间的区别见表 3-1。

表 3-1　关系营销与交易营销比较

	关系营销	交易营销
适合的顾客	目光长远者　高转换成本者	目光短浅者　低转换成本者
核心概念	长期关系的建立、保持与加强	交换
着眼点	长远利益	中近期利益
对价格的态度	不是主要竞争手段	主要竞争手段
营销管理的追求	与对方关系最佳化	单项交易的利润最大化
市场的风险	小	大

任务 2　顾客满意理念塑造

顾客满意理念来源于市场营销理论的基本概念，是对 20 世纪 50 年代形成的"以消费者为中心"的理念的发展。"满意度"是顾客满足情况的反馈，顾客满意理念是指企业全部经营活动都要从满足顾客的需要出发，以提供满足顾客需要的产品和服务为企业的责任和义务，以满足顾客的需要，使顾客满意为企业的经营宗旨。服务企业导入顾客满意理念，不单单是经营理念上的转变，还需要将顾客满意理念纳入整个经营体系之中，要求所有员工密切合作，切实将顾客的需求作为日常经营活动中的"轴心"，组织提供顾客满意的服务，顾客满意理念战略才能得到贯彻和落实。

1. 顾客满意理念与企业形象策划理念的关系

顾客满意理念（CS）与企业形象策划理念（CI）相互补充，由内到外完善企业服务体系。企业形象策划试图通过企业内部员工的行为规范和企业视觉识别系统的设计，向社会公众传达企业的经营理念和企业精神，从而建立起独特的形象识别和社会认同。顾客满意理念直接以最终的满意度来调整企业的经营战略和服务行为，以此来争取社会公众的普遍认同。企业形象策划侧重点在企业自我，顾客满意理念则强调客户的满意程度。

2. 顾客满意度

顾客满意度有两种概念：行为意义上的顾客满意度和经济意义上的顾客满意度。

行为意义上的顾客满意度是顾客在历次购买活动中逐渐积累起来连续的状态，是一种经历长期沉淀而形成的情感诉求。它是一种不仅仅限于"满意"和"不满意"两种状态的总体感觉。

对经济意义上的顾客满意度，可以从其重要性方面加以理解。一般的，当企业的顾客服务处于一般水平时，顾客的反应不大；一旦服务质量提高或降低一定程度，顾客的赞誉或抱怨将呈指数增加。构成顾客满意度推动力的主要因素有：产品的自身特点、分销地点和分销渠道、价值因素、员工的服务态度、企业的服务理念、企业的公众形象和促销手段等。企业只有在认真分析自身在上述方面的长处与不足的基础上，采取积极有效的步骤，不断修正自己的行为，才能取得经济意义上较高的顾客满意度。

任务 3　超值服务理念的塑造

现代企业的超值服务理念是指经销自己的产品，使顾客对企业服务的满意度超过他们对企业的期望，让顾客真正地认可企业，从而使企业在激烈的市场竞争中不断发展，这将是企业全新的经营战略和成功保障。

1. 超值服务理念的含义

超值服务就是用爱心、诚心和耐心向消费者提供超越其心理期待的、超越常规的满意服务。不仅使用户得到满意的服务产品，而且在服务的种类、选题、方式、时间上都超过了消费者的期待。

对超值服务的理解可以从以下方面考虑：一是超值虽不是必需的但却是必要的，它是服务的最高层次，尤其是服务企业在创建服务品牌的过程中，提供超值服务能迅速增大消费者的剩余，提升消费者对服务产品的美誉度和忠诚度；二是超值服务可给顾客带来意外满足和惊喜的服务；三是可通过建立全方位全天候的服务系统，最大限度地满足顾客多层次的服务需求，以取得广大客户的信任度；四是整合服务流程，尽可能让顾客感受到十分方便的服务；五是提供人情味和现代化生活气息的高品位服务产品。

2. 超值服务的内容

超值服务的内容，可从三个方面入手：一是做好售前超值服务；二是做好售中超值服务；三是做好售后超值服务。

售前超值服务，是强调在新服务产品上市前，先进行售前调研、培训和各项准备工作。售中超值服务是指严格规定服务人员的操作规范、语言规范和姿势规范，以及随时能根据顾客的需求调整服务流程的应变能力。售后超值服务是指包括服务制度、用户沟通制度、员工培训制度、奖惩制度和员工服务规范五个方面的一系列具体规定。

3. 操作服务的延伸和发展

在新操作服务理念的指导下，新产品开发管理从一开始就追求向多维发展，即开发性能卓越，适合不同消费层次的产品，而不是一味追求复杂的、高档次的产品。如有些产品制造商为吸引消费者过多注重令人眼花缭乱的性能和不断翻新的产品，实际上此"性能"和"翻新"是顾客所不需要的。企业应尽量开发那些功能简单、价格较低型的服务型产品。

操作服务的延伸和发展主要有三个方面，一是从服务发展到科技开发和生产，二是从少数人发展到全员参加；三是从局部发展到全方位。

4. 顾客附加价值与理想服务产品

（1）顾客附加价值。

美国营销学家里维特说过："未来竞争的关键不在于企业生产什么产品，而是在于产品能够提供多少附加值。"顾客的附加价值，亦称让客价值、让渡价值，它是顾客总价值与顾客总成本之间的差额，即顾客附加价值=顾客总价值-顾客总成本。

附加价值理论给我们的启示是：产品的顾客附加价值越大，顾客满意度越高；当顾客为获取产品所付出的顾客总成本超越所得到的顾客总价值，也就是产品的顾客附加价值为负债时，顾客不满意就发生了。因此厂家只有努力提高其产品的顾客附加价值，才能提高顾客的满意度。

（2）理想服务产品。

理想服务产品是指顾客满意度与实际服务产品的吻合程度关系的概念，即顾客满意度=理想服务产品-实际服务产品。

理想服务产品是顾客心中预期的一种概念性产品，即顾客认为自己支付了一定程度数量的货币，应该购买到具有一定功能、特性和达到质量标准的产品；而实际服务产品是顾客得到产品后，在实际使用过程中对其功能、特性以及质量的体验与判断。如果实际服务产品劣于理想服务产品，那么服务就会产生不满意甚至抱怨；如果实际服务产品与理想服务产品比较吻合，顾客的期望得到验证，那么顾客就会感到满意；如果实际服务产品优于理想服务产品，那么顾客不仅会感到满意，而且会产生惊喜、兴奋。因此，有些国外厂家就宣称其目标不是"顾客满意"而是"顾客惊喜"。如一位旅客奔忙一天后回到酒店，意外地发现他房间里摆着酒店送给他的庆贺生日的蛋糕和鲜花，其惊喜会不言而喻。

这一理论给我们的启示是：服务产品是由顾客根据自身的经验，加上从各种渠道中收集到的信息形成产品的一种抽象性预期。如果一个服务企业能实事求是地宣传介绍自己的产品或服务，顾客的理想服务产品必定接近于实际服务产品，由于感觉到企业说的是实话，顾客不仅对产品实际感到满意，而且对企业行为也感到满意，从而会增加对企业的信任；如果企业"言不及实"地宣传自己的产品或服务（也就是介绍时"留有余地"），那么实际服务产品必定超过顾客的理想服务产品，惊喜情况就会发生，从而顾客对企业就会产生格外信任。

单元小结

服务营销是服务企业为了满足顾客对服务产品所带来的服务效用的需求，实现企业预订的目标，通过采取的一系列整合的营销策略而达成服务交易的商务服务过程。服务营销的核心是满足顾客对服务产品的需求。服务营销的手段是一系列整合的营销策略。服务营销的目的是达成市场交易，实现企业预订的目标。

由于服务及其服务业的特点，决定了服务业的市场营销有着与一般产品营销不同的特征。一是其推销比较困难；二是推销方式单一；三是服务需求弹性大；四是供求分散。

服务营销与传统营销的主要区别在于研究对象的差异；对待质量问题的着眼点不同；对顾客的管理服务不同；对内部管理强调的程度不同；对有形展示的强调程度不同。

服务营销的演进发展经历了七个阶段，依次是：销售阶段；广告与传播阶段；产品开发阶段；差异化阶段；顾客服务阶段；服务质量阶段及整合和关系营销阶段。

服务营销的策略体系由技巧化营销策略与有形化营销策略；服务关系化策略和服务可分化策略；服务差异化策略与服务规范化策略；服务效率化策略和服务可调化策略组成。

理念是企业行为的指南，是企业的灵魂。只有具有新的理念，才能产生新的行为。服务营销的创新理念主要包括关系营销理念、顾客满意度理念及超值服务理念。

核心概念

服务营销　　关系营销　　顾客满意度　　超值服务

训练题

1. 应如何理解服务营销的本质与特征？
2. 服务营销与传统市场营销的主要区别是什么？
3. 服务营销在其发展历程中经历了哪几个阶段？
4. 服务营销体系由哪些部分组成？
5. 服务营销理念主要包括哪几大理念？这些理念如何塑造？

综合案例分析

案例思考1　肯德基公司的全球营销

肯德基公司作为国际快餐服务业的巨擘之一，推出了它的全球营销战略：
- 肯德基公司的出发点是满足全球的现代人对快餐的迫切需要。
- 肯德基公司的产品是统一化、标准化的，如不管在世界哪里出售的炸鸡，它的中心温度必须达到65℃。
- 肯德基公司的服务是统一化、标准化的，如顾客在任何一家肯德基快餐店付款后必须在两分钟内上餐，又如服务员替顾客换菜时弄破炸鸡的皮必须予以替换，再如炸鸡在

15分钟内没有售出，就不允许再出售。
- 肯德基公司在全世界近60个国家和地区开设了1万多家网点，所有网点的内外装修都按统一的七套图纸进行，因此肯德基快餐店无论在哪里都有统一的形象。
- 肯德基快餐，无论在世界哪里，其价位都与当地大众化的购买力相适应。
- 肯德基公司在世界各地都通过特许专卖合同的方式拓展网点。
- 肯德基公司对分布在世界各地的快餐店员工都按统一的规范进行服务培训。

肯德基公司靠全球营销在全球范围培养了一个"肯德基共同市场"。

案例思考2　美国饭店业的国际营销：如何吸引日本游客

日本游客，尤其商务游客大量涌入美国，每年约达300万人。日本饭店业为了追随这个市场，纷纷到美国投资，总投资额已超过160亿美元。美国饭店业为了争夺这一利润丰厚的市场，不得不在许多方面对其服务规范重新设计。这是一场挑战，但美国饭店业勇敢地接受了挑战。他们采取不同的方式，吸引日本客人上门，使他们有"宾至如归"的感觉：

- 安排专职对日服务人员。如美国的四季度假饭店，在日本较多的旅游地，设置了一个日本游客服务会，并安排日语流利、有丰富对日服务经验的专职经理，专门负责接待日本游客。
- 提供翻译服务。如许多饭店与"日本语翻译服务系统"（JAN）联网。这个24小时昼夜服务的系统可以提供三向电话，使日本人、饭店服务人员和口译电话员可以同时对话，便于解释美国的习俗和消除误解。
- 调整总台服务人员。如有的饭店在总台增加懂日语的服务人员。日本商务团体常常有等级次序，这在入住排房、签名等问题上有所表现。懂日语并略通日本习俗的服务员可以在办入住手续时处理好这个问题。又如芝加哥四季饭店的总经理，在客人入住后，立即派人送上有其亲笔签名的欢迎卡。
- 提供当地的观光游览指南。许多饭店备有日语版的当地城市游览指南和地图。有一家饭店还别出心裁，设计了一种"信息袋"，里面盛有各种"游客须知"，如支付小费的标准、娱乐及观光等注意事项。
- 适当提供日式菜肴。日本客人在别国旅游时，对当地菜肴一般持谨慎的态度，还是喜欢日式菜肴。因此，一些美国饭店开始提供地道的日本料理，如早餐必备绿菜、米粥和泡菜等。
- 方便客人的商务活动。许多日本人在美投资经商，对通讯、信息和办公方面的要求比较高。美国饭店除了提供一般的商务设施，还帮助日本客人了解经济信息，如有的饭店向客人提供东京股市行情、日本主要的经济报刊，以及其他日本方面的信息。越来越多的美国饭店欢迎日本客人使用SCB卡——日本信用卡，这是继传统的美国运通卡、维萨卡和万事达卡之后又一种通行的信用卡。
- 提供舒适的家居便服。在办完公务或旅游归来回到客房之后，日本客人喜欢换上拖鞋及和服。夏威夷的一些饭店在客房里就备有拖鞋及和服。此外，还提供日本式的浴衣和既有淋浴器也有浴盆的浴室，以适合日本人的习惯。
- 提供各式娱乐设施。日本人喜欢打高尔夫球，尤其喜欢参加著名高尔夫球俱乐部举办的培训。美国饭店尽量为他们安排。在天气不好时,还提供室内活动场地。
- 提供特别服务。美国饭店还把一些特殊情况考虑进去。如日本客人生病或需要医务人员的护理;有些带孩子的游客要到城里去宵夜,需要找人看护孩子等。
- 让员工熟悉日本文化。日本客人有时对服务质量期望很高,觉得美国的服务较冷漠。这实际上是由文化差异造成的。美国许多饭店的服务人员对日本人的礼节很不习惯。为了消除这种隔阂,美国许多饭店对员工进行培训,让他们对美日之间的文化差异有一定的了解。有的饭店还专门聘请日本礼仪专家做顾问。

案例思考3　美国非营利性服务业导入市场营销

- 大学。面对生源减少和办学成本增加,美国许多私立大学正在采用营销手段来吸引学生和办学基金。它们要更好地确定目标市场,改进沟通和促销质量,并努力适应学生的需要。
- 医院。随着医院收费的不断上涨,美国许多医院面临着需求不足,因而转向营销活动。他们制定产品线(服务系列)开发的计划,改进急救病房的服务,改善内科服务,制定广告计划,用电话访问的方式与病人联系等。
- 文艺。美国许多表演艺术团体不能吸引足够的观众。每股科罗拉多交响乐团的票房在下降。该乐团感到,经典音乐已经很难吸引年轻的一代。即使那些在某个季节的演出常常客满的公司(如芝加哥抒情歌剧公司)也无法完成全年的演出任务。因此,导入市场营销势在必行。如美国一家交响乐团推出了所谓"散漫的经典音乐",以吸引年轻听众。
- 宗教。美国有30万家教堂,但相当一部分陷入了困境,教徒在减少,财务支持不足。许多很活跃的组织,如青年会、救世军、女童子军和女基督徒戒酒联盟等的成员正在不断减少。如果教堂和教会组织要恢复在社会公众心目中的地位,他们就要像竞争对手一样,更好地了解教徒的需要,积极改进传教活动和组织活动,以吸引更多的成员和捐献者。

单元四　服务营销组合

本章导读

通过本单元学习，应能够掌握服务营销组合的含义，了解服务营销组合的七个要素，了解服务营销组合的计划与管理，加深对服务营销组合的认识。

知识点

服务营销组合七要素：
- 产品要素（Product）；
- 价格要素（Price）；
- 地点要素（Place）；
- 促销要素（Promoting）；
- 人员要素（People）；
- 有形展示要素（Physical evidence）；
- 过程要素（Process）。

技能点

- 服务营销组合的概念；
- 服务产品的内涵、设计、市场生命周期和新产品开发；
- 服务定价的原则和目标；
- 服务渠道的拓展和创新；
- 服务促销的各种决策；
- 服务人员的内部管理和人员培训；
- 服务产能的利用、过程参与和质量控制；
- 服务有形展示的类型、效应和管理。

项目一　服务营销组合的含义

企业可控制的销售因素很多，企业营销策略的实施就是从这些因素入手的，许多学者对营销因素进行了研究和归纳。传统的营销理论的核心之一就是 4P 营销组合，是由 E.J.友卡锡教授归纳的，包括产品（Product）、价格（Price）、促销（Promotion）和地点（Place）。4P 组合理论对企业界产生了巨大的影响，企业界的营销者将其营销努力放在 4P 组合上，并以提高市场占有率为其最大目标。在过去几十年的市场环境下，这一策略为公司赢取了巨大利润，许多著名跨国公司应用这一策略取得了竞争优势，获得了巨大的成功。如日本丰田汽车公司20世纪80年代在美国的竞争战略就是以市场占有率为目标，以4P组合为核心，最终渗透美国汽车市场，取得了巨大成功。

20世纪80年代初，营销学家布姆斯（BMms）和毕特纳（Biber）发现传统营销组合策略并不完全适用于服务营销，经过研究将服务营销组合修改并扩充成7P，分别是产品（Product）、定价（Price）、渠道（Place）、促销（Promotion）、人员（People）、有形展示（Physical evidence）、过程（Process），本单元就从这七个方面对服务营销组合进行阐述说明。

任务1　营销组合的概念

营销组合是为了方便利管理者控制所有的变数条件并使之系统化。服务营销组合是服务企业依据其营销战略对营销过程中的七要素变量进行配置和系统化管理的活动。服务市场营销组合的形成过程大致与产品市场相似，主要包括：

（1）将产品分解成部分或细节组合；

（2）各个细节组合调整成营销组合。

每个公司所采用的独特的营销组合应随需求水平、服务提供等条件的变化而变化，营销组合过程也是随着变动的市场状况和需求不断修正和调整其构成要素的。

任务2　服务营销组合的要素

20世纪80年代初，市场营销学专家布姆斯和比特纳将服务营销组合由四个要素修改并扩充成七个要素：产品（Product）、定价（Price）、渠道（Place）、促销（Promotion）、人员（People）、有形展示（Physical Evidence）、过程（Process），简称7P。在制定营销组合时，服务企业需要考虑这些组合要素间的关系。

1. 产品

服务产品是必须格外注意的重点要素，每项服务产品都包括提供服务的范围、特点、服务质量和服务水准，同时还应注意品牌、保证以及售后服务等。服务产品中，这些要素的组合变化相当大。如一家供应数样菜品的小餐馆和一家供应各色大餐的五星级大饭店相比有巨大差异；一家提供单一培训的专业培训机构与师资雄厚的综合性大学有着巨大的差别。

2. 定价

价格方面要考虑的因素包括价格水平、折扣、佣金、付款方式和信用。在区别一项服务和另一项服务时，价格是一种识别方式，是顾客决定是否购买的重要衡量标准。价格与质量的相互关系，在许多服务价格的细节组合中是重要的考虑对象。

3. 渠道

提供服务者的所在地以及其地缘的可达性在服务营销上都是重要因素，地缘的可达性不仅是指实物上的，还包括传到和接触的其他方式，所以销售渠道的形式以及其涵盖的地区范围都与可达性问题有密切关系。

4. 促销

促销包括广告、人员推销、销售促进、直复营销、公共关系或其他宣传形式、市场沟通、及一些间接的沟通方式，服务促销相对于产品促销更困难、更复杂。

以上四项是传统营销组合的要素，服务营销还要增添更多的要素，如人员、有形展示和过程。

5. 人员

人员是指参与服务过程的所有人员，不仅包括服务的直接提供者，还包括企业员工、顾客以及处于服务环境中的其他人员。对人的认识包括以下内容：

一是所有参与到服务过程中的人都对顾客认识服务本身的性能提供了重要线索。在服务业公司担任生产或操作性角色的人，在顾客眼中其实就是服务产品的一部分，其贡献也和其他销售人员相同。大多数服务企业的特色是操作人员可能担任服务表现和服务销售的双重任务。在服务业公司的服务执行者工作得如何，就像一般销售活动中销售能力如何一样重要。服务本身就是一件产品，在服务被递送的同时，顾客所能见到的所有功能都成为服务产品的一部分。由于顾客能接触到服务企业的所有部分，所以无论操作、产品、销售或营销人员都和服务的出售关系密切。

二是对某些服务业而言，顾客与顾客间的关系也应当重视。因为一位顾客对一项服务产品质量的认知，很可能是受到其他顾客的影响。如一旅行团中的特殊成分结构，或者一家餐厅的其他食客的行为都可能影响顾客所得到的服务产品，在这种情况下，管理者应面对的问题是在顾客与顾客之间相互影响方面进行质量控制。

6. 有形展示

在市场交易上服务业一般都会包含有形展示，因此有形展示会影响消费者和客户对于一家服务企业的评价。服务有形展示又称服务实体环境，包括的要素有服务提供的环境（装潢、颜色、陈设和声音）以及任何便于服务履行和沟通的有形要素和形式。如服务提供时所需用的装备实物（如汽车租赁公司所需要的汽车）、航空公司所使用的标识或干洗店将洗好的衣物加上的"包装"等。

7. 过程

服务过程是指一种把服务交付给顾客的程序、任务、日程、结构和日常工作。人的行为在服务企业很重要，而服务传递过程也同样重要。表情愉悦、专注和关切的工作人员，可以减轻顾客必须排队等待服务的不耐烦的感觉，或者平息技术上出现问题时顾客的怨言或不满。然而工作人员的良好态度，对出现的问题是不可能全部补救的。整个体系的运作政策和程序方法的采用、服务供应中机械化程度、雇佣人员裁决权用在什么情况、顾客参与服务操作过程的程度、咨询和服务的流动等都是经营管理者要特别关注的事情。

任务3 服务营销组合的特殊性

服务营销组合较之产品营销组合的特殊性，首先表现为服务营销组合包括七项要素而不是四项要素。产品、定价、渠道、促销四要素的传统式组合结构是适用于有形产品的营销策略，这样的组合结构已经对服务业不适用了，必须采用新的营销组合要素及结构。

1. 服务营销组合特殊性成因

（1）4P的营销组合是根据制造业的情况确定的。由于服务业产品的非实体性特征，决定了适宜于实物产品的营销组合并不能适应服务业的需要。在服务领域，有许多由政府管理的事业型服务组织，如公共事业部门、保健部门、教育部门和休闲部门等并不像制造业那样具有一般性的利润目标，所以服务营销组合不能像传统4P组合的出发点那样，把营销组合作为企业成本管理的重要手段。

（2）服务业的营销实务从事者认为营销组合内容不足以涵盖服务业的需要。在实践中，服务业的管理者发现，若与制造业公司相比，他们必须要应付一些显然不同性质的问题。例如，维持服务质量的问题、从事服务的人员成为"产品"的一部分、服务不能申请专利、服务产品不能储存。

（3）传统营销组合的层面和范围不适用于服务业管理。越来越得多的证据显示有必要重新制定营销组合以适应服务营销，如现有的结构和背景，提供或从事服务的人并没有想到现有布局、气氛和陈列方式的问题，但这些问题可能对于某些服务的购买具有重要影响。事实上有一系列要素（如人、有形展示和过程）是传统营销组合框架所未能涵盖的。

服务营销组合的特殊性还表现为服务营销组合是一种艺术也是一种科学，建立营销组合的步骤是人的直觉和理性研究的结果。服务营销组合的特殊性也是服务业营销策略制定上的特殊性的集中反映。

2. 服务业营销组合的影响因素

（1）业种问题。业种即行业的种类，服务业可依据其经营方式划分为若干个业种。业种的区分和描述是制定营销战略的依据。如以"设备基础"还是"人为基础"区分服务。"设备基础"服务行业可能是自动化的（如自动洗车），由非专门技术人员操作的或者由专门技术人员操作；"人为基础"服务行业包括使用技术性劳力，非技术性劳力或者专业性劳务的服务。

（2）购买动机。策略制定的一个重要步骤是确认目标市场、了解顾客需求以及顾客购买动机。如对于消费者行为，虽然做出了许多理论上的解释，可是很少人探讨消费者对服务的决策和基本选择模式，有人对于特定类别服务业做过专门的研究，并有所发现：专业服务的买主是"购买"卖主的才能，因此当买主做决定时，他可能会去评估公司的业主或代表人的行为和个性，此外他也要评估该企业本身，即所在地、声誉和外观等。

（3）竞争反应。每个服务企业都必须先考虑如何进入市场，然后如何建立并维持其竞争地位。要发展并维持具有特色地位的方法虽然很多，但在服务业中实行起来并不容易，因为所提供的服务往往会缺乏一个强有力的实体核心。要建立稳固的竞争地位，重要方式之一是利用"服务差异化"，借此在消费者中创造服务产品和服务企业在市场上比较性地位的概念或形象。

（4）业务效率。许多劳动密集服务业试图以机械化、规范化和利用各种科技及系统方法来提高业务效率。当然，在提高效率方面，服务业所面临的问题比制造业更多。虽然有些服务业可以用传统的"以资金取代劳动力"的方式解决，但不是在所有的服务业领域中都行得通，尤其是"以人的要素为基础"的服务业，是不能以资金取代劳动力来解决问题的。各种策略性的挑战，在服务业市场总是与其他市场有所不同。

（5）产品开发。产品规划和开发对服务企业而言是一个重要问题，因为要建立一个具有防卫性的竞争地位是很不容易的，尤其对于服务业而言，更为抽象而不易把握。另外为了要向顾客提供搭配均衡的服务类型，产品规划也很重要。一般而言，服务企业在研究与开发和产品规划方向的发展都不如制造业。当然，要测试、开发和规范化服务产品有一定的困难，尤其是所谓的"以人为基础"的服务业，往往缺乏真正的创新，而以模仿者居多。

因此，服务企业在产品开发策略上受到的挑战更大，包括如何导入更系统的新服务产品开发程序，以及如何设计高度非实体及创意性服务。服务产品的开发可以采用收购方式，不过采用的收购方式是否合适，则因业种而定。以收购方式追求增长，对服务业而言，是一个风险性问题，不过风险性因情况而定。越偏重于以人为基础的服务，风险就越大。而在以人为基础的服务中，凡是由专业人才或高技术性人员提供的服务，风险性更大，因此，任何企业在收购服务业务时，必须想办法争取到熟悉服务导向的经理来经营。

（6）对其他决策的影响。在服务企业中，生产策略和人事策略是分不开的。不同部门所做的替代性策略及其产生的互动性效应必须取得谅解。事实上，公司不同功能部门的相互联系，在服务业中会较为密切。

如在企业为提高生产效率而用设备取代人力时，反而可能降低营销效率。因顾客可能会把这种改革视为个人服务量的减少；个人服务量减少后，服务质量便会全面降低。顾客们也会认为这种改变是服务本身性质的改变，他们会重新考虑这种服务满足其需要的程度。在企业功能性策略之间经常产生冲突，如生产决策往往造成营销上的不利结果，反之亦然。以上这些要害问题都能促使以后的营销策略规划进入新的阶段，即开始制定"营销组合"。

项目二　服务产品

服务企业的营销活动是以满足顾客需要为中心，而顾客需要的满足只能通过企业所提供的服务产品来实现。企业经营战略的实现必须依靠市场营销组合，而营销组合决策的首要任务就是如何向市场提供符合顾客需要的产品。因此，服务产品是服务营销组合中的一个重要因素，但服务产品有别于实体产品，它对企业如何制定营销组合有着基础性的影响。因此，必须研究服务产品的内涵，研究服务产品的生命周期及其推陈出新，做好服务新产品的创新与开发，并在此基础上创造出具有市场竞争优势的服务产品品牌。

任务1　服务产品的内涵与特点

1. 服务产品与有形产品的区别

在服务营销中，产品、服务和有形产品是具有一定区别的概念。严格地说，产品是一个大概念，它是指能够为顾客提供某种利益的客体或过程，而服务和有形产品则是产品概念下面的两个小概念。菲利普·科特勒认为：服务产品往往依附于有形的物品，而有形产品里面也包含有服务的成分。所以，简单地说"服务企业向顾客提供服务产品"则显得片面。

在有形产品的营销过程中，产品的概念比较容易把握，因为产品是实实在在的有形实体，其大小、款式、功能等都由企业事先设计好了，顾客所购买到的也正是企业所提供的。而服务产品的情形则有着很大不同。由于服务产品大都是无形的、不可感知的和易腐的，并且是消费于正在生产的过程之中。产品可以生产后储存起来，以备随时取用；而服务的取用则意味着在需要某种服务之时，由生产它的生产系统提供使用。此外，被服务的顾客往往是参与到生产过程之中、并提供一部分自我服务。顾客购买服务的过程实质上是感知服务的过程，其伸缩性很强。服务产品与有形产品的区别在于它有以下特点：

（1）许多服务项目都是在消费过程中提供的，如乘飞机、乘车、乘船、在饭馆吃饭。

（2）有些服务项目具有时间制约性和批次性，虽非易腐品，却有易腐性。如飞机、火车上的客位，多余的空座位，就会因过时而"腐烂"，失去价值。

（3）服务性产品季节性强、敏感性高。如时装会随时间而流逝，虽实物很好，却会被弃而不用或沦为"二手货"廉价抛售。

（4）有些服务项目难于标准化，如医生为病人动手术。

（5）有些服务产品难于或政府不允许出口。如游览西湖十景、桂林山水等只能靠国内外旅游者亲临其境。

实际上产品与服务很难完全分离，既没有纯产品，也没有纯服务。两者是"你中有我，我中有你"。这意味着企业提供的出售物同顾客所感知到的服务产品是不同的。因此，服务企业必须把顾客感知到的产品同自己所提供的出售物连接起来。而要做到这一点，必须从四个层次来理解"服务产品"的概念，即顾客利益、服务观念、基本服务组合和服务递送体系。

2. 服务产品的内涵

（1）服务产品中的顾客利益。

顾客利益是指在购买过程中，顾客追求的并非服务本身，而是这种服务能给自己带来的利益和好处。服务产品的顾客利益是理解服务产品概念的基础，服务产品的本质只有顾客才能感知，虽然企业能够确定产品的功能及其给顾客带来的好处，而顾客所购买到的只是他们所需要的部分。制造者可以决定某一产品的功能，甚至可以借由广告决定一些心理利益，但消费者却只在特定时间，从该产品中拿走他所需要的那一部分。

消费者利益观念的界定对于所有服务产品的设计和递送决策至关重要，服务营销管理者必须注意掌握顾客"所寻求的利益是什么"，这种利益对于服务营销的成功是关键的，但又都不易捉摸。"购买专业服务就是购买了它的不确定性"。虽说消费者从服务中获得的是"利益"或"非实体性无形物"，而服务管理者所提供的却"只是非实体性无形物"。

综上所述，在服务市场营销中，对顾客来说，只有能给他们带来利益的才是真正意义上的服务产品。企业提供的出售物同顾客所要购买到的产品之间的区别给服务企业市场营销带来一些困难。一方面，顾客利益概念要求企业的服务应该基于顾客的需求及其所追逐的利益。然而，顾客可能出于缺乏足够的知识、经验和能力来清楚地表达其需求，从而使企业无法准确甄别出顾客利益之所在；另一方面，顾客在享用服务的过程中获得或好或坏的体验，这些体验将会导致顾客追求新的利益，从而使企业难以把握顾客的利益之所在。

（2）服务产品中的服务观念。

服务观念是服务业公司基于顾客追求而提供的普遍化利益。服务观念是服务产品的核心。服务观念可以分成两个层次：一般性服务观念和特定性服务观念。一般性服务观念是指提供的基础性服务产品。如汽车租赁公司提供的是暂时性交通问题的解决。特定性服务观念是特殊性服务业的核心。例如餐厅中提供的烛光晚宴便属于特殊性服务。

服务观念的清晰定义不但指出了服务企业是针对何种消费者利益而提供服务，何种服务属性最能显现消费者利益，也提出了服务过程中客户、当事人的面对面接触应形成一种网络。或者说服务观念的定义是由提供服务者将一种产品和服务出售给消费者的时候加上了服务的相关重要性。这样才能使管理者了解影响消费者决定的非实体性无形物及难以捉摸的、暗示性的成分是什么，才能设计并提供整套服务，并强调这套服务的重要构成。他们强调创造产品的重要性，以及递送系统在设计的时候一定要将顾客列为重要考虑对象。而在制造业的生产过程中，产品是与消费者隔绝的，同时制造业的基本设计是为了产出实体物品的有效生产。

（3）服务递送体系。

服务的生产和传递过程以及顾客对这些过程的感知是服务产品的重要组成部分。"服务递送体系"的概念包含了服务产品生产和消费的全过程。

从服务的基本特征来分析，服务过程包含三个要素：服务的易接近性、顾客与企业的交换过程和顾客参与。这些要素构成了服务的递送系统。

一是服务的易接近性。服务的易接近性是指顾客能否较容易地接触、购买和使用服务，包括服务人员的数量和技术；办公时间及其安排；顾客的数量和知识水平等。

如果一家维修公司的电话接线小姐让顾客等了很久才拿起话筒，或者她不能找到技术人员同顾客交谈有关维修的问题，那么，该公司的服务就失去了可接近性。这将严重影响顾客对其服务产品的感知。

二是顾客与企业之间的交换过程。顾客与服务人员的相互沟通取决于服务人员的行为，如他们说什么、做什么以及如何说、如何做等。如果顾客认为这些过程过于烦琐和复杂，或者受到不友好的对待，他们很难会给企业的服务质量以较高的评价。

三是顾客参与。顾客参与是服务递送系统的一项重要内容。由于服务产品的生产和消费是同时进行的，顾客直接参与服务产品的生产过程并影响到他们对服务产品的认知。如在服务过程中，顾客通常会被要求填写一些表格、提供一些信息等，如果顾客对此有充分的准备，或者愿意去做这些事情，则无疑会提高服务产品的质量。

任务 2　服务产品的设计

服务产品大都是无形的、不可感知的、无法储存的，并且其生产与消费是同步进行的。顾客购买服务的过程实质上是感知服务的过程，其伸缩性很强，与有形产品有着许多本质的区别。服务产品的概念，可以从服务产品的设计、市场生命周期、服务新产品的开发以及服务产品的品牌四个方面来深入理解。

良好的服务始于优良的产品设计。要使产品设计既符合顾客要求，又便于提供维修、运输等服务，就应该让顾客和维修人员参与到服务产品设计中。同时，服务设计人员还要根据产品特性及其对顾客的价值大小进行最优化设计。

任务 3　服务产品的市场生命周期

服务产品具有和有形产品相似的市场生命周期，即某种服务产品从进入市场、稳步增长到逐步被市场淘汰的过程。如目前的电信、医疗保健、租赁和户外娱乐等服务行业正处在成长的过程，而电影、手表维修服务等行业则已经过了其发展顶峰阶段。对服务产品生命周期每一个阶段的考察，都是为了确定服务企业的生命周期定位，从而找出未来的主要目标、决策、问题以及公司组织的调整和变革。

由于服务产品在市场上总是要经历一个从成长到衰退的生命周期过程，所以，服务企业要想在激烈的市场竞争中获得成功的发展就必须不断地引入新产品，实现服务产品的增长策略，以适应不断变化的市场需求。

任务 4　服务新产品的开发

长期以来，由于多种原因，服务产品的开发问题始终未受到服务企业的重视，许多服务企业甚至还没有建立起正规的新产品开发部门。但随着服务业的不断发展、市场竞争的日趋激烈，服务企业必须重视服务新产品的开发，从而保持企业竞争力、利用超额生产能力、抵消季节性波动、降低经营风险并且能探索新的市场机会。

服务企业引入新产品主要通过两种途径：一是通过购买特许经营方式从外部获得；二是

企业自主进行新型服务产品的开发。实践表明，无论哪种开发策略，其失败率都相当高。导致新产品开发失败的因素，主要有产品构思上的错误、市场定位错误或者产品设计达不到顾客要求等。因此，服务产品的开发同有形产品一样，要遵循科学的程序。服务产品的开发程序一般包括七个步骤：构思、筛选、概念发展与测试、商业分析、开发试制、市场试销和正式上市。

任务5 服务产品的品牌

品牌能够使顾客通过其提供的有效信息来识别特定的公司及服务。服务品牌的含义是企业留给顾客的区别于其他企业的瞬间印象。品牌含义有展示品牌、服务概念、质量和价值的作用。在服务营销中，公司品牌是形成企业服务特色，取得企业竞争优势的重要手段。服务产品的品牌包括多种因素，并受到多种因素的影响。服务企业通过多种潜在中介，如设备商标、印刷和电视广告、运货卡车和职员服装等，把它的品牌提供给现实的以及潜在的顾客等。企业提供服务的服务质量和服务价值都将影响到顾客对现有品牌的认识。因此，企业必须创造并加强服务质量以提高预期的品牌形象。

项目三 服务定价

在服务营销组合中，只有价格直接产生收入，服务产品、促销和服务渠道均会增加企业成本。同时，服务产品、促销和服务渠道策略的实现需要合理的价格体系来支持，并且价格经常作为公司强有力的竞争工具参与市场竞争，甚至有时成为最有效的竞争手段。价格还可以作为信息传递的工具，向外界表明企业本身的服务价值或市场定位。如高价格意味着高服务质量。"质优价廉"意味着低价格高服务质量。

服务产品定价与有形产品定价存在许多相似之处，但是服务产品的特性和服务业的多样性决定了服务定价将更复杂。这里主要介绍服务定价的原则与目标、决定服务价格的相关因素及服务定价的方法与策略，并提出收益管理的基本理论。

1. 服务定价的原则

服务定价原则是指服务定价的基本原则，用于指导定价的全过程。服务企业应当在服务定价原则的指引下，制定适合于本行业、本企业的价格。

（1）经济效益和社会效益兼顾的原则。这一原则要求企业在制定价格决策时，不仅要考虑自身的经济利益，而且还要考虑社会效益。企业遵纪守法、规范合理的定价决策，有利于企业树立良好的社会形象，提高企业或服务产品的信誉度和美誉度，从而为企业赢得长期的利润回报。

（2）科学性原则。这一原则要求定价时要有一个科学的步骤和程序，避免主观臆断和盲目决策，在目标的指引下，对成本、竞争、顾客进行科学分析，在获取准确完善的价格信息的基础上，用科学的方法论制定价格，还要通过时常检验对价格进行调整，以确定最终的价格。在服务业，还要考虑其他相关因素，如付款的时间、地点、方式、价格如何传递等。

（3）动态性和稳定性相结合原则。服务定价是一个既动态变化而又相对稳定的过程。动态性表现在企业要根据环境的变化及时调整自己的定价方法和定价策略；稳定性表现在价格一旦制定，需要保持一段时间，变化不宜太频繁。

（4）目标明确性原则。目标明确性是指服务定价的内容必须明确具体，容易理解，不能含糊其词。目标应该尽可能量化，以便在实现的过程中能够度量和控制。当有些目标难以量化时，文字描述应当清晰明确。企业的定价目标不应当只被高层管理者或定价部门掌握，每位员工都应有清楚的认识。

（5）目标可行性原则。目标可行性指制定的目标是可以实现的。目标过高会使企业劳民伤财，难以达到，甚至影响员工的士气；目标过低会使企业失去发展的动力，员工容易产生骄傲情绪，从而目标起不到激励的作用。

2. 服务定价目标

和其他营销组合成分不同的是，关于价格的决定是针对预订目标的，而预订目标是和企业的总目标相连的。如果不是这样，决定出来的价格就可能带来负面后果。价格政策的目的很短，基本上可以归纳为利润最大化、回报资本的投入及现金流动、占市场份额、社会目的和服务质量。

（1）利润。毫无疑问，获得尽可能多的利润是企业的首要目的，但企业是否能把这种标准推行到所有决定中就是一个疑问了。有时候要在各种利益之间妥协，有时候企业目标占上风，有时候目标不是利润最大化，而是满足顾客的预期。但是如果企业把它作为主要目标，价格政策就有了明确定向。

企业需要区别短期和长期目标，并要确定在多长时间内将利润最大化。如一家提供新服务的企业在新市场上就可以采取高价政策，这样就能在短时间内得到高利润。一旦竞争对手进入市场，该企业的市场份额就会减少。但对于公共企业里的价格决定问题却不一样。企业至少要达到成本收入的平衡，但很少实现这种平衡。这类企业的问题是把成本摊在国家的拨款中。有时公共企业能把价格定高，超过平衡点，拿得到的利润做设备更新或技术改造的投资。

（2）投资回报及现金流动。在一定市场条件下，一些机构客观上没有最大利润，但是使投资得到了回报。一是国家对资本密集型公用事业服务企业做出大量投资，其管理目标是分期偿还国家投资。二是当国家出面调节私营企业运作的行业价格时（如在意大利的保险业），就要允许企业适当保证自己众多股东能够从投资中得到一些收益。一般来说，某时刻的资本成本是很容易确定的（当时的金融市场可以提供数据），但是很难就投入资本和更换设备价值的评估达成共识，而这才是计算收益的基础。

有时候，私营企业采取投资回报的标准并不高，如服务领域的跨国公司在国外开设新公司，至少在前几年内不要求最大限度的盈利，只要求保本。

另外，在一定情况下价格是收回投资的手段。这是一箭双雕的政策，竞争中可以靠低价争取做到市场份额和收回投资两者兼顾。

（3）市场份额。在服务领域里，需要在相当短时间内达到一定市场份额才能保证规模效益。这是因为固定成本比例是比较高的，规模放益不仅是涉及服务的生产，而且也包括服务的购买（配套服务和部件）、促销和销售。如果这是目标，在第一阶段里的价格可以定在平均价格线下，以便先占有市场份额，然后再在达到目的后适当提价。

（4）社会目的。以为社会提供公益服务为目的的企业采取的价格政策往往只覆盖部分成本，或者是以消费者的平均收入所能承担的标准考虑定价。一些私营企业也提供低于成本的价格。如国家要求航空公司采取低于外国公司的国际航线价格，以便吸引游客；对连接国内偏远地区的航线，也采取低价位，以利发展经济。摩洛哥和肯尼亚就是这样做的，政府要求航空公司尽量吸引游客。意大利政府则要求意航保证对西西里和撒丁岛与本土的航线采取低价政策。

(5) 质量。这是需求引导的目标。第一种方法是企业搞清楚消费者需要的是什么质量的服务和愿意为此付出的价格。在这个基础上设计质价之比最高的服务。第二种方法是企业可以不改变服务，而是对各种价格影响下需求和利润边际进行评估，采取差价政策。第一种方法是所有顾客都把服务看做是具有同样价值的，第二种方法则是需求弹性的差异使顾客对服务给予不同的价值评定。如一些餐馆、旅店、高尔夫俱乐部等企业的目的是做行业领袖，高价位是当然的逻辑结果，因为既要覆盖成本，又要形成一种服务档次更高的形象。在奢侈品的服务行业中，企业就抓住消费者的心理需求，以高质量的服务收取高额的边际利润。

服务企业在确定服务产品价格目标时，必须考虑服务产品的市场地位、服务产品生命周期所处的阶段以及企业的战略角色。对服务来说，可供选择且实用的定价方法不多，主要有成本导向、竞争导向以及需求导向定价法。成本导向定价法，是企业依据其提供服务的成本决定服务的价格。这种方法简单明了，在考虑生产者合理利润的前提下，能使企业维持适当的盈利水平，并降低顾客的购买费用。竞争导向定价法，是指以竞争者各方面之间的实力对比和竞争者的价格作为定价的主要依据，以在竞争环境中的生存和发展为目标的定价方法，主要包括通行价格定价和主动竞争型定价，即以服务的市场通行价格为本企业价格或者采取主动进取型定价。需求导向定价法，着眼于消费者的态度和行为，服务的质量和成本则作为辅助因素对价格进行相应的调整。

项目四 服务渠道

服务渠道是指服务从生产者移向消费者所涉及的一系列企业和中间商。一般而言，直销是最适合服务产品的配送方式。由于服务和服务提供者不可分割，直销可能是服务生产者经过选择而选定使用的销售方式。同时，许多服务企业的销售渠道还包括一个或一个以上的中介机构，服务中介机构形态主要有代理、代销、经纪、批发商和零售商等。

任务 1　服务渠道的拓展

服务产品的分销渠道大都以独立渠道和结合渠道两种方式来实施渠道的拓展。独立服务渠道的兴起是为了满足特定需要而无须与另外的产品或服务相关联。一家顾问公司或一家旅行社不与其他公司合作，而是分开经营的，即属独立服务渠道的例子。结合型服务渠道是将服务营销结合在某个产品销售的渠道之中。结合型服务渠道一般由收购、租用及合同等形式发展而来。

任务 2　服务渠道的创新

近年来，服务分销渠道产生了很多创新，主要是租赁服务、特许经营及综合服务等。服务经济的一个有趣现象是租赁服务业的增长，即许多个人和公司都已经而且正从产品的拥有转向租用或租赁。在租赁服务中，出租者和租用者都可以获得较多的利益，对双方来说这是一个双赢的交易。特许经营是指一个人授权给另一个人，使其有权力用授权者的知识产权，包括商号、产品、商标和设备分销等。过去的特许经营一般都是人们所熟知的垂直特许经营，近年来发展了所谓的水平特许经营，即产品或服务的零售商和其他在同一分销渠道的机构间有特许经营的关系。在这方面发展很快的行业有干洗服务、就业服务及清洁服务等。综合服务是综合公司体系和综合性合同体系的持续发展,它已经开始主宰某些服务业领域。如在大饭店和汽车旅馆方面,综合服务的体系(如假日饭店、希尔顿和 Best Western)都越来越具有举足轻重的市场地位。

项目五 服务促销

企业的服务促销包括多种元素,如广告、人员推销、营业推广、公共关系、口头传播、直接邮递等。这里简要介绍其中的几种主要方式。

任务 1 服务广告方式

在服务广告方面,首先要认识到服务是行为而不是物体,因此,广告不只是激励消费者购买,而应把企业雇员当作第二受众,激励他们提高服务的质量。为达到此目的,服务企业在做广告时应使用自己公司的雇员,而非模特。

同时还应该提供一些有形的线索来冲销服务的无形特征,如不只是展示员工,还包括服务设施等。服务广告的指导原则是使用明确的信息,强调服务利益,对员工做广告,在服务生产过程中争取并维持顾客的合作,建立口头沟通,提供有形线索,发展广告的连续性,解除购买后的疑虑等。

任务 2 服务人员推销方式

服务推销与产品推销有着很大的差异。前者很多时候必须雇佣专业的技术人员而非专业的推销人员,同时推销服务比推销产品难度更大。关于服务业的人员推销,有学者提出了一个包括六项指导原则的模式。此模式是通过调查具有代表性的产品和服务厂商,分析产品和服务人员推销的差异而总结出来的。其指导原则是从投入、过程和产出三方面积累服务采购机会;建立合理的预期表现水平与实现便利的质量评估;将服务实体化;强调公司形象;利用公司外的参考群体,如满意的顾客,参与传播过程;了解所有对外接触员工的重要性等。

任务 3 服务公关方式

公关是公共事务领域中较为普遍使用的促销方式。公共事务的主要工作包括媒体关系、产品和服务的公关、公司内部和外部的组织沟通、游说等。影响服务公关的显著性要素是可信度、解除防备和戏剧化。新闻特稿和专题文章往往比直接花钱买的报道具有更高的可信度。以新闻方式而非以直接销售或广告方式进行公关,更容易被潜在顾客或使用者接受。

项目六 服务人员

服务人员要素包括两个方面的内容:服务人员的内部管理和服务人员的培训。

任务 1 服务人员的内部管理

在提供服务产品的过程中,服务人员是一个不可或缺的因素。尽管有些服务产品是由机器设备提供的,如自动售货服务、自动提款服务等,但零售企业和银行的员工在这些服务的提供过程中仍起着十分重要的作用。一个高素质的员工能够弥补由于物质条件的不足带给消费者的遗憾，而素质较差的员工则不仅不能充分发挥企业拥有的物质设施上的优势，还可能成为顾客拒绝再消费的主要缘由。因此，在服务营销中企业对员工的管理尤其是对一线服务人员的管理相当重要。

在服务企业内部，服务的价值与服务员工的生产效率直接相关，而员工的生产效率与员工的满意度相关，员工的满意度则与企业的内部质量相关。这一系列的相关关系说明，企业内部质量是服务价值的基础，即企业内部对服务人员的管理影响着员工的满意程度，从而直接导致企业服务价值的实现。对服务企业而言，企业的最终用户并不是唯一的顾客，员工也是企业的顾客。因此，把服务人员视为顾客是一种很好的内部管理方法。当管理人员把手下的服务人员视为自己顾客时，就会去了解并且满足他们的需求，从而使员工很好地完成服务工作。因此，如果企业内部存在这么一种良好的内部员工管理机制，那么一线服务人员一定会尽力给顾客留下良好印象，并提供优质有效的服务。

任务 2　服务人员的培训

服务企业对顾客的服务是通过员工与顾客面对面的交往实现的，企业服务质量的好坏是由服务人员在提供服务过程中的每个真实瞬间的表现直接决定的。因此，服务组织比其他组织更注重员工的培训，培训的目的在于使那些与顾客接触的员工能够更加积极主动并富于创造性地为顾客提供优质服务。在探讨企业内部培训之前，应该先介绍服务企业的人员招聘，因为这是企业进行员工培训的基础。在选择一线员工时，不能像招聘普通员工那样只看重经验和技能，而更应考察态度、资质和个性等能为服务人员带来成功的因素。

招聘之后，如何使新成员成为符合企业要求的服务提供者，这是企业内部培训需要解决的关键问题。许多企业为培训员工开办了专门的学校，如摩托罗拉公司的摩托罗拉大学，麦当劳的"汉堡包大学"等。这些机构的主要任务之一就是对员工进行技能培训。除此之外，服务企业还应对员工进行交往培训。由于员工在与顾客的交往中可能遇到的问题难以事先预料，很难在培训中对这些问题加以模拟解决，因此服务人员交往培训比技能培训更困难。培训的第三个作用是向员工灌输企业的价值观，并使员工对一些与企业发展有关的方面给予更多的关注。这是有关企业文化培训的内容。

项目七　服务过程

服务过程是指一种把服务交付给顾客的程序、任务、日程、结构和日常工作。服务产生和交付给顾客的过程是服务营销组合中的一个主要因素，因为顾客通常把服务交付系统感知成服务本身的一个部分。服务企业的顾客所获得的利益或满足，不仅来自服务本身，也来自服务过程。因此，服务过程的管理和控制对服务营销的成功起着十分重要的作用。

任务 1　服务产能的利用

服务的不可储存性意味着对服务产品建立库存受到很多限制。当然，从某种程度来说，服务人员及其技能是可以储存的，设备也可以储存，必要时可以提供额外的产能。但一般而言，服务业当天没有用完或闲置的资源往往被废弃，而不能留给以后的超负荷需求来使用。因此，服务过程管理中要进行的基本决策是确定要提供的适当的产能水平,因为产能过多可能会造成作业的不经济,而产能过少则会在服务递送时造成瓶颈以及效率不足而导致顾客反感。

任务2　顾客的服务过程参与

服务的不可分离性,指服务的生产和消费是同时进行的,而且顾客直接参与服务过程。因此,服务系统的设计以及服务过程的管理,也必须考虑到顾客的反应和动机。要管理和调整服务过程,先要调整和规范顾客的行为,同时,还要改变消费者与服务生产者的互动方式。服务过程的改变,会直接影响到顾客。正是因为顾客对这些改变的不确定的接受程度,所以在改变服务过程时也必须采用营销的观点。而顾客是否能接受这些改变则不可知。

此外,顾客的抗拒心理往往也是采取合理改善服务过程的一大阻碍。将服务系统尤其是高接触服务业的服务系统区分为技术核心和个人化接触两个部分,可以缓和上述的顾客抗拒问题。

任务3　质量控制

质量控制是服务过程管理和控制的又一个重点。许多适合于制造业的质量控制原则,也适用于服务业。这些原则包括下述三项:

一是质量控制关系到服务作业中的每一个人,也包括看得见或看不见的各种任务;二是各种质量控制制度应该能发现服务过程中质量低下的服务环节,并能帮助其弥补各环节的不足;三是以机器代替人力,尤其是取代那些例行性的服务工作,应该有助于质量控制。

要实现质量控制目标、完善服务质量,应该在服务过程中建立质量控制标准。如美国一家航空公司通过研究以下事项来执行服务过程质量标准:每位顾客在取得飞机票时必须花费多少时间;将行李从飞机上卸下来需要多少时间;有电话进来未接听之前容许它响的次数等。

项目八　服务有形展示

所谓"有形展示"是指在服务市场营销管理的范畴内,一切可传达服务特色及优点的有形组成部分。在产品营销中,有形展示基本上就是产品本身,而在服务营销中,学者们不仅将环境视为支持及反映服务产品质量的有力实证,而且将有形展示的内容由环境扩展至包含所有用于帮助生产服务和包装服务的实体产品和设施。

任务1　服务有形展示的类型

从有形展示的构成要素进行划分,服务的有形展示主要表现为三种类型,即环境、信息沟通和价格。物质环境展示可分为周围因素、设计因素和社会因素。周围因素通常被顾客认为是构成服务产品内涵的必要组成部分,是消费者可能不会立即意识到的环境因素,如气温、湿度、气味和声音等。这些因素的存在不会使顾客感到格外惊喜,但如果这些因素达不到顾客期望,就会削弱顾客对服务的信心。

设计因素是刺激消费者视觉的环境因素,这类要素被用于改善服务产品的包装,使产品的功能更为明显和突出,以建立有形的、赏心悦目的产品形象,如服务场所的设计、企业形象标识等。社会因素是指在服务场所内一切参与及影响服务产品生产的人，包括服务员工和其他在服务场所出现的各类人士，他们的言行举止皆可能影响顾客对服务质量的期望与判断。

信息沟通是另一种服务展示形式。来自公司本身以及其他引入注意的沟通信息通过多种媒体传播、展示服务。从赞扬性的评论到广告，从顾客口头传播到公司标记，这些不同形式的信息沟通都传送了有关服务的线索，影响着公司的营销策略。

价格是市场营销组合中唯一能产生收入的因素，而其他的因素都会引起成本增加。在服务企业，正确的定价特别重要，因为服务是无形的，服务的不可见性使可见性因素对于顾客做出购买决定起重要作用。价格是对服务水平和质量的可见性展示。

任务2　服务有形展示的效应

有形展示作为服务企业实现其产品有形化、具体化的一种手段，在服务营销过程中占有重要地位。其效应主要表现在通过感官刺激，让顾客感受到服务给自己带来的利益；引导顾客对服务产品产生合理的期望；影响顾客对服务产品的第一印象；促使顾客对服务质量产生"优质"的感觉；帮助顾客识别和改变对服务企业及其产品的形象；协助培训服务员工等。

任务3　服务有形展示的管理

服务企业应善于利用组成服务的有形元素，突出服务的特色，使无形的服务变得相对有形和具体化，让顾客在购买服务前，能把握判断服务的特征及享受服务后所获得的利益。因此，加强对有形展示的管理，努力借助这些有形的元素来改善服务质量，树立独特的服务企业形象，对服务企业开展市场营销活动具有重要意义。

服务企业对服务有形展示的管理，除了使服务有形化之外，还应考虑如何使服务更容易地为顾客所把握。一是把服务同易于让顾客接受的有形物体联系起来，使用的有形物体必须是顾客认为很重要的，并且也是他们在此服务中寻求的一部分，同时要确保这些有形实物所暗示的承诺。二是把重点放在发展和维护企业同顾客的关系上。

单元小结

企业可控制的销售因素很多，企业营销策略的实施就是从这些因素入手的，传统的营销理论的核心之一就是4Ps营销组合，后来经过研究将服务营销组合修改并扩充成7PS，分别是产品（Product）、定价（Price）、渠道（Place）、促销（Promotion）、人员（People）、有形展示（Physical Evidence）、过程（Process），本单元就从这七个方面对服务营销组合进行阐述说明。

企业经营战略的实现必须依靠市场营销组合，而营销组合决策的首要任务就是如何向市场提供符合顾客需要的产品。

服务定价原则是指服务定价的基本原则，用于指导定价的全过程。服务企业应当在服务定价原则的指引下，制定适合于本行业、本企业的价格。

服务渠道是指服务从生产者移向消费者所涉及的一系列企业和中间商。一般而言，直销是最适合服务产品的配送方式。

企业的服务促销包括多种元素，如广告、人员推销、营业推广、公共关系、口头传播、直接邮递等。

服务人员要素包括两个方面的内容：服务人员的内部管理和服务人员的培训。

服务过程是指一种把服务交付给顾客的程序、任务、日程、结构和日常工作。服务产生和交付给顾客的过程是服务营销组合中的一个主要因素,因为顾客通常把服务交付系统感知成服务本身的一个部分。

"有形展示"是指在服务市场营销管理的范畴内,一切可传达服务特色及优点的有形组成部分。

核心概念

服务营销组合　产品　定价　渠道　促销　人员　有形展示　过程

训练题

1. 论述服务营销组合与产品营销组合的异同。服务营销组合有何特殊性?
2. 服务人员、服务有形展示及服务过程策略的主要特点是什么?试举例说明。
3. 举例论述服务企业中影响服务过程的服务生产率的因素。

单元五 服务营销战略

本章导读

通过本单元学习，应能够掌握服务的特点，了解服务特点对营销活动的影响。掌握服务的有形化和技巧化战略；规范化和差异化战略；可分化和关系化战略以及可调化和效率化战略组，并可以运用具体的方法进行实施。

知识点

- 服务的特点；
- 服务特点对营销的影响；
- 服务有形化和技巧化战略；
- 服务规范化和差异化战略；
- 服务可分化和关系化战略；
- 服务的可调化和效率化战略。

技能点

- 开展服务有形化和技巧化的方法；
- 实施服务规范化和差异化的方法；
- 掌握服务可分化和关系化的手段；
- 服务可调化和差异化的工具。

项目一 服务营销战略概述

任务1 战略的概念及战略服务观

1. 战略的概念的由来

战略的概念来源于军事，泛指对战争中重大的全局性的目标、方针、政策的谋划。它依据敌对双方的军事、政治、经济、地理等因素，统筹全局，制定实施战争的目标、策略、方法和步骤。第二次世界大战后，由于世界经济和科学技术发展迅速，企业的运营环境也发生了深刻变化，使不确定性增加，竞争日益趋于激烈。外部环境的变化迫使企业经营者开始重视企业的经营和发展方向问题，由以往较多关注企业职能管理，如生产管理、财务管理、物料需求管理和销售管理等，开始转向重视企业综合性、全局性和长远发展问题的管理。因此，战略的概念开始被企业家接受并用于企业经营者管理实践。后来经过长期的探索与实践，逐步形成企业战略管理的理论与方法。

2. 战略服务观

詹姆斯·赫思克特提出了"战略服务观"的思想，在其"战略服务观"概念中提出了四个基本要素和三个整合要素。

（1）"战略服务观"的基本要素。

1）目标市场细分。市场细分就是确定一个客户群，这些人有共同的性格、需求、购买行为或消费模式。有效的市场细分结果是形成一个顾客群，他们会在上述这些方面或其他一些方面非常相似，同时又与其他群体有着明显的差异。这些市场的基础是地区特征、人口统计特征、心理特征或其他的有关特征。

2）服务理念。服务理念是指树立为消费者、员工和其他利益共享者服务的观念。服务的理念出自于企业对经营活动的定义。只要回答了"我们在从事怎样的经营活动"这个问题，就定义了服务理念。服务愿景是一种有关企业服务方向和定位的整体理念和一种自我意识，这种理念明确无误地向顾客和员工表明企业的目标和在市场中的定位，构成企业设计服务产品的基础。

3）经营战略。经营战略也称竞争战略，是有关公司经营、融资、营销、人力资源规划和控制的一系列战略、计划和政策的总和。它着眼于各个业务，回答"这个业务如何击败竞争对手赢得市场？"，并要求根据具体的情况筛选出最能体现组织竞争优势的业务，从而为组织实现可持续竞争做好准备。如果服务愿景是有关企业方向及其定位的整体展望，那么服务竞争战略就是实现服务远景的特殊模式，其目的是把服务理念变成一个活生生的东西。经营战略包括聘用、公司制度、质量和成本控制以及使价值高于成本的各种方法。有效的服务战略就是对于服务目的的非凡陈述，做到与众不同、鹤立鸡群，并在顾客眼里有价值，你的组织有提供相应服务的能力。

4）服务传递系统。服务传递系统指的是一个公司在服务提供的过程中如何应对和运作。这个系统包括设施、布局、技术和所使用的设备、递送服务流程、员工的工作培训以及对服务中员工及客户的作用的描述。服务传递系统必须最大限度地使消费者满意。

（2）"战略服务观"的整合要素。整合要素就是基本要素融合一体而成的服务战略。整合要素包括公司定位、提升成本收益和战略系统整合等。

1）定位。定位是指一家公司该如何区别于其他竞争者。这除了需要具有满足消费者需求的理念之外，还需要充分了解如何满足消费者需求、公司实力有多强以及有关竞争者的服务产品和实力的确切信息。有了这些基础，公司要针对选定的细分市场的特征去贯彻公司的服务理念，确定一系列有特色的服务项目。所谓服务特色是指成本、服务项目、广告以及分销渠道和递送系统的特异性。

2）价值成本杠杆。一般而言，有特色的服务收费可以高些，但是提供有特色的服务往往成本也比较高。如果公司能在控制成本的前提下，成功地提供这种可感知的独特的价值，那就提高了成本效益，并能获得比竞争者更高的边际收益。有多种策略可以提高成本收益，其中包括提供一些消费者重视的个性化服务，使某些服务标准化，在服务的关键环节上牢牢地控制质量，调节市场供求以及让一些消费者参与到服务的创造中来。

3）战略系统整合。战略系统整合就是让服务理念和经营战略保持一致，并且经营战略还必须与服务传递系统相吻合，保证整个服务体系的完整性。一个成功的企业是通过精心设计雇佣制度、服务流程和设施来统一经营战略和服务传递系统的。

任务 2　服务营销战略的概念

服务营销战略是企业经营战略的一个重要组成部分。服务营销战略是指服务企业为了谋求长期的生存和发展，根据外部环境和内部环境的变化，对企业做出的具有长期性、全局性的计划与谋略。

服务产业中的企业具有多样性的特点，几乎包括非物质产品生产以外的所有行业。如何在多样化的服务产业中找到适合自己企业特点的发展空间，明确竞争环境的特点，形成自己的核心竞争力？服务产业的企业管理者必须回答下述三个基本问题：

（1）自己的企业是一个什么样的企业？它将是一个什么样的企业？它应该成为一个什么样的企业？即必须明确企业的宗旨、目的、服务对象，界定企业的业务活动范围，清晰地认识企业的现状并理清未来发展的思路。

（2）自己企业的基本目标是什么？即确定企业经营活动的成果。

（3）如何实现企业的既定目标？即寻求实现企业目标的途径，制定实现经营目标的政策措施。

企业战略管理是在对企业内外部环境分析的基础上，确定企业总目标和发展方向，组织企业各种资源，实现企业总目标的规划、计划过程，是制定企业全局性和长远性规划并付诸实施的重要途径。企业战略贯穿于企业生产经营活动的全过程，包括四个基本要素：

（1）产品和市场范围，指企业生产的产品和竞争的场所；

（2）发展方向，企业计划对产品和市场范围进行变动的方向；

（3）竞争优势，企业相对于竞争对手所具有的优势产品和市场特性；

（4）组合效能，企业内部的各种资源组合产生的综合效果，即 1+1>2 的现象。面对瞬息万变的内部和外部环境的变化、日趋激烈的市场竞争，企业必须运用系统的观点考察生产服务过程，正确处理近期目标和长远目标之间的关系，加强综合的全局性决策和管理，在激烈的市场竞争中求得生存和发展。

按照战略管理的重要性，战略一般划分为三个层次，即总体战略、经营战略、职能战略。总体战略是指导企业开展经营活动的最高行动纲领，包括战略决策的基本要素：企业的宗旨与性质、企业资源配置、企业从事的行业或服务、企业投资决策等。经营战略是指企业内部和所属单位在总体战略指导下经营管理某一特定经营单位的战略计划，其重点是确立一个经营单位市场中的竞争地位，以及解决如何分配资源的问题。职能战略是指为贯彻、实施、支持总体战略制定的特定职能管理战略，是经营战略的自然延伸，重点是提高企业资源的利用效率，它由一系列详细的方案和计划构成，包括财务、生产、销售、研究与开发、采购、储运、人力资源等。

服务战略管理的内容包括产品战略、质量战略、服务设施选址战略等八个方面，如表 5-1 所示。

表 5-1 服务战略管理的主要内容

职能战略名称	战略管理内容
产品战略	确定服务产品种类、服务产品开发战略
质量战略	质量保证系统建设、改善产品质量
选址战略	确定有利于增加收益、增强竞争力的区位
库存战略	控制存货数量、降低库存成本
项目管理战略	建立高效服务作业流程、提高资源利用率
收益管理战略	实现服务供给与需求平衡、提高效益水平
信息化战略	构建服务管理信息系统、提高管理效率
服务系统优化战略	管理科学方法在服务管理中的运用

任务 3　服务战略制定应考虑的问题

服务组织所面临的竞争环境的特殊性，以及服务本身竞争要素的特殊性，会影响到服务组织在制定服务竞争战略时的思路。在制定服务竞争战略时，应考虑的问题有以下几个方面：

1. 理解所从事的特定服务

在制造业企业，产品这一有形实体提供了一个简单而有力的业务说明，但对服务组织而言，要说清楚服务的内涵却比较困难，因为服务比较抽象。为了克服这一困难，有人建议用类比的方法，将服务类比于产品进行理解和管理。这种方法大大限制了对服务的理解和想象力，限制了服务管理的创新。对于服务业来说，服务内容本身的设计和如何提供这项服务即业务流程的设计，在很多情况下是不可分的。因此，要想使一项服务具有竞争力，首先需要理解目标顾客到底需要什么。此外，还需要注意服务组织所从事的服务业务的定义应该足够宽，以避免限制未来由于技术进步、消费模式改变或任何其他原因导致业务发展的可能性。但是，服务概念也不能过宽，以致超出了服务组织的能力和核心竞争力。

2. 形成竞争对手的进入障碍

任何一家服务组织都希望形成并保持在市场中的强有力的地位，这就需要对业务环境进行认真分析。在从事产品制造的服务组织里，资本往往是竞争的障碍。资本雄厚的服务组织可以利用生产中的规模优势，投资于研究开发，形成专有技术，通过多样化产品的开发和营销，形成并巩固自己在市场中的位置。服务组织的这些努力都能得到令人满意的回报。

对于提供服务的组织而言，规模、专有技术、多样化产品等也是服务组织的竞争武器，但是需要管理者认真考虑服务的特点，从服务特殊性出发，形成竞争对手的进入障碍。

（1）规模。尽管服务业难以形成规模经济，但不意味着没有形成规模经济的机会。在以设备为基础的服务领域，通过扩大服务能力，可以形成竞争障碍。例如，航空公司引入宽体飞机，可以为更多的顾客服务，而维修费、地面控制费等成本基本不变。麦当劳是形成规模竞争力的又一个例子，尽管每个快餐店是独立的，但其文化、员工培训、原材料采购、广告营销等都是共享的，其规模已经成为竞争者的进入障碍。

（2）专有技术。虽然以设备为基础的服务利用专有技术形成防御竞争者的障碍比较普遍，但有一些以为基础的服务公司也在竞争中形成了有自己公司特色的专有技术，这种技术是其他公司难以仿效的。例如，美国波士顿咨询公司开发了许多战略分析工具，如市场细分方法、波士顿象限法等，这些方法因为融入了波士顿公司自己的经验和专有的数据库，因此其他公司很难仿效。

（3）服务多样化。以产品为主的服务组织可以通过生产和营销，形成一个品牌，进而成为系列产品的代名词，例如 IBM、HP、微软等。服务组织不同，服务组织可以通过自己的努力，形成自己的声望和信誉，这种声望和信誉能有效阻碍竞争者，巩固服务组织自身的地位。越是提供抽象和复杂的服务，形成这种信誉的需要和潜力就越大。咨询公司是提供以人为基础的服务公司，可能任何一家咨询公司都能解决某一个管理问题，但是市场偏爱那些在管理问题上有声望的公司，声望已经成为其他公司进入的障碍。

3. 实现低成本运营

只有所得到的用货币衡量的价值远远超过了创造该价值所付出的成本，才可以说价值与成本得到了很好的平衡。因此，服务组织必须致力于实现低成本运营。

为了做到这一点，一个基本的途径是通过提高劳动生产率来降低运营成本。这其中提高自动化程度是一个重要方法。购买设备替代劳动力，以更快的速度提供连续一致高质量的服务，可以有效降低运营成本。例如，20 世纪 90 年代的银行业开始用 ATM 等设备代替人工劳动。

当服务需要人员参与时，用廉价的劳动力代替昂贵的劳动力是降低运营成本的又一条途径。例如，律师事务所是典型的专家服务公司，但在这样的公司里大量的工作是日常性的，几乎不需要法律专长，这些工作就可以由刚毕业的学生或助手来做，而人力资源昂贵的专家，则致力于开发竞争战略和顾客关系等工作。在一些保险公司，将销售任务分为初步接触、签约和终止三个过程，每一个过程再细分，相对廉价的劳动力做与其相对应的辅助工作，而价格高昂的劳动力专门做重要的核心工作。

价值工程是制造业普遍采用的降低运营成本的方法，这种方法研究在设计或制造的过程中，引入哪些变化可以在不减少功效的前提下节省成本。服务业可以采用类似的方法，将服务分为不同的部分，以确定哪些部分是重要的，哪些部分是可以去掉的，再增加一些小的内容改善服务。服务业应用价值工程的困难在于不易确定服务的哪一部分对顾客购买决策最重要，尤其是以人为基础的服务，不像有形产品那样容易确定每一部分的功能和作用。

4. 制定价格策略

服务价格是一个比较含混的概念，难以采用以成本为基础的定价法，也几乎没有比较有效的以价值为基础的定价公式。因此需要用新的思维，考虑服务定价以及服务定价策略产生的经济和心理效果。

在以设备为基础的服务中，相对容易确定服务成本，但对大多数服务而言，服务单位都难以严格界定，成本的定量计算更无从谈起。

服务的价格取决于服务的价值，而不是服务的成本，而价值又是由顾客和竞争决定的。因此服务的价格取决于顾客消费后所愿意支付的数额，但这种愿意支付的感觉是模糊的，同时又难以进行比较消费，所以许多服务定价的基础是市场的承受能力。

顾客接受一家管理咨询公司的咨询服务，他不会为自己接受最低价的专家咨询而满意，而是以服务专家的水平和成效而满意。因此如果管理咨询公司服务定价太低，反而有损于公司形象，被认为缺乏专业水准。任何管理咨询公司都懂得，更容易向愿意出高价的人推销自己的咨询报告。

5. 进行新服务的开发和测试

制造业企业都有专门负责开发新产品的机构，而服务组织（尤其是以人为基础的服务组织）新的服务开发和测试的方式与制造业企业有很大不同。开发新的服务的过程是在创造一种观念，而测试过程是推广这种观念，顾客必须被"吸引"到市场上，体验新服务，这就需要在营销上加大投入。成功导入新服务的营销成本可能很高，因为很难预测一项服务是否被市场接受，是否对顾客有吸引力。电子货币交易就是一个例子。在早期，人们拒绝这种服务，原因很复杂，包括政治、法律、经济等因素，也许最重要的是人们担心计算机系统出现故障、个人隐私受到侵犯等。从这件事可以看到，失败不在于技术原因，技术上可以实现，但顾客拒绝了。同时可以发现，新服务的研究开发与新产品的研究开发不同，有形的产品可以通过向人们展示的方法来进行测试，而服务却难以用这种方式进行市场测试。

6. 采取兼并策略

服务组织扩张时，是否应采用兼并策略，兼并时考虑哪些问题，这些都需要管理者认真分析。有过制造业兼并经验的管理者，习惯于兼并以设备为基础的服务组织，但应注意，除了服务组织的有形资产稀缺或服务地点比较重要外，兼并一个服务组织要比新建一个服务组织投入得更多。对于兼并以人为基础的服务组织，风险更大，因为人和他们的技能是兼并服务组织时首先要考虑的内容。正因为如此，人是否会离开，是否会带走专业技能，便成为兼并时的一个不确定因素。有形资产可以通过兼并合同购买，但人却可以流走。这方面的一个典型例子，是美国的一起管理咨询公司兼并案。美国东北部有一家十分著名的管理咨询公司，公司总裁发现美国南部的业务增长很快，于是决定收购一家位于达拉斯的业绩良好的公司，而不是经过几年努力新建一家公司。兼并后，原来公司的3位高级主管都留下了，但4个年轻的咨询人员不同意兼并，离开后组建了自己的公司，并在18个月内带走了原公司40%的顾客。因此，在兼并以人为基础的服务公司时，要正确估价除去公司关键人物之后的公司价值，有时公司的有形资产价值较高，有时公司的专有技术很有价值，更多的是公司价值取决于公司一些专家的价值，制定方案时要考虑是否有把握将高素质的人才留在服务组织内。

任务4　服务战略的互动及整合体系

对服务战略的基本内容进行整合，便构成了完整的服务战略互动及整合体系。这实际上是一个分析、计划、组织、执行、审计和修订的服务战略流程，它们彼此依赖、互动而成为一个有机的体系。服务战略的互动及整合体系主要包括三大环节。

1. 服务战略形成

服务战略形成包括服务战略计划和服务战略设计。服务战略计划的主要任务是确定服务组织的目标及达成方式，而完成此任务的关键则是信息的采集与利用。因此，服务组织首先要对外部环境进行持续不断的扫描和监视，以识别环境中蕴含的机会与威胁。同时，还应充分挖掘与利用各种各样的信息来源，如顾客调查、员工反馈、信息交易、投诉记录与竞争分析等，以发现问题与识别机会，获取相关信息。而要想设计一个能实现服务目标的服务战略，首先应对服务组织所欲解决的问题具体化，确定服务组织所面临的核心问题，以得到一些备选实施方案。作为服务战略设计的一大特点，挖掘备选方案的过程需要创造力和想象力，需要敏锐的观察力与审慎的工作态度。

2. 服务战略实施

服务战略实施包括服务战略实施要求和服务战略实施方式。任何服务组织欲将选中的方案付诸实施，都需要首先制定一个详细的实施计划予以安排。在实施计划中应包括服务活动发生所遵循的逻辑顺序及详细的时间进度表，同时需要制定一些权变方案以应付意外事故及偏差。服务战略的实施还要求不断提高服务者管理水平，以在经营中采取适当的行动。服务战略可以有多种实施方式，最常用的是培养一种新的服务思维，掌握一种新的服务诀窍。

3. 服务战略控制

服务战略控制包括服务战略控制过程、服务战略审计方法以及服务战略控制信息。服务战略控制是确保服务战略正确性以及顺利达成服务战略目标的必要条件。这一过程主要包括建立控制系统、监控效益和评估偏差、控制及纠正偏差三方面的工作。服务战略审计是对服务战略影响的组织运作的一个检验与评价。其内容既可能综合而广泛，强调服务战略过程的所有方面；也可能比较集中，只强调服务战略过程的某一部分。服务战略审计常常是被跨职能的经理团队来执行，并采用定性与定量两种服务绩效测定方法。成功的服务战略控制需要有关服务绩效测定的及时、有效而可靠的信息。每个组织都应该开发一些正规的服务信息系统，如服务管理信息系统和服务决策支持系统。

项目二　基于服务特点的服务营销定位战略

服务的特点对服务营销战略的制定有着很大的影响。服务的主要特点可以概括为无形性、异质性、生产消费同时性、顾客参与性以及不可储存性。其中，生产消费同时性和顾客参与性可以总结为不可分离性。服务的特点在前文中已有详尽论述，包括服务的无形性、不可储存性、异质性和不可分离性。上述服务营销的特点对服务企业开展市场营销活动，既有不利的影响，也有有利的影响。

任务1　服务的无形性对市场营销活动的影响

1. 服务的无形性对服务营销的不利影响的主要表现

（1）顾客不容易识别服务；

（2）因为缺乏有形依据，服务质量较难考核和控制；

（3）"无形的服务"常常会遮蔽质量问题和"庇护"服务人员的行为过失；

（4）服务投诉或者纠纷较难处理；

（5）服务广告、服务展览比较难以开展；

（6）一些比较抽象、复杂、无形性较强的服务产品的营销难度比较大。

2. 服务无形性对服务营销的有利影响的主要表现

（1）作为无形产品的服务，顾客看不见、摸不着，但能感觉到一种"神秘"的吸引力和魅力，这对服务营销有利；

（2）"无形"背后的实质是服务技巧，是具有抽象美的东西，这正是服务特殊吸引力或魅力的来源，因此服务技巧的存在和发展是服务营销存在发展的基础。

任务2 服务的异质性对市场营销活动的影响

1. 服务的异质性对服务营销的不利影响的主要表现
（1）服务不易标准化、规范化；
（2）服务质量不易稳定；
（3）顾客不容易认知服务；
（4）服务品牌较难树立；
（5）服务规范较难严格执行。
2. 服务异质性对服务营销的有利影响的主要表现
（1）促使服务企业更多地关心顾客或市场的差异，并针对不同的顾客采取不同的营销手段，提高服务业的灵活应变能力；
（2）服务业比制造业更能采取顾客差价的营销策略；
（3）由于异质性，服务业不得不更重视对一线人员的"授权"和激励。

任务3 服务的不可分离性对市场营销活动的影响

1. 服务的不可分离性对服务营销的不利影响的主要表现
（1）许多服务只能以"一对一"的方式提供，而这种方式容易限制客流量的增长；
（2）服务生产人员客观上需要兼任营销职能，但他们主观上不容易接受营销意识；
（3）服务质量形成于买卖双方接触的一个个"真实瞬间"，容易"一招不慎，满盘皆输"；
（4）顾客的参与使服务创新与实施比较困难，因为顾客可能习惯了原有的服务，对新的服务采取抵制或不配合的态度；
（5）顾客的参与使服务过程变得复杂，如果参与服务过程的顾客不能在运行、操作上配合服务规程的要求，就难以保证服务过程的顺利进行。
2. 服务的不可分离性对服务营销的有利影响的主要表现
（1）服务生产与消费不可分，这在客观上形成一种压力，推动服务生产者主动改善与顾客关系，关心顾客需要；
（2）消费者市场细分、市场定位和差异化营销在服务业比在制造业更重要、更有价值；
（3）服务的不可分离性促使企业更多地从关系的角度重视在与顾客接触的"真实瞬间"提高质量，从而有利于增强"产品"要素的营销力；
（4）服务的不可分离性促使服务企业让全体员工都承担"人员促销"职能，从而更大限度地发挥"人员促销"这个营销要素的作用；
（5）服务的不可分离性增强了"定价"要素的营销力。

任务4 服务的不可储存性对市场营销活动的影响

1. 服务的不可储存性对服务营销的不利影响的主要表现
（1）服务供求在时间上的矛盾较难协调，服务营销容易出现忙闲不均，影响服务质量和效率。
（2）服务供求在空间上的矛盾也较难解决，服务营销的空间或地理条件的限制较大。

2. 服务的不可储存性（又可称为易消失性）对服务营销的有利影响的主要表现

（1）促使服务企业珍惜时间资源和高度重视服务的时间效率，客观上促使企业改进服务过程的设计和服务人员的组织管理；

（2）促使企业珍惜空间资源和高度重视服务的空间布局和空间利用率。为克服上述不利影响，服务营销相应的定位战略有：服务的有形化、服务的规范化、服务的可分化和服务的可调化等。为有效利用上述有利影响，在企业的服务营销定位战略中，应该针对服务的特点，相应地实施服务技巧化、服务差异化、服务关系化、服务效率化等定位战略，以充分利用服务的特点给服务营销带来的有利影响。

项目三　基于服务特点的定位战略

任务1　基于服务无形性的定位战略

1. 服务有形化

服务有形化，是指服务企业有策略地提供服务的有形线索，以帮助顾客识别和了解服务，并由此促进服务营销。服务的有形线索，是指服务过程中能被顾客直接感知和提示服务信息的有形物。美国服务营销学家肖斯塔克指出，顾客看不到服务，但能看到服务环境、服务工具、服务设施、服务人员、服务信息资料、服务价目表、服务中的其他顾客等有形物，这些有形物就是顾客了解无形服务的有形线索。服务的有形化，从某种意义上说，可以理解为服务有形线索的"营销"。

服务的有形线索，从营销学角度可以分为：服务包装，即服务环境，包括服务地点、建筑、场地、设施、工具、用品、信息资料、人员、气氛等；服务品牌，即服务企业的名称或标识符号；服务承诺等；服务定价和服务广告。

由于服务定价和服务广告的内容，不仅与服务的有形化而且与其他服务营销策略都有关，将贯穿在本单元和后面各单元中，这里就不再单独加以研究了。因此，本单元研究的主要服务有形化线索主要是指服务的包装化、品牌化和承诺化。

（1）服务包装化。

服务包装，即作为服务的有形线索，能够提供它所包装的服务信息。以零售服务环境为例：繁华地段显示商店的服务档次不会低；整洁的环境代表认真、仔细和严谨的服务态度；新鲜而芳香的店堂空气提示出所出售的商品更新程度较高；强烈的灯光和欢快的音乐体现出热情温馨的服务；赠送礼物提示追求长久的服务；醒目的指示牌提示服务过程设计周密等。因此，服务包装化，就是有策略地设计和提供服务环境，让顾客通过接触环境来识别和了解服务的理念、质量和水平等信息，从而促进服务的购买或交易；服务人员和顾客语言举止的文明提示商店格调的高雅等。服务包装或环境是有价值的，它可以使服务增值。

在奥地利的维也纳，一瓶250克的矿泉水，在超市里买只需2先令，在一般餐馆里要付26先令，而在五星级的马里奥特饭店里，要付38先令（还不包括消费）。这里差价的原因主要在于顾客感受的环境或气氛不同。好的气氛是可以出售和增值的。五星级饭店营销的气氛有门厅应接、灯光、墙纸、地毯、绿树、花树、喷泉、背景音乐、餐布和餐巾、服务员制服、微笑等。

服务包装化，在某种意义上，就是服务环境的"营销"，也就是有策略地设计和提供服务环境，让顾客通过接触环境来识别和了解服务的理念、质量和水平等信息，从而促进服务的购买或交易。简单地说，服务包装化就是让顾客接受服务前先接受服务的包装或环境。

服务包装化，或服务环境的营销，对服务的营销可以起到以下几方面的作用。一方面，服务的包装化有利于识别服务理念。在激烈的服务市场竞争中，服务企业或机构都越来越讲究营销理念或服务理念，而抽象的服务理念通过有形的服务包装或环境可以提到具体的提示，从而有利于顾客识别。另一方面，服务的包装化有利于识别服务特色。由于服务的无形性，服务机构的服务特色比较难于识别，而服务包装或环境能起到提示服务特色的作用，从而有利于服务特色的识别。北京京城俱乐部的服务特色是专为有一定社会地位的高级商务人员服务，而这一特色的提示是靠该俱乐部的服务环境。比如该俱乐部对顾客环境加以设计和管理：对俱乐部会员的仪表、行为有一定要求。这家俱乐部规定"在餐厅用餐时关掉手机，周一至周五在50层用餐时要着正装，穿牛仔裤和运动鞋是不可以的，但周末可以着较为休闲的服装"。这家俱乐部的做法，实际上就是有策略地设计和提供"人的环境"或"顾客环境"这样一种有形线索，以便向会员提示本俱乐部的服务特色。

还有，服务的包装化服务的包装化有利于推广服务创新。由于服务的抽象性，服务创新的推广是比较困难的，而如果将服务创新与服务包装或环境的设计结合起来，就可以利用服务包装或环境的提示作用帮助服务创新的推广。如金融服务的创新，包括自动出纳、电话通知支付、售货点支付、电脑账务处理、电脑交易和咨询服务、电脑联网及通存通兑等。这些金融服务的创新在推广过程中是借助于信用卡、自动出纳机（ATM）、电话通知支付机（DTBP）、售货点支付机（POST）、电脑和网络等服务设施、工具和用品的，而这些正是属于金融服务的环境。这些金融服务的环境设计得越好、越简便，相关的金融创新就越容易被用户所接受。

同时，服务的包装化有利于烘托和提高服务质量，有利于内部营销。由于服务的无形性，服务质量比较难被顾客识别，而服务包装和环境可以提示服务质量，增强其识别度。高质量的服务设施和工具，可以向顾客提示高质量的服务，即服务的"硬件"的质量可以烘托服务本身的质量。如上海有名的红星眼镜店拥有价值百万的电脑验光仪、电脑程序镜片切割机和电脑显像选架仪等一套先进的服务设备，顾客走进这样的零售店，对其服务质量是不容易怀疑的。另外，服务设施和工具质量的提高，也会给服务人员造成压力，推动他们提高服务质量，以便与高质量的设施和工具相适应。好的服务包装不但有助于外部营销，也有助于激励员工，不断提醒他们将自己的行为与"好的包装"相称，而这正是内部营销的目标。如上海的淮海路、四川北路和南京路等著名商业街，在先后进行有形环境和设施更新、改造后，服务质量和水平随之有显著的提高。沪宁高速公路的贯通和由此而来的高速公路客运车辆的升级、更新，带动了高速公路客运服务质量的提高。上海沪宁高速公路客运公司，开始向服务先进的东方航空公司学习"东方微笑服务"，请东航按空中小姐的模式培训了一批能提供高质量服务的巴士小姐，受到顾客的好评。

还有，服务的包装化有利于发展服务渠道。发展服务渠道的主要问题之一是发展服务网点，而后者涉及服务环境的设计问题。服务环境设计得好，有助于服务网点的建设和发展。肯德基公司的全球快餐网点的发展，与它对快餐服务环境的精心设计和管理有关，所有网点的内外装修都按统一的图纸进行，无论开在哪里，都有统一的装修形象；对分布在世界各地的快餐店员工都按照统一的规范进行服务培训。

而且，服务的无形性使得服务广告比较难做，服务业的内部生产和外部营销的融为一体又使得服务业专门的人员推销变得不必要或不重要，因而服务业的沟通（促销）手段比制造业少得多，如果尽量发挥服务包装或环境的信息提示作用，就可以弥补服务沟通（促销）手段的不足。

最后，正如人的仪表、言行或外表形象从某种意义上可以代表人与社会交往关系不一样，服务的有形包装或环境可以代表服务机构与顾客及其他社会交往关系。因此，可以利用服务的包装或环境来开展关系营销。

（2）服务品牌化。

服务品牌，如上所述，是指服务机构或其服务部门、服务岗位、服务人员、服务生产线、服务活动、服务环境、服务设施、服务工具乃至服务对象的名称或其他标识符号，是一个涵盖很广的概念。例如，上海国脉通讯公司的公司名"国脉"被评为上海市第三批著名商标，这里的服务品牌是服务机构的名称；上海第六人民医院的骨科很有名，这里的服务品牌是服务机构的一个服务部门的名称；北京公交公司的李素丽是著名的售票员和全国劳模，这里的服务品牌是服务人员的姓名；江苏常熟沙家浜旅游景区的名称因同名的现代京剧《沙家浜》而文明，这里的服务品牌是服务环境的名称。有的服务品牌还具有两重含义，如北京的赵公口长途客运站发往太原的高速客车免费冠名为"太化集团号"，这里的服务品牌"太化集团号"，既是服务工具的冠名，又是服务对象（作为赵公口长途客运站主要乘客之一的太原化工集团的职工）的名称。服务品牌化，就是服务机构建立自己各种服务品牌和利用品牌来促进营销，也就是品牌营销。由于品牌是有形的，服务品牌化是服务的一种有形化。服务品牌化的作用具体体现在以下几个方面：

1）服务品牌化有利于顾客对服务特色的识别和建立。由于服务的无形性，服务机构的服务特色比较难以识别和建立，而服务品牌作为服务的一种有形线索能向市场提示服务特色，从而有利于服务特色的识别和建立。

2）有利于保护服务知识产权和促进服务创新。有品牌的服务创新，一旦注册以后就拥有了受法律保护的知识产权，因此服务品牌化有利于促进服务机构的创新。如我国餐饮业越来越重视利用服务品牌来保护知识产权，包括一些独有的烹饪技术、点心制作诀窍等，上海著名的"小绍兴"白斩鸡的制作诀窍和"杏花楼"酒店的月饼的特殊配方都以店牌的名义封存起来，从而达到保护知识产权的目的。又如福建"沙县小吃"，具有独特的加工工艺和风味，在福建各地很受欢迎，可是几千家"沙县小吃"店中有不少假冒者。后来，正宗的"沙县小吃"店进行了商标注册，开始保护自己的知识产权。

3）有利于服务机构的内部营销。服务"机构品牌"可以起到传导机构服务理念的作用，服务"人员品牌"可以起到服务的榜样作用，而这些正是促进服务机构内部营销的有利因素。

4）有利于服务机构的关系营销。服务机构一旦树立了自己的品牌，尤其成了名牌，那么，无论对保持老客户、争取新客户或发展社会关系都十分有利。一方面，品牌尤其是名牌或所谓"老字号"店牌，可以不断提醒老顾客保持对服务机构的忠诚。另一方面，品牌有助于老顾客进行口碑宣传，从而有利于发展新顾客。最后，品牌可以传播机构形象，从而有利于发展服务机构与供应商、中间商、人才市场、金融市场和社区等各方面的关系。

5）有利于拓展服务渠道和服务市场。服务渠道的拓展往往涉及服务品牌的有偿或无偿转让，而服务机构一旦拥有著名品牌，这种转让就可能比较顺利一些，因而比较有利于服务渠道的拓展。

服务品牌化或品牌营销，关键是建立和发展品牌。从服务营销实践看，服务品牌的建立和发展，应注意以下几个要点：

一是服务的个性化、特色化。要建立、发展服务品牌，就要建立、发展服务的个性和特色。

二是利用名人效应。服务品牌的建立可以利用"名人"效应，即市场上存在的"名人出名品"的认知心理效应。

三是服务机构的评级。服务机构的评级，有利于服务品牌的建立和发展，因为服务登记可以直接向顾客明示服务规模、质量和水平等服务信息。一家服务机构等级的提高，显然有利于它服务品牌的建立和发展。如我国旅游业早就实行了星级制度，哪家宾馆或饭店的服务质量或水平高，在很大程度上，只要看星级就可以了。现在星级制度已经被零售业、电影放映业等所引进。如上海的东方商厦、益民商厦、精品商厦、中联商厦等，对柜组和营业员实行了星级制度，有效地提高了服务质量和水平。又如北京市的电影院实行了星级制，其评定标准包括电影院的设施、设备、放映工艺、放映技术、服务工作、环境卫生等。除了星级制度以外，还有银行、保险业等的 A 级制度，医院的甲乙丙三等四级制，餐饮业的特一、特二、一、二、三等五级制，等等。这些服务的评级制，对帮助顾客识别服务水平和增强服务营销力都起到了重要的作用。

四是服务机构的行业排名。服务机构的行业排名或市场排行榜，也可以直接向顾客明示服务规模、质量和水平等服务信息。一家服务机构排名的上升，显然有利于它服务品牌的建立和发展。如现在有些专业机构公布的我国高校科研学术成果排名、高校招生成绩排名、高校毕业生就业率排名等，对我国高校服务品牌的建立和发展有重要的促进作用，对高校"市场"的变化和发展有一定的导向作用。不过，服务业的排名或排行榜必须客观、公证，否则也会起到误导作用。所以，用排名的标准应当是比较客观、可衡量的标准，尽量减少主观评价。

五是服务机构的评奖。服务机构的获奖，多少也能反映它优良的服务规模、质量和水平。服务机构要积极参加国内、国际服务业的各种评奖活动，评上了可以较快地扩大品牌的知名度，没评上，也可以找到差距，以利于再评。比如，北京的香格里拉饭店曾连续多年被美国最有名的旅游休闲杂志《康得纳斯特旅行家》的读者评为"最佳饭店"。有了这样一张奖牌，北京香格里拉饭店在国际游客心目中树立了良好的服务形象。又如中国国际航空公司曾获美国优质服务科学协会颁发的"五星钻石奖"，有了这样一张王牌，该公司对国际航空旅客，尤其是美国旅客的吸引力大大增强。

六是服务品牌的估价。服务品牌作为服务机构的无形资产，是有价的。如五星级的北京长城饭店的品牌价值1994年被专业的资产评估公司评估为2.46亿元。通过品牌评估，可以用一个数字非常简明而精确地体现服务品牌所代表的服务规模、质量和水平。市场可以根据某一行业中一家服务机构服务品牌价值的高低及变化有效地识别它服务的规模、质量和水平。因此，服务品牌的估价对服务品牌的建立和发展十分重要。

七是服务品牌的取名。服务品牌的名称取得好，对品牌的建立和发展是有利的。比如广州的白天鹅宾馆等等。

八是服务品牌的视觉形象。服务品牌的视觉形象，主要有公司或店牌的标准字体及相关标志、标准图形、标准色彩等。设计良好的服务品牌视觉形象，有利于表现服务理念，有利于服务品牌的建立、推广和促进服务营销。比如我国台湾地区著名的连锁零售公司"三商百货"所属鞋店的店牌，就很有视觉冲击力，数十平方米大的店牌只写一个"鞋"，给人印象深刻。

（3）服务承诺化。

服务承诺，是指企业公布服务质量或效果的标准，并对顾客加以利益上的保证和担保。服务承诺化，就是服务企业对服务过程的各个环节、各个方面的质量实行全面的承诺，以此促进服务营销。如广州白云机场"对非正常航班旅客免费增加服务"的承诺。推出服务承诺，关键要具备效力和吸引力。有效力的服务承诺，一般具有彻底性、明确性、利益性、真诚性和规范性等特征。

服务承诺化的作用主要体现在如下几个方面：

1）有利于服务机构树立顾客导向的营销观念。服务机构要推出服务承诺，就要制定所承诺的服务质量标准，而这种标准既要自己做得到，又要对顾客有吸引力，这就推动服务机构去深入了解服务消费者对服务的各种要求、需要和疑虑，因此，服务承诺有利于树立"顾客第一"的观念。如英国航空公司在制定服务承诺的过程中，专门对顾客做了调查，了解他们对空运服务的要求和公司服务的薄弱环节，从而找到改进服务的关键。

2）有利于减少服务消费者的认知风险。由于服务的无形性，服务消费者通常要承担较大的认知风险，而服务承诺可以起到一种保险作用，因而可以降低顾客由于认知风险而产生的心理压力，增强顾客对服务的可靠感、安全感，从而促进服务营销。例如，我国美容业营销的一个最大问题是安全可靠问题。在20世纪90年代，全国发生的美容事故约20万起。为此，专家呼吁美容业应实行承诺制，即要在律师事务所的确认下，与顾客签订美容服务责任书，以确保美容服务的安全性、无后遗症等。

3）有利于服务机构的内部营销。服务承诺不但是针对顾客的，而且是针对机构自己的员工尤其是服务人员的。服务承诺所承诺的质量标准，不仅对顾客是一种吸引力，而且对服务人员是一种压力、一种挑战，也是一种激励。这有助于增强服务人员的责任心和振奋他们的精神。事实上，一家服务机构敢于推出服务承诺，这本身体现了一种气魄、一种企业精神，对这家机构的人员会起到激励作用。

4）有利于顾客投诉和信息反馈。有了承诺，就有了判断服务是否合格的一种依据，这有利于顾客意见的反馈和投诉，而完善、方便的投诉或信息反馈渠道，是有营销吸引力的。事实上，许多服务承诺也正是对服务投诉顾客的一种奖励。

在服务营销中，推出服务承诺，关键是要有效力或营销吸引力。从服务营销的实践看，有效力的服务承诺，一般具有以下5个特征：

一是彻底性。强有力的服务承诺，一般是无条件的、彻底的承诺，不应留有向顾客"讨价"的余地。比如一些航空公司承诺："只要不是天气或飞行控制的原因而造成的飞机延误，公司将负责误机者的中转航行。"实际上，飞机延误95%是因为天气和飞行控制问题所造成的，所以这项承诺留有很大的余地（95%），因而也就对乘客没多大的吸引力。

二是明确性。有力的服务承诺应当是简洁、明确、不含糊、不引起误解的。如快餐服务承诺，"5分钟内用餐"是明确的承诺，而"保证及时用餐"是含糊的承诺。不明确的承诺，难以真正兑现，从某种意义上讲等于没有承诺。

三是利益性。有吸引力的服务承诺，应当针对顾客迫切的需要，给顾客带来实实在在的利益。承诺所涉及的赔偿或奖励，最好提出金额数字。这点也是上述服务"明确性"的要求。

另外,承诺某一种利益,不宜影响另一种利益。

四是真诚性。有力的服务承诺应当是真诚的或坦诚的。美国花旗银行下属一家旅行社提出"最低价"承诺,顾客如果提出疑问,旅行社立即用计算机进行价格行情搜寻,并在屏幕上显示所有同行对手的价格。如果顾客的怀疑是对的,就立即兑现承诺,给予赔偿。这是一项比较真诚的承诺。相反,美国另一家旅行社也是承诺"最低价",但顾客申述时,不能光凭自己所见,必须叫另一家价格更低的旅行社出面作证才认账。这一条顾客显然很难做到。这是缺乏诚意的承诺。服务承诺的真诚性还应该体现在承诺兑现上,即兑现要简便、快捷、爽快。如果服务承诺不兑现,或者兑现手续非常繁琐,那么这样的承诺显然是虚假的,没有诚意的。

五是规范性。有力的服务承诺还应与行业规范接轨,增强承诺的社会规范性。

2. 服务技巧化

服务无形化的背后隐藏的是服务技巧。一切服务业归根结底都是靠自身的、其他行业难以替代的服务技巧得以生存和发展。例如,现在已经有了可以诊断疾病的电脑,但是它代替不了医生的诊断技巧,因为医生的诊断技巧中多少总有一些个人的、不规范的、活的经验、诀窍和智慧,而再好的电脑也只能处理规范的信息。所以,在电脑进入医学的时代,医生并不会失业。即使相对简单的服务,如零售服务,也有一定的技巧。现代的自动化超市、自动售货机、网上购物等能替代一部分简单的零售服务,但代替不了复杂的有技巧的零售服务。既然无形的技巧是服务业赖以生存和发展的基础,那么,服务的技巧化就是服务营销应该考虑的一种策略。服务技巧化,是指培养和增强服务技巧,利用服务技巧来吸引和满足顾客,充分发挥技巧在服务营销中的作用。服务技巧化主要包括服务的技能化、知识化和专业化等。

(1)服务技能化。

服务技能,是指服务人员服务的熟练程度、技艺、能力等。服务技能化,就是培养和增强服务人员的技能,利用服务技能来吸引和满足顾客。服务技能化有利于增强服务营销的吸引力;有利于"人"和"过程"的营销要素的管理;有利于服务质量的提高;要实现服务技能化,服务企业可以加强内部激励,用评定职称等激励手段鼓励服务人员钻研服务技能;也可以组织内部或参与外部的服务技能的交流和竞赛活动,以此推动服务技能水平的提高;培训也是增强服务技能的根本途径。服务企业还可以在服务定价中重视技能因素,并由此进行差价和调价营销。以服务能手为榜样,带动一般人员提高技能水平。

服务技能化的作用主要体现在以下几个方面:

1)有利于增强服务营销的吸引力。服务技能是服务产品价值的核心来源。无形的服务产品之所以吸引人,关键在于无形性背后活的技巧,而技能是技巧的主要组成部分。服务技能的增强,无疑会从根本上增强服务营销的吸引力。

2)有利于"人"营销要素的管理。"人"是服务营销组合的要素之一,而技能是"人"要素管理的中心问题之一。因为"人"要素所包含的内容中,人员培训的主要目的就是增强技能;人员处置权的授予与人员技能的高低有关;人员义务和职责的履行以技能为基础;人员激励和良好服务态度的内在动因是人员对技能的热爱;人员的交际能力本身属于技能范畴;参与服务过程的顾客与服务人员的配合程度也与人员技能的高低有关;人员技能的增强,可以减少这些"人"因素方面的管理成本。

3)有利于"过程"营销要素的管理。服务过程就是服务技能发挥的过程,服务技能的增强,服务过程管理的成本可以降低,管理的效率可以提高。

4）有利于服务质量的提高。重视技能营销的机构必然有不断提高服务质量的内在动力和压力。

5）有利于服务的承诺化，因为一切服务承诺归根结底是以技能为基础的。没有一定的技能水平，难以做出承诺，即使做出承诺，也很难兑现。

从服务营销的实践来看，实现服务技能化的途径主要有以下几种：

1）加强内部营销，用评定职称等激励手段鼓励服务人员钻研服务技能。服务机构可以用职称荣誉感激励内部人员不断钻研和提高服务技能。

2）举办或参与服务技能的交流和竞赛活动。服务机构可以组织内部或参与外部的服务技能的交流和竞赛活动，由此推动服务技能水平的提高。

3）开展服务技能的培训。培训是培养和增强服务技能的根本途径。现在，我国劳动力和人才市场的发展，为服务业增加了来源，但也使服务业面临着转岗人员技能转变的问题，而只有通过培训才能解决问题。

4）采用服务的技能定价。服务机构可以在服务定价中重视技能因素，并由此进行差价和调价的营销。比如很多医院按照医生的医疗技术水平实行差价收费，以满足不同病人的需要和激励医生提高技能水平。

5）以服务能手为榜样，带动一般人员提高技能水平。服务能手的榜样作用十分明显，这种作用发挥得好，可以带动一大批人员技能水平的提高。比如上海物业管理行业出了一位服务能手——徐虎，之后该行业办起了专门培养优秀物业管理服务人才的"徐虎学校"，由徐虎任校长。学校采用国际先进的 MES 模块式教学方式，以丰富学院的物业管理知识，培养与"新技术、新材料、新工艺、新设备"有关的操作技能和解决房屋设备疑难杂症的技能。通过这样的方式带动全行业物业管理服务技能水平的提高。

6）加强服务技能的演示。服务技能的演示一样能引起顾客的兴趣，增强顾客对服务质量的可靠感，从而促进服务营销。

7）调节服务的能见度。肖斯塔克提出，服务机构有一条能见度界限。能见度界限，是指在服务过程中服务机构能直接被顾客看到或感知的部分与其余部分之间的分界线。而服务机构或服务过程的能见度与服务技能的层次及相关的营销吸引力之间有某种联系。技能层次较低的服务适当地减少能见度，可以在顾客心理上提高服务技能的层次和营销吸引力，而技能层次较高的服务适当地增大能见度，可以增强顾客对服务的参与感、接近感和可靠感，从而也有助于提高营销吸引力。

（2）服务知识化。

服务知识，是指服务人员所掌握的与服务有关的自然知识和社会知识。服务知识既是服务技能的基础，又是服务技能层次提高的表现。服务知识化，就是提高服务人员的知识素养，利用服务知识来吸引和满足顾客。对一家重视服务知识化的服务机构来说，它的营销在一定程度上就是服务知识的营销，即所谓的"知识营销"。如现代金融服务需要很多甚至很高深的知识，其中包括数学。不仅高层次的服务需要越来越多和越来越高深的知识，较低层次的服务也开始知识化，像现在很多城市出现的"知识型保姆"。

服务知识化的作用主要体现在以下几个方面：一是有利于适应知识经济时代的需要。知识经济的生产、流通和消费，都离不开服务业的发展和支持，并且在某种意义上可以讲，知识经济在很大程度上就是服务经济。但服务业只有提高自身的知识水平或科学、文化素养，才能真正发挥支持和服务于知识经济的作用。二是有利于提高服务技能的层次。服务技能的层次有高有低，服务技能的层次越高，一般来说，无形营销的营销魅力就越大，而知识恰好能提高服务技能的层次。三是有利于满足服务消费者较高层次的需要。服务消费者较高层次的需要，如社会尊重和自我实现的需要等，一般都与知识和文化有关。服务业的知识营销可以更好的满足这类需求。四是有利于增强顾客对服务质量的感知。服务的知识化或知识营销，可以增强服务质量的可靠性、权威性，满足顾客这方面感知心理的需要。

服务知识化的途径有：

1）提高服务人员的文化知识素养，重视服务人员的学历和基础知识，扩大服务人员的知识面。一是要重视服务人员的学历；二是要重视服务人员的基础知识，基础知识较差的服务人员容易损害服务机构的知识形象；三是要扩大服务人员的知识面。服务人员的知识面越宽，所能服务的行业面、顾客面就越宽。这一点对生产服务业尤其重要。金融、保险、房地产、房屋装修、租赁、技术服务、咨询、广告、展览等生产服务业的人员，知识面越宽广越好。生活服务业，如旅游、餐饮、娱乐、美容、照相、家庭服务等，扩大知识面也有助于提高自己的服务水平。

2）开展科普营销，将服务营销与科学知识的普及教育结合起来，这是知识营销的一个主要途径。如网络服务业的营销，就是与计算机的普及教育密切结合的。

3）提高服务设施和环境的科技含量，这也是服务知识营销的一个主要途径。如美国迪斯尼乐园成功的主要因素就是它应用了包含尖端技术的充满刺激惊险而独特的游戏设施。

4）开展文化营销。文化也是知识，文化营销也是知识营销的一个主要途径。由于文化艺术与理性的自然科学和社会科学知识相比具有感情色彩，文化营销比一般的知识营销更具有"以情动人"的魅力。服务的文化营销，是挖掘服务的文化内涵，重视服务的文化包装，将文化融入服务营销。

5）提供信息咨询。信息，在某种意义上是"知识"的同义词。服务机构提供信息咨询，也是服务知识化或知识营销的一条途径。在服务营销中，一家服务机构提供的服务信息越多，信息的质量越高，它在顾客心目中的可信性或权威性就越强，而可信性或权威性对无形服务的营销来说是至关重要的。

(3) 服务专业化。

服务专业化，是指服务人员经过专业培训后其服务技能和服务知识及职业道德等达到社会公认的水平，通常都以获得专业或从业资格证书为标志。服务专业化，是服务技能化和知识化的综合体现，而且它有社会评估尺度，比技能化和知识化更具有可操作性和目的性。实施服务专业化，可以通过实行专业资格证书制度并鼓励和支持服务人员取得专业资格证书，发挥机构内外专家的作用以及加强服务管理的专业性等途径实现。

任务 2　基于服务异质性的定位战略

1. 服务规范化

服务规范化，是指在服务过程中建立规范并用规范引导、约束服务人员的心态和行为，以保持服务的稳定性。服务具有易变性或不一致性。这会使得服务质量不容易稳定、顾客不容易认知服务、服务品牌较难建立和服务规范较难严格执行，从而对服务营销不利。服务的易变性的主要原因在于：一切服务归根结底是人的社会活动，而人的社会活动的环境和人参与社活动的心态是不断变化的。人的社会活动，作为人的历史，不可能完全重演或重复。

克服或减少服务易变性的思想就是建立规范并用规范引导和约束服务人员的活动或行为，即实行服务的规范化：一是规范服务环境，二是规范服务人员的心态和行为，即在服务营销中强调服务企业的理念规范、行为规范、服务质量的标准化、服务质量监督等，这些可概括为服务的理念化、标准化和可控化三种方式。按照第二条思路，服务的规范化，可以有服务的理念化、标准化和可控化三种方式。理念化主要是指对服务人员心态的引导，标准化主要是对服务人员行为的引导，而可控化是对服务人员心态和行为的约束。

在服务业中，航空、电讯、邮政、金融、宾馆酒店、律师事务所、医疗、初等教育、宗教、警察、公共行政等行业服务的规范化是比较明显的。首先，这些服务行业都有比较完善的服务理念，尤其是各种宗教理念比较明显。其次，这些行业行为的标准化程度比较高。再次，这些行业的监督或控制体系也是比较健全的。因此，其他服务业在实行服务规范化营销策略时，可以注意向这些行业学习和取经。

（1）服务理念化。

服务理念化，是指服务企业建立自己的理念并用理念来规范服务人员的心态和行为。企业或公司理念主要包括公司的宗旨、使命、目标、政策、原则、精神等。如美国克里夫兰旅馆的理念是"充分享受"，这是一种营销原则。如天津劝业场"做生意更要做朋友"的理念，是一种营销政策。服务企业理念可以通过标语、口号、广告、公关宣传和领导人言论、训示和座右铭以及企业品牌名称等形式传达。服务理念化可以使企业服务人员思想上内心深处的企业理念在服务提供过程中外化为较为统一的服务质量。

服务理念化具有如下作用：第一，有利于服务的有形化。服务机构的理念一般都要以语言文字的形式向消费者公布和传达的，而语言文字是"有形"的信息，是服务的信息有形线索，因而服务理念化有利于服务有形化。而且理念本身正是服务有形线索所要提示的主要内容之一，尤其其中的服务理念或营销理念是消费者最想了解的。第二，有利于体现和建立服务特色。服务机构设计的好的理念往往是有个性和有特色的。第三，有利于内部营销和发挥人员要素的作用。服务机构的理念中有一部分是针对内部员工的，或用以激励员工的，这就能起到内部营销的作用。服务机构的理念还能统一全体员工的思想和心态，而人的行为来自人的思想和心态，因此，思想和心态的统一有利于整个服务机构行为的统一，这无疑有助于提高服务机构整体的营销力。服务的理念化还有利于服务沟通、服务渠道的发展、服务过程的设计等。

服务理念化设计时应遵循以下原则：

1）有针对性。理念是向社会传达的，即给人看的，因此，要明确给谁看，要针对受众设计理念。

2）有继承性。好的理念应继承本机构的优良传统。

3）有个性。好的理念应该有个性，应融入机构创办人或历史上重要领导人的个性。一般来说，有个性的理念比较有生命力。没有生命力的理念，同没有生命力的机构一样，往往是缺乏个性的。

4）有特色。好的理念应体现某一服务行业的特色和这一行业中本机构的特色。

5）哲理性。好的理念应简洁而深刻，有一定的哲理性，给人启发和精神上的激励。

（2）服务标准化。

服务标准化，是指服务企业系统地建立服务质量标准并用服务质量标准来规范服务人员的行为。行为来自理念，行为规范是理念规范的具体化、实施化，因此，服务标准化可以看成是服务理念化的实现形式。二者之间是有内在联系的，服务理念是服务标准的灵魂，缺乏理念的服务标准不管制定得怎样全面和细致，也是缺乏灵魂的，而服务人员不是机器，不是电脑，要他们执行缺乏灵魂的服务标准，难以有理想的效果。所以，实行规范化营销，既要重视标准化，也要重视理念化以及二者之间的内在联系。服务标准化，不仅是一种服务营销战略，也往往是服务行业管理的要求。在三大产业中，服务业与社会的接触最直接、最广泛、最频繁。人们的社会接触、社会交流大量地发生在服务业。服务业是社会躯体的敏感部位。因此，政府往往很重视对服务业的行业管理，除了行业主管部门外，还设立了许多官方或半官方的行业协会，而政府对服务业行业管理的一项重要内容，就是建立全行业的服务标准和推行全行业的服务标准化。

服务实行了标准化，服务过程的提供就有了一种标准的衡量和控制，服务产品的异质性就能大大降低，服务的质量得到提高，从而提高了顾客的满意度。服务标准的制定应该具体化、明确化和定量化，同时要根据营销环境、营销理念和策略的变化而加以不断修正，在制定过程中，还要注意标准的侧重点在各行业有所不同，同时根据整个服务过程制定与人员和顾客相适应的标准。

（3）服务可控化。

服务可控化，是指服务企业依据企业理念和服务标准对服务活动及质量进行全面监控，使服务活动及质量的偏差被控制在尽可能小的范围内。服务可控化是服务规范化的保障。服务监控，主要有顾客监督、专业机构监督、行业监督和自我监控等。

顾客监督，就是服务企业直接将服务理念和标准交给顾客，让顾客来监督服务质量，并通过顾客投诉制来实现。

专业机构监督，就是受服务企业或顾客委托的专业人员（或企业）对服务活动及质量的监督，如专业化的装潢监理公司受装潢客户的委托对装潢服务的监督。专业机构监督与顾客监督相比，优点是有专业水平，监督的力度比较大，比较适合复杂的服务监督。现在，上海有的装潢公司为了向客户证明自己过硬的服务品质，招聘一批"准专业"的所谓"社会监督员"，让他们代表装潢客户利益来监督自己的装潢业务，起到了很好的营销效果。

行业监督就是行业协会或行业主管部门对所属或所管的服务活动的监督。另外，我国各级技术监督部门、工商行政管理部门等公共行政管理部门对服务业各行业的服务质量也进行监督。服务业行业监督在我国比较普遍，体现了我国各级政府对服务业行业市场进行调控的重视。服务机构可以利用行业监督来加强自己的服务监督。

自我监控，是服务企业通过自己的组织体系、技术体系和员工的自我约束对服务活动及质量的监督。服务机构用以监督服务的组织体系，主要由服务管理部门和各级主管人员构成。如现在我国大型的零售商店一般都设有专门的服务管理部门，其主要职能之一就是从事服务监督，大型服务机构各级主管人员都有监督服务的责任或任务，其中基层第一线主管的监督任务最重。小型服务机构的第一主管可能需要亲自从事服务监督。服务机构用以监督服务的技术体系，主要是现在越来越普遍采用的电子监控系统。大型服务网点的电子监控系统，不仅可以用于保安，也可以用语言服务监督。

员工的自我约束，应当说是所有服务监控方式中成本最低也是最有效的监督方式。但员工的自我约束水平，与员工的素质、服务机构的内部营销、激励机制以及整个机构的管理有关。

值得注意的是，服务机构的服务承诺能有效地提高员工的自我约束水平。服务承诺不但是针对顾客的，而且是针对机构自己的员工尤其服务人员的。服务承诺所承诺的服务标准，不仅对顾客是一种吸引力，而且对服务人员是一种压力、一种挑战，也是一种激励，从而有助于提高服务人员的自我约束水平。

2. 服务差异化

服务易变性的存在对服务营销有有利的一面。服务作为人的活动，是异变的，这就使得服务业比制造业更有一种"以变应变"的能力，即适应市场环境和顾客需求变化的能力，正是市场营销所需要的。为了利用服务易变性有利的一面，服务营销应该尽量使服务差异化，也就是采用差异化策略。从实践角度看，服务的差异化可以包括服务的变通化、多样化和特色化三种方式。

（1）服务变通化。服务变通化，是服务企业或人员针对不同的环境提供不同的服务。实行服务变通化的企业和个人，一般在服务中表现出较强的应变性、灵活性和创造性。如作为零售业的德国麦德龙公司进入中国后，根据中国具体情况，把主要服务对象从最终消费者转向中小零售商等中间消费者，体现了服务的变通化战略。服务变通化有利于更好地满足顾客需要，也有利于服务创新，同时能促进服务技巧化。实行服务变通化策略要注意服务环节之间的协调，要使各个环节之间在变通化上保持一致，同时要注意协调与服务规范化的矛盾。

（2）服务多样化。服务多样化，是指服务企业或服务人员针对不同的顾客或不同的需要提供不同的服务。服务对象的多样化是采取服务多样化策略的一个主要原因，餐饮业、娱乐业等行业最能体现服务的多样化。如美国希尔顿等宾馆对日本游客提供多样化多层次服务，以适应他们多种不同层次的需要。服务的多样化有利于实现服务市场的细分，如在餐饮业中推行"女士火锅"、"女士啤酒"的策略，这些女性化的餐饮服务来自女性细分市场，也进一步推动了女性细分市场的发展。服务的多样化也有利于服务创新和服务技巧化，如深圳机场推出的"航空特快专递送儿童"的服务就充分体现了服务创新。

（3）服务特色化。服务特色化，是指服务企业或人员向顾客提供独特的、体现自己个性的服务。服务企业可以在许多方面通过实行专业特色和传统特色，形成自己的服务特色。比如餐饮业一些百年老字号的食品，如天津"狗不理"包子等就可通过传统特色实现其服务特色化；还可以从环境、人员、时间、活动、地域等几个方面实现服务的特色化。服务特色化的实行要注意服务的特色要到位，不能浮于表面，还要注意协调与服务标准化及服务成本增加之间的矛盾，同时传统服务业中"老字号"要注意对其品牌及声誉的维护。

服务特色不仅有利于服务的有形化，同时有利于服务品牌的建立，对于服务的技巧化和关系化也起到非常重要的作用。但是在实施服务特色化的过程中，也要注意服务特色的到位、解决好与服务标准化的矛盾，以及服务特色的成本和"老字号"的保护等问题。

任务3　基于服务不可分离性的定位战略

基于服务不可分离性特点的服务营销定位战略包括服务可分化和服务关系化。前者是为了克服服务不可分离性对服务营销不利的一面，而后者是为了利用服务不可分离性对服务营销有利的一面，二者是紧密联系的。

1. 服务可分化

服务可分化，是指在服务过程中让服务生产者与服务消费者之间实行部分的分离。服务的不可分性会增加服务生产人员兼任营销的负担，会增加服务质量管理和服务创新的难度，会使服务过程变得复杂，从而对服务营销不利。克服的办法就是向制造业学习，让服务生产者与服务消费者之间实现部分的分离，即实行服务可分化。服务可分化，主要有服务自助化、服务渠道化和服务网络化等三种方式。在服务业中，电信业服务的可分化是最明显的。用户使用电信业提供的有线电话机、手机等通信工具，是典型的自助服务；电信业的电话线路、手机网络又是典型的服务渠道化；电信业也是最早进入网络的服务业。

（1）服务自助化。服务自助化，是服务生产者向顾客提供某些服务设施、工具或用品，让部分服务由顾客自己完成，使服务生产者与消费者之间实现一定程度上的分离。这样等于服务生产者从服务过程中部分地分离出来，即一定程度地"离开"服务消费者。现在零售业开设的自选商场、餐饮业推出的自助餐、汽车租赁公司提供的由租赁者自己驾驶的出租汽车等，都是服务自助化的例子。服务自助化可以增强服务消费者对服务行为的自主参与感和责任感，有利于服务的购买和接受。同时，自助化可以增强服务能力，降低服务成本。服务自助化的有效实施，关键在于对顾客、设施工具和用品以及成本的管理。服务自助化可能带来由于对行为的约束和管理不利造成的问题，例如超市的失窃现象、自助餐的浪费现象、自动取款机的人为损坏现象等，这就需要通过加强监督、制定和宣传自助服务的操作规范等加强管理。

（2）服务渠道化。服务渠道化，是指服务生产者将服务或部分服务通过服务渠道商提供给服务消费者，以使服务生产者与消费者实现一定程度的分离。服务渠道商是指从事服务交易的中间商或代理商，比如旅行社就是旅游景区和游客之间的服务渠道商。服务渠道化战略应用较多的有保险、航空、旅游等行业。例如保险公司通过保险代理人或经纪人将保险服务销售给终端消费者，即保险客户，就是渠道化的典型运用。对于服务渠道化的管理，主要应该注意代理人或代理商的服务形象应该与服务企业保持一致，同时注意对渠道商的培训，以规范其行为。

（3）服务网络化。服务网络化，是指服务生产者将服务或部分服务通过电脑网络提供给服务消费者，以实现生产消费之间一定程度的分离。服务网络化，是20世纪40年代以来发达国家服务营销的一个最新发展趋势。随着我国电脑网络的普及，网络化营销将成为我国服务营销发展的主流之一。服务网络化的过程应该注意对顾客个人隐私权的保护、网上收费的合理性以及服务业内部管理体制有效等问题。如我国铁路部门虽然已实施了电脑联网售票，但仍然解决不了"异地买票退票难"、"返程票难买"等影响服务质量的问题，一个重要原因在于铁路部门的内部结算体制还未理顺。

2. 服务关系化

利用服务不可分离性对服务营销有利的一面，服务营销可以采取关系化战略，即在服务营销中强调关系营销、内部营销、口碑沟通、公共关系、服务人员的交际能力、与顾客接触"真实瞬间"的服务质量、提高顾客对服务品牌的忠诚度和利用服务业之间的相互依存关系实行服务营销等。从营销实践看，服务关系化战略又可概括为服务的角色化、细微化、组织化、合作化等。

（1）服务角色化。服务角色化，是指服务企业让服务人员在服务过程（即与顾客的交际）中忘我地进入角色，将服务过程变成"演剧"过程，将服务中人际关系变成角色关系。所谓进入角色是指：①服务人员的仪表、语言和行为举止都达到服务企业所设计的角色规范要求；②服务人员必须忘我；③要引导顾客也进入角色，明确顾客在服务过程或服务关系中的角色定位。如旅行社导游的服务过程就是一种典型的服务角色化过程。

（2）服务细微化。服务细微化，是指服务企业或人员从细微处来关心顾客和贴近顾客，使服务关系进入更深层次。有句成语"见微知著"，在此可理解为顾客的真实需要和偏好，往往只有通过细微处才能感知，而只有感知和满足顾客的真实需要，服务营销才能真正有效。服务细微化有利于顾客对服务质量的感知，有利于吸引新客户。服务细微化的实现可以通过完善每一个"真实瞬间"的服务质量，提高服务人员细节服务技巧等来实现。

（3）服务组织化。服务组织化，是指用某种形式将分散的顾客组织起来，使服务企业与顾客的关系更加正式化和稳固化。如美国西北航空公司通过采取会员制形式实现"寰宇里程"的营销计划，我国一些大型超级市场如"乐购"等实行会员制营销战略来保持老顾客、吸引新顾客，这都是典型的服务组织化策略。

（4）服务合作化。服务合作化，是指不同服务企业之间通过渠道合作来接近顾客并发展与顾客的关系。如香格里拉、希尔顿等大型星级酒店的客房可以在许多国家、地区的航空公司预订，这就是一种服务合作化的服务营销策略。一些旅游景点（如南戴河国际娱乐中心）的门票可在当地出租汽车上预订，这是旅游景点和出租汽车公司之间的服务合作化。服务合作化有利于拓展服务渠道，有利于服务促销和服务创新的推广。

任务4　基于服务不可储存性的定位战略

与服务不可储存性相关的服务营销定位战略包括服务可调化和服务效率化。前者是为了克服服务不可储存性对服务营销不利的一面，后者是为了利用服务不可储存性对服务营销有利的一面。

1. 服务可调化

服务可调化，是指服务企业通过三种具体方式对服务时间、服务地点的调整和对服务供求的调节，克服服务不能用储存来平衡供求矛盾的困难。在交通运输、电信、旅游、餐饮零售等服务行业中比较重视服务的可调化。以航空业为例，航班的增减和调整，是对服务时间的调整；航线的增减和调整，是对服务地点的调整；机票价格的升降，是对服务需求的调节；而飞机数量的增减，是对服务供给的调节。

（1）服务时间可调化。服务时间可调化，是指服务企业通过对服务时间的调整来满足服务需求和平衡服务供求的矛盾。如餐饮业、零售业通过延长营业时间、采取灵活的营业时间、提供预约服务等来开展服务营销，就属于服务时间可调化战略。在北京王府井大街，有一家"四海永和豆浆大王"快餐店，敢于和这条繁华街上的麦当劳和肯德基竞争，其竞争优势主要来自于它是这条街上第一家24小时营业的快餐店，正是时间可调化战略使它有了独特的竞争优势。实现服务时间可调化，应该注重用工制度的改革和服务时间的安排与调度。

（2）服务地点可调化。服务地点可调化，是指服务企业通过对服务地点的调整来满足服务需求和平衡服务供求的矛盾。服务地点的调整，主要有上门服务、流动服务、多地点服务、跨地区布点和服务品牌输出等种类。如上海许多餐馆饭店推出"派厨师上门办家宴"的服务，家庭不仅可以请到中餐馆的厨师，而且可以请到西餐馆的厨师。服务地点的调整，无论是上门服务、流动服务还是跨地区品牌输出，都必须加强服务质量控制。

（3）服务供求可调化。服务供求可调化，是指服务企业通过对服务供给和需求的调节来实现二者之间的平衡。当服务需求超过服务供给时，可以用增加供给的办法来实现供求平衡。如春节期间及"五一"、"十一"黄金周时期，铁路部门都会加开临时列车以满足超过供给的铁路旅客运输服务需求。当服务需求低于服务供给时，可以用刺激需求的办法来实现供求平衡。常用的刺激服务需求的手段包括服务价格、服务信贷、服务包装、服务承诺、服务广告、服务促销等，其中价格是最常用的手段。如电信公司为了刺激电话消费，采取很多价格优惠措施。中国移动通信为了刺激手机通话消费，采用分时段价格优惠和通话总量价格优惠措施。一般的手机卡从19时至次日凌晨8时这一时段是优惠价格时段，一分钟的通话费用仅人民币0.2元，而一个月消费达到1200分钟以上的用户，则平均通话计费不到0.1元/分钟。

2. 服务效率化

服务的不可储存性在客观上形成一种压力，促使企业珍惜时间资源和空间资源，重视服务的时间效率和空间利用效率。服务的效率化主要表现为服务时效化、服务多功能化和服务一揽子化等方式。服务时效化，是提高服务的时间效率；而服务的多功能化和一揽子化，是提高服务的空间效率。

（1）服务时效化。服务时效化，是指服务企业充分地利用服务的时间资源和提高服务的时间效率。如商业、金融业的电子商务和网上服务，餐饮业的快餐服务，邮政业的特快专递，铁路的特快列车，航运业的快速客轮等，都是时效化的服务产品。服务时效化有利于提高服务质量，有利于服务增值以及服务时间的可调化及服务的承诺化。同时，服务时效化要以服务技巧化、服务标准化和技术为基础。如西式快餐之所以"快"，与其服务的标准化是分不开的。

（2）服务多功能化。服务多功能化，是指同一家服务企业对同一个顾客提供多种不同但相互关联的服务，以便提高企业的服务效率或顾客服务消费的效率。顾客在同一个服务机构得到多种功能不同的服务，可以节省跑多家服务机构的时间和成本，提高顾客的服务消费效率。与此同时，服务多功能化的企业，能增加顾客在企业的逗留时间，在企业营业时间不延长的情况下，等于在相同营业时间里增加了服务客流，即等于提高了企业总体上的服务效率。如国内一些商场，将自己的服务定位从"百货商场"转变为"社区购物休闲中心"，除了供应居民日常生活用品外，新增了许多社区服务功能，如桑拿、卡拉OK、老年活动中心、阅览室、健身房等，这种服务定位，就是一种服务多功能化定位。

（3）服务一揽子化。服务一揽子化，是指配套的服务多功能化，即服务企业对同一个顾客提供多种功能不同的服务，不仅相互关联，而且配套成龙。零售业中的家具或家用电器商店，对新婚家庭常常实行一揽子化服务，即成套地提供家具或家用电器；国际上流行的主题公园，如美国迪斯尼乐园等提供的服务就是一揽子化的；旅行社的组团导游服务、多功能旅馆的服务、家庭私人律师和单位顾问律师的服务、学校尤其是寄宿制学校对学生的服务、医院住院部的服务和体检服务等，都是典型的一揽子化服务。服务一揽子化是将服务多功能化发展到较高的层次，比一般的服务多功能化更有效率和更能满足顾客对服务效率的需要。

单元小结

服务营销战略是指服务企业为了谋求长期的生存和发展，根据外部环境和内部条件的变化，对企业做出的具有长期性、全局性的计划和谋略。现代产品市场营销管理通过运用战略管理思想，对企业如何有计划地组织整体营销活动进行规划，主要是基于对企业产品及市场的细分定位基础上的战略。而作为与产品营销有着明显差异的服务营销,其营销战略必然有着许多不同于产品营销战略的独到特点。这要求企业充分研究服务及企业自身特点,制定正确的总体战略,来确定企业市场营销活动的核心和发展模式,以实现资源的最佳配置,从而提高企业对不断变化的环境的适应能力,在竞争中取得独特的竞争优势。

本章重点论述企业服务营销战略选择,探讨基于服务特点的服务营销战略的实施,并且对服务营销战略管理内容进行了介绍。

核心概念

服务有形化　服务技巧化　服务规范化　服务差异化　服务可分化　服务关系化
服务可调化　服务效率化

训练题

1. 服务的基本特点对服务营销的影响是什么？简述基于服务各个特点的服务营销定位战略。
2. 试举例说明服务有形化及服务可分化的重要性。

单元六 服务质量的管理

本章导读

通过本单元的学习,应能够掌握服务质量的含义,了解服务质量形成的过程及其影响因素,了解服务营销质量的评估;理解服务质量管理及全面服务质量管理。

知识点

- 服务质量的概念、服务质量形成过程及其影响因素;
- 服务质量构成要素;
- 服务质量管理及全面服务质量管理的方法。

技能点

- 服务质量评估的测定方法;
- 全面服务质量管理的方法。

项目一 服务质量概述

服务质量可以被定义为顾客对实际所得到服务的感知与顾客对服务的期望之间的差距。因此,服务质量是一个主观范畴,它取决于顾客对服务的预期质量和实际体验质量(即顾客实际感知到的服务质量)之间的对比。在顾客体验质量达到或超过预期质量时,顾客就会满意,从而认为对顾客的服务质量较高;反之,则会认为企业的服务质量较低。因而服务质量是服务营销的核心。无论是有形产品的生产企业还是服务业,服务质量都是企业在竞争中致胜的法宝。服务质量的内涵与有形产品质量的内涵有区别,消费者对服务质量的评价不仅要考虑服务的结果,而且要涉及服务的过程。服务质量应被消费者所识别,消费者认可才是质量。服务质量的构成要素、形成过程、考核依据、评价标准均有其有别于有形产品的内涵。

任务 1 服务质量的概念

服务质量是产品生产的服务或服务业满足规定或潜在要求(或需要)的特征和特性的总和。特性是用以区分不同类别的产品或服务的概念,如旅游有陶冶人的性情给人愉悦的特性,旅馆有给人提供休息、睡觉的特性。特征则是用以区分同类服务中不同规格、档次、品味的概念。服务质量最表层的内涵应包括服务的安全性、适用性、有效性和经济性等一般要求。

鉴于服务交易过程的顾客参与性和生产与消费的分离性,服务质量必须经顾客认可,并被顾客所识别。服务质量的内涵应包括以下内容：

（1）服务质量是顾客感知的对象；

（2）服务质量既要有客观方法加以制定和衡量，更多地要按顾客主观的认识加以衡量和检验；

（3）服务质量发生在服务生产和交易过程之中；

（4）服务质量是在服务企业与顾客交易的真实瞬间实现的；

（5）服务质量的提高需要内部形成有效管理和支持系统。

正如服务一样，服务质量的内容也极为复杂。实体产品的质量一般与产品的技术特性相关，所以评价其质量好坏的标准比较客观，不同的人对于同一产品的质量评判结果一般不会出现太大出入，而且便于生产企业采取相应措施提高质量。然而，对于服务产品来说，由于其生产与消费不可分离及异质性等特点，对服务质量的理解和评价就相当复杂。如评定理发质量的好坏比评定吹风机质量的好坏更难取得一致意见。不同顾客对同一服务产品的质量判断可能会有很大差别，而且顾客所理解的质量同服务生产者所理解的产品质量的理解也会有一定差距，服务生产者认为是高质量的服务，在顾客眼中也可能认为是低质量的。可见，服务质量的评价标准包含了很大的主观性。它取决于顾客对服务的预期质量同其实际感受的服务水平（体验质量）的对比。

通常顾客主要是从技术和职能两个层面来感知服务质量，从而服务质量也就包括技术质量和职能质量两项内容。如给饭店的客人提供房间与床位，餐馆的客人得到一顿美餐，航空公司将乘客从起飞地运送到目的地，银行客户获得一笔贷款等，诸如此类，顾客在服务交易中所获取的这些实际产出或者说服务企业服务的最终产出，都是消费者在与企业接触中所获经历的一部分，构成服务生产过程的技术质量。顾客一般能对之进行较为客观的评价。除此之外，顾客还受到企业传递这些技术质量内容所用方式的影响，如饭店、餐馆服务人员的举止行为，银行职员的服务效率，航空公司的航班准点率及地面和空中服务人员的态度，一处游览点的可进入性等，都会影响到顾客对整体服务质量的评价。不过技术质量并不能概括服务质量的全部。既然服务是无形的，而且态度、穿着等将直接影响到顾客对服务质量的感知，所以顾客对服务质量的感知不仅包括他们在服务过程中所得到的东西，而且还要考虑他们是如何得到这些东西的，这就是服务质量的职能层面，即职能质量。显然，职能质量难以被顾客进行客观的评价，它更多地取决于顾客的主观感受。服务质量包括顾客接受的产出（what）和顾客接受的方式（how），即技术质量和职能质量两个基本方面。

服务企业若想提高服务质量，必须提高服务的技术性和职能性两方面的质量。如在一项顾客投诉处理过程手续繁琐、费时费力，那么顾客就会有怨言。这种情况下，投诉处理的职能质量的低劣降低了服务的整体质量。另外，在顾客评价服务质量时，企业形象起到了过滤器的作用。企业的形象不可避免地影响到顾客对服务质量的认知和体验。

任务 2　可感知服务质量的形成过程及影响因素

顾客对服务产品质量的判断取决于经历质量与期望质量的对比。在经历质量既定的情况下，期望质量将影响顾客对整体服务质量的感知。

几乎每一位顾客都是带着对某一产品的某一质量水平的期望进入服务生产过程的，如图6-1所示。一方面，顾客的期望质量是一系列因素的综合，其高低受到企业的对外营销活动、社会上的口碑、企业形象以及顾客需求水平和消费经验的综合影响。假设企业在广告中对其产品质量及所含利益给予很高的承诺，或者顾客曾在该企业中有满意的消费经历，或者该企业在公众中有良好的形象，那么顾客在购买前就会对该企业的服务质量形成较高的期望值。另一方面，顾客在实际消费过程中，通过亲自介入、亲身经历会对实际所获的质量水平也就是经历质量水平形成认知。顾客会自觉或不自觉地将期望质量与经历质量加以比较，如果实际经历质量满意甚至超过了顾客的期望，即经历质量水平等于或大于期望质量水平，那么顾客对服务产品就是满意或非常满意，可感知的服务质量就是高的；反之，如果顾客的实际经历质量水平低于其期望水平，那么对该顾客而言，该服务产品就被认为是低质量的，即使以客观的标准来衡量其实际质量是不错的。期望质量主要受利于四种力量影响，即市场营销沟通、企业形象、顾客口碑和顾客需求。

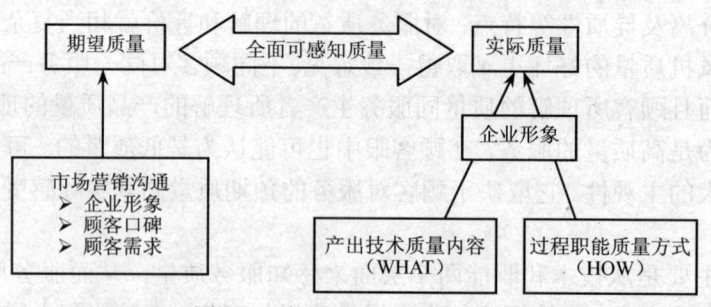

图6-1　全面可感知质量

企业形象和顾客口碑只能间接地被企业控制，它们虽然受许多外部设备因素的影响，但基本上表现为企业绩效的函数。顾客需求千差万别，完全属于不可控因素。而市场营销沟通包括广告、直接邮寄、公共关系以及促销活动等，则能够直接为企业所控制。市场营销沟通对于期望质量的影响是显而易见的。比如，在广告实践中，一些企业常常夸大其词，不切实际地鼓吹自己的产品，这样做的结果是在顾客心目中形成了对企业产品过高难度的期望。然而，当顾客实际接触到产品并发现产品质量并不像所宣传的那样，甚至还有很多缺陷时，顾客对产品质量的感知和评价将大打折扣。

【案例点击】

从阿拉斯加到坦桑尼亚，世界各地都有高质量的旅馆。它们的"星"是靠房间的规模、装饰的豪华和舒适的程度赢得的；不仅如此，它们由于各自的鲜明特色而令人难以忘怀。旅途，或是一种困难，或是一种乐趣，这在一定程度上依靠旅馆的服务。有远见的管理者不辞辛劳地从小处着手，创造宾至如归的氛围。阿姆斯特丹的阿姆斯泰尔洲际旅馆以其热情、周到的服务而著称。该旅馆主动为客人办理海关手续和提取行李，客人就像国家元首一样，走下舷梯就受到迎接，一身轻松地坐上劳斯莱斯或奔驰轿车来到旅馆。房间里CD唱片播放的高雅音乐使客人旅途疲惫顿消，客人还可以读到他所指定语言的最新报纸。

激烈的市场竞争促使旅馆业不断创新，争取顾客的回头率。有位女士成了伦敦道斯特酒店的常客，每月都来住一次。旅馆尽力使一个固定房间成为她的"家"，在她到来之前重新布置，按照她的喜好安排家具和装饰品。道斯特酒店还建立起房客的档案，记录下客人们的好恶，从喜爱紫罗兰还是郁金香到对某种酒的偏好，以保证提供给客人最满意的服务。

著名的里兹·卡尔顿连锁店也有完整的顾客认知程序，记录了客人的特别要求：楼层、硬床，乃至不出名的法国酒。正是这种顾客至上的精神使连锁店规模不断扩大。

有的旅馆提供详尽的商业资料，供顾客中的经理查询。香港地区的香格里拉饭店图书馆储备有丰富的信息资料。客人舒适地坐在沙发上聆听尽职尽责的图书管理员介绍有关图书，查阅大部头的英文、法文、中文、意大利文和日文的指南和白皮书。当然，休闲性的文学作品是应有尽有的。

保持身心愉快是每个旅行者所希望的，但是在繁忙的大都市做到这点很不容易。各地的旅馆创造出有本民族文化特色的休闲方式，巴黎的皇家蒙梭旅馆则提供富有罗马风味的温泉浴，在经过资格认证的治疗师的监护下，客人们尽情享受桑拿、按摩蒸浴带来的彻底的轻松和愉悦。

有些顾客喜欢清晨慢跑以消除时差造成的不适，而在一个陌生的城市跑步是容易出危险的。这一要求在东京传奇般的帝国旅馆得到重视，它免费提供各种型号和尺寸的跑鞋以及详尽的地图，上面标明沿途的风景、地形和距离，极大地方便了顾客。另一个同样充满人情味的服务项目是，帝国旅馆的服务员在客人走后的房间中发现任何私人物品，都必须保存一个时期，包括垃圾箱里的东西。此举意在防止客人无意中丢弃了有价值的物品。

任务3 服务质量构成要素

服务质量既是服务本身的特性与特征的总和，也是消费者感知的反应，因而服务质量既由服务的技术质量、职能质量、形象质量和真实瞬间构成，也由感知质量与预期质量的差距所体现。

技术质量是指服务过程的产出，即顾客从服务过程中所得到的东西。例如，宾馆为旅客休息提供的房间和床位，饭店为顾客提供的菜品和饮料，航空公司为旅客提供的飞机、舱位等。对于技术质量，顾客容易感知，也便于评价。例如，旅馆设备是否舒适、饭店的菜品是否可口、民航的舱位是否宽敞等。

职能质量是指服务推广的过程中顾客所感受到的服务人员在履行职责时的行为、态度、穿着和仪表等给顾客带来的利益和享受。职能质量完全取决于顾客的主观感受，难以进行客观的评价。技术质量与职能质量构成了感知服务质量的基本内容。

形象质量是指服务企业在社会公众心目中形成的总体印象。它包括企业的整体形象和企业所在地区的形象两个层次。企业形象可以通过视觉识别系统、理念识别系统和行为识别系统多层次地体现。顾客可从企业的资源、组织结构、市场运作和企业行为方式等多个方面认识企业形象。企业形象质量是顾客感知服务质量的过滤器。如果企业拥有良好的形象质量，些许的失误会赢得顾客的谅解；如果失误频繁发生，则必然会破坏企业形象；倘若企业形象不佳，则企业任何细微的失误都会给顾客造成很坏的印象。

真实瞬间则是服务过程中顾客与企业进行服务接触的过程。这个过程是一个特定的时间和地点，这是企业向顾客展示自己服务质量的时机。真实瞬间是服务质量展示的有限时机。一旦时机过去，服务交易结束，企业也就无法改变顾客对服务质量的感知；如果在这一瞬间服务质量出了问题也无法补救。真实瞬间是服务质量构成的特殊因素，这是有形产品质量所不包含的因素。

顾客光顾一家服务组织时，他要经历一系列"真实瞬间"。如乘坐飞机航班，乘客从抵达机场开始，直到取回行李离开机场为止，要经历许多这样的瞬间。

服务生产和传送过程应计划周密、执行有序，防止棘手的"真实瞬间"出现。如果出现失控状况并任其发展，出现质量问题的危险性就会大大增加。一旦真实的瞬间失控，服务质量就会退回到一种原始状态。服务过程的职能质量更是深受其害，并会进一步恶化质量。

项目二　服务质量的评估

任务 1　服务质量评估的过程

一项优质服务既要符合企业制定的服务标准，又要满足顾客的需要，这是由服务质量的功能性和技术性决定的。顾客评估一项服务是否满足自己需要的过程，同时也是顾客把体验的服务质量与自己期望的服务质量相比较的过程。当顾客感受到的实际服务质量符合甚至超过他们预期的服务质量时，他们感知的服务质量就好；当他们实际感受到的服务质量不及他们预期的服务质量时，他们感知的服务质量就差。

每个顾客对服务质量的期望各不相同。感知服务质量是顾客将期望质量与体检服务质量比较后形成的服务质量的总体评价。顾客的期望质量是指在顾客体验服务质量之前头脑中对该服务的总体设想和预期，这种预期受多方面的影响。研究表明，这一现象的产生是企业的市场沟通、企业的形象、其他顾客的宣传和顾客的不同需求等因素对有着不同经验、知识的顾客在主观上产生不同影响的结果（见图 6-2）。

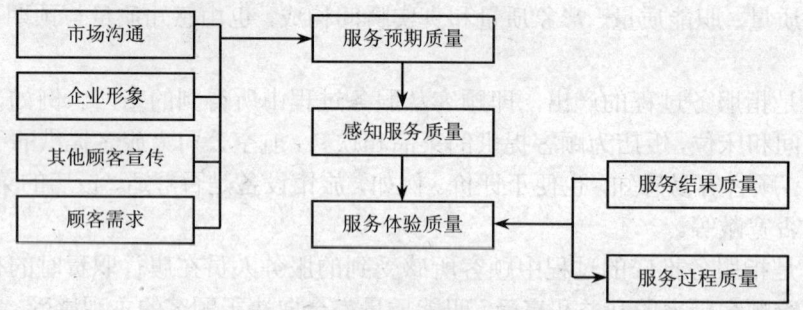

图 6-2　感知服务质量评估过程

顾客对服务的体验质量是指企业实际传递给顾客的服务，顾客只有亲身经历过该企业的服务之后才会有这一质量评价。体验质量的影响因素主要来自服务质量的两个方面，即服务的技术性质量与功能性质量。与顾客期望服务质量的因素一样，这两方面的因素也是可以通过企业的营销努力来改变的，也就是说企业既可以影响顾客对服务的期望质量，又可以影响顾客对服务的体验质量。为了使企业服务质量得以优化，企业应该尽量使顾客期望的服务质量与体验的服务质量保持接近，应该避免出现扩大宣传或错误宣传而使顾客对服务质量的期望值过高的情况，否则会导致期望值与体验值相去甚远，企业的服务质量无法满足顾客的需求，最终使顾客对服务质量的评价变得很坏。

任务 2　差距模型

进行有效的服务市场营销是一项不简单的工作，涉及许多不同的能力和任务。服务企业的服务人员会长期对如何以一个有组织的方式进行营销这一课题感到困惑。对于服务市场营销中的核心概念、战略和决策，服务差距模型将其定位为开始于顾客，并按照顾客的实际需求来建立企业的任务，从而弥合顾客期望和实际感知之间的差距。差距模型的核心重点是顾客差距，即顾客期望和感知的差异。企业就要弥合这一差距（顾客的期望与感知之间），以便能更好地满足顾客，并最好能同顾客建立长久稳定的关系。为了弥合这一极其重要的顾客差距，该模型的其他四个供应商差距也要进行弥合。

在图6-3中，中轴线上方的两个方框里分别是顾客期望和顾客感知。顾客感知是顾客对实际接受到的服务的主观评价，顾客期望是指顾客用来与服务体验相比较的绩效的标准和参考点。顾客期望的来源中包括企业可以控制的因素，如广告、宣传以及一些其他的一定程度上的影响因素。期望与感知的吻合是理想的状态也就是顾客感知到了他们所想要的。但在现实中，顾客差距一般是会存在的。服务营销的任务就是针对这个差距进行沟通。

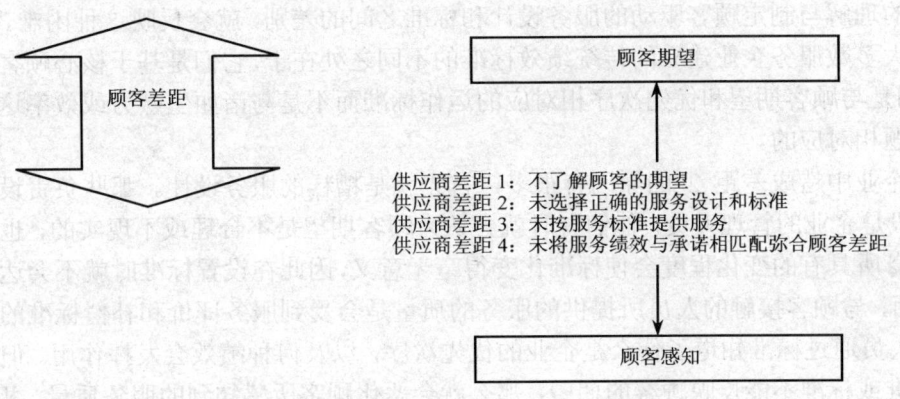

图6-3 导致顾客差距的关键因素

服务的独特特征是：无形性、异质性、生产与消费的不可分性以及服务的易逝性，这需要与评价商品不同的顾客评价过程。导致顾客差距的关键因素就是图中的四个供应商差距。

差距1：对顾客的期望不了解。

不了解顾客的期望是指顾客对服务的期望与公司对这些期望的理解之间存在差别。很多因素使企业的管理人员以及服务人员不了解期望的内容或不能明确这些问题。如果负责设定优先次序的人员不能充分地理解顾客对服务的期望，就有可能作出一系列糟糕的决策和次优的资源分配，从而让顾客觉得服务质量低下。

不全面的市场研究导向是导致差距1的一个主要因素。如果企业不能获得关于顾客期望的正确充分的信息，那么差距就会增大，必须要通过市场研究来制定获取顾客期望信息的正式方法，一定要应用一些涉及大量传统调研方法的技术来接近顾客，比如顾客访谈、调查研究、投诉系统以及顾客小组。现在也有很多创新性的方法，比如质量功能展开、头脑风暴法和服务质量差距分析。另一个与差距1产生有关的关键因素是缺少向上的沟通，在企业里，与顾客接触的前台人员通常对顾客有深入的了解。如果企业的管理人员不经常与前台人员沟通或者企业的沟通系统不是很畅通，那么管理人员就不会知道前台人员知道的东西，差距也就会扩大。不能留住顾客并加强同顾客关系的公司战略，也被称为"关系营销"的方法，是造成差距1的另一个因素，如果企业与现有的顾客保持着稳定的关系，那么差距1就不太可能产生。关系营销与交易营销是不同的，交易营销是指吸引更多的新顾客而不是留住顾客。如果企业把注意力都放在吸引新顾客上,那就没有精力来注意现有顾客的不断变化的需求和期望。特别是在制造企业中关系营销具有杠杆作用的一个主要营销因素是服务。当然技术的发展也可以使企业有能力联合起来获得并整合大量关于顾客的资料,也相当于是一种资源共享。缺乏服务补救是造成差距1的最后一个关键因素,即使是最优秀的企业,对其顾客的期望有很深很清晰的认识,也会有出现失误的时刻。理解服务补救的重要性对一个企业来说就显得很重要了,这包括人们投诉的原因,他们投诉的目的以及如何制定有效的服务补救战略来处理不可避免的服务失误。这就需要有一个明确的投诉处理流程,授权给员工,让他们在现场就作出正确反应,及时弥补失误;有时也要涉及到服务担保或对未完成的承诺对顾客进行赔偿的方法。

差距2:没有选择正确的服务设计和标准。

在服务企业中,将顾客期望转变为服务质量标准常常会遇到困难。差距2也就是企业对顾客期望的理解与制定顾客驱动的服务设计和标准之间的差别,就会反映这种困难。顾客驱动的标准与大多数服务企业建立的传统绩效标准的不同之处在于,它们是基于核心顾客的要求建立的。它们是与顾客期望和优先次序相对应的运作标准而不是与诸如生产力或效率这类企业所关心的问题相对应的。

服务企业中造成差距2的原因有很多,首先就是糟糕的服务设计。那些负责设置标准的人员,一般是企业的管理人员,他们有时就会认为顾客期望是不合理或不现实的,也可能会认为服务自身所具有的变化程度会使标准化变得毫无意义,因此在设置标准时就不会达到理想的目标。然而,与顾客接触的人员所提供的服务的质量是会受到服务评价和补偿标准的极大影响的。接触人员通过标准知道了什么是企业的优先次序,以及何种绩效会发挥作用。但是如果没有服务标准或标准不能反映顾客的期望,那么就会恶化顾客所感知到的服务质量。相反,如果顾客的期望可以通过有关的标准反映出来,那么就会对所感知到服务质量的评价提高。因此,设置以顾客定义的绩效标准来弥合差距2,就会对弥和顾客差距产生有力的积极作用。

因为服务的无形性,所以要描述和沟通服务是很困难的,尤其是在推广新开发出的服务时就更难了。因此就要求所有人员,不论是前台还是后台人员都应该按照顾客的要求和期望以相同的新服务概念来工作。对于现有的服务,如果不是所有的人员对服务和相关问题有相同的认识,那么任何试图改进服务的措施或方法都是可能会有损于服务的。因此一个极为重要的避免差距的途径就是在丝毫不存在疏忽、片面、主观或偏见的前提下清楚地设计服务。为了达到这样的目的,就要有工具来确保以尽可能谨慎的态度开发并改进新服务以及现有的服务。

有形展示也就是服务的有形环境,也是影响差距2的一个因素。有形展示是指提供服务的所有商业卡片、报告、标志、网络形象、设备和设施。服务场景也就是服务提供场所的有形设置,一定要是适宜的,因为服务场景观即有形设施,在传达服务信息和使整个服务体验更为舒适方便,对一些行业来说(比如饭店、公园等)是很重要的一个方面。因此服务企业一定要开发利用有形展示的重要意义,发挥它的各种作用,以及为满足顾客期望更好地设计有效展示服务场景的战略战术。

差距3:没有按服务标准提供服务。

差距3是指制定顾客驱动的服务标准与公司员工的实际服务绩效之间的差距。即使企业制定了很好的对待顾客的服务绩效指南,也不一定就会有优质的服务绩效。服务标准的执行还需要有企业的其他资源比如人员、系统和技术的支持,并且企业要不断在这些标准的基础上评估和奖赏员工以使之更有效。也就是说即使标准很恰当地反映了顾客的期望,如果企业没有为此提供的支持即企业没有协助、鼓励和要求员工来实现这个目标，那么标准也只是标准，不会起作用。如果服务传递的绩效低于标准，那么也就会低于顾客的期望了。

差距3的产生有很多原因，首先是人力资源政策措施不当。这就包括有的员工不能清楚地理解自己在企业中扮演的角色，不能发现顾客与公司管理层之间的冲突，犯错误。不完备的技术、不合理的奖惩制度以及缺乏授权、感知的监控和团队工作，这些都与公司的人力资源职能相关联，并涉及到企业内部的活动，如招聘、培训、反馈、工作设计、创新和组织结构。为了更好地提供服务，企业就必须在各个职能部门重点明确这些问题，以使服务标准更有效地发挥作用。

其次是服务中间商的问题。企业在通过中间商如零售商、特许经营商、代理商和经纪人提供服务时会遇到一些问题，因为服务的质量来自于顾客和服务提供者的直接接触，因此公司能否监控服务接触很重要，但在实际中这是很难做好的。大部分服务行业不能保证不在企业直接控制下传递服务并与顾客直接接触的中间商（主要是零售商、特许经营商和交易人员）能够保持服务的一致性和优良性。外部第三方也就是中间商会使服务提供过程变得复杂，因为这些中间商所关注的目标和价值很可能与服务企业的目标和价值不一致。因此一个企业应该开发制定能控制或激励这些中间商达到公司目标的有效途径。

再次是顾客没有发挥应有的作用。即使与顾客接触的服务人员和中间商在提供服务的过程中能做到完全的一致性（这是一种不大可能，对企业来说又是非常值得追求的状态），但是因为顾客的不可控制的变量也会在服务提供中产生异质性，也即顾客若不能恰当地扮演好他们的角色，比如不能传达所有必要的信息或没有阅读、遵循指导说明，也会损害到服务的质量。

最后是企业的供给和需求不能匹配。因为服务是易逝和不可储存的，服务企业经常会出现需求不足或过度需求的情况。一方面因为没有库存来应付过度需求，因此在企业的生产能力不足时就无法满足顾客的要求，企业也就会损失利润。另一方面在需求很少时，生产能力又会出现闲置。大多数企业会依靠交叉培训、改变员工数量等战略来实现供求相匹配。

差距4：供应商不能履行承诺。

差距4是供应商实际传递的服务与其宣传的服务之间存在的差别。企业通过广告、人员以及其他的方式作出承诺，顾客就会以此作为评价服务质量的标准。因此实际提供给顾客的服务与承诺要给予的服务之间的差距就会从负面影响顾客差距。不能实现承诺的可能原因首先就是过度宣传。夸大的广告宣传，人员销售中的夸大活动以及有形设施所提供的夸大活动等都会不切实际地提高顾客的期望。企业内部不充足的平行沟通，对顾客期望的低效管理等也会导致不能履行承诺。

其次是与顾客进行沟通会跨越企业界限，这对企业来说是一大困难。因为服务广告已经承诺顾客会做什么，但是因为不能像控制生产有形产品的机器那样来控制服务人员所做的事情，因此这样的沟通要涉及到除市场部门以外的职能部门，这就是互动式营销，也就是接触人员与顾客之间的营销活动。如果服务促销人员不知道他们所提供服务的全面情况，他们就不可能做出切合实际的承诺或是不能把原本很好的服务传递给消费者，让消费者得到糟糕的服务质量感知。因此，企业有效地协调实际的服务传递和外部沟通就可以缩小供应商差距并对顾客差距产生积极的影响。

另外服务的价格也会对差距4产生影响。对于一般的日用消费品或者是耐用消费品，顾客在购买之前就可以获得足够的价格知识，就可以判断价格是否合理或与其他的竞争者相比是否一样。而对于服务，顾客在购买之前很难得到关于价格的内部参照点。比如在医院治疗，其价格就很难找到参照点。而且服务的定价技术比有形商品的定价技术一般更复杂。

弥合顾客差距的关键就在于弥合这四个差距，并使其处于持续弥合状态。服务质量差距模型也就可以作为服务业企业试图改进服务质量和服务营销的基本框架。

任务 3　服务质量评估——SERVQUAL 模型及其应用

尽管服务质量度量方法五花八门、种类繁多，但其中最重要的无疑是帕拉苏拉曼等人发明的 SERVQUAL 评价方法。

SERVQUAL 为英文 Service Quality（服务质量）的缩写，该词最早出现在 1988 年由帕拉苏拉曼（A.Parasuraman）、泽丝曼尔（Valarie A.Zeithaml）、贝里（Leonard L.Berry）（简称 PZB）三人合写的一篇题目为"SERVQUAL：一种多变量的顾客感知服务质量度量方法"的文章中。

1. 服务质量的评价要素

SERVQUAL 对顾客感知服务质量的评价是建立在对顾客期望服务质量和顾客接受服务后对服务质量感知基础之上的。在研究过程中，PZB 提出了服务质量五维度的观点，并根据这五个维度设计了包括 22 个问项的调查表，学者们后来将其称为 SERVQUAL 评价方法。以下是 PZB 提出的五个维度，也即服务质量的五个评价要素（见表 6-1）。

表 6-1　五维具体组成项目表

要素	组成项目
有形性	1.有现代化的服务设施 2.服务设施具有吸引力 3.员工有整洁的服装和外表 4.公司的设施与他们所提供的服务相匹配
可靠性	5.公司向顾客承诺的事情都能及时地完成 6.顾客遇到困难时，能表现出关心并提供帮助 7.公司是可靠的 8.能准时提供所承诺的部分 9.正确记录相关的服务
相应性	10.不能指望他们告诉顾客提供服务的准确时间 11.期望他们提供及时的服务是不现实的 12.员工并不总是愿意帮助顾客 13.员工因为太忙以至于无法立即提供服务，满足顾客的需求
保证性	14.员工是值得信赖的 15.在从事交易时顾客会感到放心 16.员工是有礼貌的 17.员工可从公司得到适当的支持，以提供更好的服务
移情性	18.公司不会针对不同的顾客提供个别的服务 19.员工不会给予顾客个别的关怀 20.不能期望员工了解顾客的需求 21.公司没有优先考虑顾客的利益 22.公司提供的服务时间不能符合所有顾客的需求

说明：问卷采用 7 分制，7 表示完全同意，1 表示完全不同意。中间分数表示不同的程度。问卷中的问题随机排列。

资料来源：A. Parasuraman, Valarie A. Zeithaml and Leonard L. Berry. "SERVQUAL: A multiple-item scale for measuring consumer perceptions of service quality," Journal of Retailing, Vol.64, No.1, Spring, 1988, pp12-40.

（1）有形性：通过有形内容向顾客传递服务质量信息的能力。在具体的操作上，分别是问卷中的第1～4问项。服务具有无形性的特征，因此服务企业需要通过有形的实体要素来提示服务质量，降低顾客购买的风险。如设施设备、人员、气氛、服务品牌、价格、广告等。另外，有形性也是顾客评价服务质量的重要要素。如酒店通过装饰材料、色彩、照明、温度、湿度、背景音乐等来塑造温馨的氛围，通过服务人员得体的服装、高雅的举止、适当的语言、温柔的笑容传递优质服务质量的信息。

（2）可靠性：是可靠地、准确地履行服务承诺的能力，在调查表中，为第5～9问项。可靠性被美国消费者一致认为是服务质量感知最重要的决定因素。可靠性意味着服务企业能按照服务承诺行事，包括提供服务、解决服务问题、服务价格等方面的承诺。由于服务的不可感知性，顾客希望和信守承诺的服务提供者进行交易，以降低购买服务的风险。如顾客希望航空公司的飞机正点起飞，按时抵达，下榻酒店的客人希望酒店能按照承诺时间办理住宿登记和结账离店手续，顾客希望旅行社能按照承诺的旅游路线、住宿标准、餐饮标准提供服务。

（3）响应性：是指帮助顾客并迅速地提高服务水平的能力。在调查表中，为第10～13问项。响应性体现了服务传递系统的效率，并反映出服务传递系统是否以顾客为核心而设计。响应性意味着能对顾客的要求、询问、投诉及其他服务问题做出快捷的反应，以有效减少顾客的等候时间。据不完全统计，顾客对酒店前台服务的投诉主要集中在办理登记住宿的时间太长，尤其是提前预订的客人。凯悦饭店针对这一问题，开发了"一触即可"的自动登记系统，提前预订的客人登记时间不超过60秒钟，散客也只须90秒钟，使整个登记过程便捷省时。中国大饭店对顾客的投诉能做出快速反应，如果顾客投诉客房有问题，饭店不能马上修理，就立即给顾客换房。

（4）保证性：是指员工所具有的知识、礼节以及表达出自信与可信的能力。在调查表中，为第14～17问项。首先，员工应具备必要的知识和技能，按照顾客定义的服务标准完成服务工作，这是赢得顾客信任的首要因素。其次，员工在服务态度、行为、语言等方面应体现礼貌和尊重，拉近与顾客之间的心灵距离。再次，员工要主动与顾客沟通和交流，加强和顾客的感情联络，以动态方式满足顾客的需求。最后，员工能将顾客关心的事情放在心上，尽可能满足他们的需求。

移情性：关心并为顾客提供个性化服务。在调查表中，为第18～22问项。移情性包括三方面的内涵：一是从顾客角度理解顾客的感受。顾客来自于不同的地域，他们有空间转移所带来的恐惧、焦虑、痛苦、兴奋、喜悦和期待，因而员工必须通过换位思考，理解顾客的这些感受和他们对服务的要求。二是对顾客需求的敏感性。在理解顾客情感需要的基础上，员工还需要善于发现顾客通过语言和非语言所表现出的情感和情绪，这些情感和情绪中蕴涵着顾客的需求。因而员工需要敏感地发现顾客需要帮助的信息，然后主动为顾客提供帮助。三是对顾客的需求做出合适的反应。在顾客的需求通过细节表现出之后，员工还需要以顾客可接受的方式，向顾客提供服务。

PZB认为，通过对SERVQUAL量表的数据采集和分析，可以较好地测量出顾客感知服务质量的水平。据三人的测算，这五个维度与顾客感知服务质量相关系数高达0.92。

SERVQUAL评价方法完全建立在顾客感知的基础之上，即以顾客的主观意识为衡量的重点，首先度量顾客对服务的期望，然后度量顾客对服务的感知，由此计算出两者之间的差异，并将其作为判断服务质量水平的依据。

2. 服务质量评价的范围

对服务质量范围的认识有助于全面理解服务系统的运营，也可以从另外一个角度观察服务质量的构成。通过对服务质量范围的研究，可以有针对性地设计服务质量指标体系。服务质量的范围包括服务内容、服务过程、服务结构、服务结果、影响五个方面。

（1）服务内容。服务必须遵守标准的程序，才能获得稳定的服务质量。服务业中既有公认的行业标准，也有企业持有的服务标准。企业的员工按照标准化的程序进行服务，才能保证服务质量的稳定性。如酒店客房员工要按照标准的程序清扫房间。

（2）服务过程。在服务过程中服务传递系统要有一定的逻辑顺序，服务活动之间衔接得当，以保证服务的效果。同时要合理地利用服务资源以提高服务效率，因此有必要对服务传递系统进行必要的监控，一方面可以不断地改进服务传递系统以更好地满足顾客的需求；另一方面可以加强与服务人员的沟通与交流，提高服务资源的利用效率。

（3）服务结构。服务企业的设施设备必须满足服务的基本要求，与接待的标准容量相适应。设施设备的闲置或超负荷运转都是对服务资源的浪费，服务质量也会深受影响。组织机构的设计、人员的配备也要与服务的运营容量相适应。人员过多，服务人员之间会相互干扰，从而影响服务质量。人员过少，顾客等候的时间加长，降低了顾客的满意度。组织机构设计不合理，服务传递系统的效率低，也会影响顾客对服务质量的评价。通过与设定的服务标准比较，就可以发现设施设备、组织机构、人员配备是否合理。

（4）服务结果。服务质量需要服务结果来衡量，顾客满意度是最终的衡量标准。通过市场调查的方法，可以发现服务的结果是否令人满意，如顾客意见簿，顾客投诉数量的变化，走访重要的客人等。另外，了解员工与顾客接触所获得的信息——顾客对服务的满意状况，也可以评估服务结果。此外，通过一些间接的途径也可以了解服务质量的状况，如员工对企业的满意状况，员工对服务工作的自我评价等。

（5）影响。服务的影响应该从两个角度进行衡量：第一是服务的时间影响，即服务是否给顾客创造了满意的经历，留下了美好的印象，使得他们下次还希望获得同类旅游服务。第二是服务的空间影响，给顾客直接带来的利益满足，即服务的可获性。

3. 服务质量的评估方法

对服务的研究开始于 20 世纪 50、60 年代，而系统地分析、评估服务质量则是近十几年的事情。服务质量的评估不仅与客观物质实体有关，还与评估者的主观心理因素有关。这使评估工作变得困难和富有挑战性，技术性质量易于测量，但功能性质量涉及主观判断，存在许多不确定的因素。因此，现存的一些评估方法难免会有缺陷。所以，这里介绍的方法都是以一般服务质量的研究为基础的。

（1）SERVQUAL 模型。

1）问卷设计。贝里等人设计了涵盖服务五大属性及其相关的 22 个项目的问卷，分为两个部分：第一部分用于测量顾客的质量期望，第二部分用于测量顾客实际体验的质量。

2）问卷调查。将设计好的问卷发放给特定的样本顾客进行调查，顾客根据情况对每一个问题打分。在期望和感受的意思表达上，对同一个项目的问题应有所区别，以便于顾客填写准确。

3）计算服务质量的分数。评估服务质量实际就是对顾客的打分进行计算，顾客感知的服务质量与期望质量往往是不同的，其间的差异就是评估的最终结果。用如下公式表示：

$$SQ = \sum_{i=1}^{22}(P_i - E_i) \qquad (6\text{-}1)$$

式中：SQ——SERVQUAL 模型中顾客感知的总的服务质量；

P_i——顾客体验的第 i 个问题的得分；

E_i——顾客期望的第 i 个问题的得分。

公式（6-1）表示的是一个顾客感知的总的服务质量。把调查样本中所有顾客的 SERVQUAL 分数相加再除以顾客的总数就得到企业的平均 SERVQUAL 分数。

4）权重的确定。在公式（6-1）中隐含着一个假定的条件，即企业提供的服务属性在顾客心目中的重要程度是相同的，不存在哪个属性更重要。但是实际状况却不是这样，不同行业的服务属性在顾客心目中的重要性是不一样的，在旅游业中，顾客对豪华酒店服务的可靠性和移情性更为关注。因此 SERVQUAL 模型中需要顾客填写服务属性的权重，这样得出的结果更符合实际。在公式（6-1）基础上可进一步得到加权计算公式：

$$SQ = \sum_{i=1}^{R} W_i \cdot \sum_{i=1}^{22}(P_i - E_i) \qquad (6\text{-}2)$$

式中：SQ——SERVQUAL 模型中顾客感知的总的服务质量；

W_i——每个服务属性的权重；

R——每个服务属性问题的数目；

P_i——顾客体验的第 i 个问题的得分；

E_i——顾客期望的第 i 个问题的得分。

SERVQUAL 模型是较为科学、实用的服务质量评估方法，对服务质量的评估进行了系统的处理，得到了广泛的认可。但该模型还有需要发展和完善的地方，一些学者认为，该模型从理论到实际观察都没有表现出期望与结果的差别基础是什么，而且人们对同一服务有着不同的期望，主要根据顾客对服务结果的满意度来确定服务质量存在一定的风险，如果顾客的期望值较低，而服务企业提供的服务的实际感受情况比顾客的期望水平略高，那么我们无法确定顾客是否得到了高质量的服务。在这样的情况下，SERVQUAL 评估方法显得有些无力，因此，需要在今后的研究和实践中不断发展和完善。另外还存在以差异分数描述服务质量是否可行以及模型中 22 个项目的适用性等问题。

（2）SERVPERF 模型。

克罗宁和泰勒认为 SERVQUAL 模型在概念化和操作化方面对评估服务质量是有缺陷的，在评估感知服务质量时顾客期望是指顾客应该期望什么，而在评估顾客满意度时是指顾客一直期望的是什么，这会引起二者关系的混乱。在此基础上，两位学者提出了以服务表现为核心的 SERVPERF 模型，即在评估服务质量时不考虑顾客期望的影响，用服务表现来评估服务质量。在进行顾客调查时，两位学者采用了 SERVQUAL 模型的问卷调查内容，但顾客只需要就服务的体验和服务属性的重要性打分，而不必给服务期望打分。两个模型的比较是通过四个公式展开的：

$$\text{服务质量} = （表现-期望） \qquad (6\text{-}3)$$
$$\text{服务质量} = （表现-期望）\times 权重 \qquad (6\text{-}4)$$
$$\text{服务质量} = （表现） \qquad (6\text{-}5)$$
$$\text{服务质量} = （表现）\times 权重 \qquad (6\text{-}6)$$

其中，公式（6-3）、（6-4）表示 SERVQUAL 模型；公式（6-5）、（6-6）表示 SERVPERF 模型。克罗宁和泰勒对银行、害虫控制、干洗、快餐四个行业进行调查并计算出调查结果，认为 SERVPERF 模型比 SERVQUAL 模型更适宜于评估服务质量，而且不计权重的 SERVPERF 模型比带权重的 SERVQUAL 模型的评估效果更好。

项目三　服务营销质量的管理

任务 1　服务质量管理框架

图 6-4 表现了服务质量管理的基本框架，它包括三类主体：A—管理者；B—职员；C—顾客。

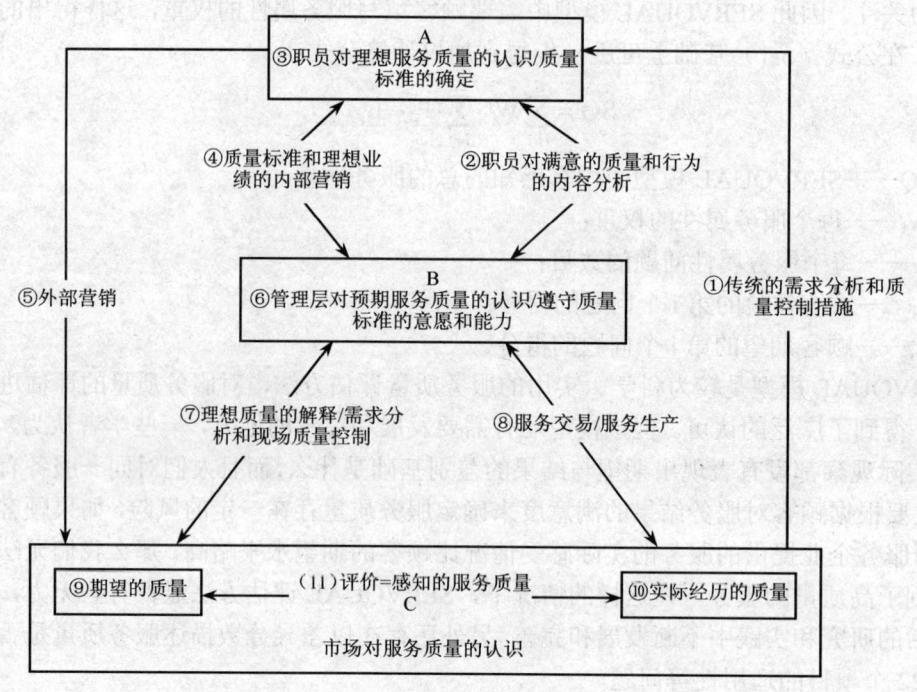

图 6-4　服务质量管理框架

在管理者这一层次上，如果遵循的政策事先给定，市场需求和质量要求分析以下几个方面。

第一步是职员内部对质量和业绩的认识。然后需要用这些知识来决定质量标准，那么这些标准和对未来工作内部营销才能执行。另外，在这一层次上还要规划外部营销；并制定事后控制措施，在职员层次上，通过组织的经营方式满足质量和行为的标准。职责不同的职员在理解这些质量标准后，在某种程度上愿意和能够按照标准开展工作。与顾客相互作用的职员（所谓联系人员）看到或感觉到来自市场的信号，有机会用灵活的方式立即进行调整，以满足顾客的需求。当初始需求发生变化并出现质量问题时，就控制反映在买卖关系中的服务质量。除此之外，还要密切注视（分析）顾客的需求量；当然，同时还标明服务生产和交易。最后，在顾客层次上决定质量是否能够被顾客所接受，顾客期望的质量和实际经历的质量取决于顾客在与组织的作用中接受了什么，或者如何接受。质量是由顾客来评价的，评价的结果就是全面感知质量，对服务生产而言，它就是全面感知服务质量。

图 6-5 中列出了评价过程中可能出现的结果。理论上讲有四种结果——过低的质量、相符的质量、略高的质量和过高的质量。一流质量至少是实际与期望一致，或比期望更高。否则，顾客期望质量就不能达到。人们要求的至少是可以接受的质量。但是，如果企业要使顾客对其服务真正感到满意，可以接受的质量还不够。完全相符的质量是力争达到的目标。这可能是顾客有兴趣与服务提供者保持联系的真正原因。另一方面，实际质量与顾客期望质量相符还会产生口碑效应。当然，这里也有风险因素。如果感知质量太高，生产成本就会高到不必要的程度，利润可能下降，甚至是负数。过高的质量从经济上考虑是不合算的。简单地说，顾客认为过高的质量超过了他们的实际需要，反而造成口碑不佳的效果。过高的质量还可能给人们留下这样的印象，服务价格太高，尽管事实并非如此。

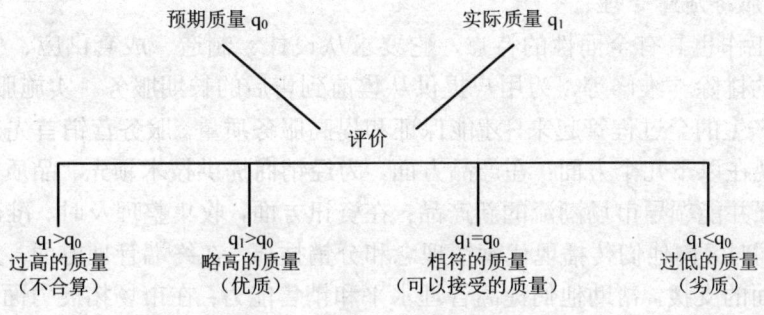

图 6-5　质量评价可能出现的结果

【案例点击】

"不购物也能享受服务"，"非营业员也必须提供服务"，曾率先倡导星级服务的上海东方商厦又推出"全方位服务"的新理念，即以市场需求为导向、以顾客满意为中心的全员、全程和全面的服务，它通过公司全体员工的岗位配合和协作，使每一位顾客自始至终享受到周全、满意的服务。"全程、全面服务"对进入（或接近、路过）商厦的顾客，不管是否购物，都提供服务。"全员服务"要求从高级管理人员到一线管理人员，从合同工到临时工，都必须直接或间接地为顾客提供服务。东方商厦认为，现在的商业企业抓服务质量，大多重视营业员而忽略各类辅助人员，往往造成"外热内冷"，局限性很大，使得服务质量难以上台阶。作为上海首家中外合资零售企业，东方商厦的零售服务已走过了站立（微笑）服务、规范服务、星级服务、品牌服务等历程，在上海零售业普遍推行星级服务的情况下，东方商厦又推出了 10 项 100 余全方位服务标准，从大处着眼，小处着手，以最大限度地满足消费者的需要。

任务 2　全面服务质量管理的内涵

在此我们借用美国经济学家菲根堡姆的全面质量管理的概念，提出"全面服务质量管理"，它是指由企业所有部门和全体人员参加的，以服务质量为核心，从为顾客服务的思想出发，综合运用现代管理手段和方法，建立完整的质量体系，通过全过程的优质服务，全面满足顾客需求的管理活动。

1. 全企业的服务质量管理

每个企业的服务质量管理都可以分为上层、中层和基层管理,涉及整个企业。上层管理侧重于服务决策,并统一组织,协调各部门、各环节的服务质量管理活动;中层管理则要实施领导层的服务决策,对基层工作进行具体的业务管理;基层管理则要求员工按标准进行操作,严格检查实际操作情况。

2. 全员性的服务质量管理

由于现代工业产品具有结构复杂、技术密集的特点,使顾客对服务有越来越多和越来越高的要求,使服务工作向综合性发展。综合性要求技术服务由具有机械、电子、光学、电气、化工等专门知识的成套人员进行,要求业务服务由具有营销、管理、公关、财务知识的人员进行。因此服务绝不仅仅是销售部门的事,它要求企业的生产、技术、采购、保管、财务、人事等部门人员都关心服务质量,参与服务质量管理。

3. 全过程的服务质量管理

现代的服务工作也具有全面性的特点,它要求从设计、制造、成套供应、安装、调试到使用过程中故障的排除、维修等,为用户提供从售前到售后的长期服务。实施服务质量管理,必须把服务质量产生的全过程管起来,才能保证和提高服务质量。服务营销首先是对经销商的全方位服务。表现在以下几个方面:在产品方面,为经销商提供技术领先、品质优秀、差异性显著、盈利能力强并能领导市场潮流的新产品;在资讯方面,收集整理及时、准确的市场信息提供给经销商,同时,向他们传播现代营销理念和分销技巧;在终端管理方面,为经销商提供硬件和软件两方面的支援,帮助他们提高管理水平和销售能力;在市场拓展方面,帮助经销商进行市场分析和市场规划、制定短期和长期的发展战略,协同经销商进行下级渠道的建设,在店面装修、人员培训、经营策略上给予支持,推动经销商的发展壮大;在人员培训方面,建立系统的培训工程,为经销商及其促销员提供经常性、高水平的营销理论和终端促销技巧的培训与督导;在市场秩序方面,加大监督审查力度,对违规行为严惩不贷,努力为经销商营造一个界定清晰、秩序井然的经营环境,使经销商可以专心致志地做生意,而不被外来因素干扰;在经营理念方面,要正确认识商业经营的性质,树立帮助经销商赢取利润的观念,剔除视经销商为狡猾的错误想法和眼红经销商赚钱的不正确心态,和他们建立荣辱与共、风雨同舟的利益共同体。

服务营销也是对消费者的服务,主要指通过完善的售后服务,让消费者买得放心、踏实。创维在售后服务上提出了"顾客,您是总裁"的口号,也摸索出了一套行之有效的做法。通过全方位的服务营销,建成制造业理想的营销模式将成为可能,这种理想模式具备以下六个特点:运营成本低、物流速度快、资源效率高、市场控制力强、客户信用高、员工积极性高。

任务3 全面服务质量管理的方法

影响服务质量的因素很多,要把这许多因素系统地控制起来,就必须综合运行各种科学方法和管理技术。质量管理经过多年实践,创造了许多行之有效的工具和方法,概括起来有14种,其中传统的方法有7种:排列图、因果图、直方图、分层法、控制图、散布图、调查表;现代方法也有7种:关系图法、KJ法、系统图法、矩阵图法、矩阵散据分析法、PDCA法、箭头图法。实行全面服务质量管理完全可以移植和借鉴上述科学方法。其中一套行之有效的方法就是包括服务程序、服务人员和服务技术的优化。

1. 服务程序

服务程序对于用户服务质量的改进是十分重要的，它的变化将对用户的忠实程度产生一定的影响，但在现实的服务过程中这一点经常遭到忽视。不以用户为中心的公司与用户的合作经常是以用户的不满而告终，并且这种摩擦和不满通常以沉默的方式表现出来。不幸的是用户在解除与公司的合作关系时仍不会将心中的不满表达出来。各家公司往往对容易表达不满的用户比较重视，却忽视了那些沉默的用户，忽视了他们心中的不满。有一句古话说，"会哭的孩子有奶吃"，这一点经常在各个公司的用户服务中得到验证。

为了改善这种状况，各个公司有必要实施一种用户服务程序，在这种程序中公司能够了解自己的服务在哪些地方出了问题，并且知道用户希望自己如何去解决这些问题。然而，在整个社会的经济状况都不景气的情况下，各个公司要有足够的财政预算来做到这一点并不容易。下面介绍一种低成本的服务程序，使用这种服务程序可以及时发现自己公司在用户服务中存在的问题。

服务程序的基本步骤如下：

（1）确定目标。各个公司应该为自己的员工和用户确定合适的目标．并通过用户服务程序去实现这些目标。服务水平协议就是一个很好的例子，通过这一协议的签订，公司向用户承诺在一定的时间内帮助用户解决它们所遇到的问题。一旦目标得到确定，各个公司就要开始设计灵活的、动态的服务程序去实现这个目标。对于各个公司来说，签订服务水平协议的最终目的是要确定切实可行的目标，在此基础上向用户提供比自己承诺的更加优质的服务，提高用户对公司服务的满意程度。

（2）建立计划。服务公司在对自己的服务程序进行检验的基础上，建立一个"幽灵购物者"计划。在这个计划中，公司的经理和管理人员能够使用用户服务并适当地将他们的体验以文件的形式反映出来。这样做只需要很少的资金投入，却能够保证整个服务系统和服务程序按照公司确定的目标行事。然而有一点必须引起小心，不要把这种方法作为一种惩罚的手段，而是要通过它来改正服务中出现的问题。

（3）细分用户。服务公司还要对用户进行划分。从你的数据库中找出能够帮助正确分割用户群的那一部分。为用户服务代表（Customer-service Representatives 或者 CSR）执行"flag"命令，以更好地了解收集每一部分用户的相关信息并发布那些有价值的信息。往往企业拥有超过用户的保持力，它们知道应该与哪些用户保持关系，为了与这些用户保持关系应该尽多大的努力、花多大的代价。一个完整的数据收集和分析工作通常是漫长而艰苦的，但是如果能够正确地使用"flag"命令的话，将使这一过程变得既简单又能够达到相同的效果。

对用户进行调查非常关键。通过运行一个系统来对用户进行必要的调查。发布调查结果，弄清楚他们到底需要什么、对什么产品感兴趣，然后再把得出的这些结论收集起来。整个过程中最重要的一点就是，从所收集的信息中发现问题并执行必要的程序对这些问题进行解决。

（4）预测未来。服务公司最后还应该提高公司企业的预见性。加强与用户们的联系可以采取一些简单的步骤，如让他们尽快知道你所了解的问题、预先告知他们可能会遇到的服务中断或是提前向用户提供他们所需的信息——这些简单的方法可以使用户服务变得更加有效率。起反作用的用户服务模式需要被改造，这样用户服务代表（CSR）和用户服务支持（CSS）系统就能够认清形势，做出正确的判断（如在何种形势下应该改换服务模式）和真正有意义的行动（如提前对用户进行通报）。

2. 服务人员

很多的企业不仅在最近5年中失去了他们一半的用户，而且在近4年里还失去了一半的员工。各个企业正在努力提高CSR的士气和技术水平，使CSR成为忠实的员工，使这些员工能够为用户提供更好的服务，作为回报这也将提高用户对企业的忠实程度。当然，现在很多公司还没有认识到CSR士气的低落，而这将会过分强调CSR的水平而忽略用户的满意程度。由于有时候用户与公司联系的途径被切断，所以他们可能不知道公司最近到底发生了什么事情。下面是一些低成本的方法，它们用以提高CSR的"寿命"。

（1）实行"电子学习"计划。最有效的训练系统是那些以正确的信息提供CSR的系统，它们的共同风格就是方便、容易操作。通过实行一个名叫"电子学习"的计划，CSR能够快速找到他们所需要的信息，公司也能通过它获得对CSR在新产品新方法上的快速培训能力。

（2）平衡工作量。从以往的经验来看，专门的CSR在解决专门的问题或是在与特定的用户群相联系方面将变得更加有效。当CSR变为不可或缺的资源时，他们的短缺就会引发问题和麻烦。服务人员的日程安排使得公司保证大多数的解决问题人员都能够在用户需要时及时地接听电话回复问题。CSR需要从不同的途径源源不断地接触到大量的信息来回应用户们所提出的问题和抱怨。在某些情况下，一些信息使CSR真正接触到企业信息。只有公司的专家级人物才能够接触得到，不在公司的计算机系统上面。CSR想知道到哪才能找到他们所需要的信息——他们是否在公司的计算机系统上就能够找到，还是要从某位专家那里得知——他们需要知道如何才能得到那些信息资源。与终端系统相连接是一种使公司计算机系统一体化的最常见的办法。

3. 服务技术

就服务技术本身来讲，它不能提供用户服务和支持所需要的信息和程序。但是，它可以简化数据的收集和分发程序并实现这一过程的自动化。各个公司需要了解哪些人是自己的用户群体，从而在此基础上改进服务，开展市场营销活动，可以借助服务技术这个工具。

服务技术的正确应用可以使公司深入了解用户的需求以及他们对公司服务的满意程度，用户服务支持（CSS）技术和系统的正确应用可以在很大程度上减少用户服务所需的成本。最近的Gallup民意测验表明，用户希望得到精确可靠的信息，希望能够与向自己提供服务的公司保持良好的合作关系以便从它们身上得到好的建议。

有很多系统，工具和技术可以帮助各个公司和用户服务代表向用户提供他们所需水平的服务。在这里介绍一些最重要的加强用户服务的方法。

（1）应用调查软件。以用户为中心的公司经常在自己的用户中开展调查活动，以了解用户的需求。调查软件这一自动化的技术手段可以帮助各个公司更好地加强用户调查，因为它可以使数据的收集过程变得简单。通过电子形式存储的信息能够被其他系统和用户关系管理设备所应用，从而实现了用户调查的自动化。

（2）升发情报系统。世界级的用户服务能够通过多种渠道不断地提供信息。举例来说，各个公司在一个网站发布某一信息的同时，就开始将相似的，在某些情况下甚至是相同的信息通过电子邮件和账户进行发送。这可以同样应用于公司自身的开发。如果公司的某一供应商临时解除合作以致公司的正常业务被搁置，那么公司可以以将这一信息告之用户，让他们及时了解最新的情况。用户是希望及时了解到这些信息的。

（3）重新审视公司网站内容的管理。用户希望能够通过公司的网站得到公司的信息，而不只是他们自己的信息。已经建立了自己的网站的公司应该注重对网站的维护。用户要求网站的内容能够及时更新，提供充足的、有用的、有价值的信息。除此之外，网站应该便于用户的使用，并且能够通过其他的多种渠道提供同样的信息。

（4）加快用户服务的速度。电子服务手段能够帮助公司改善与用户之间的互动交流，并且实现这一交流的自动化。通过电子服务手段的使用，公司可以降低用户服务成本。

（5）创建在线团体。创立包括用户和公司人员在内的在线团体和在线聊天室是一种很有价值的用户服务。这些工具可以被各个公司有效应用为一种调节杠杆，实现公司与用户之间的思想交流，使公司可以根据用户的需要提供服务和技术支持。除此之外，作为一种很好的信息来源，在线团体和在线聊天室的建立还可以帮助公司更好地了解自己的用户，提供更好的用户服务。

单元小结

服务质量是服务营销的核心问题。服务质量是预期服务质量和感知服务质量的比较。服务质量由服务的技术质量、职能质量、形象质量和真实的瞬间构成。

服务的独特特征：无形性、异质性、生产与消费的不可分性以及服务的易逝性，服务评价需要与评价商品不同的顾客评价过程。导致顾客差距的关键因素就是对顾客的期望不了解、没有选择正确的服务设计和标准、没有按服务标准提供服务、供应商不能履行承诺等四个供应商差距。

基于服务质量的管理关键是进行服务质量差距的管理。全面服务质量管理是指由企业所有部门和全体人员参加的，以服务质量为核心，从为顾客服务的思想出发，综合运用现代管理手段和方法，建立完整的质量体系，通过全过程的优质服务，全面满足顾客需求的管理活动。

核心概念

服务质量　　服务质量的构成要素　　全面服务质量管理

训练题

1. 简述服务质量的含义、构成要素。
2. 简述可感知服务质量的形成过程及影响因素。
3. 列举服务质量构成要素。
4. 论述导致顾客差距的关键因素。
5. 简述全面服务质量管理的含义。
6. 简述全面服务质量管理的方法。

综合案例分析

强化服务、提高企业的知名度和美誉度

名牌，必须是闻名天下的品牌，家喻户晓的"民牌"。默默无闻的优秀产品和名牌无缘，知名度高是名牌能够带来巨大经济效益的根源所在。

湖南湘聚集团一走进市场经济，便与"皇帝女儿不愁嫁"，"好久不怕巷子深"的时代告别。他们明白自己的酒好，更懂得这好酒名大名小与企业的生存发展和产品的前途命运息息相关。于是，好酒一问世，他们便携佳酿执意闹京城、闯山东、走西域、下海南，先声夺人，硬是让"湘泉"、"酒鬼"名扬中华，又马不停蹄地将其推出国门，饮誉海内外。

十几年来，湘泉集团组建和壮大了一支浩浩荡荡的营销队伍扎根全国，以提高产品和企业的知名度为重要目标，制定了高超的营销战略和灵活的市场策略，发动了一轮又一轮强大的宣传公式和公关促销，在华夏大地"闹"得沸沸扬扬，使"湘泉"、"酒鬼"名声大振，并在广大消费者面前成功地塑造了湘泉集团的良好形象。

湘泉集团每年投入千万元以上的资金进行广告及其他形式的宣传，借助电视、报刊、路牌等各种媒体展现湘泉形象。自1993年董事长王锡炳当选为第八届人大代表之后，每年的全国"两会"期间，集团公司都要在北京借机开展大规模的宣传活动，利用中央电视台、北京电视台、《人民日报》等广为宣传，举行记者招待会、品评会、订货会和座谈会等大造声势。他们还利用南来北往的列车和城市公汽进行宣传，如开通了怀化至上海的"湘泉号"广告列车，随即又于1998年初与铁道部门合作将北京与长沙的1/2次列车命名为"湘泉号"列车，而出现于上海的"湘泉、酒鬼系列酒"公交车广告，在繁华的城市中宛如一道流动风景线。

此外，他们还利用一些重大节日及事件，突出重点、集中宣传，如1997年春节期间，先后在中央电视台、省台播放了一个时期的集团形象广告；抓住香港回归的历史契机大做"回归"文章，与轻工总会发展研究中心和香港国际商业交易所有限公司合作推出别具一格的"喜迎回归特制酒鬼酒"1997瓶，全国白酒界只有湘泉、茅台和古井贡3个企业享此殊荣。酒鬼酒股份有限公司A股股票于1997年7月上市后，产生了巨大的广告效应，进一步提高了"酒鬼"、"湘泉"的知名度。

广泛的传播，长期的宣传，强化了品牌对消费者的信息刺激，有效地提升了集团的品牌价值，树立了良好的企业形象，不断扩大了产品和企业的社会影响，赢得了较高的知名度，使酒鬼酒和湘泉酒畅销全国，并远销马来西亚、新加坡、日本、美国、俄罗斯等国家，成为广告消费者公认的名牌产品。国家统计局等国家6部委在全国271个城市调查后，确认湘泉酒已跻身中国消费品著名民族品牌阵容。

湘泉集团及其产品不仅驰名中华和海外，而且在国内外市场中具有较高的信誉度。社会公众心目中完整的良好的湘泉相信，是高知名度管理与高信誉度的有机统一。湘泉人深深懂得，信誉是名牌的金护照，名声响而信誉不好，只能臭名远扬。因而他们像保护自己的眼睛、珍惜自己的生命一样，不断提高和持久维系湘泉在广大消费者面前的良好信誉，产品的内在质量是信誉的中心要素，可以毫不夸张地说，湘泉人从来就是"咬住质量不放松"的，因为他们已把质量视为自己的生命，湘泉名酒的质量长期以来一直保持"上升通道"，从未收过"阴线"。尤其在产品旺销、供不应求时，他们宁可少销，也毫不降质。湘泉人有一个坚定不变的信誉观念："产量、销量永远服从质量"。

信誉是企业最重要的无形资产，是名牌的价值所在，是名牌之所以为"民牌"且长盛不衰的根本。世界著名品牌之所以价值连城，如1996年"万宝路"值446亿亿元，"可口可乐"值434亿美元，啤酒"百威"也有110亿美元的身价，就是因为它们对公众的信誉是从来不变的，美国一些世界名牌的信誉历经半个多世纪不动摇。难怪可口可乐公司的老板口出"狂言"：

如果可口可乐公司在全世界的工厂一夜之间被大火化为灰烬，第二天大银行家们便会争先恐后地给公司贷款。其所言之时，可口可乐公司的无形资产（30亿美元）是有形资产（10亿美元）的3倍。湘泉集团的无形资产这些年来不断升值，"酒鬼"、"湘泉"品牌，以其显贵的身价名居中国白酒业前茅。

湘泉的高信誉不仅靠产品的高质量保证，还依赖于湘泉集团对消费者高度的责任和优质的服务来巩固和强化。他们从来都把喝"酒鬼"、"湘泉"的顾客当作自己敬奉的上帝，随时通过遍布全国的经销网店将顾客的意见、建议反映到总部，反馈到生产部门和供应、销售的各个环节，不断改进工作，改善售前、售中和售后服务。关于售后服务的各项要求，不仅在集团经贸公司及下属销售公司的制度、职责中明确确定，而且还列入了生产单位的制度、规范之中，湘泉的售后服务也是全员性的。湘泉对消费者的高度责任和优质服务不仅有明文规定，更重在行动。1998年3月，石家庄市经营部发现待售湘泉酒有问题，立即作废处理，就地销毁，价值40多万元。此外，湘泉集团加大防伪和打假力度，采用三晶、电码等高科技防伪手段，确保广大消费者喝到真正的酒鬼、湘泉系列酒。

湘泉美酒深受广大消费者的青睐，得益于湘泉集团重视企业形象的塑造，其产品形象也被纳入企业形象的整体。在信息传播方面，他们不仅推出了各种产品广告，同时加大了对企业的宣传力度，先后在《中国企业报》、《中国证券报》、《中国酒》等全国10多家报刊集中或分期刊发了介绍集团的广告和文章。香港凤凰卫视中文台黄金时段的形象广告，天王数码电脑公司软件中心工作人员与广大观众见面。这些都使湘泉的企业形象在社会公众的心目中日益强化。在现代市场经济中，面对激烈的竞争和琳琅满目的商品，消费者进行选择时往往是首先认可企业，然后才接受其产品。湘泉集团看重企业的整体形象，自然是深谙其道。当然，建立湘泉良好的企业形象，并非只靠传媒去"说"。湘泉人很务实，也表现在企业形象的塑造方式上。例如，湘泉集团每年举行订货会，他们便利用这个机会，广邀全国各地的朋友到湘泉来做客，请他们实地考察企业的生产场地，参观先进的工艺和科学严格的管理，了解湘泉的实情和实力，从而形成自己真实的良好印象，并通过他们的口碑使湘泉美誉一传十、十传百。

湘泉的美好形象，其品牌其价值，其内涵其意蕴，其名气其信誉，在中国在海外已深入人心，深得人心。酒鬼酒、湘泉酒促销于国内外，产销率一直近100%。尤其酒鬼酒，在中国酒业独领风骚，深受高层次消费者的垂爱，即使市场零售价高达每瓶400元以上，仍然十分紧俏，出现了高级宴会及珍贵礼品非"酒鬼"莫属的可喜局面。酒鬼酒在台湾地区政坛的交际场合大出风头，酒宴上无"酒鬼"不欢。

请根据上述案例问答下列问题。

1. 湘泉集团如何通过强化服务来提高企业的知名度和美誉度？
2. 知名度和名誉度同企业名牌战略是什么关系？
3. 从本案例中可以得到哪些启示？

单元七　服务营销的绩效评估

通过本单元的学习,应能够掌握服务营销的绩效考核及其体系,了解服务营销的评价指标;理解服务绩效审计与服务方案实施。

- 服务绩效评估的概念、目的、内容、方法和方式;
- 服务绩效评价指标;
- 服务绩效审计的内容;
- 服务方案实施。

- 服务绩效考评及其体系的建立;
- 服务绩效的评价指标的计算和意义;
- 服务绩效审计所包括的内容;
- 服务方案的具体实施。

项目一　服务绩效考核及其体系

服务具有无形性和差异性的特征,是通过服务人员和顾客的交往在"真实瞬间"共同完成的活动。因此,服务质量和效果的评估并没有由服务提供者制定统一的和具体的标准。但是,利用科学的方法与手段对服务绩效进行必要的评估与检查监督是营销管理的重要一环。建立健全一套对服务绩效评估与控制的方法,是提高服务影质量的前提,是实现服务营销目标的重要保证。

任务1　认识服务绩效评估的概念

服务绩效评估是指企业或服务人员以既定的标准为依据,对一定时期内服务工作状况的评定与估价,具体地表现为对服务质量和效果的情况进行收集、分析、评价和反馈的过程。服务绩效评估的目的在于分析服务工作的效果,总结经验教训,发挥员工潜力,促使顾客服务计划的实施,确保服务目标的实现。

考核是一个目标设定、记录、评估的过程。首先,由最高督理层拟定企业的服务目标;

其次，再由各个部门、单位制定可促进整体营销目标的具体措施，而且要将企业服务目标与单位目标作为绩效考评的明确标准。标准确定后，将对实际绩效与标准之间的关系采取一定措施，促使服务绩效与既定标准和目标相一致。绩效评估的过程必须包括制定目标或标准、检查记录、考核评价等关键环节，其状况如图7-1所示。

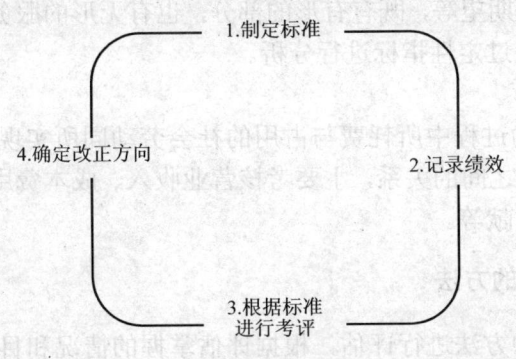

图 7-1 考评循环

进行绩效评估工作，最重要的是要制定评估标准。一般来说，评估标准包括数量标准和质量标准两个方面。制定评估标准的主要目的是为了使员工明确应该做什么，做到何种程度。因此，所定标准要合理、明确和具体。

任务 2 服务绩效考核的目的

服务绩效是服务企业及服务人员完成工作的效率和效能。有效地进行绩效考核，可以充分了解服务人员的工作贡献或不足，检查服务目标的实现程度，为管理决策提供依据。一般来说，绩效考核的目的主要表现在以下几方面：

1. 服务绩效考核是检查和改进服务人员工作状况的有效手段

企业通过对每个工作岗位上的员工的工作绩效进行定期的考评，可以检查出企业员工的工作状况，发现招聘、培训和激励等方面存在的问题，确定培训目标和计划，明确高效的工作标准，以作为人事决策的主要依据。

2. 服务绩效考核有助于对员工的信息反馈

服务绩效考核的最积极目的，应该是使员工了解绩效目标与公司期望间的关系。经营者将考核结果反馈给员工，可以使员工了解公司的目标；可以帮助员工认识自己的潜力，从而努力改善工作；可以使员工认识努力与奖酬之间的关系，激励员工工作效率的提高。

3. 服务绩效考核对公司政策与计划的拟订、修正具有指导意义

服务绩效考核是服务企业营销管理的主要工作之一，通过服务绩效的考核，能够使营销管理者明确服务营销工作的状况，从而为调整服务营销策略提供充分的实践依据。

任务 3 服务绩效评估的内容

服务绩效评估的具体内容是通过一定的项目或指标系列的考核与核算来实现的。服务绩效评估可以运用价值量指标、实物量指标和劳动量指标为计量单位进行记录、计算与反映服务效果。服务绩效的评估内容主要包括：

1. 服务质量

服务质量是指能满足规定和潜在需求的特征和特性的总和,是服务工作能够满足被服务者需求的程度。服务质量的好坏对服务营销中的顾客满意度起着决定性的影响,包括服务设施质量、服务产品质量、劳务质量(如服务态度、服务技巧、服务方式、服务效率、礼节礼貌和环境氛围)和顾客对服务的期望等,既有有形的部分,也有无形的服务。因此,既可以通过定量指标进行考核,又可以通过定性指标进行分析。

2. 服务效益

服务效益是指服务活动过程中所耗费与占用的社会劳动同所实现的经营成果之间的对比关系,反映的是投入与产出之间的关系,主要考核营业收入、成本费用、利润等经营状况,盈利能力,偿债能力及社会贡献等。

任务4 服务绩效评估的方法

服务绩效可以采用多种方法进行评估,根据评估掌握的情况和目标,可分别选择或同时采用以下方法:

1. 对比分析法

将两个以上的可比因素进行比较,说明服务绩效的好坏。这是一种简单的方法,具体可以有如下几种情况:

(1)计划实现程度。计划实现程度主要考核服务计划的完成情况,分析超额完成或未完成计划目标的原因。用公式表示为:

$$计划实现程度 = \frac{服务实绩}{服务计划}$$

(2)服务发展状况。用本期有关指标与上期或历史同期的有关指标对比,说明服务状况的发展水平与趋势。用公式可表示为:

$$服务发展状况 = \frac{现期额}{历史同期额}$$

(3)企业服务先进程度。用本企业服务指标与本地区或国内外同行业相同服务绩效指标对比。这一指标与本地区同行业比较,可以反映本企业的市场占有程度;与国内外同企业比较,可以反映出本企业落后或先进程度。用公式可表示为:

$$企业服务先进程度 = \frac{本企业某指标实际水平}{外企业某指标实际水平}$$

(4)结构对比。结构对比即对比某个指标的组成部分占该指标的比重变化,用以分析出服务指标或现象的内部构成及其变化趋势。

2. 评价分析法

所谓评价分析法就是把评价对象的主要因素进行分解,按照确定的标准进行打分,用来表示各因素对于服务活动的重要程度,最后以合计总分考核来评估对象的优劣。如对服务质量、经济效益、竞争能力的评估,就可以用服务产品质量、工作时间、服务态度、服务项目、服务技巧和广告效果等因素,按照一定的标准,并根据服务工作中各种因素的实际情况给分,用以考察各因素对服务质量、经济效益和竞争能力的影响程度;然后,根据合计总分评价服务绩效的高低。

例如，服务通常可根据其对顾客的重要性和公司绩效来予以评价。重要绩效分析可按照服务项目和对各项活动的要求进行打分。在表 7-1 中，表示顾客如何评价汽车经销商的服务，表明在重要性和绩效上有 14 种服务因素（属性）。重要性按"极重要"、"重要"、"稍重要"和"不重要" 4 级计分法予以评价。经销商的绩效按"优"、"良"、"中"、"劣" 4 级计分法予以评价。例如，"工作一次便完成"在平均重要性等级方面得 3.83 分，在平均绩效等级方面得 2.63 分，这说明顾客感到这项服务是非常重要的，但工作却做得不理想。

表 7-1　对汽车经销商在顾客重要性和绩效上的评价

属性	属性说明	表示重要性评价[1]	表示绩效评价[2]
1	工作一次便完成	3.83	2.63
2	收到批评意见迅速采取	2.63	2.73
3	迅速保修	2.60	3.15
4	胜任任何需要做的工作	3.56	3.00
5	如有需要即可提供服务	3.41	3.05
6	服务殷勤有礼和友好	3.41	3.29
7	按商定时间将汽车准备好	3.38	3.03
8	只完成必要的作业	3.37	3.11
9	低价服务	3.29	2.00
10	服务完成后打扫干净	3.27	3.02
11	方便家庭	2.52	2.25
12	方便工作	2.43	2.49
13	优惠借用大客车	2.37	2.35
14	发出维修通知	2.05	3.33

说明：1.按照"极重要"、"重要""稍重要""不重要" 4 个等级评价；
　　　2.按照"优"、"良""中""劣" 4 个等级评价。本表亦提供无法判定这一栏。

这 14 种因素的评价等级在图 7-2 中表示，并区分为 4 个象限。象限 A 表示没有达到期望水平的重要服务因素，它们包括因素 1、2、9。经销商应在这些因素方面致力于改进服务部门的绩效。象限 B 表示服务部门目前做得很好的重要服务因素，其任务是将高水平的绩效保持下去。象限 C 表示所提供的次要服务因素质量低下，但由于它们不甚重要，所以不必理会。象限 D 表示次要服务因素如"发出维修通知"完成得非常出色，但属于一种不必要的过分行为。该公司也许应该较少地发出维修通知，并把精力集中于改进公司在重要绩效方面的薄弱环节。该分析也应该在每个项目上与竞争者进行对比。最坏的情况是与它最接近的竞争者在最重要的项目上比本公司做得好。

3. 因素分析法

因素分析法又称连环替代法，这种方法能够具体说明差异产生的原因。其基本思路是：在影响服务活动的几个相互联系的因素中，依序把其中一个因素当做可变数，暂时把其他因素当做不变数，通过依次替换来测定各个因素对服务绩效的影响程度。

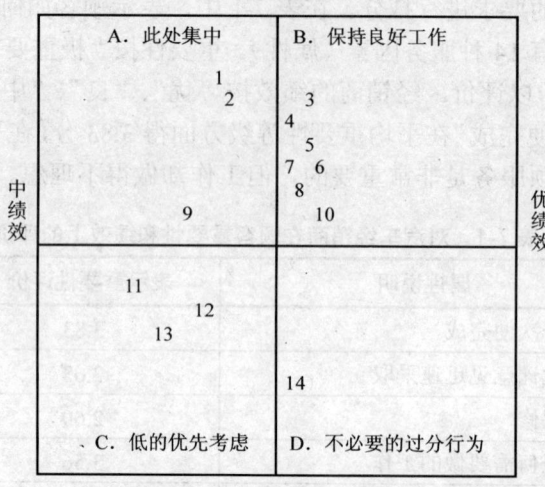

图 7-2 重要性与绩效分析

运用这种方法时,各种因素替换的顺序应当根据各种因素的相互关系及其所处的主次地位来确定。如某服务指标 N 由 a、b、c 三个因素的乘积形式存在,其计划指标与实际指标分别为:

计划指标 $N_0 = a_0 \times b_0 \times c_0$

实际指标 $N_1 = a_1 \times b_1 \times c_1$

两者差异为 $D = N_1 - N_0$

运用因素分析法的运算过程为:

第一次替换 a,即 $a_1 \times b_0 \times c_0 = N_2$,得 a 因素变化($a_0 \longrightarrow a_1$)对差异的影响程度为 $N_2 - N_0$;

第二次替换 b,即 $a_1 \times b_1 \times c_0 = N_3$,得 b 因素变化($b_0 \longrightarrow b_1$)对差异的影响程度为 $N_3 - N_2$;

第三次替换 c,即 $a_1 \times b_1 \times c_1 = N_4$($N_4 = N_1$),得 c 因素变化($c_0 \longrightarrow c_1$)对差异的影响程度为 $N_4 - N_3$;

a、b、c 三个因素对差异 D 的总影响程度为:

$$(N_4 - N_3) + (N_3 - N_2) + (N_2 - N_0) = N_1 - N_0 = D$$

可见,三个因素分别对计划指标的差异影响总结果与该指标实际脱离计划的总差异是一致的。

4. 比率分析法

比率分析法是先计算出数值比率,然后进行分析比较的方法,主要有下列几种分析方法:

(1) 构成比率分析。以全体计数为 100,计算出各部分所占比率,主要用于分析服务绩效评估构成内容的合理性及变化趋势。

(2) 趋势比率分析。趋势比率分析或称动态相对数分析,即以基期为 100,计算以后各期发展趋势。

(3) 相关比率分析。以某项指标与某相关的其他指标进行对比,并求出比率,可用于评价服务绩效的水平。如将收入指标与费用指标对比,可以发现服务工作中的薄弱环节。

以上方法可以用来考核服务工作成果。除此以外,还有一些方法可以用来评估员工工作行为。

（1）尺度评价表法。尺度评价表法是一种比较简单、常用的方法。表格形式各不相同，但基本上都要选取有关绩效的若干评价因素，有的是工作方面的因素（如服务质量、服务数量），有的是个体方面的因素（如工作经验、适应性、积极性和合作精神等）。然后，根据一定标准将每种因素划分为若干等级，如从"不满意"、"较满意"到"很满意"等，并且定义出这些因素和等级的具体含义。

（2）排列法。排列法通过对考评对象之间的相互比较，以其绩效的相对优劣程度确定相应的等级或名次，即排出全体被考评对象的绩效优劣顺序。

（3）平行比较法。平行比较法的基本原理就是按照所有考评指标，把考评对象与其他考评对象——进行对比，然后把所得结果综合，从而确定其在某种指标方面的次序。

（4）强制分布法。强制分布法就是在考评前，人为地使整个考评结果呈正态分布或称钟形分布。也就是说，先确定好各等级在总数中所占的比例，然后按照员工每人绩效的相对优劣程度，强制列于其中的一定等级。

任务5　服务绩效评估的方式

服务业公司可以利用一系列方法来评估服务效果，评估方式则由服务的性质以及参与服务人员的数目而定，以下是五种常用的方式：

1. 销售相关系统

即以销售增长率、市场占有率、利润率作为衡量顾客和员工满意度的指标。

2. 抱怨制度

服务业公司应该让顾客有抱怨的便利。但许多服务公司未给予足够的重视来建立一套简易的机制，让顾客的问题和抱怨充分表达，并做出反应。一旦顾客得不到抱怨的机会，不但会导致减少生意，而且会通过口头传播影响现有的或潜在的顾客。

3. 建议制度

建议制度是用以寻求顾客和员工对服务公司表现效果如何的看法，将建议制度与奖惩制度相配合，更能对服务、系统和公司的改善提供宝贵的创意来源。

4. 审计访谈

审计访谈包括例行的、结构化的、事前宣布的，或者是非例行的、非结构化的和事前不做宣布的。例行审计的方式往往受服务业公司性质和服务市场形态的影响。

5. 顾客满意度调查

许多服务公司对顾客满意度做定期调查，以查明以往顾客对服务的满意与不满意之处。如有些饭店把问卷留在房间，让客人对食物、设施、服务及其他事项提意见和给予批评。

项目二　服务绩效的评价指标

任务1　认识服务质量指标

服务质量日益成为检测顾客服务水平的一种手段，下面着重说明衡量服务质量的4个关键指标。

1. 顾客满意指标

顾客满意指标有助于确定什么是最重要的服务问题，并可以估计和了解顾客在每个关键问题上对经营者表现的看法。顾客满意状况的调查一般由独立的商业研究代理机构来完成。其步骤是：

- 由代理机构独立选择顾客。
- 代理机构通过深入的电话交谈向顾客讲明每一个服务问题的相对重要性以及服务公司与人员能在多大程度上满足他们的需求。
- 问题被归入5类——关系、交易、沟通、价格和交货。
- 计算出用于关系、交易和沟通方面的指标值。
- 根据重要程度对满意度加权，从而为每个问题评出满意得分（用百分比表示）。

2. 服务问卷

服务问卷用来衡量各部门的顾客满意程度，是衡量与当地顾客关系是否有效的重要指标，可帮助每个部门评价其顾客享受到的服务质量。同时，它可以有力地表明经营者致力于提供优质服务的决心。通过服务问卷调查，顾客的反馈表明他们喜欢有机会做出评论。服务问卷的具体运作方式如下：

- 选择顾客调查对象；
- 将一份包含问卷和预付邮资的回信信封的信件邮寄给选择的顾客；
- 通过首轮检查，将问卷交由代理机构做进一步处理；
- 参与这项活动的部门会得到总结报告，其中详细分析了他们的表现，并与同行业的平均水平做比较，以便找出差距。

3. 投诉措施

提供关于最新的发展趋势和当前顾客关注领域的信息，并使经营者能够对问题做出反应。投诉是一个警告信号，能够表明是否达到顾客的要求，而且它们常常是最先表明顾客不满意并在考虑转移其他业务时的信号。投诉得到解决的顾客往往会表示出极高的满意度，这种状况往往会影响其他的潜在顾客。

实行投诉措施是为了提供一种在公司内处理投诉的一致方法。该措施的重要优点是：

- 帮助员工认识到顾客何时投诉、如何投诉以及如何解决投诉。
- 帮助员工了解投诉的根本原因，并采取相应的改正行动。

处理顾客投诉的运作方式是：

- 有投诉时，填写投诉活动表，并交给有关部门采取行动和进行后续工作。
- 区分每个投诉编号，以便对特定问题进行查找和分类。由协调员整理和核对表格，并将一份复印件交给代理机构。
- 各部门每个月都会收到一份报告，说明本月各类投诉的比例。报告还提供与同行业平均水平的对比结果。

4. 服务绩效指标

服务绩效指标是用来独立评估服务水平的指标，并根据公司确定的标准来衡量所取得的进展。这一项目很重要，因为经过一段时间后，顾客的期望会提高，为了吸引和留住顾客，必须达到或超过这一期望。

该指标使用三种技术——销售现场措施、电话措施和神秘购物，后者是最重要的技术，

大约占该指标的 70%。神秘购物是这样进行的:
- 被选的部门每个月都要收到个人问讯电话以及每年 4 次的人际访问;
- 访问后,神秘购物者填写审核表,送给该部门一份,另外一份送给检查代理机构以便核对;
- 代理机构提出总结报告,给出总分数和各项标准。

任务 2　服务效益指标

1. 经营状况指标

(1) 营业收入指标。进行营业收入指标核算,首先要了解有关服务产品的价格,然后再结合服务数量统计数值,换算成营业收入。

(2) 营业成本及费用指标。反映企业和服务人员经营活动中活劳动和物化劳动消耗的指标,包括直接用于接待顾客的成本费用,人工、能源、物耗等营业费用,办公旅差、摊销等管理费用以及财务费用。

(3) 经营利润指标。经营利润指标是在营业收入核算与营业成本及费用核算的基础上,通过对两者的比较分析来反映服务活动的经济效果。用公式可表示为:

$$经营利润=营业收入-营业成本-营业费用-营业税金及附加$$

2. 盈利能力指标

(1) 资本利润率。资本利润率用于衡量投资者投入企业资本金的获利能力。用公式可表示为:

$$资本金利润率=\frac{净利润}{资本金总额}\times 100\%$$

(2) 营业利润率。营业利润率用于衡量企业的盈利水平。用公式可表示为:

$$营业利润率=\frac{净利润}{营业收入总额}\times 100\%$$

(3) 资本保值增值率。资本保值增值率用于反映投资者投入企业的资本完整性。用公式可表示为:

$$资本保值增值率=\frac{期末所有者权益总额}{期初所有者权益总额}\times 100\%$$

资本保值增值率等于 100% 表明资本保值;资本保值增值率大于 100% 表明投入资本增值。

(4) 总资产的报酬率。总资产的报酬率用于衡量企业运用全部资产获利的能力。用公式可表示为:

$$总资产的报酬率=\frac{利润总额+利息支出}{平均资产总额}\times 100\%$$

3. 社会贡献水平

(1) 社会贡献率。社会贡献率用于衡量企业运用全部资产为国家或社会创造支付价值的能力。用公式可表示为:

$$社会贡献率=\frac{企业社会贡献总额}{平均资产总额}\times 100\%$$

企业社会贡献总额即为国家或社会创造支付的价值总额,包括工资、劳保退休统筹及其他社会福利支出、利息支出净额、应交营业税金及附加、应交所得税、其他税收和净利润等。

（2）社会积累率。社会积累率用于衡量企业社会贡献总额中多少用于上交国家财政，包括应交增值税、营业税及附加、应交所得税和其他税收等。用公式可表示为：

$$社会积累率 = \frac{上交国家财政总额}{企业社会贡献总额} \times 100\%$$

4. 服务劳效指标

服务劳效是服务人员从事服务劳动的效率，一般应根据具体的服务行业来设计。

项目三 服务绩效审计与服务方案的实施

任务1 服务绩效审计的内容

为了提高服务质量、保证服务的特色、增强服务的竞争能力，服务企业有必要建立服务绩效审计。服务绩效审计的基本内容大致包括：

（1）确定销售以外的服务内容，如提供信息、解决问题、平息怨气、演示操作和传送顾客记录等。

（2）考察每项职责的标准化程序，包括书面标准（程序手册）、口头或书面指示、便利性（时间、地点）、与其他职员的相互关系。

（3）确立每项职责的行为目标，包括定量目标、定性目标、对相关行为的贡献和对长远发展的贡献。

（4）对服务表现的专项衡量，标准包括资金、时间、管理者评价、顾客评价。

（5）对职员的考察与评价，包括：

- 要素、新雇员选择的标准与实践；
- 天性、受培训状况；
- 岗位、岗位经验；
- 与其他职员的相互关系；
- 监督与质量控制；
- 评价程序；
- 现有的修正性行为；
- 职员态度、动力；
- 工作时间、延期发薪的期限。

（6）确立评价支持系统，包括：

- 指导手册、说明书；
- 办公设备、装潢、陈设；
- 办公便利设施，如电话、电脑；
- 维持或修理的器具；
- 无线电或微型电话交换器；
- 记录工具，如便携式电脑、记录本、条形码扫描器等。

可见，顾客服务绩效审计的内容全面地反映了服务的职责、程序、行为目标及对服务表现的测量和对支持系统的评价。审计结果有助于确定顾客服务的现有水平,并为日后的顾客服务计划提供参考。顾客服务作为差异化竞争的重要工具之一,需要一个良好的审计、评价系统。并在此基础上,制定并实施顾客服务方案。

任务 2　顾客服务方案的实施

顾客服务方案的实施指的是将顾客服务的书面计划和指导书转化为具体行动的过程。这个过程可能由一名职员在一天内完成几十次,也可能需要高层管理人员系统化地、持之以恒地去完成。从管理的角度来看,制定优良的方案是顾客服务方案实施的基础,而有效的实施是使书面方案转化为实际的优良服务的必然途径。因此,高层管理人员、后台人员及前台的接待人员都必须通力合作,才能达到服务的目标。

顾客服务方案的实施具体包括以下步骤:

1. 招聘员工

接待人员必须拥有优良的个性和出色的技巧。由于经常面对顾客,他们需要在相貌、风度、音质和性格等方面接受挑选。

2. 培训员工

首先使其具备特定工作所必需的技巧;其次在仪容、礼节及语言方面进行培训。另外,要学会遇事不惊、能快速果断地处理紧急事务。

3. 教育顾客

顾客应当明白如何使用服务,为此需要给他们提供文字信息和现场标志,大的服务机构应设顾客咨询台或咨询电话,使其在遇到困难时便于寻求帮助。

4. 教育所有员工

所有员工都应当把那些爱提意见、爱发牢骚的顾客看作信息反馈的源泉、服务改进的原动力,要不厌其烦地解决他们遇到的困难。有时需要利用内部营销(internal marketing)来改变员工的不满态度。

5. 效率第一,优雅第二

顾客服务的终极目标是解决问题,而非展示优雅和礼仪。当然,耐心、礼貌、友好地为顾客服务是服务业中最基本的要求,绝对不能忽略。但物极必反,服务时过分注重礼仪必然会影响工作效率。尤其是当工作繁忙,有许多别的顾客尚在焦急等待的时候,服务人员的首要任务是快速、高效地处理问题。

6. 标准化的反馈系统

使用标准化的格式来回答顾客的征询、处理顾客提出的意见,可以将它们很容易地输入计算机,从而既便于了解目前顾客服务水平和不足之处,还能将那些顾客服务部门不能处理的疑难问题向有关专家请教。

7. 制定合理的价格

高质量的顾客服务并不意味着无偿服务,合理的价格一方面能满足企业的盈利要求,另一方面也能抑制某些顾客的不合理行为。比如,电话号码本明明放在桌上,只需动手查找即可,但有些懒惰的顾客却要打电话询问,此时就不应实行免费电话。这类的不合理行为称为"滥用服务",它的存在迫使企业考虑将传统上完全免费提供的一些服务变为有偿服务。当然,价格需要合理,合理的含义是弥补支出、抑制滥用、顾客有能力并且愿意承担,其保证条件是提供优质服务。

8. 利用中介机构

将一些服务项目分给公司以外的中介机构来完成，信息传达可能会更快，也更便宜。比如，饭店可以利用旅行社直接为顾客提供关于航班和订票的信息。这种方法的缺点在于，公司可能因此而漏掉顾客电话中显示出的一些有用的市场信息，削弱对顾客服务的控制力，甚至加剧行业竞争。

9. 激励

要千方百计为顾客提供更多服务，从而使公司的盈利获得增长。像许多零售商那样，服务人员可以对某些特定的顾客推荐他们可能会感兴趣的一些新产品。利用热情、诚恳的服务提醒他们又该做美容了，或者该进行健康检查了，以及又出现了哪些服务手段可供他们选择，使得顾客乐于接受这些服务提示。

10. 定期评价

量化标准必须具体到顾客服务的每项细节，并利用多项量化指标进行衡量和评价。另外，顾客的意见需要定期收集，收集的办法是给所有顾客发一份评议表。那些享受过高水平服务的顾客就会写些赞辞，而遭受过低水平服务的顾客就会写些怨言，这些赞辞和怨言正是企业顾客服务的长处与不足，企业可以发扬长处、改进不足，从而不断提高顾客服务水平。大部分旅店都采用顾客评议这种办法，在每个房间都放置一张意见卡让旅客填写，了解他们的不满和愿望。如果企业面对的顾客群过于庞大，可以选择代表区域的顾客代表作为样本来搜集意见。

11. 鼓励先进

顾客服务人员的出色表现应获得认可和支持，他们在工作中体现的积极性与创造性应该通过物质奖励予以鼓励。由于经理与顾客缺乏接触，职员从顾客那里反馈回来的意见或者自己根据经验提出的一些建议都应受到高度重视。

12. 修正错误

对于那些表现不佳的职员，可以视其具体情况采取重新培训、调换岗位和解雇等修正方式。另外，应该改善工作环境，为提高效率而重新安排职责，修正支持系统。为了避免严重事态的发生，还需装备先进的跟踪设备，以随时了解职员的表现。

任务3 营销人员绩效评价的实施

为了对营销人员的绩效进行客观评价，合理使用评价结果，使绩效管理成为公司管理者的有效管理手段，促进营销人员工作能力的提高和工作方法的改善，提升营销人员的绩效水平，提高营销人员的满意度，增强企业的凝聚力，营销人员的绩效评价体系要逐步推进地有计划地实施。

对于营销人员绩效评价的实施，首先，需要领导团队充分认识其重要性和大力支持。其次，在建立营销人员绩效管理系统之前，必须进行广泛的培训和研讨，请第三方对自己的绩效评价体系进行审计之后，再搞针对性的培训，不仅是在事前的观念引导中，在整个过程中，也应进行相关培训，例如，如何设定目标，如何避免评价中的错误。另外，还要建立预算管理，保证绩效评价体系实施的顺利进行。最后要对实施结果进行信息反馈分析。

1. 计划阶段

对一个企业形成一个完整绩效计划的过程是一个双向沟通的过程，双向沟通意味着在这个过程中管理者和被管理的营销人员双方都负有责任，是企业管理者和营销人员共同沟通，对营销人员的工作目标和衡量标准达成一致的契约。第一，要清楚依据什么对绩效进行考核，绩效考核才有依据。第二，只有在绩效考核之前对什么是好的绩效或者差的绩效达成一致的衡量标准，在绩效考核过程中才能够避免争议和矛盾。因此，为了绩效考核的有效进行，在绩效计划阶段，管理者和营销人员所达成一致的契约应包括以下内容：从何处获得关于营销人员工作结果的信息；绩效周期内，经理人员将如何与员工进行沟通；营销人员在本次绩效考核期间达到的工作目标；达成目标的结果如何，这些结果可以从哪些方面去衡量，评判的标准是什么；营销人员的各项工作目标的权重；员工在完成工作时可以拥有的权利和资源；员工工作的好坏对部门和公司有什么影响；员工是否需要学习新技能以确保完成任务。

（1）绩效计划的准备阶段。

绩效计划是管理者和营销人员进行双向沟通后所得到的结果，为了使绩效计划能达到预期的效果，在制定绩效计划之前，一定要做好充分的准备工作，这些准备包括：企业组织的战略目标和发展规划。绩效计划来源于组织战略的落实。制定绩效计划的目的就是为了提升营销人员和企业的整体绩效。如果绩效计划所设定的目标方向与企业战略背道而驰，则不仅无益于企业的发展，还会给企业带来严重的影响甚至使其走向绝境。只有了解企业的战略目标和发展规划，才能使营销人员的绩效计划和企业目标有机结合起来，保证工作目标方向的正确性。

年度企业经营计划组织的战略是面向长远发展方向的，可能让员工觉得比较遥远，而遥远的目标总是难以让人觉得现实和具有强烈的影响力，这时结合企业的年度经营计划来制定绩效计划，在确定员工方向方面更加真实，更接近实际。

销售部工作计划直接从企业年度经营计划中分解出来的，它直接与营销部门的职能相联系，从而也和营销人员的绩效标准结合得更紧密。

另外，还有营销人员的职责描述，员工上一个绩效周期的绩效考核结果；除了这些信息需要被好好准备以外还应考虑企业文化氛围、营销人员的特点以及所要达到的工作目标有何特点。

（2）绩效计划的沟通阶段。

沟通阶段是绩效计划中最重要的阶段。在这个阶段中，企业管理者和营销人员经过相互交流，使营销人员认识和了解本次绩效期间个人工作目标和计划，使营销人员的工作更接近企业的整体的目标方向。

在绩效计划的沟通阶段，要注意以下几个问题：营造良好的沟通氛围，确定一个专门的时间进行绩效计划沟通，并且沟通的气氛要轻松，不能给彼此造成压力。把握沟通的原则，沟通双方在沟通计划中要保持平等的关系，管理者应多听取营销人员的建议。沟通过程中，首先是回顾一下会面前所准备的信息，然后在企业的经营目标的基础上，设立营销人员的自己的工作目标和关键业绩指标。

（3）绩效计划的确认阶段。

经过各种准备，并且与营销人员沟通交流后，绩效计划也就初步形成，最后要确认本次绩效计划是否达到以下效果：营销人员个人工作目标和企业组织的整体目标能够紧密结合；企业管理者和营销人员对营销人员工作目标的各项标准、完成工作的程度，以及营销人员应该享有的权限达成共识；管理者明确自己在绩效实施过程中所能提供的最大可能性的帮助和支持。营销人员和管理者通过讨论后建立文档，该文档应非常清楚地表明营销人员的工作目标、最终应实现的工作结果、衡量营销人员工作结果的指标和标准等，最后企业管理者和营销人员双方签字，此文档生效。

2. 实施管理阶段

营销人员绩效评价实施过程包括持续的绩效沟通，员工数据、资料、信息的收集与分析。

（1）组织分工。

为了使绩效管理能顺利进行，在该方案中对企业相关部门及人员给予明确的职责分工，以使各管理层的人员在绩效考核管理中负起应有的责任，避免责任不清或遇事互相推诿。

1）直接主管的职责。直接主管在考虑企业的经营计划和目标的基础上，与营销人员进行沟通，共同设定营销人员的绩效指标，在绩效管理的实施阶段，根据市场实际情况，通过与上下级的反复沟通，及时修订绩效指标。以营销人员的实际业绩行为事实为依据，按照考核表要求，直接主管对营销人员逐项评分写出评语，直接主管要注意提高观察和评价的功能，尽量避免在评分中犯错误。直接主管应随时记录营销人员绩效情况并收集相关资料，作为绩效反馈的第一手资料。与营销人员面谈，让营销人员意识到自己的优点和不足，并提出改进意见，鼓励营销人员采取行动提高工作绩效。

2）人力资源部的职责。人力资源部根据企业的实际情况，制定一个科学合理的营销人员的绩效考核办法，其中包括考核量表的设计、考核标准的核定等，并对考核者加以培训，培训内容应包括绩效目标和考核标准的设立过程、如何进行评估、怎样提供绩效反馈、怎样避免评价失误。当直接主管将营销人员的考核结果（绩效考核表以及考核分数汇总表）送交人力资源部时，该部门对考核结果进行分类统计分析，报总经理审核，然后存档，以备在以后进行人事决策时使用，同时肩负着监督考核系统、受理申诉的职能。

3）营销人员的职责。首先，在绩效指标的设计阶段，被考核的营销人员要与主管领导积极配合，以制定客观、有挑战性的绩效标准；其次，营销人员根据考核办法，按照考核表的要求，以自己的实际业绩和行为事实为依据对自己逐项进行自我考核评分。另外，对考核结果不满时，营销人员有权向人力资源部申诉。

（2）收集绩效信息。

在公司中，营销人员的工作具有相对自由的空间，营销人员知道客户的具体情况等更多的信息，管理者作为公司的代表，授权营销人员从事销售工作，但不可能掌握营销人员工作的全部信息，这就需要管理者主动收集绩效信息。

1）绩效信息收集的必要性。绩效信息的收集和分析是指有组织地系统地收集有关员工、工作活动和组织绩效信息并对收集到的信息进行分析。没有充足有效、有据可查的信息，就无法掌握营销人员的工作进度和所遇到的问题，对营销人员工作结果进行考核并提供反馈。通过收集绩效信息，为绩效考核考核提供事实依据，为营销人员改善绩效提供事实参考，有助于有效进行绩效反馈，减少不必要的劳动争议，促进营销人员的绩效管理循环不断进行并对企业产生良好的影响。

2）绩效信息收集的内容。并非所有的数据都需要收集和分析，也不是收集的信息越多越好。要收集的信息只需包括目标和标准达到（未达到）的情况，营销人员因工作或其他行为受到表扬和批评的情况，证明工作绩效突出或低下所需要的具体证据，对管理者和营销人员找到成绩（或问题）原因有帮助的其他数据，和营销人员就绩效问题进行谈话的记录。

3）绩效信息收集的方法。绩效信息收集的方法包括观察法、工作记录法、他人反馈法等。观察法指直接主管观察营销人员在工作中的表现并将相关绩效信息记录下来；工作纪律法是指通过工作记录的方式将营销人员工作表现和工作结果记录下来；他人反馈法是指直接主管通过其他员工的反映、回报来了解营销人员的工作绩效情况。在具体操作中，可以让营销人员本人参与到收集信息的过程中，注重信息的目的性，必要时可以采取抽样的方法收集信息。

4）绩效信息收集过程中注意事项。所收集的信息材料的质量好坏，直接影响到绩效管理的有效性。应尽可能以文字的形式证明所有的行为，只记录客观事实，而不管是良好还是不良的记录，在描述营销人员的行为时，应尽可能对行为过程、行为的结果作客观描述。所收集的信息材料应当注明收集者和证明人，说明是管理者直接观察的结果，是第一手资料，还是由其他人观察的结果，是间接的第二手资料，详细记录事件发生的时间地点以及参与者。在营销人员的事件记录中，时间是非常重要的因素，它关系到营销人员对时间的掌握和利用程度。

（3）绩效实施配套措施。

对于绩效的实施与管理配套措施，首先，需要领导团队充分认识其重要性和大力支持。其次，在建立绩效管理系统之前，必须进行广泛的培训和研讨，请第三方对自己的绩效管理进行审计之后，再搞针对性的培训，不仅是在事前的观念引导中，在整个过程中，也要进行相关培训，例如，如何设定目标，如何避免评价中的错误。另外，还要建立预算管理、按业绩付酬的企业文化等，保证绩效实施的顺利进行。

3. 考评阶段

实施营销人员的绩效评价时，要详细评价各个指标，打出各个指标的分数。至于如何给这个指标评分，在本章项目二中已经进行了介绍。但是在评价的过程中要注意绩效考核过程中产生的误差，避免误差。因为在设置指标的过程中，常会因考核标准缺乏客观性和准确性、考核者不能坚持原则、没有坚持同意的考核尺度、考核者对绩效信息观察不全面、收集信息失误、得到的信息资料不准确、信息不对称、行政程序不合理、不完善政治性考虑等原因而使评价出现误差。

从考核者可能出现的误差来看，主要类型有过宽或过严的误差、自我中心效应和后继效应。在绩效考核阶段，如何避免这些误差的产生，保证并提高考核的准确性是一个极为重要的关键问题。准确的绩效考核有利于做出科学的人事决策，能有效地激励营销人员，鼓舞士气。不准确的绩效考核，浪费考核成本，不仅造成决策上的失误，严重挫伤营销人员的积极性，还会引起营销人员较大幅度的流失，给企业正常的生产活动带来极为不利的影响。

客服绩效考核的误差，可采取选取合适的考核方法，恰当的考核指标，培训考核者等措施。在保证绩效考核准确性的同时，还应注意绩效考核的公正性，带有偏见、缺乏公正性的绩效考核可能让营销人员产生不良的思想情绪，不但妨碍组织和各级管理者的管理活动，还会对以后的绩效管理活动产生严重的干扰和破坏。

4. 评价的反馈阶段

营销人员绩效评价是一个往复不断的循环过程，绩效反馈阶段和下一个绩效评价周期的开始是连贯进行的，在绩效反馈面谈时即开始讨论绩效计划的制定问题，制定下一次绩效目标时应参照本次绩效结果和存在的问题。

（1）绩效反馈的功能。

对同样的表现及结果，不同的人会有不同的看法，认为是不同的原因导致的。例如，如果一个营销人员未能完成目标销售额，原因可能有不同的几种，一是该营销人员不够努力，二是定额不合理，三是由于外界环境的变化。因此，直接主管和营销人员就应该通过绩效反馈，分析导致销售额未完成的原因，而不是一味地把责任归结为营销人员的自身原因。双方应通过沟通，对营销人员的表现达成一致看法，这样才能制定下一步的绩效改进计划。

通过绩效反馈，使营销人员了解自己的绩效现状，认识到自己的优点和有待改进的地方。当营销人员做出成绩时，也希望得到他人的承认和肯定，因此，绩效反馈的一个重要作用就是可以使营销人员认识到自己的闪光点，从而对其起到激励作用。营销人员的绩效中也存在一些不足之处，或者虽然目前的绩效表现比较优秀，但如果想要达到更高的目标仍然有一些需要改进的地方，这些也是在绩效反馈的过程中应该指出的。

直接主管和营销人员双方对绩效考核的结果达成一致意见之后，可以在绩效反馈过程中一同制定绩效改进计划。通过绩效反馈，双方可以充分地沟通改进绩效的方法和具体的计划。营销人员可以提出自己的绩效改进计划并向直接主管提出自己需要他提供的支持，以及如何让直接主管得到自己的绩效改进信息，直接主管则对营销人员如何改进绩效提供建议。直接主管和营销人员双方就下一个又一次绩效管理周期的目标、任务共同进行分析，对下一个绩效管理周期的目标和考核标准达成一致意见。

（2）绩效反馈的准备。

适当的准备与计划对绩效反馈的效果起着重要的决定作用。绩效反馈的准备是双方面的，直接主管主持绩效反馈要做好准备，参与面谈的营销人员也要有所准备。直接主管应和营销人员事先商定选择绩效反馈与面谈的时间和地点，为了表示对营销人员的尊重，同时也为了确认营销人员是否这个时间已有其他安排，这个时间一定要和营销人员一起商定而不是由直接主管单方面决定。另外，还应计划好面谈将要花费多长时间，这样有利于双方把握反馈面谈的进度，安排好自己其他工作。面谈地点可以选择直接主管的办公室、小型会议室或类似咖啡厅等休闲地点。办公室可以营造一种严肃、正式的感觉，但也经常会遇到各种各样的打扰，并且给人以一种明显的上下级感觉，容易给营销人员造成压力。小型会议室可以远离电话和来访的客人，将绩效问题在双方愉快的气氛中解决掉。类似咖啡厅的专访可以让营销人员感到比较放松，容易表达真实的想法、感受。进行面谈前，应该充分了解被面谈营销人员的情况，包括他的教育背景、家庭环境、工作经历、性格特点以及业绩情况等。另外，把过去进行面谈时所得的重点事项和谈话记录重新浏览一遍，以便更好地与被面谈的营销人员进行沟通。事先计划好面谈要进行哪些内容、先谈什么后谈什么、每一部分进行多长时间、面谈要达到何种目的、运用哪些技巧来促进双方沟通等。

由于绩效反馈过程中往往需要被考核者根据自己的工作目标陈述绩效情况，因此，被考核营销人员需要充分地准备好表明自己绩效的一些事实依据。对于完成得好的工作任务需要以事实为依据，完成得不好的工作任务也需要以事实为依据来说明原因。绩效反馈注重现在的表现，更注重将来的发展。因此，主管领导除了想知道销售人员对个人过去绩效的看法和总结，也希望了解营销人员个人的未来发展计划，特别是针对绩效中不足之处如何进一步改进和提高的计划，营销人员应该能够自己提出发展目标和计划，而不是仅仅等待着主管领导为自己制定发展计划。绩效反馈面谈是一个双向交流的过程，不但主管领导可以问营销人员一些问题，被考核营销人员也可以主动向主管领导提出一些自己关心的问题。绩效反馈面谈通常是一对一地进行单独交谈，因此被考核营销人员不必担心谈话内容被第三者得知，可以准备好一些与绩效管理有关的问题，以便在面谈时向主管领导提问。由于绩效反馈面谈可能要占用一个小时的时间，这段时间内营销人员没法在自己的工作岗位上，因此应事先安排好工作时间，在这段时间内不应安排与客户见面等工作。

（3）绩效反馈面谈的原则。

绩效反馈能否顺利进行、取得成功，决定着绩效考核的效果及其激励、奖惩与培训等行为开发功能的发挥。作为绩效反馈面谈的实施者，营销人员的直接主管领导，即销售部经理在绩效反馈面谈中应掌握以下原则：抓住时机；及时反馈；重在绩效，而不是人；特征明确具体，言之有据；优点和缺点并重；反馈应定向于可以改进的个人，可控行为在平等的位置上进行商讨，倾听并鼓励营销人员说话。

（4）绩效反馈的实施。

月度和季度绩效考核结束后的第 1 个工作日到第 5 个工作日内，销售部经理必须与营销人员进行面谈沟通，就绩效考核的结果、存在的问题、绩效改进措施、下阶段绩效目标的设定等进行充分的讨论，帮助营销人员不断地提高绩效，同时了解营销人员对绩效管理的看法和意见，形成书面材料，在第 10 个工作日内交给人力资源部。年度绩效考核结束后的第 5 个工作日到第 10 个工作日内，销售部经理应召集销售部全体营销人员进行一次有关绩效考核的分析会和讨论会。

营销人员对于认为受到的不公正的绩效考核或者对绩效考核程序、结果的质疑，在得到考核结果后的 5 个工作日内向销售部经理沟通，销售部经理应在营销人员反馈后的 3 个工作日内予以解决，沟通无法解决的，营销人员或在得到考核结果后的 5 个工作日内向人力资源部申诉，或采用直接面谈、电话沟通、提交书面材料等。相关部门或人员在接到申诉后的 3 个工作日内要给予明确答复。对于企业各级管理者不按时对营销人员的反馈进行沟通的，企业将对当事人进行处罚，处罚程度视情节轻重而定。

单元小结

服务绩效评估是指企业或服务人员以既定的标准为依据，对一定时期内服务工作状况的评定与估价，具体地表现为对服务质量和效果的情况进行收集、分析、评价和反馈的过程。绩效评估的过程必须包括制定目标或标准、检查记录、考核评价等关键环节。评估标准包括数量标准和质量标准两个方面。

服务绩效评估的目的在于分析服务工作的效果、总结经验教训、发挥员工潜力、促使顾客服务计划的实施、确保服务目标的实现。服务绩效的评估内容主要包括服务质量和服务效益两个方面。服务绩效可以采用多种方法进行评估，如对比分析法、评价分析法、因素分析法、比例分析法及尺度分析法、排列法和平行比较法等。服务绩效的评价指标主要包括服务质量指标、服务效益指标两大类，具体又由多种指标构成。为了提高服务质量、保证服务的特色、增强服务的竞争能力，服务企业有必要建立服务绩效审计。

核心概念

服务绩效评估　　服务绩效考核　　服务绩效指标

实训设计

项目一：设计营销人员绩效评价内容

目的：熟悉营销人员绩效评价设计的过程和内容。

内容：1. 模拟组成销售部门，并且选择其中一个人为其评价。
   2. 根据营销人员绩效评价的四个方面，设计详细的针对各自特点的细致内容。
   3. 大家进行商讨，力争达到公平合理。
   4. 形式是分组讨论，合理评价。

步骤：1. 通过分组，要求每个同学都积极思考，提出有价值的评价内容和指标。
   2. 注意指标权重的选择。

成果与检测：1. 根据学生表现进行考核。
     2. 把每组学生的指标内容都罗列出来，看哪些适合。
     3. 选择最恰当、最合理的评价内容和指标，给出每组综合分。

项目二：营销管理人员绩效的评价

目的：区分营销主管和营销人员评价内容，给营销管理人员恰当的绩效评价。

内容：1. 选择营销部门主管或者营销地区经理作为评价对象。
   2. 对于管理人员选择恰当的指标体系。
   3. 进行商讨，提出评价方案。
   4. 形式是分组讨论，合理评价。

步骤：1. 通过分组，要求每个同学都积极思考，提出有价值的评价内容和指标。
   2. 选择最能够体现主管人员绩效的指标。

成果与检测：1. 给学生的方案的选择以一定的成绩。
     2. 越接近实际情况的，分数越高。
     3. 教师进行点评。

训练题

1. 简述服务绩效评估的含义、目的及内容。
2. 列举服务绩效评估的方法。
3. 论述服务绩效评价的指标并分析。
4. 简述服务绩效审计的内容。

综合案例分析

人人相互评估

汉普顿退休服务公司（Hamptom Penson Seed）是一家退休管理和咨询公司，位于俄亥俄州。1988年，公司组织了一个由员工组成的小组，共同开发绩效考核标准，他们开发出710条标准，其中有：

- 是否把组织利益放到个人利益之上；
- 是否尊重和体谅他人；

- 是否有勇于承担错误的责任；
- 是否表现出"如果我开始创办企业，我愿意雇用这个人到我的公司工作"。

在开发出 10 条绩效标准的基础上，公司的绩效考评方法是：公司的 40 多名员工对包括自己在内的每一位员工都要进行评估，看他是否符合这些绩效标准。

为了保密，所有的评价都用标准的表格形式在计算机中进行。首先，员工把评价意见复制到软盘上交给一个小组处理。然后，再给每位员工和每位主管人员（包括公司总裁）准备一份评价报告。这份评价报告包括公司对个人的评价等级，也包括根据考评者级别进行的分数统计等级。这样，每位员工都可以知道管理人员、同事对自己的评价如何。依据这些评价分级来决定年终加薪和分红的比例。公司员工对这种考评制度都很满意，因此该公司的员工流动率远远低于同行业的平均水平。

讨论题：
1. 汉普顿退休服务公司评估服务绩效的方法有哪些特色？其理论依据是什么？
2. 你认为汉普顿退休服务公司的服务绩效评估方案需要改进吗？应如何改进？

单元八　金融服务营销

本章导读

通过学习，应掌握金融创新的含义及金融创新产品的含义、种类和特点，并理解金融产品开发与创新的目标、策略和过程；应掌握金融营销战略的类型和使用范围，学会根据宏观与微观的各种因素选择正确的营销战略；理解关系营销在金融服务中的实施；了解我国当前金融营销中存在的主要问题，掌握我国发展金融营销的相关对策。

知识点

- 金融产品开发的策略；
- 金融营销战略的类型和使用范围；
- 我国发展金融营销的相关对策。

技能点

- 根据宏观与微观的各项因素选择正确的营销战略；
- 在金融服务中应用关系营销。

金融机构作为一类特殊的企业，营销是它们的一项重要经营管理活动，能否成功地运用营销策略开展营销对金融机构的经营至关重要。

项目一　金融创新与金融产品开发

20世纪70年代以来，在国际金融市场上掀起的金融创新热浪把产品开发的竞争推向高潮。金融产品的开发与创新已成为金融营销的关键环节。

任务1　金融创新的含义和类型

"创新"一词最先由熊彼特在1912年的《经济发展理论》中提出，此书中对创新所下的定义是：创新是指新的生产函数的建立，也就是企业家对企业要素实行新的组合。按照熊彼特的观点，创新的形式包括五种情形：①新产品的引入；②新技术的应用；③新资源的开发；④新市场的开辟；⑤新的组织形式与管理方式的推行。

当今金融创新的定义主要有广义和狭义之分。广义的金融创新指采用新的技术和方法，通过改变金融体系基本要素的组合而赋予其新的功能的过程，主要包括金融工具创新、金融制度创新、金融市场创新、金融组织创新,其实质是认为金融创新是一个历史的范畴,创新伴随着金融业发展的始终,整个金融业发展的历史就是一个不断建立新的组织机构、采用新的方法、推出新的产品、提高金融运行效率、创造新的利润来源的过程。狭义的金融创新仅指金融产品创新,或者说是金融手段的创新。

金融产品创新(狭义的金融创新)可分为三种类型。

1. 科技进步引发的产品创新

近年来,由于计算机、通信技术和网络技术在金融领域的广泛应用,加快了银行在数据处理、信息传递和资金转账方面的信息化和自动化的过程,推动商业银行开发出许多创新产品,如自动票据清算系统(Automatic Clearing House Service)、自动出纳机(Automatic Machine Teller)、电子转账系统(Wire-Transfer System)、信用卡系统(Credit Cards System)等。

2. 逃避金融监管的产品创新

严格的金融监管在一定程度上影响和阻碍了商业银行金融资产的赢利性、流动性和业务的发展,为此,商业银行不断设计、开发新的产品,以逃避金融管制。如可转让提款账户(NOW Account)、超级可转让提款单账户(Super-NOWs)、货币市场存款账户(Money-market Deposit Account)、回购协议(Repurchase Agreement)、可转让存单(Negotiable Certificates of Deposit)、垃圾债券(Junk Bonds)、零息债券(Zero Coupon Bonds)等。

3. 规避风险的产品创新

20世纪70年代,西方国家出现了严重的通货膨胀。为了抑制严重的通货膨胀,西方各国实行了通货紧缩的货币政策,结果导致利率、汇率的急剧变动,利率、汇率的变动造成的损失,就要不断创新产品以规避利率、汇率变动风险。如浮动利率债券(Floating Rate Bonds)、双重货币债券(Dual Currency Bonds)、可调整的利率优先股(Adjustable-Rate Preferred Stock)、货币互换(Currency Swap)、利率互换(Interest-Rate Swap)、金融期货(Financial Futures)、货币期权(Currency Option)、利率期权(Interest-Rate Option)、远期利率协议(Forward Interest-Rate Agreement)、浮动利率票据(Floating Interest-Rate Note)等。

任务2 金融创新产品概述

1. 金融创新产品的含义

金融创新产品是指金融机构为了适应市场需求而开发的与原来产品有着显著差异的各种产品(包括服务),只要金融产品中任一个层次与要素发生了更新或改变,使得产品增加了新的功能或服务,并能不断满足客户新的利益与需求,便可称之为新产品。

各种金融产品具有的特征要素都不同,如面值、价格、收益、期限、风险性、流动性、可分割性和支付方式等。任何金融产品的开发,无论是局部的、微小的改动或更新,还是整体的、全新的产品开发,都是金融产品各种特征要素的重新组合,以适应客户的不同金融需求。

2. 金融创新产品的种类

金融机构创新产品的种类与数量很多,从总体上说,可把新产品概括为发明型、改进型、组合型与模仿型四大类。

(1)发明型新产品。发明型新产品也称为"全新产品"或"绝对新产品",是指金融机构利用新原理、新技术、新工艺、新材料开发的前所未有的产品。这类产品多是由于科学技术的进步或是为了满足客户的某种新需求而发明的,它的出现可以改变客户的生活方式或使用习惯。

这类新产品开发的难度相对较大，需要大量的资金与先进的技术，同时，开发周期也较长，推广需要相当长的时间。该类产品的开发能力强弱可充分反映金融机构自身实力与市场竞争力的高低。如信用卡、电话银行、自助银行、电视银行、网上证券交易等的出现便是发明型新产品。

（2）改进型新产品。改进型新产品是指金融机构在现有金融产品的基础上进行改进，使其在结构、功能、形式等方面具有新的特点，以满足客户的新需求。目前，金融产品的种类已极其繁多，为了降低开发全新产品所需的大量资金、人力和时间等成本，金融机构可以对现有的产品进行改造或换代，提高产品的性能，扩大产品服务内容或寻求新的用途，更好地满足客户需求。这类产品也包括使用新的品牌的做法。

例如，美国花旗银行在1961年推出的大额可转让定期存单（CDs），在普通存单的基础上增加了一些新的特征，包括不记名、可以在市场转让以及标准化的面额，能够满足流动性和赢利性的双重要求，一经推出便受到市场的追捧。再如，1983年1月，美国的金融机构在可转让支付命令账户（NOWs）基础上开办的超级可转让支付命令账户（Super NOWs）也属于这种类型的金融产品。

（3）组合型新产品。组合型新产品是指金融机构将两个或两个以上的现有产品或服务加以组合与变动而推出的一类新产品。为了更好地让客户接受产品，金融企业可以对原有的服务进行交叉组合并在某个特定的细分市场上推销，让客户得到"一揽子服务"，这样就很容易占领这个市场并不断吸引新的客户。

（4）模仿型新产品。模仿型新产品是指金融机构模仿市场上其他机构的产品，结合本机构的特点，加以改进、修正、调整、补充而突出产品某一方面的特点，或者直接仿照市场上已有的畅销金融产品而推出。由于金融产品具有易模仿性的特征，一旦某家机构开发出新产品之后，其他机构可以借鉴，迅速形成模仿型新产品。这种新产品是在学习别人经验、结合自身特点的基础上的一种"拿来主义"式的做法，无需新的技术，可以大大节约金融机构的开发成本，并迎合市场需求。

3. 金融创新产品的特点

一种金融产品能被称为新产品，并具有生命力，本身必须具备以下几个特点：

（1）针对性。新产品要有较强的针对性，要能满足客户某方面的需求，这样开发的新产品才会有市场。这就要求金融机构在推出新产品之前，对将要开发的新产品的市场需求要进行深入、准确的研究与预测，保证新产品有相当的销路，为客户所接受。

（2）优越性。新产品要超越现存的老产品，能给使用者带来新的利益，这样才会刺激客户使用新产品。而且，这种超越的利益越多，产品就越易受到客户的欢迎，收到好的效果。

（3）易用性。新产品的原理和操作方法要力求简便易学，便于推广，否则会给客户带来诸多不便，很难为客户所接受。

（4）适应性。金融机构开发的新产品应与客户的习惯及人们的价值观念一致，适应客户的社会文化、价值取向和消费习惯，这样金融新产品才能够较快地为市场及一定的消费群体所接受。

（5）盈利性。站在金融机构的立场上看，尽管开发新产品是为了满足客户需求，但最终仍为增加金融企业的赢利。金融机构开发新产品必须投入一定的人力、物力、财力及一定的技术力量，需要花费成本，如果产品无法产生经济效益，则是得不偿失的，因此，开发具有可赢利性的产品才是可行的。当然，效益的衡量可能有短期与长期之分，有的金融产品在开发后短期内也许不一定能产生效益，这时需要金融机构对其未来的或潜在的发展潜力进行科学判断，以确定是否继续开发与推广这种新产品。

（6）有特色。金融机构开发的新产品要体现自己的特色。不论是全新、改进、组合还是模仿的新产品都应反映出市场需要与金融机构的经营特色，只有这样，才能给客户留下深刻印象，刺激需求。

任务3　金融产品的开发与创新

过去"酒香不怕巷子深"的说法现已很难立足了。在经济飞速发展的竞争环境中，要想让别人了解自己的产品，进而双方合作，就需沟通、解释和劝说，最终达成产品、服务、技术与货币的交割。

1. 金融产品开发与创新的目标

金融产品有一定的生命周期，为保持或增强金融产品的市场竞争力，就需扩大产品研发。一般来说，金融机构开发新产品的目标主要有以下几方面：

（1）满足客户新的金融需求。客户金融需求可以说是金融产品创新的一大原动力，随着金融业的发展、人们财富的不断增多、金融意识的日益提高，金融需求发生着变化，如转移或降低风险、增加获利机会、减少机会成本、预防信用危机、更多的安全保障、更加便利、实现最佳投资组合等，而如何开发适当的金融产品，满足客户新的金融需求便成为金融机构不可推卸的责任。随着经济的发展，人民生活水平不断提高，客户需求越来越个性化，需求变化的周期也越来越短，因此金融机构只有不断地创新产品，才能更好地适应这种需求变动的趋势。

（2）扩大市场占有，吸引客户。金融机构的客户分为现有客户与潜在客户。对于所有客户，金融机构应该进行分门别类，通过对市场需求的调查分析，设计出有效的金融产品吸引不同的客户，巩固现有市场；同时，不断扩大与改善银行的服务范围，对金融产品的各种要素进行重新组合以便为客户提供更加便利、全面的服务，使客户得到新的利益，吸引其他潜在的客户和其他金融机构的客户，使他们成为自己的客户，不断开拓新市场，增加市场销量，提高产品和服务的市场占有率。

（3）降低成本。金融机构开发新产品有助于提高融资效率、经营效率与工作效率，不断降低成本。在科学技术高速发展的时代背景下，金融产品和服务的营销很大程度上依赖于引进新技术、新设备与开发新产品，以最少的劳动取得最大的经营效益。这突出表现在：

一是扩大了产品销售量，实现规模经济，可以降低固定成本。例如，某银行的分支网点，在未开发新产品前，月储蓄款额为5000万元，需承担水暖电费、通讯费、房屋租金、员工工资和福利等固定费用30万元；开发新产品增加了销售，月储蓄额增至8000万元，但承担的固定费用仍为30万元，月平均成本便降低了。

二是可以降低衍生产品的开发成本。尽管全新型产品的开发成本较高，但在实质产品及基础产品之上开发衍生产品或组合产品，一般不需要有较多的投入，因而开发成本较低。

三是通过产品的开发可以简化业务手续、提高工作效率、降低风险、节约经营成本与费用开支。

（4）改善形象。金融产品具有易模仿性，为了使本机构在众多竞争者中异军突起，应该使其产品具有鲜明的特色，才能得到客户的信任。通过产品的开发与创新，可以使产品能更多、更好地满足客户并体现本机构的特色，改善本机构的经营形象。

（5）适应竞争。第二次世界大战之后，各国金融管制不断放松，为金融机构的经营提供了一个较为宽松的环境，也为新产品的出现奠定了基础。科学技术的发展及其在金融领域的应用则为金融产品开发提供了有利的物质条件。这一切也导致金融业的竞争不断加剧，使得金融机构的经营面临巨大压力。金融企业只有适应本身发展的需要，不断推陈出新、开发新产品，改进产品的服务质量、创造发展机会、提高企业的运营经济效益，才能增强其竞争力、在激烈的竞争中立于不败之地。

2. 金融产品开发与创新的策略

新产品的开发是金融机构增强竞争力、抢占市场的重要手段，不同金融机构应依据自身实力不同而采用不同的开发策略，或将几个策略交叉使用，以达到其产品开发的目的。

（1）产品扩张策略。

金融机构采取产品扩张策略可以不断扩大其服务内容，增强对客户的吸引力，具体做法包括以下两种：

其一，拓宽金融产品组合的广度。

金融产品的广度（或宽度）是指金融产品线的多少。金融机构可以增加一个或几个产品线以进一步扩大金融产品或服务的范围，实现产品线的多样化。如第二次世界大战之后，国际上许多金融机构除了办理原有的存款、贷款、结算等基本业务之外，还广泛地开展证券中介、共同基金、保险、信托和咨询等业务。

拓宽金融产品的广度，其优点是可以充分发挥金融机构的优势，利用技术、人才和资源等优势实现多角化经营，不断扩大市场，吸引更多的客户。同时也可以通过业务多元化分散经营风险，降低总成本，提高经济效益，增强竞争力。而这种策略对金融机构经营管理水平的要求很高，如果金融机构不能抓好产品线的综合管理，便会引起经营的混乱，影响金融机构的声誉。

其二，增加金融产品组合的深度。

所谓金融组合的深度是指构成产品组合的各条产品线所含产品项目的多少。增加深度便是在金融机构原有的产品线内增设新的产品项目，以丰富金融机构的产品种类，实现多样化经营。

这一策略的具体做法包括：①改进法——对原有产品进行品质改进、式样改进、服务改进，增加新的功能，提高产品可靠性，增加服务内容；②系列化法——在现有产品的基础上，根据产品技术发展的特点或使用上的相关性等原理，进行延伸开发，使产品的品种形成系列；③多功能法——根据产品性能及使用价值或某方面的相关性和配套性，开发多种功能的产品。④附加价值法——针对现有产品，开发出更多的能满足消费者额外需求的附加价值，增加产品的吸引力；⑤组合法——将两种或两种以上的产品有效地组合在一起开发而成为一种新的、集各种产品之长、使用更为便利的复合产品。

增加深度策略的优点是其可以使金融产品适应不同的客户或者同一客户的不同层次的需求，提高同一产品线的市场占有率，从而增强金融机构的竞争能力。其缺点是新项目的开发可能要花费大量资源，这会导致金融机构经营成本的上升。

（2）差异型产品开发策略。

金融产品具有同质性特征，客户选择哪家金融机构开办业务在本质上区别并不大。为了能在激烈的竞争中占据优势，吸引客户使用自己的产品，金融机构必须通过各种方式对它的产品进行设计与包装，更好地体现出产品的特点，让客户感到使用该产品要比别的金融产品更加方便，也能得到更多的利益，从而树立产品在客户心目中的特殊形象，扩大产品销售，这便是产品差异策略。

产品差异策略的基础是金融企业所关注的市场细分，产品开发人员通过对细分后的市场上的需求进行深入调查与分析，明确哪里存在着金融服务需求，分析所开发的金融产品和服务是否适合这个市场细分，并研究开发的金融产品投放在哪个市场中可以使客户和金融企业的效用最大。在进行市场定位后，金融机构放弃缺乏竞争力的产品与服务，在细分市场上集中提供有特色的产品与服务，使该产品的特点能完全满足这一特定市场的需求。

差异型产品策略的特点是：金融机构根据市场细分的结果设计产品，各产品一般只适应特定人群的某种或某几种需要，故能体现鲜明的经营特色，容易被人们理解与接受。但这一策略要求能正确地细分市场，并能成功地找出不同市场的需求差异，从而实现有针对性的产品开发。

（3）市场追随策略。

这是一种充分利用金融产品易仿效性特征的产品开发策略。

金融机构以其他机构（特别是国内外著名金融机构）的畅销或优质产品为目标，收集这些产品或服务的样品并加以分析，从中了解客户需求的发展趋势，在此基础上加以仿制，开发自己的产品，使产品的性能有所改进、或价格降低、或加入新的特色。

这一策略的开发成本较低，开发速度较快，可快速打入市场，在较短时间内取得最好的效益。但金融机构必须注意避免侵权行为，在模仿的基础上应加以改进。

（4）卫星产品策略。

卫星产品策略是金融机构在核心服务的基础上创造出一种相对独立的产品（称为卫星产品）以扩大客户规模。

卫星产品的购买者或使用者不一定是该金融机构核心账户的持有者，或者可能根本就是该金融机构的非账户持有人。金融机构通过向不在本机构开户的客户提供金融服务或利用信用卡等工具打开非开户人的产品销路，可避免已在其他金融机构开立账户的客户转移财产的麻烦，增强产品的吸引力。例如，一些证券公司向非本公司开立理财账户的投资者开展咨询培训等服务，或者通过报纸、广告等大力进行各种投资和资金管理计划的宣传，以吸引社会各方面的人士参与其业务活动。

当然，卫星产品具有典型的双面特征，一方面是银行基本业务的构成，另一方面又是一种相对独立的产品。

金融机构在采用这一策略时必须要保持卫星产品与主要服务之间联系的紧密程度。如果处理不当，可能会破坏金融机构的形象，并耗费大量的成本。该策略可以为没有广泛设立分支机构或缺少大量核心开户客户的机构提供一个强有力的竞争手段。而对于一些大中型金融机构来说，运用这种策略一方面可以向非开户客户推销产品、拓展市场，另一方面又可以为已在本机构开户的客户提供广泛的交叉服务，促进产品销售。

3．金融产品开发与创新的程序

新产品的开发程序是否科学合理直接关系到产品的成败，在组织上和营销方面做出适当调整，建立一套合理的新产品开发程序非常关键。从新产品的构思到产品进入市场是一个漫长的过程，大致要经过以下几个阶段：

(1) 搜集新产品创意。

开发新产品的关键在于从众多的构思当中选取最合适、最有发展前途的构思。所谓构思，是指对能够满足现有客户或潜在客户某种需求的新产品所作的各种设想。西方营销学家的调查发现，60%的产品构思设想来自于金融机构外部，即客户、竞争对手和情报资料，其余的40%则来自金融机构内部。充分征求、研究客户对金融机构服务的意见和看法是新产品开发成功的保证。

首先，外部渠道。既然2/3的创意来自于外部，因此其重要性不容忽视。第一，来自客户提出的各种意见和建议。由于客户具有切身感受，因此实用性和可行性较高。另外，金融机构也可以通过向客户进行正式的市场调研来直接获取创意。第二，来自竞争对手或联营公司。出于竞争或合作的考虑，金融机构之间业务往来日益频繁。商业银行、证券公司、保险公司、信托公司之间，商业银行和信用卡公司之间经常会合作开发新的金融产品。第三，金融机构也可以通过金融制度变迁、金融学科的研究成果或其他文献资料获取创意。

其次，内部渠道。第一，几乎所有的金融机构都有独立的研发部门，由金融专家根据经济发展和经济环境的变化适时推出财务、保险等金融新产品方案。第二，市场营销部门。营销部门的工作人员直接与客户打交道，可以倾听客户的意见，对市场的问题进行研究。第三，金融机构其他内部人员，包括高级管理人员和广大工作人员。前者具有丰富的知识和工作经验，开拓创新意识很强；后者直接与客户接触，就近了解客户的真实需求。

(2) 筛选创意。

筛选创意的目的是剔除那些不适合金融机构发展目标或资源的新产品构思。筛选过程通常包括两个阶段。第一阶段，根据构思是否适合本机构的发展规划、业务专长和资金实力剔除那些明显欠妥的建议。这种迅速、准确的判断有助于金融机构节省资源。第二阶段，在余下的产品构思中进行进一步审查，评出等级。在对一系列因素做出适当评价的基础上，慎重地做出决策。

(3) 新产品概念的形成与测试。

产品构思经过筛选后发展成为产品概念。产品构思只是金融机构在研究、发展的基础上准备向市场推出可能产品的设想。产品概念是指具有确定特性、能增进消费者利益并乐于为消费者接受的实际产品，包括产品功能、产品质量、产品价格以及名称和商标等内容。

一个产品构思可以转化为许多不同的产品概念。同一个产品构思如果考虑到以下内容：潜在客户的范围、客户可能遇到的问题、新产品提供的原因、产品的特点与功能以及利益状况等，就会演化组合出许多不同的产品概念。金融机构可以对发展出来的每一个产品概念进行市场定位，分析该产品与市场上哪些现有产品发生竞争，并据此制定产品或品牌定位策略。

金融机构要从众多的产品概念中选择最具竞争力的最佳产品概念，就需要了解客户的意见，进行产品概念测试，通过购买者的反应来检验新产品。概念测试通常采用概念说明书的方式印发给客户，要求客户就一些问题提出意见，主要分析客户是否了解金融机构所提供的新产品和服务、该产品和服务是否符合客户的需要、对该产品和服务是否接受并喜欢、对新产品和服务有哪些改进的意见等。金融机构通过搜集概念测试的反馈意见，进一步剔除不合适的产品概念，同时完善可行产品概念，使之更加满足客户的需要。

(4) 商业分析。

新产品概念经过测试后，就可以评价新产品方案的商业吸引力。商业分析也称为效益分析，对新产品概念从效益上进行分析，预测其市场份额、成本、利润和投资收益率，从而判断其是否符合金融机构的发展目标。其目的是在发生进一步的开发费用之前剔除不能盈利的新产品概念。经过了上述筛选和测试阶段，大部分新产品构思逐渐被淘汰，商业分析的焦点集中于为数较少的几个方案上。进行新产品商业分析时，通常可采取的方法包括盈亏平衡法、投资回收期法、资金利润率法、利润贴现率法、新产品系数法等。由于上述方法各有优缺点，金融机构可以根据具体情况选用，也可同时使用。

（5）新产品的设计和市场测试。

新产品通过商业分析之后，就可以进入实际开发阶段，使新产品概念转变为实际的产品或服务。研发部门可先行开发出少量的样品或在某个区域进行新服务项目的试点，对新产品进行产品测试和消费者测试。产品测试主要用来测定潜在客户对新产品的接受程度，通过客户对新产品或服务的反应，对产品和服务以及营销活动做进一步的改进与完善。市场测试主要通过金融机构的分支机构进行实地产品推广，或让部分客户尝试新产品或服务来考察营销方案是否可行。通过测试，可以判断该产品的开发是否取得成功，下一步是否可以进行整体推出。

（6）正式引入市场。

正式引入市场也称为商业化阶段，使该项产品或服务成为金融机构的正式业务种类，向市场全面推出。金融机构需要制定一系列的广告和销售促进计划、销售渠道计划、销售人员和中间商的培训计划等，以促进新产品的推出。由于此阶段耗资最大，获利的可能性较小，因此一般情况下，金融机构可以采取分阶段逐步进入市场的策略，先在主要市场或地区推出，再扩大到全国甚至国际市场，以避免较大的损失。

项目二 金融营销概述

任务 1 金融营销的含义及其理解

1. 金融营销的含义

金融营销是企业市场营销在金融领域的发展，首先在银行界得到应用。1958 年，全美银行协会会议上最早提出了"银行营销"的概念，但直到 20 世纪 70 年代人们才真正地意识到营销在金融机构中的重要作用，从而开始了以金融营销为中心的经营管理。

1972 年 8 月，英国的《银行家杂志》（The Bankers）把金融营销定义为"是指把可赢利的银行服务引向经过选择的客户的一种管理活动。"这里所说的"银行服务"意指金融服务。

20 世纪 90 年代以后，中国的一些学者也讨论了金融营销的概念。

龚维新认为："金融企业营销是以金融市场为导向，通过运用整体营销手段以金融产品和服务来满足客户的需要和欲望，从而实现金融企业的利益目标。"

陶婷芳等的定义："金融营销是指金融机构以分析金融市场客户需求的具体内容与细节特征为出发点，以其特定的金融营销机制为基本运作框架，用适应社会金融需求的金融产品或服务去占领金融市场，巩固和发展金融业务并实现其自身金融经营目标的动态管理过程。"

万后芬根据市场营销的定义，将金融营销定义为："金融营销是指金融机构通过交换，创造和出售他人所需所欲的金融产品和价值，建立、维持和发展与各个方面的关系，以实现各方利益的一种管理过程。"

王方华等依据营销大师菲利普·科特勒对市场营销的阐述，认为："金融营销是指金融机构以市场需求为核心，各金融机构采取整体营销的行为，通过交换、创造和销售满足人们需求的金融产品和服务价值，建立、维护和发展与各方面的关系，以实现各自利益的一种经营活动。"

楼文龙认为："金融营销是指金融企业设计营销策略，以赢得客户，获得合理利润，以顾客为导向的经营哲学和管理活动。"

以上定义各有侧重，综上可将金融营销定义为：金融营销是金融机构对金融产品的营销活动，指金融机构以市场需求为基础，以客户为核心，利用自己的资源优势，通过创造、提供与交换金融产品和服务，满足客户的需求，实现金融机构赢利目标的一系列社会与管理活动。

2. 对于金融营销涵义的理解

正确把握金融营销概念需要注意以下几点：

（1）金融营销不等同于推销。我们不能简单地将金融营销等同于推销金融产品以获得赢利。因为这种观点是十分狭隘的，它以金融机构本身为出发点，强调金融机构的销售就是为了赚钱。而现代金融营销则要求金融机构重视市场，以市场运作机制及规律为基础，灵活运用各种资源与多种手段，建立并维护与市场各方的关系。

（2）金融营销要以客户为中心。客户的需求是金融机构开展营销活动的出发点。金融机构的客户包括现实客户与潜在客户，从业务规模上又分为两大类：一类是公司客户，如国内外的企事业单位、金融机构及政府部门；另一类是零售客户，主要是个人消费者或投资者。不同的客户面临不同的问题，有着不同的金融需求，金融机构必须从客户的角度出发，认真分析、研究他们的需求，制定出与市场相符的营销战略，提供客户满意的服务。

（3）金融营销具有综合性。金融营销是一项复杂的工作，它包括与金融市场及金融产品提供与销售相关的各项活动，如金融营销环境分析、市场研究、市场预测与市场细分，也包括产品开发、价格制定、销售渠道拓展和促销等，还覆盖了售后服务、组织管理等各项工作，是一项综合性的管理活动。

任务2　金融营销的构成要素

1. 金融营销的主体

金融营销不同于其他的企业营销，它以客户为中心，由金融机构开展。金融机构是从事金融业务的机构，它是一国金融体系中最重要的组成部分。随着现代经济的发展，金融机构的类型也日益丰富，一般可把金融机构分为存款型金融机构、契约型储蓄机构和投资型金融机构三大类。

（1）存款型金融机构。

存款型金融机构是从个人和机构接受存款并向其发放贷款的金融机构，它能够创造派生存款，影响货币供应，因此在一国的金融系统中占有重要地位。这类机构包括：

1）商业银行：主要通过吸收支票存款、储蓄存款和定期存款等来筹集资金，用于发放工商业贷款、消费者贷款和抵押贷款，购买政府债券，提供广泛金融服务。无论在哪个国家，商业银行拥有的总资产规模最大，提供的金融服务也最全面。

2）储蓄银行：是专门办理居民储蓄并以吸收储蓄存款为主要资金来源的银行。储蓄银行在西方不少国家是独立的金融机构，它们名称各异，如储蓄贷款协会、互助储蓄银行、国民储蓄银行、信托储蓄银行和信贷协会等。

3）信用社：是一种互助合作性质的金融组织，其资金主要来源于合作社成员缴纳的股金和吸收的存款，资金运用主要是对会员提供短期贷款、消费信贷和票据贴现，此外还有一部分用于证券投资。

（2）契约型储蓄机构。

这类机构以合约方式定期、定量地从持约人手中收取资金，然后，按合约规定向持约人提供服务或养老金。这类机构包括：

1）保险公司：是专门经营保险业务的机构，主要分人寿保险公司以及财产和意外灾害保险公司。其资金来源主要是保费收入，资金运用主要有理赔和投资等。人寿保险公司主要以人的生命、身体健康等为保险标的开展保险业务，其保险赔偿额可以准确地加以预期；而财产和意外灾害保险公司主要是对火灾、盗窃、车祸和自然灾害等各种事件造成的财产损失进行保险。

2）养老基金：一种向参加者以年金的形式提供退休收入的金融机构，其资金主要包括两部分，一部分为劳资双方的资金积聚，即雇主的缴款以及雇员工资中的扣除或雇员的自愿缴纳，而另一部分为运营积聚资金所取得的收益。

（3）投资型金融机构。

这类机构主要以金融市场上的投资活动作为主要业务。包括：

1）投资银行：是最重要的投资型中介机构，主要从事一级市场的证券承销业务与二级市场的证券经纪和自营业务，同时也开展资产证券化、私募、风险投资和并购等资本市场运作。

2）共同基金：又称投资基金，是一种间接的金融投资机构或工具。它们通过发行股票或者权证募集社会闲散资金，再以适度分散的组合方式投资于各种金融资产，以获取收益。投资基金可以发挥投资组合、分散风险、专家理财和规模经济等优势。

3）货币市场共同基金：投资对象仅限于安全性高、流动性强的货币市场金融工具的共同基金。

4）金融公司：通过出售商业票据、发行股票或债券以及向商业银行借款等方式来筹集资金，并用于向购买汽车、家具等大型耐用消费品的消费者或小型企业发放贷款。

5）财务公司：由企业集团内部筹资组建，主要为企业集团内部各企业筹资和融资，促进其技术改造和技术进步。如华能集团财务公司、中国化工进出口财务公司、中国有色金属工业总公司财务公司等。其主要业务有：存款、贷款、结算、票据贴现、融资性租赁、投资、委托以及代理发行有价证券等。

6）信托公司：作为受托人，按照委托人的意愿，为了受托人的利益或者特定目的，以自己的名义管理或处分信托财产。其主要开展资金信托、动产信托和不动产信托等业务。

7）金融租赁公司：为解决企业购置设备过程中的资金不足问题，而开展融资租赁业务的金融机构。金融租赁公司的主要业务有：动产与不动产的租赁、转租赁、回租租赁业务；租赁标的物的购买业务；出租物和抵偿租金产品的处理；向金融机构借款及其他融资等。

不同金融机构的资金来源和运用如表8-1所示。

表 8-1 不同金融机构的资金来源和运用

金融机构类型	资金来源	资金运用
存款型金融机构		
商业银行	存款	工商信贷和消费者信贷、抵押贷款、联邦政府证券和市政债券
储蓄银行	存款	抵押贷款
信用合作社	存款	消费者信贷
契约型储蓄机构		
人寿保险公司	保险费	公司债券和抵押贷款
财产和意外灾害保险公司	保险费	市政债券、公司债券和股票、联邦政府债券
养老基金、政府退休基金	雇员和雇主缴款及政府财政补贴	公司债券和股票
投资型中介机构		
投资银行	股份	证券承销、经纪和自营业务
共同基金	股份	股票和债券
货币市场共同基金	股份	货币市场工具
金融公司	商业票据、股票、债券	消费者信贷和工商信贷
财务公司	企业集团内部集资	贷款、票据贴现、投资
信托公司	受托资产	证券投资
金融租赁公司	金融机构借款	动产、不动产和租赁

2. 金融营销的客体

金融营销的客体不同于一般的企业产品,而是金融产品与金融服务。

狭义的金融产品是由各家金融机构创造的在金融市场上进行交易的各种金融工具,广义的金融产品包括狭义的金融工具及各种无形的金融服务。金融产品是金融企业针对不同客户的不同金融需求提供的,是交易者在金融市场上实现货币资金转让的证明,反映了特定的筹资需要和筹资特点,也体现了一定的金融理念。

20 世纪 70 年代以来,国际金融创新不断推进,各种新型的金融产品层出不穷。总体上讲,金融产品可以分为两大类:一是基础金融产品,包括货币、黄金、外汇、票据、股票与债券等有价证券、存款与贷款、信用卡、信托与租赁等;二是在基础金融产品之上派生出来的衍生金融产品,包括期货、期权、互换、权证等,它们的交易必须依赖于基础金融工具。

金融产品作为金融市场的客体,一般具有四个基本特征,即偿还性、收益性、流动性和风险性。

(1) 偿还性。

金融活动体现的是一种信用关系,而信用最基本的特性是到期必须偿还。金融产品根据其性质不同,偿还期也不同,体现不同的偿还性。所谓偿还期是指金融产品自发行之日起至还本付息为止所必须经历的时间。一般来说,债务性金融工具(如票据、存单、债券)的债务人必须按预订期限偿还本金和利息,债权人有到期收回本金和利息的权利。所有权产品(如股票)

或永久性债券一般不用归还本金，因此其偿还期是无穷大。银行活期存款，由于存款人可以随时支取，因此偿还期为零。

（2）收益性。

收益性是指金融产品能给持有者带来一定收益的能力，收益由资本利得和资本增益两部分组成，前者是持有金融资产期间获得的利息、股息和红利等投资收益，后者为金融产品取得价格与卖出价格（或赎回价格）之差。金融产品收益上存在的差异主要决定于产品性质（债券、股权）、收益计算方式、发行人情况、产品期限以及金融市场状况等因素。收益一般以收益率来表示，即收益对本金的比率，根据计算方式不同又包括名义收益率、即期收益率、持有期收益率与到期收益率等。

（3）流动性。

流动性是指金融产品可以在市场上随时变现且在价值上免遭损失的能力。

金融产品通常可以通过两种途径实现变现，即市场转让和赎回（包括到期赎回和未到期提前赎回）。金融产品在流动性方面的差异也非常大，有的产品是现金的代替品，例如，支票存款；有的产品具有很好的市场性，可以随时卖出；有些产品没有交易市场，但是可以要求发行者赎回；还有一些金融产品既没有公开的市场，也不可以赎回，持有者必须通过协议转让方式进行。

金融产品的流动性取决于以下几个方面的因素：①偿还期，流动性与偿还期成反比，即偿还期长的金融产品流动性差；②二级市场的深度和广度，二级市场越发达，流动性越强；③金融产品发行者的信用等级，信用等级越高，流动性越强。

（4）风险性。

风险性是指金融产品的本金和预期收益发生变动而给投资者带来损失的可能性。风险包括信用风险和市场风险。信用风险是指金融交易的对方或相关人员不履行合约、不按期归还本金和利息的风险，与债务人的资信等级及经营状况有关。市场风险是指由于市场利率、汇率、物价水平和有价证券行情等市场变量发生变化而引发金融产品价格波动导致价值改变的可能性。

偿还性、收益性、流动性和风险性之间存在关联。一般地说，流动性同风险性和收益性之间存在反向关系：流动性强的金融工具，风险性与收益性较低；而流动性差的产品具有较高的风险性与收益性。风险性和收益性存在正向关系：风险大的金融工具收益水平高，风险小的金融工具收益水平低。

由于不同客户对金融产品性质的要求存在很大差异，作为金融产品的提供者，金融机构总要想方设法不断地开发出不同流动性、收益性与风险性相组合的产品，以满足不同客户的需求。

3. 金融营销的基本过程

金融营销管理是一项复杂的工作，它包括与金融市场及金融产品销售相关的各项活动，一般可以分为分析、计划、执行和评估与控制四个阶段。

分析阶段是最基础的阶段，金融机构要通过对金融市场的调查研究，了解市场对金融产品、服务的需求及客户、竞争者的动向，为制定营销计划与战略提供依据。计划阶段是金融机构在分析的基础之上，根据自身条件，确立合适的营销目标，选择有利的目标市场，制定组合策略。执行阶段则是按照既定的营销目标与策略进行具体的营销活动的过程，也是实现预期目标的关键所在，在执行过程中需要金融机构的营销部门与其他各部门之间进行密切配合，以提高营销活动的整体性与协调性。为了提高营销工作的效果，在制定营销计划时还应该设定衡量计划执行状况的标准，以便对执行过程进行合理的控制，及时发现问题并采取有效措施对计划进行调整，使营销活动更加符合实际。同时，控制的结果又可作为制定新营销计划的依据。

金融营销便是由以上四个阶段组成的一个综合的、连续的过程。

4. 金融营销系统

金融营销系统是指为实现金融营销目标所必需的各种经营要素所组成的体系。一般来说，金融营销系统由金融营销环境与市场分析系统、金融营销战略与计划系统、金融营销组合系统、金融营销组织与控制系统四部分构成。

(1) 金融营销环境与市场分析系统。

金融营销是在一定的环境条件下开展的，不仅受到各种微观因素（即与金融营销有关的各个经济主体）的影响，也受到各种宏观因素的制约。一般来说，与金融营销直接有关的经济主体包括金融机构本身、客户（包括现实客户与潜在客户）、竞争者以及提供设备、技术与服务的机构、政府、金融主管部门（如中央银行与货币监管当局等）等。它们的活动都会对金融营销产生一定影响。制约金融营销的宏观因素包括人口、经济、政治、技术、资源和法律等。金融机构必须对各种信息进行收集、整理、分析和判断。

(2) 金融营销战略与计划系统。

金融机构在营销环境分析的基础之上，可以结合自身实际情况制定营销战略与计划。现代营销理论认为，金融营销战略一般包括探查（Probing）、分割（Partitioning）、优先（Prioritizing）和定位（Positioning）四个要素。当然，金融机构的营销战略是多种多样的，包括市场领导者战略、市场竞争者战略、防御型战略、市场进攻型战略、市场追随者战略、市场缝隙战略和市场渗透者战略等，不同的战略适用于不同金融产品与金融市场。在营销战略指导下，金融机构可以制定营销计划，对资源的输入与输出进行具体配置，并规定时间进度与各方的具体职责，以减少营销活动的盲目性，提高金融营销的效率。

(3) 金融营销组合系统。

金融营销组合系统是指金融机构为了实现营销目标所选择的一系列营销方式和手段的组合。

20世纪80年代以来，市场营销理论发展迅速，出现了许多新的营销策略和思想，并被迅速地应用到金融机构的营销工作中，大大提高了金融营销的效果。

根据西方市场营销学中的11P理论，属于市场营销组合的策略主要包括六个方面：产品（Product）策略、定价（Pricing）策略、地点（Place）策略、促销（Promotion）策略、政治权力（Political Power）策略和公共关系（Public Relation）策略。

(4) 金融营销组织与控制系统。

为了实现特定的营销战略目标，更好地发挥营销功能，金融机构需要设置不同的营销岗位，确定相关人员的权责利，并对他们之间的关系进行一定的协调与控制，合理、迅速地传递信息，对营销计划的执行情况进行评估与反馈，并随时调整营销计划。

当然，在整个营销活动中，金融机构也要强调以人为本的金融企业文化，人（People）在金融营销系统中是不可或缺的。

任务3 金融营销的特点

金融机构是特殊的企业，它以金融产品与银行信用作为自己的经营对象，不同于一般的工商企业，其营销活动也具有自己的特点。与一般工商企业的营销活动相比，金融营销具有以下几个特点。

1. 金融产品与服务的不可分割性

金融机构的经营活动不同于一般企业，普通企业产品的生产与销售在时间与地点上可以分离。而银行产品多是一种综合性的服务，产品的提供与服务的分配在时间、地点上同步，一旦金融机构向客户提供了金融产品便将有关的服务配置给了客户。金融机构不能储存、搬运金融服务，而客户一旦错过了特定的时间与场合就可能不需要这种服务了。因此，金融营销必须重视金融产品超越时空限制的特性，为客户利用这些产品提供便利。

金融服务的不可分性，使得金融产品一般都直接面向客户，因此，直接销售金融产品长期以来一直是金融企业的主要分销策略，设立直接的经营机构和营业网点是金融业扩大业务、占领市场通常采用的策略。但是近年来，信用卡、ATM、POS 等的广泛应用也使金融产品的提供与服务的分配出现了一定程度的分离，因而间接分销渠道得到了飞速发展。

2. 金融业务的非差异性

对于一般企业来说，生产的产品是有形产品，有自己的特性，可以申请专利，免受仿制或伪造。而金融业务则不同，它们大多为无形产品，同一类金融机构所提供的金融产品非常相似。金融产品和服务的创新因缺乏法律保护而独占性非常有限，金融机构之间可以相互模仿采用，这使金融机构之间的竞争更加激烈，使顾客在接受金融服务时往往首先不是被金融产品带来的服务便利或赢利所吸引。

业务的非差异性对金融营销提出更高要求，更需要强调整体营销与品牌营销，树立银行整体形象，让客户了解金融机构，加深对金融产品的认识，接受其提供的金融服务，使其产品具有更大的市场。同时，一家金融机构若要长期维持其产品和服务特色的优势，就需要不断创新。

3. 客户地位的特殊性

金融服务的接受者不同于一般的企业客户，一方面，他们要求金融机构将服务一视同仁地提供给不同客户，不因客户的种族、肤色、性别、长幼、长相、身材甚至宗教信仰的不同而异；另一方面，客户所需服务又具有很大的"不一致性"，每个人的效用函数及风险偏好存在很大差异，对金融产品的需求也各异。

这种特殊的状况使金融机构在营销中既要保持稳定的服务品质，向顾客提供标准化的服务，又要深入了解客户的实际需要，按照顾客的要求提供附加服务或特定的产品。

另外，一般企业的客户多是单一的买方，而金融企业客户可能是双重的，一方面是资金和信用的买方，另一方面又可能成为资金的卖方，这要求营销策略也必须具有双重性。

4. 金融业务受宏观环境的制约较大

对于普通企业来说，营销活动所受到的其他限制相对较少，国家给它们的宏观环境也比较宽松，只要避免不正当竞争，不触犯法律，即可正常进行。而金融机构由于其地位特殊，对整个经济的影响较大，国家一般对其进行较为严格的限制，它们的营销活动也要受到货币信贷政策、金融业务制度以及金融监管等的约束，包括新业务的许可、分销网点的设置、产品价格的制定都要经过严格的审批程序，因此，金融机构营销的宏观环境比较严格。

5. 金融营销的安全性

金融机构的营销对象是货币资金等金融产品及各种金融服务。金融机构对集中起来的资金大多只拥有使用权，到期必须足额偿还。而金融机构投放的资金也要求借款人到期按时足额归还并支付利息。这种信用特征使得金融机构的营销面临着比一般企业更大的风险。这些风险包括借款人到期不能或不愿归还款项的信用风险；由于市场利率变动引起的价格风险；由于汇率变化带来的外汇风险；国家政策改变导致的政治风险等。金融营销人员在营销活动中必须十分注意这些风险，避免到期出现大量损失。所以，金融营销必须以安全性为前提。

正是由于金融营销具有上述特点，使得它比一般企业的营销活动更为复杂。金融机构的营销人员既要以企业营销理论与方法为指导，又要根据金融业的特点，不断拓展金融营销的理论与方法。

项目三　金融营销的战略及其选择

任务1　金融营销战略的类型

金融营销战略是金融机构在复杂、变化的市场环境中，为了实现特定的营销目标以求得生存发展而制定的全局性、决定性、长期性的规划与决策。它必须以客观经济规律为基础，有效地利用金融机构现有的与潜在的资源能力，综合市场上已经发生的及可能发生的各种情况，并兼顾金融机构营销活动的各个阶段以及它们之间的联系而制定。有效的营销战略应该是目标与手段的完美结合。它既要围绕金融机构的发展目标，又要纵观全局，合理地规定达到目标所要采用的手段，确定所要解决的重点问题、需经历的阶段、总体力量如何布置及其他一些重要决策。只有将目标与手段有机地结合起来，金融机构才能对变化的环境做出一个系统的和有效的反应，保证其经营活动得到不断发展。金融机构营销战略的活力就在于其应变性，即对市场营销环境中即将来临的发展做出一个正确的预计与评价，以便超前地决定金融机构如何更好地适应这种发展，从中谋取更多的利益。

金融机构作为一种服务的提供者，为了在激烈的竞争中求得生存，必须要制定一个营销战略。营销战略的类型多种多样，根据英国经济学家亚瑟·梅丹的观点，金融营销战略可以分为三种类型：防御型、进攻型和合理化型。

1. 防御型战略

防御型战略的目标是通过追随主要的金融机构或者是将服务集中于某些特定范围的客户，以保持现有的客户群，维持当前的市场占有率。这是一种比较保守的营销战略，它又包括以下两种：

（1）市场追随者战略。在这种战略中，金融机构接受当前的市场现状，通过保持原来的客户并吸引新客户以维持现有的市场占有。金融机构的服务集中于一组能给它带来明显利益的目标市场。

（2）市场缝隙战略。这是指金融机构想方设法利用现有市场上的一些缝隙，通过提供专门化的服务手段来占领这些大企业不屑顾及的小市场。这种战略较适合于规模较小、实力相对较薄弱的小型金融机构。它们在整体市场上处于劣势，通过寻找尚未被满足的客户需求，及时发现自己力所能及的市场空挡，见缝插针。这样做不但十分安全可靠，还可以使金融机构获得相当可观的收益。

2. 进攻型战略

进攻型战略与防御型战略不大相同，金融机构不仅满足于原有的市场，而且在确立其地位、建立起主要服务项目之后，通过向新的市场渗透、向新的地域扩张、抓住新的市场机会及采用新的服务办法，进一步确立其在金融市场上的主导地位。这类战略又包括以下几种：

（1）地域扩张战略。它是指金融机构通过设立新的分支机构拓展实际活动领域，增加新的客户，提高盈利。这种战略较适用于大企业，如果其市场占有率较大、声誉较高，则其在新的地域也相对较容易打开市场。小企业资源不足，较难采用这种战略。

（2）新市场战略。这种战略是指金融机构在保持原有传统客户的基础上，采用新的销售方案与新的促销手段，提供广泛的金融服务来吸引新的客户或者开拓新的市场来替代原有的市场，从而进一步增强金融机构的竞争力。当金融机构的服务多样化并能在各种不同的市场上占有一席之地之后，便可以大大方便客户，使金融机构在提供完整的服务中实现成功的营销。

（3）市场渗透者战略。它是指金融机构在现有市场份额的基础上加强营销功能工作，集中经营已有市场上的某些业务并不断深入的战略。通过加强广告宣传，进一步改善企业在客户心目中的形象，刺激客户增加金融产品的购买及使用次数，提高金融机构的服务效率。若果金融机构使用一个较好的市场渗透者战略，则可以达到较好地理解客户需求，容易赢得新客户的效果。

（4）市场领导者战略。对于那些规模较大、实力雄厚的金融机构，由于它在金融市场上处于主导地位，具有规模优势，在价格与营销渠道等方面比一般企业拥有更强的竞争力，故而它们在金融业中的作用十分重要，可以采用市场领导者战略。通过维持并提高现有的市场占有率，这些大型金融机构可以保持其市场主导地位，同时可以不断扩大总体市场。但这些机构必须注意促销手段的多样化及市场上的价格竞争，要敢于承担风险，积极投入一定的人、财、物力，不断开发新的金融产品。

（5）市场竞争者战略。这种战略也适合于较有实力的大金融机构。它们凭借自身优势，抓住竞争对手的弱点，以己之长克人之短，通过直接进攻、迂回、"大吃小"等方式向其他竞争者提出挑战。所谓"直接进攻"战略是指通过价格调整、产品扩大、服务创新等向同一市场的竞争者发动正面攻击；"迂回"战略是充分利用各种分销渠道来占领市场，间接地迫使其他竞争者退出市场；"大吃小"战略是金融机构运用各种合法手段干扰其他企业的业务或者以更优惠的条件及提供高收益的服务将客户从其他企业手中抢走，以提高其市场占有率。竞争者战略一般不适用于小型金融机构。

3. 合理化型战略

合理化型战略主要从金融服务营销组织布局及经营活动的合理性角度出发，通过分支机构设置的调整（如关闭过于密集的营业网点、在缺少金融服务的地区增设分支机构）、提高营销工作人员的工作效率、削减不必要的营销费用、采用先进的电子服务系统为客户提供快捷与价格低廉的服务，改善金融营销活动，降低营销成本，提高企业在金融市场上的竞争能力。

任务 2　金融营销战略的选择

金融机构在具体的经营过程中到底采用何种战略要受到诸多因素的影响。具体地说，企业在选择营销战略时，主要应考虑以下几个方面的因素：

1. 微观因素

从微观上讲，金融机构本身的经营状况将直接关系到战略的选择。

（1）金融机构在金融市场上的地位。不同的金融机构由于各种条件的限制，它们在金融市场上扮演的角色也不相同。有的占据了大量的市场份额，充当市场领导者，对整个金融市场有着重大影响，可以说，这些企业是市场的支柱力量，它们可以采用进攻型的战略。其他一些小企业只是充当市场追随者，要根据大企业的营销战略来选择本企业的经营方针，它们大多采用防御型战略，努力保持自己已经占有的市场份额，并且尽可能抓住市场空档以获取更大收益。

（2）金融机构当前的经营管理水平与资源情况。金融机构应对自身现有的人力、财力、技术水平、对外部环境的反应能力及工作效率等方面进行合理评价，检查其在经营过程中的实力与弱点，为制定合理的营销战略提供依据。如果不考虑这些因素，制定的战略在实施中必然会出现很大的偏差。

（3）金融机构的潜力。由于金融市场处于不断变化之中，金融机构所能发挥的潜力大小在一定程度上也会影响到营销战略的选择，这也包括人与物两方面的潜力。从人的方面来看，主要是员工的素质，尤其是领导层，他们的决策与组织能力将关系到企业经营的全局。如果领导者远见卓识，则可以选择与制定出合适的战略，使得企业朝着正确的方向发展。同时，金融服务企业是不是拥有一批对市场深入了解、不断开发出符合客户需求的新产品的专业人才，也会对企业选择何种营销战略产生一定影响。当然，人员只是其一，它要受到物质条件的制约。如果一家金融机构不具有足够的资金来源、不能推广先进技术、不能承受扩张所带来的成本，那么它就不可以盲目采取扩张型的营销战略，而应以进一步巩固已有的市场、为老客户提供更多更好的服务为主要目标。

2. 宏观因素

从宏观上来看，影响金融机构选择营销战略的因素主要包括：

（1）政府的政策法规及其他限制性措施。金融业作为一个服务性行业，它的营销活动必须符合国家的有关政策要求，并受到金融管理当局的监管，它所制定的营销战略也不能超越这个既定框架。比如：在1994年9月美国通过《跨州银行法》之前，美国实行单一银行制，商业银行是不可以在其他州开设分支机构的，并且有的州还规定银行不能设立分支行。与这种法律相适应，美国商业银行在国内的营销战略主要不是地域扩张型的；但从国际市场上来看，许多银行在国外采取了地域扩张性战略。

（2）宏观经济状况。一个国家的经济发展总有一定的周期性，金融服务业作为一个重要的经济部门，必然会受到宏观经济形势变化的牵制。因此，企业在制定战略时要对其所处的经济环境进行正确分析，从而选择相应的战略。

3. 市场因素

（1）其他竞争者的战略。由于不同的金融机构在金融市场上处于不同的地位，它们发挥的作用也各不相同。在激烈的市场竞争中，金融机构只有认真地研究并充分了解其他企业的战略，才能做到"知己知彼，百战不殆"。

（2）客户的需求。金融服务业开展营销活动的目的是向客户推销金融商品，提供各种服务，以获取更多的收益。营销战略作为营销活动的指导，必须符合客户的需求。企业通过与客户的日常接触或者组织人员对市场进行全面调研，可及时了解客户的要求与想法，发掘出其需求总量以及结构的变化，适时调整自己的营销战略。比如，一旦发现客户已不满足于现有的服务时，便要采取新市场战略，向其提供更为优惠、先进与广泛的服务。

市场是一个统一的整体，金融企业只有将各种因素结合起来，全面考察，认真分析，才能制定出适合内、外部条件的有效战略。

项目四　金融营销中的关系营销

任务1　关系营销理论简说

1. 关系营销的含义

关系营销于1950年由阿尔德森首先提出。进入20世纪80年代以来，这一理论得到了广泛的传播、发展和应用。一些市场营销的研究者十分重视关系在营销中的地位，从关系角度把市场营销重新解释为管理企业市场关系的过程，或在盈利的基础上为满足各方利益而识别、建立、维持、促进及在必要时终止与顾客和其他相关利益者关系的过程，这只有通过相互提出和履行承诺才能实现。有的甚至认为，营销就是认识、解释和管理供应商和顾客间持续的业务合作关系，是企业与外界的交互、关系和网络。著名的营销学家科特勒认为，在这个新的变化的世纪里，企业唯一可以持续的竞争优势是它与消费者、商业伙伴及公司员工的良好关系。

简言之，关系营销就是以系统论为基本思想，将企业置身于社会经济大环境中来考虑企业的市场营销活动，是识别、建立、维护和巩固企业与顾客及其他利益相关者的长期关系的营销活动，是一个与消费者、竞争者、供应商、分销商、政府部门和社区等相关者发生互动作用的过程。依照这一理论，企业的营销活动不仅要争取顾客和实现交易，更重要的是和顾客、分销商、政府机构和其他相关社会组织建立长期的、彼此信任的合作关系。有了这样的关系，企业的营销活动就能够顺利开展。

2. 关系营销中的多维"关系"

关系营销涉及企业与外部顾客、供应商、政府部门、社区等多方面的关系。了解和尊重关系方的权利，妥善处理这些关系，形成相应的营销制度，是关系营销的重要的日常工作。现代企业理论研究表明，企业是由股东、债权人、管理人员、职工、供应商和顾客等利益相关者共同组成的组织，是一组不完备的契约。由于存在着信息不对称，企业各利益相关者之间的利益往往不一致，甚至出现冲突。因此，相应的缓解冲突和矛盾的制度建设是必要的。

（1）顾客关系。顾客选择了某企业的产品或服务时也就获得了一组权利。这些权利包括：①安全权——顾客在购买和接受服务时享有人身、财产安全不受损害的权利。②知情权——顾客有权了解所购买商品或服务的真实情况。③自主选择权——顾客有自主选择商品或服务的权利。④求偿权——顾客因购买商品、使用商品或者接受服务时受到人身、财产损害的，享有依法获得赔偿的权利。

（2）供应商关系。供应商是企业生产经营所需生产资料的供给者，同时也是引致投资者，即他们的投资是由需求者的产品或规模决定的，因此其利益与企业休戚相关。供应商与企业利益相关程度主要取决于以下三个条件：交易规模、合同期限和资产专用性。一般来说，交易规模越大，交易合同期限越长，供应商的资产专用性越强，供应商与作为需求者的企业的利益相关性就越高。因此，从理论上讲，在二者利益高度相关时，供应商享有对企业运营的监督权。

（3）社区关系。位于某一社区的企业会对社区带来有利或不利的影响，可能为当地居民提供就业机会，也可能造成当地环境的污染。因此，从理论上讲，社区居民有权监督企业的生产经营活动。

（4）员工关系。员工是企业的重要资源和人力资产的所有者，理应享有以下权利：①剩余索取权；②剩余控制权；③监督权；④管理权。

（5）债权人关系。债权人有权要求作为负债方的企业到期还本付息。由于债权人要承担到期无法收回或不能全部收回款项的风险，也享有对债务人的监督权。在特殊情况下（如破产清算时）还享有控制权。

（6）政府部门关系。政府是社会管理者，是正常社会秩序的维护者，是站在公正立场上对社会成员之间矛盾和冲突的调解者。同时，现代政府还有宏观调控目标，如就业增长、物价稳定等。所以，政府部门有权依法对企业进行监督。

任务2　金融服务中的关系营销

就金融企业而言，关系营销将建立与发展同所有利益相关者之间的关系作为企业营销的关键变量，把正确处理这些关系作为企业营销的核心工作。由于金融企业如银行是一种信用中介，保险企业经营的产品与风险有关，有些寿险产品一经出售在几年甚至几十年都有效，因此，金融营销客观上需要与顾客及其他关系人建立长期的融洽的关系。金融企业的关系营销就是要巩固这些关系，给顾客以可靠、可信感。金融关系营销理论要求金融企业重视建立并维持与顾客、政府部门、新闻媒体、社区的良好关系，保持与企业内部员工的融洽关系，促进与竞争者的合作关系。为此，金融企业要加强关系管理，对内要协调处理部门之间、员工之间的关系，增强公司的凝聚力，完善内部营销；对外要妥善处理与顾客、竞争者、影响者及各种公众的关系，加强沟通，化解矛盾，树立良好的企业形象。

金融服务中的关系营销并非始自今日。早在金融业严加管制时期就有关系营销的苗头。在20世纪30年代的美国，政府对银行持股公司、银行合并活动和存款利率予以全面限制。商业银行储蓄利率受Q条例限制，贷款利率亦有法定上限，各银行产品同质性极强，金融企业不可能通过价格调整而开展竞争，有人曾形象地用"三个3"来描述美国传统银行业的悠闲生活：以3%的利率借款、以3%的利差放款、下午3点高尔夫球场见。其实，这第三个"3"既反映了美国传统银行业人士在竞争不充分的条件下过着闲适的日子，也暗示着在严格管束的情况下，一些银行家不得不采取非正规手段竞争，以使产品差别化，提高产品竞争力。这非正规手段就是包括请客户打高尔夫球以及向客户赠送礼物或宴请客户等与客户建立关系的手段，是一种初期的关系营销。

值得一提的是，现代金融理论体系中近年来出现关系融资理论。所谓关系融资，按照提出者青木昌彦等人的说法，是指出资者事先对企业信息不甚了解的情况下向企业提供融资，即商业化了的银行仍然愿意在对融资风险缺乏把握或明知风险较大的情况下向企业融资。根据这一理论，曾长期盛行于日本的"主银行制度"即是关系融资制度的一种特定形式。与保持距离融资相对应的关系融资制度，主要出现在东亚国家，强调与企业建立合作伙伴关系。这一点与关系营销理论相似。但关系营销并不等同于关系融资。前者是一种营销战略，后者是一种融资制度。前者所强调的关系不仅仅是金融企业与其工商企业的关系，还有如上所述的多种关系，重视在建立和维系关系的基础上，为客户提供服务；而关系融资所重视的是"租金"。关系融资理论认为，银行与企业保持密切关系，具有激励机制，如获得信息租金、特殊关系租金及政策设定的相机性租金。但必须看到，在金融自由化的背景下，这一制度蕴含着企业融资的道德风险。因为尽管关系融资制度下具有较多的事前事中监督和银行对企业治理的介入，但不能保证企业项目都有效率和效益。一旦企业融资项目经营无效或发生更大范围的突发危机，已经发生的贷款就成为企业不断获得新的贷款的"资产人质"，银行为保证过去的融资归还不得不向企业不断提供关系型高风险融资。如果企业破产机制和治理结构不健全，融资风险对银行的影响就更为严重。

任务3 金融服务中关系营销的实施

营销无定式。金融机构在提供金融服务过程中没有统一的一成不变的关系营销方法与策略可资利用。一般来说，以下方法可供考虑：

1. 实行客户经理制

【案例点击】

量身定制的金融服务

——沈则瑾

成立于2001年的杭州新锐信息技术有限公司，是一家以数字有线电视技术研究、网络电话虚拟营运、数据库软件及嵌入式软件开发为主的高新科技民营企业。该公司拥有网络电话虚拟营运权及自主产权的数字电视头端和机顶盒、电话语音网关、企业商务管理套件（企管王）、办公自动化管理系统、企业电子商务网站套件等五大类核心产品。该公司所开发的软件工程项目《浙江省经侦基础信息计算机管理系统》获得浙江省公安厅科技进步三等奖，并通过公安部重点科技成果推广项目评审。

然而，由于该公司成立时间短，属"高成长、轻资产"企业，不仅规模小、积累少，而且固定资产也少，无法提供足值有效的抵押物，很难获得银行的信贷支持。

上海银行在深入分析研究该企业特点的基础上，充分发挥自身跨区域发展优势和中小企业服务特色，为其提供快捷有效的金融服务。一方面，上海银行通过总、分行联动机制为该企业拓宽融资渠道。即以总行中小企业服务品牌为技术支撑，以杭州分行为渠道延伸服务，针对该企业高成长性、高科技性等特点，为其定制了差异化服务方案。另一方面，依托上海银行搭建的担保机构融资平台，由该行杭州分行联合杭州高科技担保有限公司，一次性给该企业发放200万元贷款。2010年，上海银行杭州分行不仅将该企业的担保贷款增加到300万元，还授予700万元的信用贷款，为企业的后续发展提供了资金保证。

在上海银行大力支持下，杭州新锐公司的销售额从2009年初的903万元增长到年末的2480万元，增长率达到175%；企业业务范围也迅速拓展到8省（区、市）。目前，公司正在进行多项信息管理系统的开发，比如，正在试点的"实名邮包信息管理系统"将对快递行业的邮包进行科学化管理。据悉，该公司正在筹划上市融资，为此，上海银行杭州分行也在积极探索，以期在更大领域内与该公司进行合作。

杭州新锐信息技术有限公司只是上海银行加强区域金融合作中受惠的众多企业中的一家。上海银行充分发挥自身优势，把对中小企业的金融服务延伸到多元的社会化服务领域，在理财融资、人才开发、信息咨询、技术支持、市场开拓、对外合作交流等方面为中小企业提供专业服务。截至今年8月末，开业才两年多的上海银行杭州分行已在当地发放中小企业贷款19.8亿元，有力地支持了地方经济发展。

摘自《经济日报》2010年9月10日

客户经理制是指金融企业为了争取目标客户，开拓市场业务，实现利润最大化和规避交易风险，而为客户配备专职经理的一种业务制度。最初是国际上大的商业银行为塑造企业形象和发展银行业务的做法，现已普遍用于银行、保险、证券业务中。它由客户经理对客户实行"一对一"的服务，负责与客户联系，了解和跟踪客户生产经营等方面的情况，受理客户提出的服务需求，负责金融机构的客户信息搜集和宣传工作等，为客户提供个性化和人性化的服务。

2. 设置客户导向的部门或设立专门管理顾客关系的部门

为适应客户日益个性化和多样化的金融需求，金融机构需要变革内部设置和业务流程。例如，我国银行为适应个人消费信贷的需求增设个人信贷业务部；有的保险公司将过去涉及理赔、保全、合同续期和财务等部门的人员集中到一起，实行"一站式"服务；证券公司根据客户资金规模大小的不同，采取不同的服务形式。

设立专门从事顾客关系管理的部门同样体现了以客户为导向的业务宗旨。该部门可设总经理1名，下设若干关系经理。总经理负责确定关系经理的职责、工作内容、行为规范和评价标准，考核工作绩效。关系经理负责一个或若干个主要客户，是客户所有信息的集中点，是协调公司各部门做好顾客服务的沟通者。关系经理要训练有素，有职业道德，对客户负责，其职责是制定长期和年度的客户关系营销计划，制定沟通策略，定期提交报告，落实公司向客户提供的各项利益，妥善处理客户抱怨和可能发生的问题，维持和增进与客户的良好业务关系。

3. 为客户提供预期之外的利益

营销是一种人性化的事业。关系经理或业务人员可记住主要顾客及其夫人、孩子的生日，并在生日当天致电问候，或赠送鲜花和贺卡以示祝贺，帮助顾客解决实际问题，如帮助解决孩子入托、升学等问题，银行或证券公司为客户提供理财建议，保险公司（营销员）为客户进行投保规划，信用卡公司的消费积分奖励或抽奖，等等。

4. 与客户建立联系

金融机构可定期或不定期地通过多种方式与顾客特别是重点客户进行联系和沟通，增强相互间的信任和友谊，促进业务关系的持续和长久。联系方式可采取联谊会、周年庆典会、顾客俱乐部、会员制等。

项目五 我国金融营销的现状及发展

任务1 我国发展金融营销的意义

目前，我国金融环境大为改观，同时也增强了金融业之间的竞争。因此，在我国开展金融营销具有重大意义。

1. 开展营销活动可以提升金融机构的管理水平

现代金融机构的管理体系包括组织目标系统、外部环境分析系统、发展与控制系统、内部职能管理系统等部分，四个系统相互关联、相互制约，实现金融机构的整体运作。其中，内部职能管理系统是最基本的运作系统，发挥着日常管理职能，而营销系统又是内部职能管理系统中最为重要的一个构成，它将不可控制的外部环境因素与金融机构的目标、战略进行紧密的联系，既担负着对市场动向的研究、外部环境变化的分析职能，又承担金融机构战略的制定与具体实施，影响到金融机构最终目标的顺利实现。因此，一个金融机构如果不建立完善的营销组织必然妨碍整体管理水平。

2. 有利于金融机构的集约化经营

目前，一些金融机构存在经营效益差、赢利能力低的问题。这主要与金融机构长期以来只重视粗放式经营而导致经营规模过大、网点设置过多有关，金融机构的经营成本居高不下，影响了利润的创造。

金融机构的营业网点设置要考虑地域和人口因素。为了提高资本的经营效率，金融机构必须实行集约化经营，把经营重点放在内涵发展上，依靠经营效率的提高来实现利润最大化。金融营销有利于实现金融机构转向集约化经营，通过运用分销策略，可促使金融机构的营业网点设置更为科学，并通过自动取款机、销售终端和电话金融服务等加快金融电子化步伐，提高资本配置效率。

3. 开展营销活动有利于金融机构适应金融市场变化

金融市场是进行金融产品交易与资金融通的场所。随着我国经济的快速发展与金融市场的不断深化，居民的收入及消费水平有了较大幅度的提升，对金融产品和服务的需求也呈现出多样化的态势。他们不仅需要金融机构为其提供银行、证券、保险和基金等基本的投资产品，而且希望在理财咨询、投资顾问、融资规划、信息咨询等方面得到金融机构的支持，其对金融产品的理财观更是不断变化。而竞争的激化、金融政策的不断调整则使金融市场变得越来越复杂。

因此，金融机构必须真正面向市场，遵循市场规律，成为"自主经营、自负盈亏、自担风险、自我约束"的市场主体，树立科学的市场营销观念，对金融市场充分调研，不断提高市场信息的捕捉能力和对市场需求、发展趋势的预测能力，自觉提高对市场的适应性。在对市场机会深入分析的基础上开发、研制和推广合适的金融产品及服务，满足客户的需求。同时，通过顾客满意、关系营销战略和策略的实施，金融机构可以培养一批忠诚的客户，成为机构的主要利润来源。可见，制定与实施科学的营销战略是应对复杂多变的市场环境的一种必要的手段。

4. 有利于我国金融机构的国际化经营

进入 20 世纪 90 年代以来，全球经济、金融出现了一体化趋势，我国的对外贸易迅猛增长，国际资金流动加剧，对外投资与对外经济合作也不断扩大，这都要求我国金融机构走向国际化经营。国际上一些著名的金融机构在全球设立了分支机构，开展国际营销活动，增加其利润。例如，到 2007 年底，美国花旗银行和 JP 摩根大通银行分别在全球设立了 336 与 45 个分支机构，其海外资产业务比率分别达到 52%和 41%。

开展营销活动有助于增强我国金融机构在国际金融市场的竞争力。首先，通过不断开发金融产品，提供多样化的服务，可促进国际化经营；其次，通过在国际上选择目标市场，逐步建立起全球性的营销网络，可以扩大其国际市场份额；其三，通过引进营销新技术，拓宽业务覆盖面，在激烈的国际竞争中不断提高竞争力；其四，通过企业形象设计（CI）、全方位质量管理等营销策略，有助于金融机构树立良好的国际形象与信誉，在国际金融市场上争取到更多的客户，推动经营的国际化。

5. 有助于迎接国际金融机构的挑战

从 2006 年 12 月 11 日起，中国根据入世协议的有关规定取消了对外资金融机构开展人民币业务的地域限制，允许外资金融机构向中国客户提供相关的金融服务。我国金融机构与国外金融机构同台竞争的大门已经打开。

入世对我国金融业的经营会产生许多积极的影响，包括竞争机制的引进、产生示范效应、有利于培养金融营销人才等，但也给我国的金融机构带来了前所未有的挑战，这包括：①经营理念上的竞争。国外金融机构先进的经营理念，如 CS（Customer Satisfaction）与 CL（Customer Loyalty）与我国金融机构原有的片面、狭隘的观念形成了鲜明的对比；②经营手段上的竞争。国外金融机构电子化、网络化的经营较发达，必然会充分利用网络经营的优势与国内金融机构争夺业务；③金融产品上的竞争。发达国家的金融产品琳琅满目，特别是投资业务与理财业务更为发达，可使客户的产品需求得到全面满足，对于中国的金融机构来说无疑是巨大的压力；④人才上的争夺。国外金融机构的待遇高于国内金融机构，他们会通过高薪聘请、委以重任、出国培训等手段，吸引国内金融机构的高端人才。

国内金融机构要想在这一竞争中找到立足点，就必须适应现代营销的特点，学习国外金融机构的先进经验，制定合理的营销战略，向客户提供更好的服务，维持原有的客户并争取吸引新的客户。

任务 2　当前我国金融营销中存在的主要问题

由于中国的金融营销起步较晚，又缺乏系统的营销理论指导，因此，金融营销还存在诸多问题，突出表现在以下几个方面。

1. 市场营销意识淡薄，认识不到位

目前，在一些金融企业中还存在着一些陈旧的甚至错误的观念，如把营销简单看作推销，把营销看作仅仅是营销部门的事，内部各部门之间缺乏营销配合，影响整体合力的发挥；把市场营销片面地理解为广告与促销，其实广告与促销仅是营销的一种方式，而不是金融营销的全部内容。

2. 没有专门组织机构来实施市场营销工作

目前，许多金融企业都没有设立专门的市场营销部，大多将其归入其他部门，而且其主要职能仅仅涉及到金融营销中的某些内容，而不能执行其他的营销职能，如新产品开发、渠道设计、广告宣传等整个过程。

3. 目标市场不明确，缺乏协同一致、高效率的营销运行机制

目前，我国的金融企业的营销比较盲目，目标市场不明确，使金融企业的竞争策略针对性不强，个性不足。与大量的投入相比，并未赢得理想的竞争优势。有的企业虽然也提出了市场定位，但在落实方面还比较欠缺，特别是没有和企业文化结合起来，没有形成每个员工潜移默化的一种行为规范。

4. 对引导客户进行消费重视不够

随着现代金融业的逐步发展，每一家金融企业都在积极地研究自己的对手和消费者需求的变化，不断地进行产品创新，为创新倾注了大量的心血，但却往往忽略产品的营销。许多金融产品创新和营销脱节，以致新产品、新服务"养在深闺人不识"。

5. 产品开发不规范，营销方式简单化

在营销方式上，往往局限于微笑服务、站立服务、限时服务等肤浅表层的服务，没有周密的营销策划，甚至存在不讲方式、不计成本、不顾效果的情况，其结果必然是既浪费了资源，又无法最终实现营销的目的。

6. 没有建立起相应的营销管理体制使得企业没有开展营销的积极性

目前，由于各金融企业没有建立起一套完整的营销管理体制，也就没有相应的营销激励措施，使得员工也就没有积极性来开展各项营销。

任务3　我国发展金融营销的对策

1. 改变营销理念

以银行业为例，在国内许多新设立的股份制银行的经营业绩明显优于国有商业银行，这其中的历史原因固然重要，但更主要的是它们在一开始便树立起了现代营销观念。这种现代营销观念强调了一种顾客导向的思想，这就不仅强调要提供良好的产品而且要从客户的角度来考虑如何让客户满意并接受。可以从以下几方面来实现顾客导向的营销理念。

首先应确定目标市场。任何一家金融企业的经营规模及业务能力都是有限的，不可能满足所有客户的需求。顾客导向的思想就是要根据顾客的需求特点将市场进行细分，并依据自身的优势将精力集中于银行所选定的目标市场中，通过对特定的目标市场所制定的营销方案就会更有效。对目标市场的客户应重点服务，而其他客户则可以花费较少的精力。

其次要准确把握客户需求。顾客导向的思想就是要求必须对客户进行深入调查才能得出客户的真正需求，从而使客户满意。同时，对客户的需求有时要进行引导，因为客户有时并不确切知道自己的需求。如银行卡业务并非由客户提出而是银行自身为满足客户的方便而提出的新的业务，从而创造出了客户对银行卡的巨大需求。

第三，实行整合营销。顾客导向的思想要求金融机构的所有部门都能为顾客的利益服务，也就是推行整合营销。在确定了顾客的真正需求的基础上，就应为满足客户需求而提供产品和服务。客户对某一金融企业的满意原因不仅是享受到各种先进的金融产品，还包括业务员的热情服务以及完善的售后咨询服务等。为了实现整合营销还应进行银行的内部营销，在内部形成一个良好的工作团队为更好地开展外部营销提供保障，而且内部营销应先于外部营销而展开。

最后，正确对待盈利能力。营销观念的目的就是实现企业目标，而目前商业银行的主要目标是实现盈利。但顾客导向的思想要求在营销的过程中并不追求利润，而是在满足顾客需求的过程中的一种副产品。当一个银行向着一切为顾客利益着想的方向迈进时，它的商誉、市场份额和利润就会随之而来。

通过以上几方面的努力可以使企业的营销理念得到很大的提高，并进而为企业更好地开展金融营销打下坚实的基础。

2. 采用多种营销手段

由于金融营销自身的一些特点，因此应采用符合其特点的营销手段。这些营销手段主要有：

第一，以服务营销作为金融营销的基本手段。由于金融企业产品无差异性，这就使得服务显得更加重要。服务营销是指在市场营销活动中，企业以产品为依托，借助人员、设备、设施等为顾客提供一系列服务活动，以使顾客在购物过程中得到物质和心理满足的营销活动。这就要求员工必须树立起服务的理念、建立服务的规范并且保证服务质量的一致性。只有通过完善的服务才能使得各项营销功能得以发挥。

第二，开展知识营销。随着高新技术手段在金融产品中的广泛应用，客户也越来越感到迷茫而不知如何使用这些产品。因此金融企业在努力开发出知识含量高的新型金融产品和服务的同时，还必须要引导客户进行使用。这就要求金融企业必须要运用知识营销，通过提供知识服务来加强与客户的知识交流，使客户了解并懂得如何使用金融产品以及使用金融产品所带来的便利，这样才能使客户成为本企业的忠诚客户。

第三，加强网络营销。网络技术的发展对金融企业的传统业务方式提出了挑战。尤其在银行业，与传统银行相比，网络银行有着较为明显的优势，能够为客户提供更为方便和快捷的服务。它打破了时空界限，24小时服务，而且不受地理位置的限制。

同时，无论是广告宣传还是业务交易，网络银行都可以节约成本，这样也为进一步降低客户成本创造了条件。在此方面外资银行已经大大领先于国内银行，这是我们的一个薄弱环节，因此必须加强网络营销来建立自己的品牌以获取更多的客户。

3. 建立有效的金融营销机制

金融营销是一项系统性的工作，健全的营销机制是保证各个环节高效动作、协调一致的润滑剂。针对我国目前的状况，最主要的要做好以下两方面的工作：一方面，要建立起市场营销部门用以研究市场、研究客户、制定切实可行的营销方案。同时，还要负责协调、处理和解决在市场营销中存在于多部门、多专业协同运作过程中出现的各种问题，使各环节、各系统有机地结合成为市场营销的整体；另一方面，要建立起合理的目标管理和激励机制。在我国的金融企业中，营销工作无法顺利开展在很大程度上是由于没有建立一种合理的目标激励机制，使得干好干坏一个样。因此，必须使员工知道自己的努力方向并为此得到相应的激励。这样就使得整个营销过程进入一个良性循环之中。

4. 形成鲜明的营销特色

金融业的竞争日趋激烈，金融企业必须在市场细分的基础上进行明确定位，实施差异化营销，这一点在日本的金融业中得到充分的体现，他们提出的"有限细分市场需求的营销模式可以提高顾客忠诚度"的观念已深入人心。

金融机构必须对目标市场进行合理细分，综合考虑本企业的经营水平、客户需求、市场竞争和宏观经济等实际情况，选择合适的营销战略。只有找准自己的优势，突出自己的特色，选准合适的目标市场，才能在服务内容、服务渠道和服务形象等方面凸显针对性与创造性，提高银行在客户中的知名度，给客户留下深刻印象。通过差异化营销定位在社会公众心目中树立起良好的形象与信赖感将成为其他金融机构无法仿效的核心竞争能力和长期的利润来源。

5. 培植与引进金融营销人才

金融产品竞争的背后是金融人才的竞争。在知识经济时代，集知识、科技、经济为一体的金融企业应重视金融人才的培养。在当今社会，金融企业在营销活动中更强调"新型复合型人才"，这是指掌握并熟练运用现代科学技术，精通并能创造性运用现代营销技能，且能不断进行新的知识汲取、积累和更新的人才，从人才学的角度讲就是"通才"。营销人员素质必须具备全面性和综合性：基本素质（包括品行、涵养、行为举止等）好；专业知识全面，熟悉相关金融产品的特征和操作规程；社会交际能力强。能否造就一批具有高素质的金融营销人才队伍是关系营销战略及金融企业经营成败的关键。

单元小结

广义的金融创新指采用新的技术和方法，通过改变金融体系基本要素的组合而赋予其新的功能的过程，主要包括金融工具创新、金融制度创新、金融市场创新、金融组织创新。狭义的金融创新仅指金融产品创新，或者说是金融手段的创新。

金融产品开发与创新的策略包括：产品扩张策略、差异型产品开发策略、市场追随策略、卫星产品策略等。

金融营销是金融机构对金融产品的营销活动，指金融机构以市场需求为基础，以客户为核心，利用自己的资源优势，通过创造、提供与交换金融产品和服务，满足客户的需求，实现金融机构赢利目标的一系列社会与管理活动。

金融营销具有如下特点：金融产品与服务的不可分割性、金融业务的非差异性、客户地位的特殊性、金融业务受宏观环境的制约较大、金融营销的安全性。

金融营销战略可以分为三种类型：防御型、进攻型和合理化型。金融营销战略的选择要受到微观因素、宏观因素和市场因素的影响。

金融服务中关系营销的实施方法包括：实行客户经理制、设置客户导向的部门或设立专门管理顾客关系的部门、为客户提供预期之外的利益、与客户建立联系。

核心概念

金融创新　　金融营销　　金融营销系统　　金融营销战略

训练题

1．金融产品的开发有哪些策略？分别适合何种金融机构？
2．金融营销具有哪些特点？
3．金融服务营销战略类型有哪些？对金融机构而言，其各自的适用性如何？
4．选择金融服务营销战略应考虑哪些因素？
5．什么是关系营销？金融企业应如何实施？
6．金融机构应如何开展金融营销活动？

综合案例分析

深圳平安银行：六项举措服务中小企业

"为促进和保证上海地区中小企业业务的健康发展，下半年我们将把信贷额度全部配置给中小企业信贷业务，并设立专项额度为中小企业融资业务的发展提供有力资源保障。"合并更名一周年之际，深圳平安银行9月1日在上海宣布，推出了中小企业金融服务六项举措。深圳平安银行在成立伊始就把中小企业确立为未来发展的重要业务支柱，力争在未来10年内，成为国内中小企业金融服务领域的领先银行，在品牌、区域市场份额、盈利能力等方面成为市场领先者，在产品、服务、效率、风险管理和创新等方面成为国内银行业的典范。

截至7月31日，深圳平安银行上海分行中小企业存款余额2.28亿元，较今年初增长54%；中小企业贷款余额5.28亿元，较今年初增长37%；客户数从年初的91户增长至526户，增长率达478%。

此次，深圳平安银行推出六项中小企业金融服务举措，除了将信贷额度全部配置给中小企业融资外，还包括为企业度身订做组合授信产品方案，提供从政策咨询、金融产品、授信方案等一揽子的金融服务方案；为中小企业业务中心团队专门配置项目经理，在有效控制风险的同时加快信贷作业效率；以中小企业客户的业务需求为中心，进一步加快中小企业授信审批专业团队的作业效率，推出对于标准化产品在3个工作日内就可完成终审（如房地产抵押产品）；推出标准化中小企业授信模式；推出售后增值服务。

摘自《国际金融报》2008年9月2日第05版

金融创新支持震后重建

地震过后，重建家园、恢复生产，成为抗震救灾的第一要务。在此过程中，作为现代经济核心的金融可发挥哪些重要作用，值得认真研究与思考。借金融之力，既可缩短地震"余波"的持续时间，缓解灾区人民身体与心灵的痛楚，也可举全国之力助灾区重建美好家园。

1. 考虑动用外汇储备设立应急基金，建立一种应对危机的长效机制。

在本次地震发生的第一时间，全国上下一心，有钱出钱，有力出力，表达出对遇难同胞及灾区人民的深切关怀。对一般民众来讲，除饱受物价上涨之苦外，还受家庭财产大幅缩水所困，鼓励他们过分捐助是不合时宜的。况且，从统计数据看，所捐的钱物与灾区所受的损失及重建所需的投入相比，缺口还是很大的。也就是说，抗震救灾最重要的力量依然是政府，而不是民间机构和个人。

当前宏观经济过热的苗头难以压住，其中一个重要原因是外汇储备积累过多，而且增势不减。另一方面，进入2008年以来，我国遭遇的自然灾害空前频繁，年初有冰雪灾，今有震灾。在这种情况下，政府可否考虑建立一种长效机制？比如通过立法程序颁布相应的法规，设立一种特殊的国家基金，基金的来源以外汇储备为主，民间捐款为辅。平时通过基金的运作实现保值增值；当大难来临时，在第一时间动用这些基金，以此来建立一种快速反应的公共危机应急机制，未雨绸缪要比灾害来临时仓促应付好得多。

2. 以小额信贷为受灾家庭和微型企业纾困。

小额信贷是一种特殊金融服务，由社区和农村金融机构提供，针对中低收入家庭和微型企业。通过小额信贷，受灾家庭可以早日恢复生产，提高生活质量。具体来说，政府可以通过优惠政策鼓励当地各类金融机构积极开展小额信贷业务，为灾区的家庭和企业提供信贷支持。家庭获得贷款之后，既可用于当前消费（等到将来有余钱时再偿还），也可用来购买农业生产资料；恢复农业生产，争取早日实现自救。而企业在获得贷款之后，就可以在当地招工，实现以工代赈，使区域经济走上健康发展之路。在此方面，政府可考虑给相应的金融机构一些针对性的税收优惠，如对小额信贷业务减免营业税和所得税等。

同时，在财力许可的情况下，对小额信贷实行贴息，以切实减轻借款人的利息负担。

3. 尝试发行市政债券，同时为灾区大型企业发行债券开绿灯。

灾后城市建设需要大量的资金投入，如何筹措足量资金，关系到重建工作的成效。当前，我国只允许中央政府发债，不允许各级地方政府发债，这种做法仅是权宜之计，并不符合世界各国的潮流，也不利于地方政府能动性的发挥。

在废墟中崛起一座座现代化的适合人居的城市，是重建的目标，这不仅依赖中央财政的投入，更需要地方财政出力。一种变通办法是，在中央财政提供隐性担保的情况下，允许地方政府以适当的方式向社会发行债券，为城市的各项基础设施建设筹集必要的资金，并且可以考虑允许这些债券在银行间债券市场、交易所债券市场和固定收益交易平台上市交易，以增加债券的流动性。对于此类债券的成功发行我们不必过于担心，因为有一股强大的爱国力量在支持。并且，政府也可考虑为此类债券的发行和交易提供诸多便利，以吸引各类投资者。

在此次震灾中，一些大型企业，包括一些上市公司损失尤为惨重，对它们来说，弥补损失固然重要，如何确保可持续经营更是关键。在当前股市虽深受再融资困扰，但对灾区的上市公司，在条件允许的情况下，应优先支持它们再融资，特别是发债。

摘自《国际金融报》2008年5月27日第01版

单元九　电信服务营销

本章导读

通过本单元的学习，应能够了解电信市场的特征及发展趋势，理解电信服务企业的营销能力，了解电信企业的知识营销。

知识点

- 了解电信行业的概念与特征；
- 了解电信行业的营销能力；
- 了解知识营销的概念、特征以及其与传统营销的区别。

技能点

- 掌握电信行业的营销能力；
- 理解电信行业的知识营销。

项目一　电信市场的特征及发展趋势分析

电信服务业作为国民经济的先导性、基础性和支柱性产业，也是新兴的战略性产业，对世界及各国的经济发展、国家主权和经济安全都有着至关重要的意义。电信业在通过自身的发展来促进经济增长和对物质财富产生贡献的同时，由于能够借助通信技术和电信业务，发挥其对传统产业的渗透影响作用，促进产业结构升级和传统产业现代化，促进公民素质和知识技能的提高并改变社会就业状况，从而发挥出具有更大潜力的间接贡献。有研究表明，我国电话普及率每提高 1 个百分点，人均 GDP 年增长率可提高 0.5 个百分点（胡鞍钢，2000）。近几年来，由于中国电信业对国家经济增长（GDP）的突出贡献，电信业在中国被称为带动国民经济增长、结构升级的支柱产业和增强综合国力的战略性产业。

任务 1　电信行业概述

电信业是国民经济和社会发展的重要基础设施。这决定了电信业不同于一般行业的属性，也决定了它服务经济社会发展的功能。改革开发以来，电信业不断加深对基础设施定位的认识，自觉将行业发展放在经济社会发展的大局中去考虑，主动围绕国家的总体需求来制定行业的发展战略和策略，在为经济社会发展提供强有力支撑的同时，实现了行业的跨越式发展。

任务 2　电信行业的特征

电信企业从属服务行业，因而我们必须从服务行业的特点出发，制定出符合行业特征的市场营销方案。电信企业具有如下行业特点：

1. 不可触摸性

电信服务是无形的。电信服务在被购买以前是看不见、摸不着、听不到或嗅不出的。而购买者为减少这种不可触摸性所带来的不确定性，他们必然会寻求服务质量的标志或证据。他们将从看到的地方、人员、设备、沟通资料、象征和价格等方面，作出服务质量的判断。因此，电信服务提供者的任务是提供"经营证据"、"化无形为有形"。电信服务营销者受到的挑战则是要求他们增加有形证据。

2. 不可分离性

电信服务的生产与消费二者是同时进行的。因为当服务时顾客也在场，电信服务提供者和顾客相互作用，是服务营销的一个特征，提供者和顾客两者对服务的结果都有影响。

3. 可变性

电信服务具有极大的可变性。因为服务取决于由谁来提供以及在何时、何地提供。对服务质量的控制可采取两个步骤：第一步，投资于挑选优秀的工作人员并进行培训。对服务提供者进行培训，使其对顾客出现的各种情况都能做出适当反应，从而减少服务的可变性；第二步，通过顾客建议和投诉系统，顾客调查和对比购买，追踪了解顾客的满意情况。这样，质量较差的服务便可被察觉出来并得以更正。

4. 易消失性

电信服务不具有可贮藏性。不可能事先生产出服务留待以后消费。它的生产过程本身就是消费的过程，因而极易消失。由于服务性企业具有以上特点，在服务性企业中，顾客面对着服务质量不太稳定和较多变化的服务者，服务结果不仅受服务提供者的影响，而且受"不公开的"生产过程的影响。因而电信企业的营销不仅需要传统的市场营销，而且还要插入其他两种市场营销，即内部市场营销和交互作用的市场营销。内部市场营销与交互作用的市场营销共同构成现代市场营销——全员营销，即市场营销的重点就是全员营销。

任务 3　电信行业的未来发展趋势

近几年来，中国电信业始终在以较快的速度健康发展，但在技术进步和市场竞争的双重驱动下，中国电信业的发展也正进入一个历史性的转折期。2010 年随着三大运营商对 3G 终端和应用的大量投入，包括运营商、内容服务商、广告商、用户等在内的复杂的 3G 产业链逐渐形成。视频、音乐、移动互联网，以及行业应用等业务高速增长。

1. 用户数量

从用户数增长来看，21 世纪的前五年是中国电信用户增长的高峰期：移动电话用户已连续五年每年新增 6000 万左右，固定电话用户（含小灵通）连续六年每年新增 4000 万左右，互联网用户则连续四年每年新增 2000 万左右。2010 年移动电话用户增长再创历史新高，固定电话拆机放缓。在多家运营商入网优惠政策的刺激下，累计新增用户 1.03 亿户，略高于 2009 年同期 0.97 亿户。固定电话拆机速度进一步趋于平稳。2010 年 1~11 月，固定电话共拆机 1539 万户，比上年同期减少了 660 万户。传统固定电话用户数全年变化平稳，小灵通仍是拆机的主要因素。互联网宽带用户保持较快发展速度,2010年1～11月互联网宽带用户增加2091万户,高于上年同期的1918万户。

根据生命周期理论,在"十二五"期间,我国移动电话业务发展将进入成熟期。采取龚伯兹曲线法预测,移动电话普及率2011年将达到69.9%,移动用户将达到9.4亿户。"十一五"期末,传统固定电话用户拆机放缓,规模趋于稳定。预计2011年传统固定电话拆机规模进一步缩减,全年减少100万户,而小灵通2800万用户则完成退网,固定电话用户全部为传统固定电话用户,用户数降至2.6亿。基于互联网宽带普及率与人均GDP的关系分析,对我国东中西部互联网宽带用户分布进行预测,到2011年年末,全国互联网宽带用户数可达1.49亿。

2. 业务收入

从业务收入增长来看,中国电信业的增长率已经从1993年顶峰68.8%持续多年回落,2005年降到11.7%,2010年1～11月,我国通信业收入同比增幅为6.6%,但电信业务总量同比增长达到20.6%,显示电信业务需求依然旺盛,如图9-1所示。这一方面是由于用户基数增大,紧迫需求得到满足,另一方面则是由于异质与同质竞争所造成的"增量不增收"。这也是符合市场发展规律的。

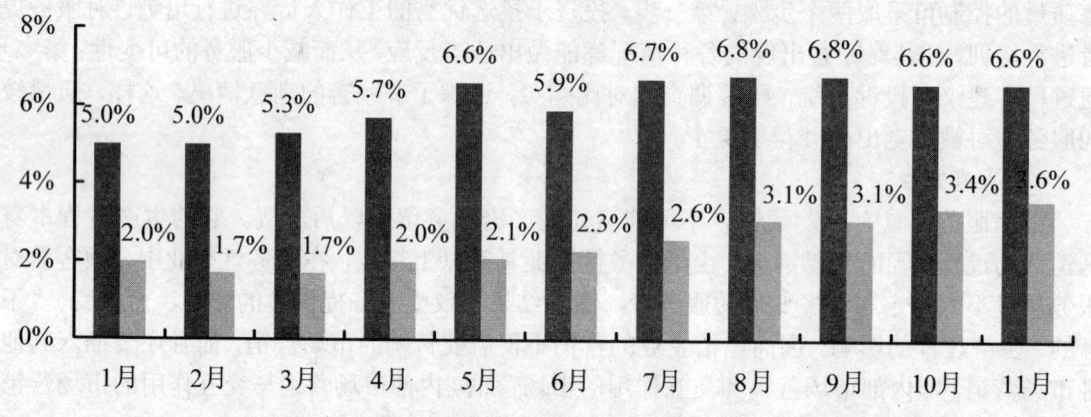

图9-1　2010年1～11月电信业收入累计增幅

通过研究行业发展与宏观经济的关联,我们发现电信业发展与经济增长表现出较强的相关性。2011年宏观经济将保持平稳较快增长,为通信业发展提供有利的外部环境。预计2011年我国GDP增速将在9%以上。同时,根据电话普及率将到90.7%的预测,预计2011年行业收入增长率为6.0%。

3. 业务构成

从电信业务构成来看,中国电信业正在实现由单一话音业务向多样化的通信与信息服务转变。过去几十年一直主导电信发展的PSTN及固定电话业务开始步入衰退期;移动通信业务(含语音与数据)已经成为支撑电信发展的主要业务;不仅如此,数据业务继续崛起,其对电信增长的拉动作用也越来越明显。根据2010年1～11月用户发展及各类业务的收入变化情况,对业务收入增长因素进行量化分析。结果显示,最主要的增长拉动因素是移动用户的增长带来的收入贡献；第二位的增长拉动因素是互联网宽带用户的发展；而固网业务的进一步萎缩拉低了行业发展速度，如图 9-2 所示。

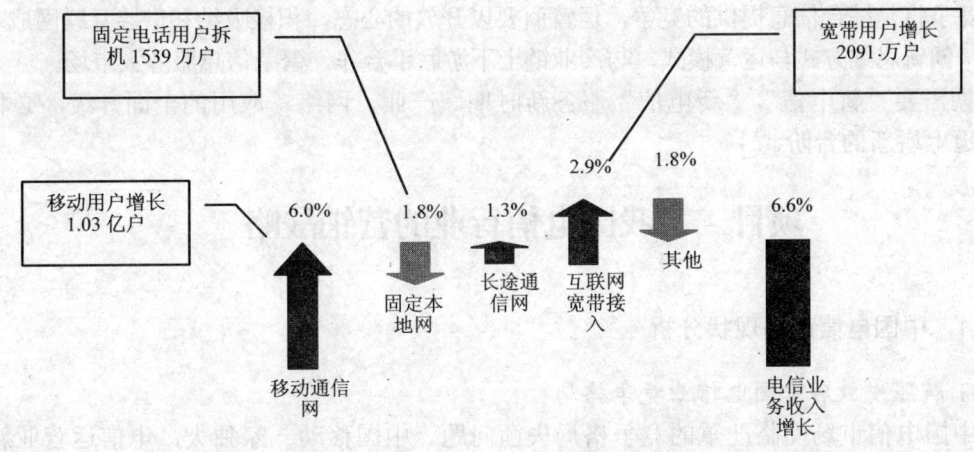

图 9-2　2010 年 1~11 月电信业发展模式分析

从行业主要业务的发展预期的角度进行分析：宽带接入市场 2011 年收入将进一步提升，对行业增长拉动比例也相应提高，预计可达 1.1 个百分点；3G 服务的贡献在于数据业务，2011 年移动数据流量收入预计拉动行业增长 1.8 个百分点；IT 服务收入将保持年均 20%以上的增长，2011 年 IT 服务收入可拉动行业增长 0.5 个百分点；话音增值服务收入 2011 年预计可拉动收入增长 0.4 个百分点；话音收入恢复性增长，拉动行业增长 0.7 个百分点；物联网、IPTV 手机电视等虽快速增长，但因规模较小，2011 年对收入增长的拉动作用尚不明显。

4. 未来发展

展望"十二五"，电信业要为全面建设小康社会提供有力的支撑，要促进经济社会又好又快发展，必然要打出"升级牌"，加快自身的技术升级换代，继续深化网络、业务和应用等方面的转型，切实承担起头号战略性新兴产业的历史重任，并为自身发展开辟新的巨大的市场空间。

（1）产业升级。"新一代信息技术产业"将聚焦在下一代通信网络、物联网、三网融合、新型平板显示、高性能集成电路和高端软件等范畴。作为战略性新兴产业的重要组成部分，新一代信息技术、下一代通信网络等的全面升级，都将牵一发而动全身，必将带动产业链各个环节取得整体突破。

（2）网络升级。"十二五"期间，我国将加快光纤宽带网络、下一代互联网和新一代移动通信网基础设施建设，基本建成宽带、融合、泛在、安全的新一代通信基础设施。加快新一代网络基础设施建设，稳步推进三网融合，是"十二五"期间电信业工作的重中之重。面对信息爆炸、能耗增加、流媒体带来的结构性变化挑战，电信业需要加快建设更高带宽、更具泛在和融合特性、更加安全的信息网络基础设施。其实，从 2010 年下半年开始，三大运营商已经加大了光通信网络建设的力度。电信业的网络建设将驶入快车道，由此也将带动光通信行业在未来的两至三年内进入黄金发展时期。

（3）应用升级。3G 应用的全面突破、三网融合的全面推进、物联网等新技术新应用的产业化，为电信业提供了难得的历史机遇。在建设完善更强大的信息网络基础设施的基础上，电信业必将不断推出更丰富、更实用的信息化应用，为"十二五"战略目标的顺利实现提供强有力的支撑。目前，电信业已经迈入全业务经营时代，有关专家表示，运营商需要解决的主要问题就是，以提升用户体验为中心，融合多种技术和业务模式，实现综合信息服务，应对全方位竞争。未来电信业的竞争将是综合信息提供的竞争，运营商要以开放的心态，积极吸纳和借鉴互联网成功的运营模式，创新思维方式与运营模式，与产业链上下游联手合作，繁荣信息服务大市场。

新时期需要"新电信"，"新电信"服务新时期。产业、网络、应用的全面升级，必将推动电信业迈上崭新的台阶。

项目二　我国电信行业的营销战略

任务1　中国电信市场现状分析

1. 3G牌照发放后中国电信业竞争格局

目前中国电信市场面临严重的竞争格局失衡问题。中国移动一家独大，电信运营业新增业务收入和利润中，中国移动占了70%～80%。中移动一家的增量已远远超过了其他三家的总和，这是行业不和谐的表现。只有通过深化电信体制改革，逐步解决影响和制约我国电信业发展的一些深层次矛盾和问题，其中优化电信市场竞争结构是需要解决的一个问题。信产部部长王旭东在表述2007年电信改革重点时表示："要以启动3G发展为契机，优化电信市场竞争格局。"目前的竞争格局将会被打破，新的格局必将带来更加激烈和复杂的竞争。

2. 消费需求

从中国的经济环境来看，目前，中国经济良性发展，社会总体消费能力逐步增强，随着社会进步和经济的快速发展，通信消费需求趋于多层次、多样化，社会文化环境的变化使得用户对电信业务提出更高质量、更多样化的需求，电信服务产品趋于差异化，目标客户市场将更加细分。对个人用户市场，个性化、更贴近人们生活的增值业务需求逐步增加；对企业客户市场，针对行业需求的一揽子的行业解决方案成为新的需求热点。电信业务需求已经从"语音时期"转变为"宽带时代"，用户需求发生了根本的变化。在纯语音通信时期，用户所要求满足的仅仅是一种功能——即通过电信平台实现语音的相互交流，用户主要关注功能实现的技术性指标。而到窄带数据业务占一定比重的阶段，用户主要的消费活动是浏览网页、网上聊天、传送文件等，目前的宽带时代，用户对功能的需求有了很大的提高，所要求满足的功能已经不仅是单一的通信功能，或者简单的内容需求（如浏览网页等），而是更高级的娱乐功能、教育功能、医疗功能甚至具有自我价值实现意义的其他功能。差异化则指针对不同的用户群体、个体，提供个性化、人性化的业务和服务，最大限度地满足不同用户的个性化需求。这就要求运营商开展运用新技术集成和开发新业务，从网络和业务两个层面进行转型，培育新的业务增长点。

3. 发展规律

卖方市场到买方市场的转变往往是在市场开始竞争之时，对竞争日渐激烈的通信业而言，初见端倪的买方市场正在形成。如何适应市场、创造市场，是通信企业面临的带有战略性的问题。通信商们已经认识到，拥有目前的市场并不完全代表着必然占有市场，还必须依靠行之有效的方式去进行市场拓展，发展市场，创造市场，这个行之有效的方式就是建立和完善企业的市场营销管理模式。

任务 2　电信业务营销的基本战略

1. 知识营销

（1）知识营销的含义。

何谓"知识营销"？知识营销是指向大众传播新的科学技术以及它们对人们生活的影响，通过科普宣传，让消费者不仅知其然，而且知其所以然，重新建立新的产品概念，进而使消费者萌发对新产品的需要，达到拓宽市场的目的。随着知识经济时代的到来，知识成为发展经济的资本，知识的积累和创新，成为促进经济增长的主要动力源，因此，作为一个企业，在搞科研开发的同时，就要想到知识的推广，使一项新产品研制成功的市场风险降到最小，而要做到这一点，就必须运作知识营销。

比尔·盖茨的先教电脑，再卖电脑的做法是典型的知识营销。他斥资 2 亿元，成立盖茨图书馆基金会，为全球一些低收入的地区图书馆配备最先进的电脑，又捐赠软件让公众接受电脑知识。

（2）知识营销的特征。

与传统的营销方式相比，知识营销具有以下特征：

1）营销环境发生了质变。知识经济时代企业的营销环境将发生巨大变化。首先是竞争日益激烈。随着信息网络技术的飞速发展及世界经济一体化的不断演进，"国内市场国际化，国际竞争国内化"将逐步成为现实，竞争出将愈演愈烈。其次，竞争的方式也将发生变化。大家共有信息技术，共享知识资源，共同开发市场，在合作中竞争，在竞争中合作，形成良性循环的竞争环境。

2）营销产品发生了质变，传统营销产品逐步被知识型产品所替代。所谓知识型产品即为高科技产品的升华，产品科技含量高，如数字化彩电等。对于这些知识型产品的营销必须要求营销者具有高素质，不仅要深谙营销技巧，同时要掌握产品的知识含量，能够把这些知识推销给消费者。如果营销者对产品本身的技术含量、使用功能、维修知识一知半解，对消费者的询问含糊其词，产品售出发生故障时也不能迅捷提供售后服务的话，那么消费者将疑云重重，营销也就很难成功。

3）营销方式发生质变。20 世纪的计算机和网络技术正一日千里地迅猛发展，在知识经济时代必将获得更大的发展甚至出现更大的突破。如今，互联网已将世界联为一体。与此同时国际互联网使得营销信息系统更加完善与迅速。传统的营销方式是靠媒体、广告等向消费者传达产品信息的。这种传递是单向的，往往是营销者比较主动而消费者处于被动，信息反馈速度慢并有限，而且成本较高，因而往往不能制定适宜的营销战略。而在知识经济的代，网络化的实现使营销渠道四通八达；不仅营销部门可通过网络将产品信息迅速传达消费者，大大减少了营销环节，从而降低了成本；而且消费者出可通过网络与营销部门进行对话，提出自己的愿望与要求，促使厂家生产出更适合市场需求的产品。

（3）知识营销的内容。

知识经济浪潮正在拍岸，在这样一种全新社会形态下，知识营销应包括以下内容：

1）"学习营销"。知识经济时代人类将进入学习社会，实现真正意义上的"活到老，学到老"。学习社会的到来，知识和信息的大爆炸决定了知识经济时代的营销是"学习营销"，它主要包括两个方面的内容：一是企业向消费者和社会宣传智能产品和服务，推广普及新技术。对消费者进行传递、授业、解惑，实现产品知识信息的共享，消除顾客的消费障碍，从而"把蛋糕做大"。上海交大昂立公司在这方面做得颇为不错。该公司通过开展"送你一把健康金钥匙"的科普活动，进入社区举办科普讲座，广泛向市民赠送科学书籍，并通过媒体举办科普知识竞赛，这些活动不夹杂产品的促销，其间并不要求参加者购买产品，但效果却是任何形式的产品营销所达不到的。通过提高市民的科学健康理念。引发人们对生物科技产品的购买欲望，拉动了市场需求。该公司也从一家资产仅36万元的校办企业迅速发展成为产值达10亿元的现代化生物医药支柱企业。"学习营销"的第二层面是企业向消费者、同行和社会的学习。企业在进行营销的过程中不断地向客户及其他伙伴学习，发现自己的不足，吸取好的经验方法，补充和完善自己的营销管理过程。因此，"学习营销"是一个双向过程，互相学习、互相完善，最终达成整体的和谐。

2）网络营销。21世纪是网络营销的世纪，网络营销是知识经济与网络技术飞速发展的产物。简单地说，它就是利用Internet进行的企业营销。据Forester Research市场研究公司的数据，1999年单在互联网上的商品销售总额已达50多亿美元，2010年则突破百亿大关。网络营销主要通过在Internet上建立虚拟商店和虚拟商业区来实现。虚拟商店又称为电子空间商店（cyberstore），它不同于传统的商店，不需要店面、货架、服务人员，只要拥有一个网址连通Internet，就可以向全世界进行营销活动。它具有成本低廉、无存货样品、全天候服务和无国界区域界限等特点。另外，在网络上还可同步进行广告促销和市场调查以及收集信息等活动。Internet为企业和客户间建立了一个即时反映交互式的信息交流系统，拉近了企业与消费者之间的距离，具有很好的发展前景。

3）绿色营销。随着生活水平及自身素质的双重提高，人们已不再满足于消费传统意义上的商品及服务，注意力及需求消费健康化、自然化，"绿色产品"更是成为人们的新宠。"需求创造自己的供给"，根据这一最新潮流，企业营销时应特别重视"绿色"概念，开发"绿色产品"是指从生产到使用、回收处置的整个过程对生态环境无害或危害极小，符合特定的环保要求，并有利于资源再生回收的产品。同时在营销策略上应注重"绿色情怀"，重视"绿色包装"，提供"绿色服务"，做到天人合一，健康营销。只有这样才会得到社会的肯定和顾客的信任，企业营销也才可能取得成功。另外，企业也应积极努力，争取得到ISO14000认证和"环境标志"取得21世纪营销的"合格证"。

(4) 知识营销与传统营销的区别。

知识营销的概念和内涵为我们了解和认识知识营销奠定了知识基础，那么它与传统营销有什么区别呢？综合起来看，主要有以下几个方面：

1）营销环境的不同。营销环境发生了巨大变化。首先是竞争日益激烈，随着我国加入WTO和经济全球化的不断演进，"国内市场国际化，国际竞争国内化"正逐步成为现实；其次，竞争的方式发生了变化，大家共同拥有信息技术，共享信息资源，更多地开发市场，在合作中竞争，在竞争中合作。

2）营销产品的不同。营销产品有了质的改变，传统营销产品逐步被知识型产品所替代。对知识产品的营销要求营销者必须具有较高的知识素质，不仅要深谙营销技巧，同时也要掌握有关产品的知识，能够把这些知识推销给消费者，能够提供迅速、及时和高知识含量的售后服务。

3）营销方式的不同。传统的营销方式是靠媒体、广告等向消费者传达产品信息的，这种方式是单向的，营销者往往处于主动，而消费者处于被动，信息反馈速度缓慢并且有限，成本也较高；而在知识经济时代，网络化使营销渠道四通八达，不仅营销部门可通过网络将产品信息迅速传达给消费者，大大减少了营销环节，降低成本，而且消费者也可通过网络与营销部门进行对话，表达自己的愿望，提出自己的要求，促使厂家生产出更适合市场需求的产品。

4）营销结果的不同。传统营销的结果往往是有利于企业和营销者的，因为营销的出发点和关注点在于能更多更快地推销出自己的产品和服务；而知识营销更多地关注消费者的需求，不仅有利于企业树立良好的形象，提升品牌竞争力，也能使消费者放心地消费产品和服务，特别是使消费者获得了有关产品的知识和使用技巧。

（5）电信企业的知识营销。

知识营销是电信业务营销的基础 21 世纪，人类已进入"知识时代"，在激烈的市场竞争中，企业发展的永恒动力是"创新"。要想赢得广大消费者的青睐，仅靠提供舒适优越的消费环境是不够的，今天的赠送、明天的降价，也非万全之策。因此，我们提倡的是知识服务，采用的是知识营销的策略。而作为电信企业，要做好知识营销，离不开以下两点：

1）全员学习新业务知识。每推出一项新业务，应组织从管理到营销、从业务到技术的不同层次、不同侧重点的培训班，让广大干部职工了解新业务、掌握新业务、学会使用新业务，从而能随时随地地把新业务知识点正确地"传授"给客户。

2）开展不同层次的"知识营销"活动。信息化时代的客户已不再仅仅停留在"满足需求"的角度上，运营商需要将现有的客户群从经济、结构、层次等方面加以细分，根据划分的不同，做好针对性的宣传、开发、调整，并为不同的客户群包装、设计应使用的电信业务，提供为其"量身定做"的不同产品组合，举办不同层次的新业务推介会，开展形式多样的营销活动。

2. 定位营销

（1）定位营销的含义。

定位（Poitioning）是 20 世纪 70 年代美国的两位营销专家艾·里斯（AL Rise）和杰克·特劳特（Jack Trout）提出的概念，1981 年，两人合著了《定位营销策略》一书。定位营销就是通过发现顾客不同的需求，合理定位，并不断地满足它的过程。定位营销的实质是消费者、市场、产品、价格以及广告诉求的重新细分与定位。2005 年 5 月，Youngme Moon 在《哈佛商业评论》上发表文章，在定位营销理论的基础上，提出用三种意想不到的方式进行定位和再定位，即逆向定位（Renerse Positioning）、分离定位（Breakaway Positioning）和隐匿定位（Stealth Positioning）。

（2）定位营销的基本定位。

1）消费者定位：寻找消费者的特殊需求或需求差异，并不断满足。

定位营销的一个关键点就是根据消费者的心理与购买动机寻求消费者不同的购买差异。影响顾客心理需求与购买动机的因素有以下几种：

①消费者的价值心理，即通过产品或服务能够满足其名誉、地位等的心理需求；

②消费者的规范心理，即顾客接受的营销方式要符合其道德行为准则；

③消费者的习惯心理，即能够迎合顾客的日常行为、消费习惯；

④消费者的身份心理，即彰显身份或定位的心理；

⑤消费者的情感心理，即影响顾客情感取向的心理动机。不论是厂家还是商家，只有针对消费者的心理需求与购买动机，准确定位，"投其所好"，营销模式才有可能取得成功。

2）产品定位：创造产品的差异性，找准产品的卖点和切入点。

产品定位是将某个产品定位在消费者心中，让消费者产生类似的需求，就会联想起这种商标的产品。

一个产品应该包含五个层次：

①产品基本的层次是核心产品，也就是顾客真正购买的服务或利益；

②产品的第二层次是形式产品，指的是产品实在的形体及外观，它是核心产品的载体；

③产品的第三层次是期望产品，也就是顾客购买产品时一整套属性和条件；

④产品的第四层次是附加产品，指购买这种产品的顾客所得到的附加利益和服务，如产品使用说明、质量保证、售后服务等；

⑤产品的第五层次是潜在产品，是该产品将来可能的所有增加和改变。

产品定位是市场定位的第一步，为了取得强有力的地位，企业必须围绕其产品的五个层面做文章，务必使自己的产品与市场上所有其他的同类产品有所不同，它应该在五个层面上具有一个或几个特征，看上去好像是市场上"唯一"的。与其他同类产品的差异，越多越好，但也不一定非要在几个方面同时表现出差别，仅在一个方面有所不同就行了，如"低价格"、"高质量"、"技术领先"等。产品定位的步骤如下：

①识别竞争性产品；

②识别决定产品市场空间的特殊属性；

③确定区域市场的人口分布、经济状况、消费习惯、购买特点；

④检验竞争性产品定位、自己产品定位、目标消费群需求的产品定位；

⑤创造差异性，选择最佳定位。

3）价格定位：走出低价竞争的误区，合理定价。

价格是市场上的关键要素，但绝不是决定性因素，我们经常可以看到，市场上卖的最好的产品往往是那些质量优、服务好、价格高的产品，而决不是质量一般或低劣、价格相对便宜的产品。因此，价格的定位并不是越便宜越好，价格的定位要取决于厂商的战略定位和未来产品及市场发展的方向。

4）市场定位：参考目标消费群、消费力、消费特点、销售渠道、传播方式等因素，并根据这些指标进行市场推广。

产品的市场定位，决定了产品的发展方向，其市场定位的准确与否，关系到产品推广的成败。好的产品，必须要有好的市场定位，任何一方的偏颇，都有可能导致全局皆输。市场定位所要参考的变量有目标消费人群、当地消费能力、消费特点、销售渠道、传播方式等。市场定位准确了，成功推广才成为可能。

5）广告定位：既要有好的创意又要将产品独特的卖点诉之于消费受众。

产品要想在市场上具有良好的表现，不仅要有过硬的质量，而且还需要好的"吆喝"，即要有好的广告创意。好的广告定位要遵循以下"九字经"，即①对谁说（选择目标消费者）；②说什么（广告内容、创意，产品诉求点）；③怎么说（艺术风格及表现形式）。好的广告定位，是产品区别其他同类竞争产品、创造独特优势的一种有效手段，是差异化策略的具体表现。

（3）电信行业的定位营销。

定位营销是电信业务营销的关键。一个好的、方便大众的业务推出后，关键是要让大众接纳它、使用它。这主要靠的是业务的定位、包装和广告的效用。业务的功能介绍如何以通俗易懂、人们喜闻乐见的形象出现，这是至关重要的。因此广告不但要突出电信产品的特点，还要追求风格新、内容新、文辞新。以来电显示业务的促销为例，过去在推此业务时，促销广告主要是围绕来显的基本功能，即显示来电号码、一目了然等。但若长久地停留在这一层次，客户净增数不会明显上升，客户也不知来电显示的其他有用功能。因此，不久后，电信公司在推介这项业务时，重新包装，以来电显示的存储功能为基准，以"不错过任何一次沟通机会"为主题，配以生动、诙谐的戏剧性小品，把来电显示的业务向广大客户展示，大大发掘了潜在的市场，受理数翻倍增加。接着，近几年，抓住客户心理，通过与其他业务打包营销和新装固话套餐营销的优惠政策进行市场拓展，大大地挖掘潜在市场的空间。可见，同一种业务经"改造"并重新定位后产生的变化是巨大的。全业务营销也是业务定位中要考虑的问题。适时为客户推出全业务系列的服务，在为客户提供一体化电信服务解决方案的同时减少成本的投入。实行全业务，也是中国电信业应对重组、融合趋势的战略选择。

　　3. 服务营销

　　服务营销是电信业务营销的手段。服务对于电信企业来说是一个永恒的主题。长期以来，电信行业把客户称为"上帝"，认为客户是我们的衣食父母，必须恭敬之、善待之，服务中不求有功，但求无过，达到使上帝满意便可。但久而久之，这样的服务很难谈得上使客户真正意义上的满意。因此，我们提倡不单要把客户看成"上帝"，而是把他们也当作自己的亲人看待，双方建立起"亲情式"的服务关系，从而形成一种和谐、友好、亲近和信任的良好氛围，给客户一种"家"的氛围，营业员把客户当亲人，就能想客户之所想，帮客户之所需，解客户之所难，为客户提供的是真心真意的服务，客户也会接受、信赖、满意，并会乐此不疲地使用电信业务。但是，我们也要看到，服务没有最好，只有更好。围绕"服务质量"的主题，电信营业可采取针对不同业务量、不同目标客户，建立客户信誉体系，提供差异化的服务策略。对业务量大的客户，应提供全方位、闭合式的大客户服务支撑机制，建立以客户经理为轴心、业务单元为支撑的内部保障机制，实行客户经理派驻制服务。业务量稍低的商企客户，应提供"蓝色直通车"的特色服务，针对客户的不同需求为客户设计不同的业务以及技术整合方案。而对于业务需求单一的客户，特别是住宅客户，则只需多提供些便民式、自助式的服务便可满足其要求。就拿市民交话费这种普遍的现象来说吧，过去营业厅总是排队交话费的人特别多。前几年，随着街头"交费易"的推出，以及各种银行代交费方式的普及，使广大市民真正摆脱了排队交费之烦恼，真正享受24小时全天候的自助服务，由此也使中国电信的形象深入民心，让人感到可亲也可靠。近几年，在电信业务办理上，又相继推出流动服务车、网上营业厅等多种便民服务，真正让客户"足不出户"。所以，电信企业应站在客户的角度，设身处地地为客户着想，以诚待人，以信誉服人，从而做好服务营销工作。

单元小结

　　本章概述了电信行业的基本特征以及发展趋势，并在分析中国电信市场现状的基础上重点介绍了电信业务营销的基本战略。通过本章的学习，了解电信行业的基本特征，以及电信行业的发展趋势。通过对电信行业基本的了解学习,掌握电信行业的营销特征,以及有关知识营销的相关内容。

核心概念

电信业　　知识营销　　网络营销　　学习营销　　绿色营销

训练题

1. 电信行业的特征有哪些?
2. 电信业务营销的基本战略有哪些?
3. 什么是知识营销?简述知识营销与传统营销的区别。
4. 简述知识营销的特征。
5. 什么是定位营销?定位营销的基本定位有哪些?

综合案例分析

世博上的"绿色"通信技术

——中国邮电报　陈伟

备受关注的上海世博会已经落下帷幕,在本届盛会上,许多高新技术集体亮相,共同打造了一届"绿色世博"。从基础材料到组网方式,再到能源方案,"绿色"通信技术的表现给人们留下了深刻的印象。

世博园区的移动 TD-SCDMA 基站、GSM 街道站和临时建筑的室内覆盖采用了无线主设备 BBU+RRU 的模式。在片区内集中机房集中放置移动通信网络的主设备,通过光纤拉远的形式将信号引至相关楼宇或街亭,提高机房空调的效率,减少整体能耗;光端机靠近覆盖区域,降低馈线损耗、提高网络能效;对集中机房内所涉及各小区,采用载波池的方式灵活调度配置,提高设备利用率。

世博园区的部分移动基站,如南水站利用"风光互补"供电。"风光互补"电源就是利用风力发电机与太阳能电池作为发电单元,蓄电池作为储能单元,共同组成一个"绿色"电源。太阳能与风能相结合,优势互补,克服了各自的短处,能够实现不受气候影响的 24 小时全天候发电。

通过安装定制化的空调,世博园区的移动基站可比普通空调节电 10%～20%。定制空调优化设计了制冷系统管路和风道系统,采用电子膨胀阀节流技术使制冷系统更稳定可靠;根据机房气流特点,可减小风机的额外损耗;压缩机置于室内侧,实现防盗,使用寿命更长;双机工作可自动切换,保障运行安全;具有远程监控、故障判别与报警等功能。

世博园区的部分移动基站采用精确送风、"上走线、下送风"、铁塔拔风等方式,通过优化气流组织实现节能。通过改造或设计预留送风通道,将空调冷风直接输送到每个机柜,做到按每个机柜的发热量来分配空调的制冷量;设置活动地板,在机房上空设置信号线、电源线走线架,空调设备采用活动地板下送风的方式,有效利用送风管道及活动地板优化气流组织,保证沿机架方向出风速度及温度相对一致,符合气体热动力学原理;利用热空气往上对流的原理,将机房内热空气抽出室外，不需任何动力，提高换热效果。

此外，世博园区的信息通信馆采用智能化控制，最大限度地降低能耗。信息通信馆的能耗监测系统包括分类和分项计量装置，采用 TCP/IP 通信协议自动、实时地上传能耗数据；EMS 分项根据区域、机房设置计量仪表，监测包括照明插座用电、空调用电、动力用电和特殊用电等数据。建筑设备自动化管理系统 BAS 对整个建筑物内电气、给排水、空调设备和建筑设施的运行进行监视、测量、控制和调节，从而降低能耗，节约能源，提高管理效率。

单元十　旅游服务营销

通过本单元的学习，应能了解旅游业的基本概念及特点，理解旅游服务的性质及界定，充分认识目前旅游业及旅游服务的发展趋势；在了解旅游购买行为的基础上，掌握影响旅游者购买行为的因素；理解旅游产品的内涵及旅游产品开发的原则及策略；充分认识旅游服务过程管理中的规范化意义及控制；了解旅游服务质量及旅游服务文化的内涵，理解旅游服务质量的判断标准、评估方法及旅游服务文化如何建立。

- 旅游服务营销的性质及界定；
- 影响旅游者购买行为的因素；
- 旅游产品内涵及旅游产品开发策略；
- 旅游服务过程规范化管理意义及控制；
- 旅游服务质量及旅游服务文化。

- 掌握旅游服务营销活动的特点；
- 运用影响旅游者购买行为因素制定让旅游消费者满意的行动方案；
- 运用旅游产品开发策略设计旅游新产品；
- 学会分析某个旅游企业的服务文化实质。

人类社会的发展阶段，以主导经济部门划分，依次经历了农业经济、工业经济和服务经济时代。随着现代化进程的加快，服务业的地位和作用日益显著，这是人类社会进步的表现。旅游业是服务业的重要组成部分，其在国民经济中的增长趋势和关联效应非常明显，在当前我国全面建设小康社会的新阶段，应该大力发展包括旅游业在内的现代服务业，这对于继续保持我国社会经济的健康快速发展是有重要意义的。

项目一　旅游业的发展趋势分析

自第二次世界大战结束以来，和平与发展成为世界的主流，科学技术的快速发展，带来了人类文明的突飞猛进，生产力的高度发达和世界经济持续高速增长使人们的物质和文化生活水平得到了前所未有的提高。越来越多的人们认识到了度假、旅行、休闲及体验异域文化在生活中的重要性。人们认识到通过旅游活动，旅游者花费的是金钱、时间和精力，最终得到的是宝贵的回忆、美妙的感受和丰富的阅历，因此当代人普遍把旅游作为现代社会的一种基本生活方式。在这种背景下，21 世纪将成为旅游业的第二个黄金时代，旅游业将发展成为世界上最大的产业，旅游者将达到空前的规模，来自各个国家、各个阶层的旅游者将把他们的足迹印在世界的每一个角落。

任务 1　旅游业概述

1. 旅游业的含义

在市场经济条件下，按照社会分工与协作的原则，在国民经济中为旅游者的旅游过程提供服务的相关经济部门所组成的与旅游相关的产业或行业，即为旅游业。由于人们的旅游活动主要包括食、住、行、游、购、娱六个要素，即饮食、住宿、旅行、游览、购物、娱乐，这六大要素涉及社会的各个方面，需要许多相关的经济部门提供相应的服务。因此，从这个层面上来讲，旅游业是一个涉及多行业、多部门，包括各种各样的企业和组织的综合性产业。

旅游业的边缘性、综合性和复杂性决定了它产业界限模糊的特点，也使不同学者对于旅游业有着不同的理解，但总体来说，学者们有一些共同的认识：一是旅游业是以为旅游者提供服务为核心，是通过满足顾客的需求存在和发展的。由旅行社、以饭店为代表的住宿业、餐饮业、交通运输业、游览娱乐业、旅游用品和纪念品销售行业等组合成的产业群体直接满足了旅游者"吃、住、行、游、购、娱"的需求。二是这一产业群体的正常运转，依赖于其他社会组织和企业的支持。首先，旅游资源的开发和利用是旅游业产生的基础和必备条件。其次，要依靠工业、农业、商业、电信、金融、能源等产业的参与和支持。再次，要依靠文教、卫生、体育、公安、海关、宗教、科研、社会团体等的配合。这些组织和企业在同旅游者发生关系时，都要提供相应的服务。

因而综上所述，对旅游业的概念可以做这样的表述：旅游业就是以旅游资源为载体，以旅游设施为条件，以旅游者为服务对象，为旅游者的旅游活动、旅游消费创造便利条件并提供其所需商品和服务的综合性产业。旅游资源、旅游设施和旅游服务是旅游业经营运转中的三大要素。与之相应的旅游饭店、旅游交通和旅行社构成了旅游业的三大支柱，在旅游业中居主导地位。

2. 旅游业特点

从旅游业的职能来看，旅游业是国民经济中的一个服务行业，但旅游业与其他服务行业相比，又有其自身的特点。

（1）综合性。旅游业是一种综合性行业，这一特点是由旅游者的消费特点决定的。旅游者的消费过程，虽然是其生活中的一个片段，但这一片段却几乎包含生活的全部内容，为满足旅游者食、住、行、游、购、娱等多重需要，就要由多种不同类型的企业为其提供服务，这必然涉及国民经济中的多个行业和部门，它们通力合作，以保证旅游者的整体需求得以满足，并赚取收入。比如饭店，不仅提供食宿服务，还提供商务、通信、邮寄、会议场所、康体、娱乐等多种服务项目。再比如豪华游船上也是应有尽有，有的游船就等于是把一个高档酒店搬到船上，旅游者可以在较小的空间范围内获得较大的满足。随着经济的发展和市场竞争的加剧，旅游业综合性的特点日益显著。

（2）关联性。旅游业作为第三产业中的龙头产业，作为能向第一产业和第二产业辐射的产业，对相邻产业有很强的先导带动功能。这种关联性不仅使那些为直接旅游者服务的诸多行业得到发展，比如交通运输、城市建设、饭店、旅行社等，同时对与之相关的建筑、娱乐、商贸、园林、市政建设、邮电、信息、装修、工艺美术、高新科技、金融保险以及工农业等行业都能起到直接或间接的带动作用，因此有些教科书将旅游业称为"引爆产业"。

旅游业的这种高度的关联带动功能，极大地开拓和扩大着各种市场，有力地带动着上述各产业的共同发展，从而合理配置资源，优化产业结构，促进整个国民经济的全面发展。

（3）依托性。旅游业是一个具有高度依托性的产业，这主要表现在三个方面。首先，旅游业以旅游资源为依托。旅游资源是发展旅游业的客观基础，旅游资源的特色与丰度，在很大深度上影响到旅游业的发展，旅游资源不丰富，则意味着旅游业发展先天不足。其次，旅游业的发展依托于国民经济的发展。一方面，国民经济发展水平决定了人们的可任意支配收入水平和消费频率，决定了旅游需求水平；另一方面，国民经济发展水平又决定了旅游供给水平，表现为旅游资源和设施建设的投入能力的提高；最后，旅游业依托于各有关部门和行业的通力合作、协调发展。任何一个相关行业脱节，都会影响到旅游经营活动的正常进行。

（4）敏感性。敏感性主要是指一个行业在发展过程中对内外部环境不利因素的抵御程度。总体来说，旅游业是一个非常敏感的产业，社会各种因素的变化都会对旅游业产生影响，且反应迅速。这可以从旅游业的内部环境和外部环境两个方面来看。从旅游业的内部环境来看，旅游业是由许多企业、部门和环节组成的有机整体。存在一定的内在比例关系，任何一个相关行业的脱节，都会造成旅游经营活动难以正常运转。如一个地区的交通不畅通，进不来、出不去、散不开，那么即使旅游资源再优美，旅游设施再先进，旅游服务再优秀，也只能无奈兴叹。所以，旅游业的发展必须消除内部瓶颈，统筹兼顾、协调发展。

另外，从旅游业的外部环境来看，各种自然、政治、经济、社会因素，如地震等自然灾害、恶劣的气候、疾病的流行、经济的衰退、国家关系的变化、政治动乱乃至恐怖活动、战争等都会对旅游业产生重大影响。如中东地区是三大宗教汇集之地，历史悠久、底蕴深厚、民风特异、文化资源极其丰富，是世界各国旅游者向往的地方，但由于连年战争不断，两伊战争、海湾战争、巴以冲突，使得该地区的旅游业得不到应有的发展。2001年，发生在美国的震惊世界的"9·11"以及随后的"巴厘岛"、"卡萨布兰卡"恐怖事件，让整个国际旅游业的发展受到严重的影响。2002年上半年，突如其来的一场"SARS"病毒使得中国旅游业"一夜之间"坠入低谷，如临深渊。2007年，发端于美国，后席卷全球的金融风暴导致全球旅游业的疲软。2010年8月发生在菲律宾的劫持香港游客事件使准备到菲律宾旅游的人数骤减。可见，旅游业总体来说具有相当的敏感性。

（5）涉外性。旅游业是一项涉及国与国之间的人际交往的产业，具有涉外性。当代的旅游是一种跨国界的广泛的人际交往活动。就一国而言，既可以是旅游接待国，也可以是旅游客源国，由于各国的社会制度、社会文化、生活方式等诸多方面都存在较大差异，因此，发展国际旅游业的政策性很强，具有很强的涉外色彩。

3. 旅游业在国民经济中有着重要的地位

在当今世界，旅游业通常被认为是国民经济的重要收入来源之一。人们通常都非常关注旅游给旅游目的地地区带来的经济效益和对国民经济的促进作用，但是作为一种经济活动，旅游也必然会对目的地地区的经济产生一些负面影响。因此在研究和关注旅游对经济积极影响的同时，也应该正视旅游活动给旅游目的地地区的经济带来的负面影响或经济代价。恰当正确地平衡旅游的经济利益和服游活动导致的经济代价之间的关系，是进行旅游规划和旅游管理时必须面对的问题。

（1）在国民经济中占有重要的地位。

1986年旅游业纳入了我国国民经济社会发展规划，旅游业作为一个强劲发展的行业，成为国民经济增长的新亮点；1998年12月，又提出了将旅游业作为国民经济新的增长点的战略决策。目前，我国旅游业实施政府主导型旅旅游发展战略，全国各地普遍将旅游业作为支柱产业、重点产业或先导产业加以扶持。根据《中国旅游业发展"九五"计划和2010年远景目标纲要》的规划，21世纪的中国将成为世界的一个主要旅游中心，到2010年我国旅游入境人数将达6400万~7100万人次，国际旅游外汇收入380亿~410亿美元；国内旅游人数将达到20亿~25亿人次，国内旅游收入10000亿~10500亿元；两项合计总产值将达13000亿~14000亿元人民币，旅游总收入占GDP的比率将达8%，旅游业创造的经济价值在国内生产总值的比重在2010年将达到8%[①]。尽管如此，这仍低于目前全世界10%的平均水平。世界旅游组织的预测结果显示，到2020年，中国旅游业在世界旅游市场中所占份额将达到8.6%，居世界各国首位。同时中国还将成为世界旅游市场第四大客源国。世界旅游组组织秘书长弗兰贾利指出："今后20年内，中国将在世界旅游市场发挥重要作用，到2020年将成为世界第一旅游大国。"旅游业将为我国创造庞大的财富。

（2）发展旅游业的利弊分析。

1）积极影响。

①带动相关产业发展。旅游消费是一种综合消费，涉及食、住、行、游、购、娱等各个方面，所以旅游业也是综合性的产业，它不仅包括旅行社业、饭店业、交通运输业、旅游景区业、娱乐业等，并且与建筑、邮电、金融、房地产、外贸、轻纺工业及工农生产的众多部门有直接或间接的关系。旅游业的发展一方面有赖于很多其他经济部门或行业的配合和支持，同时也可带动和促进很多其他经济部门或行业的发展。作为第三产业中的龙头产业，作为能向第一产业和第二产业辐射的产业，旅游业对相邻产业有很强的先导带动功能，有着依赖和促进其他经济部门发展、改善国民经济结构的作用。旅游业的关联带动作用，有利于促进资源合理配置、优化产业结构，其作为产业结构发展过程中的先导产业功能日益凸现，目前我国许多省、市、自治区把旅游业作为支柱产业或国民经济的新的经济增长点来培育和扶持。

②可增加外汇收入，平衡国际收支。就接待国际入境旅游者而言，其最明显、最重要的作用是增加接待国的外汇收入。以国际旅游还可以弥补旅游地国家的贸易逆差，平衡国际收支。

③增加就业机会。任何国家在经济发展中都必将面临就业这样一个重要问题。就业问题不仅关系到劳动者自身的生存发展和享受，而且也关系到整个社会的安定和繁荣。由于旅游商品的绝大部分是以服务形式体现的，而且旅游产业还是一个综合性的服务行业，它包括旅行社、旅游饭店、旅游餐馆、旅游交通、旅游景点、旅游商店等多种服务行业，其中有许多服务项目都不能用现代技术手段取代人力劳动，因而活劳动占有较大比例，能提供大量的就业机会。

---

① 孙洪波，李广成. 旅游概论新编. 武汉：华中科技大学出版社，2008

2）消极影响。

①引起物价上涨，导致通货膨胀。旅游开发通常会引发目的地地区的物价上涨，对当地经济产生通货膨胀的效应。通常，外来旅游者表现出的消费能力和支付能力都会明显高于目的地地区的当地居民。其原因来自两个方面：其一，这些旅游者来自收入水平和物价水平都非常高的国家或地区；其二，这些旅游者为了这次度假旅游活动，可能节衣缩食积攒了很长时间的旅游资金。外来旅游者在度假期间会显示出大肆挥霍的倾向，表现出明显的高端消费倾向。大量旅游者进入旅游目的地地区后，打破了当地消费品和服务产品的供需平衡，这就会导致一些消费品和服务产品价格的上涨，最终会引起目的地地区的基本生活用品和服务价格的全面上涨，引起通货膨胀。这必然会影响目的地居民的日常生活，损害他们的经济利益。

同时，旅游开还会导致人们对土地需求的增加，进而引起目的地地区土地价格的上涨。例如，在一个旅游未被开发的地区，如果兴建一个饭店，其对土地的投资只占整个饭店项目投资的1%。但是在旅游业过度开发的地区，兴建饭店的土地投资比例增加到全部项目投资的20%。土地价格上涨不仅会影响目的地地区的经济，而且也会影响当地居民的生活质量和住房质量。

②可能会影响到产业结构发生不利变化。一般而言，旅游业的发展能使当地的产业结构朝着合理化的方向发展。但如果过分依赖旅游业，则可能对产业结构产生不利的影响，因为随着旅游业的规模扩大，效率和效益的提高，会吸引大量农村劳动力及其他某些行业的劳动人员流转到旅游行业中来，于是出现了这样的情况：一方面旅游业的发展扩大了对农副业产品的需求，另一方面却是农副业产出能力的下降，进而可能影响到社会的安定与经济的发展。

③过于依赖旅游业会影响国民经济的稳定。一个国家或地区不宜主要依靠旅游业来发展自己的经济，特别是对于像我国这样一个大国来说更是如此。

④可能造成外汇漏损。旅游创汇可以弥补外贸赤字，增加外汇储备，但是，如果旅游业开发、管理不当，旅游外汇收入大量漏出，旅游创汇的作用就会被大大削弱，甚至还会产生消极的负面作用。许多发展中国家由于经济底子薄，技术落后，因此在发展国际旅游时，需进口一些必要的设施设备、食品和其他物资，需在国外做广告、推销、举办旅游交易会、参与博览会，并支付引进国外先进管理技术的费用、贷款的利息等，导致大量旅游外汇收入的支出，这样就抵销了相当一部分旅游外汇，减少了国家的外汇储备。

任务2 旅游服务与旅游服务系统

1. 旅游服务的含义

旅游服务是服务概念在旅游行业的行为体现，是服务价值量在旅游经济活动中的具体化和行业化，旅游业因而具有明显的"服务"与"接待"特征。旅游是通过主客体之间（人与人之间）的接触（活动）来完成其生产过程的，服务是旅游业提供的主要产品。因此根据服务定义和有关服务业的分类方法，并结合旅游活动的多样性和综合性特点，可将旅游服务（service for tourists）定义为：旅游服务是旅游从业人员借助旅游景区景点和各种设施设备，通过旅游主客体之间（旅游从业人员与旅游者之间）的行为接触和活动，为旅游者构造美好旅游经历和体验、使其获得生理和心理的满足感，并使旅游企业和旅游从业人员获得利益的过程。

旅游服务属于服务的范畴，可以从两个角度来理解这个定义：一方面，从服务主体角度，即旅游服务供给者通过提供旅游服务来满足旅游客体的需要，从而达到获得利益的目的；另一方面，从旅游客体角度，即旅游服务需求者花费一定的时间、金钱、精力和体力，从旅游活动中获得个人经历、体验和满足感。

2. 旅游服务的特点

（1）旅游服务的无形性。

无形性是旅游服务最主要的特征。旅游服务是抽象的、无形的，没有固定的形态，又不可触摸。虽然很多旅游产品都需要有形设施、设备的支持，但他们只是作为旅游服务生产的条件而存在，旅游者真正感觉、评价和衡量的服务质量来自于和服务人员的互动。例如，旅游者不可能带走航班上的座位、酒店的客房或者景点的景观，他们得到的只是一段时间内服务设施的暂时使用权，带走的是经历或是可以和其他人分享的记忆。也就是说，旅游服务在销售之前不存在服务，因此旅游者难以做出事先评估，这样就增加了向顾客展示和沟通产品的难度，无形中增加了旅游者购买的风险。要消除旅游服务无形性带来的负面作用，可以采取无形服务有形化的策略，通过有效的有形展示渠道将旅游服务的无形性变得可以感知和触摸，从而减少旅游者购买的风险。

（2）旅游服务的不可分性。

旅游服务的不可分性是指旅游生产与旅游消费的同时性或不可分性。大部分有形产品从生产、流通到最终消费的过程中，都需要经过一系列的生产与质量检查环节，生产与消费的过程具有一定的时间间隔，即先生产出来，然后进行销售和消费，生产和消费是两个互相独立的过程。而大部分服务产品则不同，是生产和消费同时进行，是同一个过程不可分离的两个方面。也就是说，服务人员为旅游者提供服务时，由于旅游服务是由一系列活动或过程组成的，所以在服务的过程中旅游消费者和旅游生产者必须同时存在，并发生直接的关系。例如，从顾客开始进入酒店消费服务起，对该顾客的服务生产也同样开始进行；直到顾客离开酒店，该顾客的酒店服务消费以及对其的服务生产才同时宣告结束。

生产与消费的不可分性使旅游服务在消费之前并不存在，已经存在的酒店设施、航空公司的飞机等只是代表着旅游服务的生产能力。旅游服务的这一特性给旅游服务管理带来了巨大的挑战。首先，旅游服务不可能像有形产品那样，在被消费之前可以通过质量检验程序来保证对外销售的都是符合一定质量标准的产品，这就要求旅游服务组织的员工具有"第一次就做对"（Do it right the first time）的能力，并能灵活应对服务过程中可能出现的服务问题。

其次，服务人员和顾客同时进入了服务的消费与生产过程，服务人员及其同顾客的接触和相互作用，以及不同顾客之间所发生的相互作用都将成为服务产品的一部分，这种互动对顾客的服务质量感知会产生重要影响。因此，旅游服务管理中不可避免地要涉及对"人"这一最为能动的因素的管理，管理者既要善于管理员工，又要善于管理顾客。同时，旅游服务组织还要对与顾客接触的设备等有形环境进行管理。

最后，顾客更加重视服务过程。对有形产品而言，顾客只评价其性能，而不会考虑生产的过程。但旅游服务由于顾客要参与生产过程，因此以何种方式或程序进行服务的生产也直接影响到顾客的利益。例如，酒店清客房时间的选择，入住登记的程序，旅行社旅游日程的安排等，都会影响到游客的利益。对服务过程的设计和管理由是旅游服务组织需要重点关注的问题。

(3)旅游服务的不可储存性。

旅游服务的不可储存性是指其具有易消逝、不可再销售、不可回收、不可运输的特点，这一特性是由旅游服务的无形性和生产与消费不可分性决定的。例如，旅游淡季时酒店未出租出去的客房、一次航班未被占用的座位、某段用餐时间内空闲的餐位，都不可能储存起来留待旺季时使用，它们在相应时间内应实现的服务价值也将永远丧失；导游人员两个小时的导游服务，不能重新收回并在以后重新销售。

由于旅游服务不可储存，旅游企业无法享受到制造业企业那种由于能够保持稳定的生产水平而带来的经济性，从而加深了旅游服务供需之间的矛盾，同时也加大了旅游企业应对需求波动的难度。为了充分利用服务生产能力，合理设计服务能力以及预测旅游需求并采取强有力的措施调节供求成为旅游企业重要和富于挑战性的决策问题。首先旅游企业可以设法使生产能力具有一定的弹性，在旅游服务设施和人力资源上加以调节，例如在旅游淡季可以停掉一些服务设施，对服务人员进行培训。其次，是调节需求量，使其与旅游企业的供给相适应，即通过各种有效的渠道，如用价格削减高峰期的需求量和刺激低峰期的需求量，并使旅游需求量在结构上能稳定分布。

(4)旅游服务的不稳定性。

旅游服务特有的属性使旅游服务质量呈现出一定的波动性，这是因为：首先，由于生产与消费的同时性，不可避免地造成服务质量的差异性以及生产过程的可变性。因为不同的旅游者对服务的要求、参与的程度都有很大的不同，即使旅游企业提供相同的服务标准，不同的旅游者对服务质量的评价也不一样。另外旅游者的参与使旅游者对服务质量可以立刻做出评价，这使旅游企业管理服务质量不能只凭借专职部门，需要全员都有质量意识，随时在服务现场为旅游者排忧解难。其次，是来自其他旅游者的影响。旅游者在旅游活动中一般都要和其他旅游者发生一定程度的接触，由于旅游服务的现场性，旅游者可以即时发出质量评价，这样的信号显然会对其他旅游者对服务质量的评价构成干扰。尤其是一些在旅游团队中有影响力的旅游者，他们的评价对其他旅游者感知服务质量可能会产生决定性的影响。第三，是由于旅游服务生产与消费的同时性，管理者或质量控制部门很难介入其中对服务质量进行监控，不像物质产品的生产，在工厂生产和商店销售之间可以加上产品质量检验程序。因此服务质量主要依靠服务人员的自我控制，这使服务现场发生的服务故障不能马上得到纠正，服务质量的不稳定性就产生了。另外，在旅游旺季，旅游企业为了减少旅游者的等待时间，可能会人为地改变服务程序，从而使服务质量难以保障。同样在旅游淡季，旅游企业从降低成本的角度出发，也会对服务过程进行调整，使服务质量难以保证。最后，旅游者的心理和固有观念也会干扰对服务质量的评价。例如，在上海飞往纽约的航班上，航空公司向所有的旅客提供的服务都是相同的，但在旅途中，有的旅客可能会选择休息，有的则会听听音乐，还有的商务客人可能会看看文件。旅程结束后，旅游者的感受会各不相同。同样的旅游者在旅游过程中，由于各自的文化背景、心理偏好以及适应程度的差异，他们对相同的旅游景点和导游服务可能做出不同的服务评价。

鉴于旅游服务的波动性，旅游企业应有意识地对服务质量进行控制，以尽可能保证服务质量的稳定性，这有利于旅游者对服务质量做出较为客观的评价。保证旅游服务质量稳定性的主要方法：一是对一些重复性强或需要反复操作的服务程序，可以采用标准化或者简单化的策略；二是对服务现场的服务人员进行培训，提高他们对服务质量控制的能力，使服务过程的服务质量尽可能一致；三是对旅游者的满意程度不断进行跟踪，发现质量问题或缺点及时改正。

（5）旅游服务的综合性。

与其他服务行业相比，旅游业表现出很强的综合性的特征。旅游者完成一次旅游活动需要多个部门和行业的服务支持，任何一个环节的低水平服务都会影响旅游者的整个旅游经历。因此从旅游者和旅游目的地的角度来说，旅游服务是一个综合体。旅行社所提供的线路产品也可以看作是综合性的旅游服务。旅游服务的综合性表现在它涉及的部门和行业众多，其中有旅游业向旅游者提供的住宿、餐饮、导游等服务。有其他部门提供的银行、保险、外汇、海关等服务，还有间接向旅游者提供产品和服务的行业和部门如环保、教育、卫生、商业、市政建设等为旅游服务提供的支持。

旅游服务的综合性给旅游企业的经营带来了极大的困难和不确定性。在很多情况下，游客没有获得美好的旅游经历并非由于旅游企业的服务质量问题，原因可能在于其他一些服务行业和部门，而且这些因素通常是旅游企业无法控制的。例如，海关服务效率低下，进出关手续繁琐，往往会增加旅游者的等候时间，影响旅游者出游的心情。旅行社企业也经常会遇到类似情况，游客对旅行社的不满往往是因为其他旅游企业如所下榻的酒店出现这样或那样的质量问题。因此，提高旅游者的整体服务感受往往需要旅游目的地政府的统一协调与管理，需要旅游业主管部门和旅游企业加强与对旅游服务质量有较大影响的有关行业、部门、政府机关和社会团体的沟通与联系，需要不同类型的旅游企业之间良好的协作，从而保证旅游服务的整体质量。

3. 旅游服务系统

旅游服务系统是服务系统和旅游系统双重作用的特殊产物，是一个复杂的边缘概念体系。基于此种认识，这里从两个方面来考察旅游服务系统，即从旅游学和服务管理学两个角度来综合考察。

（1）旅游服务系统——从旅游学角度的一种阐释。

旅游服务系统首先是建立在旅游活动研究基础之上的，因此从旅游角度出发的认识无疑可以发现旅游服务系统深刻的内涵。吴必虎先生是国内最早研究旅游系统的学者之一，他在《旅游学刊》1998年第一期上发表了《旅游系统：对旅游活动和旅游科学的一种解释》的文章，给研究旅游服务系统提供了一条思路，他认为"旅游是一个开放的、复杂的系统，包括四个部分：客源市场系统、目的地服务系统、出行系统、支持系统"。每个子系统相互联系，同时又各自包含着不同的旅游服务内容。可见，从旅游学角度对旅游服务进行阐释，它涵盖了旅游者完成一次旅游活动所经历的旅游服务。

1）客源地旅游服务系统。客源地旅游服务系统主要是指旅游者在出行之前，与旅游企业或非旅游企业所发生的互动关系，其目的是为出行做好充分的准备，以保证旅游活动的顺利进行。客源地旅游服务系统主要包括：咨询服务、信息服务、预订服务、售后服务。

①咨询服务。旅游者在旅游出行之前，为做好充分的准备，他们会向一些旅行社或者专业旅游机构进行咨询。一方面获得必要的出游信息，为自己的出行决策提供依据，另一方面还可以得到必要的建议和支持。例如，旅游者要外出旅游，首先他要了解旅游产品（线路）的价格、产品内容、交通、吃住、娱乐等多方面信息，然后就一些不清楚的地方进行询问，并期望咨询机构提出必要的出行建议。咨询服务是旅游者购买服务的前提或促成因素。

②信息服务。在旅游咨询的过程中旅游者可以得到必要的信息服务，但这并不是他们获

得信息的唯一途径。旅游者获取旅游信息是为了更好地进行出游决策,在一般情况下,旅游者得到的信息越少,其决策的难度就越大。同样在信息不完全的条件下,旅游者对服务质量的评价也会受到影响。旅游者可以得到信息服务的途径包括:旅行社、酒店、旅游景点等旅游企业提供的信息服务;政府当局或者一些专业组织、协会成立的旅游信息中心。

③预订服务。预订系统是信息技术在旅游服务中发挥重要作用的一个例证。计算机、通信等高新技术的发展为旅游企业向顾客提供更加优质的服务创造了条件。由酒店集团、航空公司、大型旅游公司、国家旅游局等单独或者联合开发的中央预订系统(CBS)、全球分配系统(CIS)以及旅游信息数据库可以实现跨地区、跨国家的客房、机票、汽车、餐厅、剧院、娱乐场所等旅游服务预订。除此之外,网络技术的迅猛发展,也为实现网上购买和预订提供了便利,通过互联网可以实现旅游企业与旅游者异地的双向交流与沟通。高新技术的普及和推广,为旅游者的出行提供了更加便利的条件,提高了旅游服务体系的整体质量。

④售后服务。由于旅游服务的无形性使旅游者购买服务存在很大的风险,若不能实现售后的补充服务,旅游者的不满意很可能转化成对旅游企业服务购买的放弃,而转向竞争对手,这对旅游企业而言是一个无法弥补的损失,因此必须引起旅游企业高层的高度重视。旅游企业的售后服务首先是通过各种有效方式主动与旅游者沟通,发现旅游服务中存在的问题,在力所能及的范围内尽最大努力进行修复,及时消除旅游者的不满。二是获得珍贵的旅游需求信息。三是保持畅通的投诉渠道,给旅游者发泄不满提供空间。这样,一方面可以了解旅游企业服务系统的整体质量;另一方面可以掌握旅游者的真实需求。

2)出行服务系统。出行服务系统是指旅游者从客源地到旅游目的地的空间转移过程中所发生的旅游服务。旅游者往往把出行服务系统作为旅游过程的一部分,因此该系统的质量也是旅游者较为关注的重要内容。

①旅游交通服务。旅游交通服务包括航空服务、铁路服务、水路服务、公路服务。其中每一种服务方式都有自己的优缺点,而且每一种服务又都有着多种不同的服务方式。有些服务方式如水路服务中的游船,就已超越了简单的实现空间转移的功能,其本身就是一种旅游吸引物。旅游者在往返于目的地与客源地的过程中,往往会综合使用多种旅游交通服务。例如,从英国前往欧洲大陆旅游的游客,可以乘飞机或者乘火车穿越漫长的海底隧道到达欧洲,也可以选择先乘坐长途客运汽车,然后连同客运汽车一起乘坐短程渡轮穿过英吉利海峡,到达欧洲大陆后再利用公路服务抵达目的地。尤其对远程旅游而言,旅游者旅游活动过程中的很大一部分时间都在使用旅游交通服务,所以它的服务质量的高低会极大地影响旅游者的旅游经历和整体服务质量感知。

②其他旅行服务。在出行的过程中,还包括一些辅助旅游服务,他们为旅游者的顺利旅行提供了便利和保障。主要有以下三方面:

A. 保险服务。这是旅游者在出行中的一项重要选择,包括医疗和住院保险服务、行李丢失或延误保险服务、钱款丢失保险服务以及其他意外事件保险服务。

B. 外汇服务。一般情况下是将本国货币换成外币,但其他一些形式的使用方式应用范围更广。例如,旅行支票容易为世界各地的银行或商业机构所接受,并给旅游者带来安全保障,在丢失后可以得到补偿。其次信用卡也得到了极大范围的应用,而且保障性能良好。

C. 免税购物服务。在机场等处经常向旅游者提供免税的购物服务。例如,烈性酒、香烟等,这些商品对旅游者有较强的吸引力。

3）目的地旅游服务系统。目的地旅游服务系统是指目的地为满足旅游者在当地逗留期间的多种需要而提供的一系列旅游服务，主要包括通常所说的餐饮服务、住宿服务、目的地内部交通服务、导游服务、娱乐服务和旅游购物服务，分别满足旅游者的食、住、行、游、娱、购六大要素需求。这里不再一一详述。

4）支持服务系统。支持服务系统主要为满足目的地居民的生产和生活需要而提供的服务，虽然这些服务不是直接针对旅游者，但在旅游服务经营中它是直接向旅游者提供服务的旅游部门和企业不可缺少的基础性服务。

①基础设施服务。旅游者在旅游目的地停留，和当地居民一样需要消费一些基础性的服务，虽然他们不是旅游者消费服务的主要内容，但旅游者的生活确实离不开他们。这些基础性的服务包括：水、电、热、气的供应系统，废水、废物、废气的排污处理系统，邮电通信系统，物资供应系统，交通运输系统，安全保卫系统，环境卫生系统，以及城市的绿化、美化、路灯、路标、停车场等。

②其他支持服务。其他支持服务包括两类：一是直接为旅游者或旅游企业提供的服务，如政府旅游部门、各类旅游院校或有关旅游行业组织进行的旅游教育和培训；还有一些面向旅游业或者旅游者的专业性或信息性的报刊、杂志、书籍、旅游地图等。二是不仅旅游者需要的一些服务，目的地居民的生活也离不开的服务，如海关服务、公安服务、医疗服务、保险服务、外汇服务等。

（2）旅游服务系统——从服务管理学角度的一种阐释。

旅游服务系统同时也是服务系统的一个特殊领域，以服务的观点来指导认识旅游服务系统，同样有助于从另外一个侧面来把握旅游服务系统的本质。综合国内外服务管理学学者的观点，我们认为旅游服务系统由旅游服务操作系统、旅游生产/销售系统和旅游营销系统三个子系统构成，其中有些子系统直接与顾客接触，是顾客可以直接评价的服务部分，即平常我们所说的前台服务系统。有些子系统不直接与顾客接触，但他们对服务质量起支持作用，即后台服务系统。

1）旅游服务操作系统。旅游服务生产和传递必须以一定的程序、设施设备和服务人员为基础，这是旅游服务操作系统的核心内容。

①旅游服务生产程序。旅游服务得以良好实现，必须通过服务生产程序将服务资源组合起来，以实现内部资源配置的效率化和外部顾客满意的最优化。不同的旅游企业必须根据自身行业的特点进行有目的的设计，其中涉及设施设备、技术、人员的组合与排列等。例如，旅行社接待的服务程序包括：根据接待计划做好迎接旅游团的准备阶段，为旅游者在目的地旅游提供各种必要服务的接待阶段，以及送走旅游者之后的总结阶段。在整个服务过程中，通信工具和交通工具要方便安全，导游要根据团队的实际特点，提供相应的服务。

②物质系统。主要是指在服务过程中支持旅游服务的各种设施设备，顾客在服务现场可以亲身感受到这些硬件的质量。例如，酒店客房的家用电器、家具摆设、卫生用具等。物质系统不仅可以给顾客提供良好的享受空间，而且可以衬托出软性的服务质量，是旅游企业进行有形展示的重要内容。

③一线服务人员。旅游企业一线服务人员是直接与顾客进行互动作用的主体，从表面上看，员工与顾客之间是"一对一"的面对面服务与被服务的关系，但在顾客眼里一线服务人员是旅游企业服务形象的代表。他们是对服务程序和服务关系的最终体现，即提供顾客感受到的

服务质量。因此，从一线服务人员的仪表、仪容、仪态、言语、举止、态度等，到对顾客服务中人际关系的处理，都浓缩了旅游企业服务系统质量的总和。

2）旅游服务生产/销售系统。旅游服务生产/销售系统是指旅游企业在何时、何地以何种方式向哪些顾客提供旅游服务。由于旅游服务生产与消费的同时性，顾客直接参与了服务的生产与销售。对顾客的全面了解将保证旅游企业服务销售的成功，因此旅游企业必须在掌握顾客对服务期望值的基础上，根据企业资源的存在状况进行生产、销售系统的设计。

①旅游服务接触。旅游服务一般表现形式为人与人之间的接触，这种短暂的接触决定了顾客对服务质量的评价，因此对这种"接触点"的管理应是旅游企业进行服务质量管理的核心内容。一些旅游企业出于提高效率或者实施成本领先战略的考虑，通过采用新技术或者使服务系统标准化来控制员工与顾客接触的时间。这在一定程度上限制了员工在服务现场的自主权，同时降低了顾客对服务过程的控制权。硬性的规定不仅严重削弱了员工的积极性，而且降低了顾客的满意度。因此旅游企业应逐渐从对服务接触的强硬控制中摆脱出来，通过授权赋予一线员工更多的主动权，来间接控制服务接触。

②顾客的参与。旅游服务过程伴随着顾客的参与，顾客成为旅游服务系统不可或缺的一部分。这虽然增加了旅游企业经营的难度，但是旅游企业为了缓和旅游服务供给和需求的矛盾，并出于提高服务效率和降低成本的考虑，也常常需要顾客增加服务的参与程度。可是在一定的条件下，顾客并不一定愿意参与服务的过程。例如，旅游旺季，在酒店前台会出现顾客排队等候登记的场面，这时酒店会期望顾客自己填写表格，以减少排队等候的时间，但由于顾客并不能从参与中得到可见的、明显的利益以及他们对服务认识的理解，因此导致有的顾客会排斥这种做法。

③顾客之间的接触。旅游企业提供的服务经常要面对众多的顾客，这会产生一个问题，即顾客之间会相互交流，相互作用。他们对服务质量的评价会相互干扰，相互影响，旅游企业必须充分认识到顾客之间接触对服务质量的影响，并在旅游服务系统运营中制定相应的措施。

3）旅游服务营销系统。旅游服务生产与消费的同步性使服务现场成为重要的营销场所，一线服务人员的工作也带有营销的职能。因此，营销系统包括生产/销售系统和其他顾客可以直接感受的服务成分，如广告、信函、电话、传真、直接邮寄、发票等。在不同旅游企业之间，营销系统的差别是很大的，航空公司、大型连锁酒店、大型旅行社的营销系统是很发达的；而一些娱乐场所、旅游购物商场、家庭型旅馆、餐厅的营销系统相对不发达。生产/销售系统和营销系统代表顾客所亲身经历和评价的全部信息，顾客的选择并不是以旅游企业的意愿为基础，而是以自己的感受为基础的。在一般情况下，顾客经常把旅游服务作为一个整体来理解，例如，进入迪斯尼乐园的游客，要感受景观、娱乐活动、服务态度、活动创意、照明、卫生、员工职业素养等一系列的综合状况。

任务 3　旅游业发展趋势分析

旅游业产生于 19 世纪，20 世纪是世界旅游业的大发展时期，特别是在 20 世纪后半期，即二战以后，旅游业获得了和平的发展环境，1992 年旅游业就超过了钢铁、石油、汽车等传统产业，一跃成为世界第一大产业。进入 21 世纪，世界旅游业正在发生着如下变化：

1. 旅游将成为人们一种新的生活方式

随着世界经济的发展，人们的经济收入和生活水平不断提高，同时，随着科学技术的进步，人们的劳动生产率也不断提高，工作日相对减少，而闲暇时间则不断增加，旅游就成为人们使用闲暇时间的最佳方式之一，随着社会的进步，它将逐渐成为人们一种新的生活方式。据世界旅游组织（World Tourism Organization，简称 WTO）研究结果，虽然 20 世纪 90 年代世界经济处于衰退阶段，但世界旅游业却以年均 4.4%的速度持续增长，预计到 2020 年，全球将有接近 16 亿的国际旅游者，国际旅游消费将达 2 万亿美元，国际旅游人数和消费的平均增长率分别为 4.35%和 6.7%，远远高于世界经济 3%的增长率。而中国在 2008 年，国内旅游人数也已达 17.1 亿人次，比 1984 年的 2 亿人次增长了 7 倍多。

2. 旅游业在国民经济中的地位和作用将不断提高

人们对物质资料的需求是有限的，而精神需求则是无限的。旅游活动主要满足人们的精神需求。通过旅游，人们增长见识，陶冶情操，放松精神，恢复体力，因此，对旅游需求的满足将是无止境的。旅游业将为一个国家创造越来越多的就业机会和经济收入，因而，旅游业在国民经济中的地位和作用将不断提高。根据世界旅游组织（WTO）的预计，到 2010 年旅游业对全球国内生产总值（GDP）的贡献率将达到 12.5%。我国也已经将旅游业确定为新的经济增长点。

3. 旅游业经营将实现集团化、网络化和国际化，旅游业竞争将进一步加剧

随着国际贸易自由化的发展，各国在不断减少和消除各种有形和无形的贸易壁垒。就旅游业而言，越来越多的国家为了鼓励旅游业的发展，开始简化签证手续，缩短签证时间，或实施落地签证甚至取消签证的政策。与此同时，也有越来越多的国家开始允许国际跨国公司或外国公司在本国以合资、独资等多种形式开办旅游企业，从事旅游经营活动。因此，旅游业经营将走向国际化，旅游业的竞争将进一步加剧。为了对付日益激烈的竞争，旅游企业将通过联合、合并或吞并等多种形式，走集团化道路，以便增强实力，降低成本，促进销售。

另外，电子信息技术的应用，最终将引起旅游业的一场革命，对旅游业的结构及旅游企业的经营模式会产生重大影响。随着电子信息技术的发展，旅游企业的经营从顾客的预订到日常服务和经营管理将朝网络化发展。包括"互联网"在内的电子信息技术在旅游企业的经营活动中将起到越来越重要的作用。

4. 旅游服务将走向个性化

旅游服务产品是无形的，服务质量最终是由客人评价的，客人评价服务质量优劣的标准是能否满足客人需求。而客人的需求又千差万别，既有共性的部分，又有个性化的部分，因此，要使服务质量上一个台阶，必须满足客人的个性化需求，为客人提供个性化服务。

5. 旅游的方式将从团体转向散客

"团体旅游"（Group Tour）是旅行社传统的旅游模式，其主要特点是：一切都是统一的。统一的出团时间，统一的交通工具，统一的住宿和饮食，统一的参观游览项目，统一的游览时间限制……旅游者的个人意愿必须服从团队的统一安排，因而，极大地限制了旅游者的自由。而"散客旅游"（Free Independent Tour，简称 FIT）则不同，它是一种根据自己的兴趣、爱好进行独自（或少数几个人）旅行的旅游形式，多采取单项服务委托的方式。散客旅游最突出的特点，也是其最大的优点是旅游者在其旅游活动中，可以享有充分的"自由"，他可以自由地安排其旅游活动和节目，并根据自己的好恶随时加以调整，而不必像"鸭子"似的被导游赶着

进行走马观花式的旅游。因此，散客游在世界各地越来越受到旅游者的欢迎。特别是随着交通、通讯业的发展，英语在全世界的普及以及旅游供给的不断完善，为散客旅游的发展创造了条件，越来越多的人开始加入散客旅游者的行列。在美国，散客旅游收入已占到其旅游营业收入的41.2%，而团体旅游的这一比例只占到5.7%。

6. 传统的观光旅游将让位于度假旅游

进入21世纪，旅游将不再是少数人奢侈的生活方式，而是一种大众化的活动，像人们吃饭、穿衣一样普遍，大多数人在其一生中将多次外出旅游。据统计，在英国，平均每年外出旅游达3次的人占全国人口的半数；在法国，这一比例也达到45%；而在瑞典，这一比例则更高，达75%。人们会发现，很多旅游景点都已经"观光"过了，有的地方甚至已经去了不止一次。久而久之，人们对观光旅游将失去兴趣，传统的走马观花式的观光旅游将让位于以休闲、娱乐、放松为目的的度假旅游。

作为一种新的旅游形式的度假旅游，一般具有以下特点：

（1）度假旅游的访问地相对固定。度假旅游者到达目的地后，一般活动范围不大，往往局限于度假村及其周围地区。

（2）度假旅游更强调休息。观光旅游者意于游山玩水，欣赏异国情调，以开阔视野，增长见识，而度假旅游的目的则主要是在工作紧张之余，寻求消遣，消除疲劳，增进身心健康。

（3）度假旅游在一地的停留时间相对较长。度假旅游的目的是为了好好休息，因此，在一地停留的时间较长。而观光旅游者则不然，往往是走马观花式的，有的当天来，当天走。

（4）度假旅游者一般不需要导游。

7. 无主题旅游向主题旅游转化

随着旅游活动的开展，传统的无主题旅游将很难满足每位游客的特殊需求，而根据游客的特殊兴趣和爱好设计的旅游产品对于旅游者则更具号召力，如"孔子文化游"、"三国寻古游"、"自驾车旅游"、"亲子游"等。因此，旅游市场将进一步细化。

8. 旅游业的可持续发展将成为未来旅游业发展所追求的永恒主题

旅游资源的过度开发，旅游业的盲目发展，已经对社会及生态环境造成了危害，进而已经威胁到旅游业自身的发展，人们越来越清醒地认识到，旅游业不再是无烟工业。因此，旅游业的可持续发展将成为未来旅游业发展所追求的永恒主题，各国政府、社区、旅游企业和旅游者应为实现旅游业的可持续发展而共同努力。

9. 生态旅游将成为一种新的旅游潮流

生态旅游能够满足人们回归自然的欲望，随着社会的发展，人们的这种欲望将越来越强烈。此外，生态旅游还是实现旅游业可持续发展的重要途径，因此，生态旅游将得到旅游者和旅游经营者的普遍重视，以保护生态环境为核心的生态旅游将取代纯粹的观光性质的旅游活动。

10. 中国将成为世界第一旅游大国

中国有十分丰富的自然和文化旅游资源，随着中国改革开放的不断深入，中国在国际上的政治、经济地位不断提高，影响不断增大，与此同时，旅游业也得到了快速的发展。近30年来中国旅游业发展呈现以下几个基本趋势：

（1）国内旅游收入迅速增加。

自1985年以来，我国国内旅游收入出现了持续快速增长的势头。1985年时，我国国内旅游收入还只有280亿元人民币，到2008年时已经增加到了6628亿元人民币（均按2000年不变价），23年间增长了近23倍，年均增长率高达15%，远远超过了同期国民经济的年均增长速度。现在，旅游业已成了名副其实的新的经济增长点。

（2）旅游创汇能力不断提高。

现在，旅游创汇已经成为许多国家获取外汇收入和实现国际收支平衡的重要手段。改革开放后，尤其是自20世纪90年代以来，我国一直把发展国际旅游业作为促进我国服务出口贸易、拉动经济增长尤其是旅游业增长的一项重要战略举措，并取得了良好的成效。旅游业现已成为我国出口创汇的重要途径之一，国际旅游外汇收入从1978年的2.63亿美元上升到了2007年的419亿美元，30年间增长了近160倍，年增长率超过了19%。2008年由于金融危机的影响，我国国际旅游外汇收入有所下降，但也仍高达408亿美元（均按现价）。伴随着旅游外汇收入的持续增加，我国旅游外汇收入的国际排名也因此迅速上升，由1978年的第41名上升到2007年的第5名，说明我国国际旅游业在世界旅游业中的竞争力提高了。世界旅游组织的预测表明，中国旅游业将在21世纪高速发展，到2020年，中国旅游总产出将占国内生产总值的8.64%，旅游消费将占总消费的6.79%，旅游投资将占投资总额的8.16%，接近世界平均水平。

（3）入境旅游和国内旅游人数持续增长。

统计表明，近30年来，我国国内游和国际游两个市场的旅游人数基本上都呈现出稳步增长的态势，其中国内游人数则由1984年的2亿人次增加到了2008年的17.1亿人次，增长了7倍多，年增长率为9.36%；入境游人数则由1978年的180万人次增加到了2008年的1.3亿人次，增长了71倍，年增长率达15.3%。世界旅游组织预测，到2020年时中国将接纳1.37亿的国际游客，占全球国际游客的8.6%，远远超过法国、美国、英国等旅游大国，从而使中国成为世界最大的旅游目的地。

在入境游人数中，过夜旅游者人数也出现了快速增长。过夜旅游者一般来自国外，他们的人均消费支出一般比非过夜旅游者要大得多，因而对入境游市场的发展起着非常重要的作用。自1978年以来，来我国过夜的入境旅游者人数从71.6万人次上升到了2008年的5305万人次，增长了73倍，年增长率高达15.4%。

改革开放30年来，旅游业成为中国服务业中最具活力和潜力的新兴产业，成为中国国民经济新的增长点。近年来，我国政府大力培育和扶持旅游业这个新的经济增长点，使其在扩大内需、促进就业、推动开放、增加创汇、带动地方经济增长和社会发展、提高人民生活质量方面取得明显成效。

当前，我国旅游业发展面临着大好时机。一是从新世纪开始，我国将进入全面建设小康社会，加快社会主义现代化新的发展阶段，这将为我国旅游业加快发展创造更好的条件。二是随着我国加入世界贸易组织以及西部大开发战略的实施，我国对外开放将进入新的阶段，这将为我国旅游业发展提供强大的动力。三是经济全球化和区域经济一体化加速发展，使各国经济相互融合程度日益加深，人员的国际流动和国际文化交流更加频繁，为我国旅游业加快发展提出了新任务。四是积极发展同世界各国友好往来，为旅游业发展创造了良好的国际环境。

根据国家旅游局的研究结果，再经过20年的发展，中国将实现从亚洲旅游大国向世界旅游强国的历史性跨越。到2020年，中国旅游总收入将超过3.3万亿元人民币，相当于国内生产总值的8%，真正成为国民经济中的支柱产业。接待入境旅游者人数等指标要逐步赶上世界旅游强国，把世界旅游组织关于到2020年中国将成为世界第一位旅游接待大国的预测变为现实。

在这样的形势下，认识旅游服务经济的重要性，探索旅游服务活动的规律，加强旅游服务营销的研究，以指导旅游服务企业的实践，乃势所必然，刻不容缓。

项目二 旅游购买者需求及其影响因素分析

现代旅游企业要在竞争中争取到有利位置，需要有较多的客源予以支持和配合，要获得较多的客源，就必须吸引、创造并留住客源，要进一步留住客源，就必须对客源市场的消费者行为有充分、准确的把握，了解消费者的消费喜好和消费习惯。

任务1 旅游需求分析

旅游需求是指旅游者对有能力购买的某个具体旅游产品所产生的欲望和要求。在当今社会，人们的物质需要得到极大的满足后，开始追求高层次的生活标准和生活方式，由此旅游的需求也就产生了。

1. 旅游需求的特点

（1）波动性。旅游购买行为的实现既受旅游目的地的政治局势、汇率等因素变化的影响，也常常受一些突发事件的影响，如航空事故、自然灾害等，容易引发旅游需求出现随机变化。

（2）复杂性。旅游需求受旅游者的年龄、性别、身体状况、教育水平、职业等自身主观因素和社会文化、经济发展状况等外界客观因素的影响，旅游者对旅游产品和服务的需求及购买行为千差万别。旅游营销者必须充分分析旅游者需求变化趋势，准确预测，提高营销应变能力。

（3）区域性。同一地区旅游者的需求和购买行为具有相似性，不同地区旅游者的购买行为表现出较大的差异性。旅游者的购买行为也往往因为旅游活动成本和交通的影响表现出区域性。

（4）季节性。旅游需求的季节性主要受旅游目的地旅游产品的季节性和休假制度等因素的影响。对于旅游需求的季节性，旅游营销者在旅游旺季向旅游者提供更多、更好的服务、让旅游者获得最大的满足，同时也应该在旅游淡季采取积极有效的措施，如旅游新产品的开发、宣传促销、产品价格调整等营销活动，来刺激旅游需求的变化。

（5）层次性。旅游者因需求层次的不同而表现出不同的消费行为。根据美国心理学家马斯洛的需求理论，人的需求由低级别向高级发展排列成层次性成长。在此过程中，每个时期因经济、文化等原因，其购买行为表现不同。

（6）发展性。人类社会在进步，旅游需求也在不断发展。传统的观光旅游产品已经不能满足现代旅游者探索求知的需求了。为了适应旅游者需求的变化，旅游经营者需要不断地开发新的旅游资源，完善旅游接待设施，更新旅游产品。

2. 旅游需求的类型

旅游需要是人类总需要的一个组成部分，同人类总需要相比，其内容和范围相对地狭窄一些。但是，它的内容也是多方面的，可以从不同角度进行归纳和总结。根据旅游需要对旅游活动的影响以及旅游本身的意义，可以将旅游需要分为三种：调节身心的需要、求新求异的需要和探索求知的需要。

（1）调节身心的需要。在现代化社会中，特别是在那些高度城市化和工业化的社会中，人们的生活千篇一律，毫无生气，工作都是例行公事，机械化而缺乏灵活和变化。激烈的竞争和对效率的追求使工作的人群精神高度紧张，生活节奏不断加快。单一的、快节奏的生活使人在精神上产生厌倦。因此，人们就需要暂时摆脱这种环境，改变一下生活和工作的内容，松弛紧张的神经，恢复精力和体力，调节身心活动规律。旅游可以使人们暂时摆脱感到单调、造成身心紧张的工作环境和生活环境。因此，旅游成为满足这种生活规律需要的活动方式。人们的这种基本旅游需要，既包括生理内容又包括心理内容，开展满足这种需要的旅游活动应当注意这两方面的效果。满足这两种需要，可以通过在异地环境中进行休息、疗养、观看、参加体育活动，也可以参加其他娱乐性的旅游活动。

（2）求新求异的需要。在旅游中，寻找、感受与自己日常生活截然不同的生活方式，去见识没有见过的新鲜事物，去探寻世界各地的奇风异俗，这可以说是现代旅游的主旋律。随着教育的发展和信息技术的不断进步，人们对自己常住地以外地区或国家的了解有所增加，使得人们更加希望离开常住地到其他地方走走，因为光靠阅读书报或听别人介绍等间接手段来了解和想象外部世界，是不能满足人们的好奇心的。异国风情、民族特色、风俗习惯、文化冲突这些都是满足自己求新求异的旅游需求的必备条件，也是旅游资源对旅游者最大的吸引力。旅游者需要亲自去看一看，亲身体验一下他乡的新异之处。大众化旅游的发展实践证明，相当多的旅游者的旅游动机中都包含有这种求新求异的需要，以满足自己的好奇心。

（3）探索求知的需要。知识和信息在现代社会中是最重要的工具，尽管资讯如此发达，但是亲自去考察，体验那些神秘的自然和传统的文化还是对旅游者具有很大的吸引力，可以满足旅游者的求知欲望。旅游给人提供了一个突破自身有限空间，开辟外界广阔空间的条件。人们总是生活在一定的空间和一定的社会环境中，这种空间环境既为人们提供了认识外部世界的条件，但同时又成为认识外部世界的障碍。为了扩大认识的范畴，就可以通过旅游去开辟新天地，获取外部世界的新知识。可以说，每一次的旅游活动都能了解到不同的知识，有不同的感受。在旅游中，人们通过观赏雄伟壮丽的自然景色，凭吊历史悠久的名胜古迹、参观革命和建设的伟大成就，领略异国他乡的风土人情，欣赏其他民族的音乐舞蹈，不仅能够获得积极的休息和娱乐，同时还可以增长地理、历史、文学艺术等各方面的知识，验证以往从书本上得到的知识和理论。这种需要对人的旅游活动将会发挥越来越重要的影响。

当然，除了调节身心、求新求异和探索求知这三种最基本的旅游需要外，还能通过旅游来满足社会交往、提高社会地位、获得荣誉和别人的尊重等需要。还要注意的是，人们参加其中一次旅游活动往往不只是为了满足某一种旅游需求，而是为了满足几种旅游需求。

任务2　影响旅游消费者旅游需求的因素

旅游服务消费者的购买行为受多种因素的影响，这些因素有来自消费者自身的，如动机、概念、学习、倾向之类的心理因素和年龄、性别、职业之类的个人因素；也有来自消费者所处的外界环境的，如社会阶层、参考群体、家庭、角色与地位等社会因素和文化、亚文化因素。不同的消费者，影响因素的数量不一样，某一因素的影响强度也不一样。

1. 文化因素

文化是指人类从生活实践中建立起来的价值、道德、信念、艺术、法律、伦理、风俗习惯等内容构成的综合体。文化是一个社会所有成员共同拥有的东西，是决定人类欲望和行为的基本因素，文化往往决定着一个社会的消费习惯、伦理道德、价值观念和思维方式等。文化的差异引起消费行为的差异,对购买行为的影响尤为深远。

一个国家的文化中又包含若干不同民族的、种族的、宗教的、地理的亚文化。文化背景的不同给消费行为造成的差异在不同的国家和民族之间最为显著。例如,东亚与欧美在庆祝春节、服装消费等反映出地域文化的差异;再如,中国人喜欢的水仙花,在西方消费者的眼中是一种不良的象征,暗喻自恋与自怜。

文化具有广泛性、社会性、渗透性,旅游者可以模仿,也可以在新的区域创造出新的需求。旅游营销是一种文化营销活动。营销人员必须了解旅游者的文化背景和社会群体的文化差异,并以此提供符合具有不同文化需求的产品和服务。同时可以了解文化变迁所带来的旅游消费者购买行为的变化。

2. 社会因素

旅游消费者所处的社会集团(如家庭和经济组织等)以及所属的社会角色和地位不同,其购买行为亦不同。影响旅游消费者购买行为的社会因素主要包括社会阶层、参考群体、家庭、角色和地位。

(1) 社会阶层。社会阶层是根据人们的社会地位、声望、价值观以及生活方式等划分的相对稳定的人的群体。同一社会阶层中的消费者其价值观念、生活习性和消费行为有很大的相似性。他们对产品和服务的选择与要求基本一致。不同阶层成员的价值观、兴趣爱好、行为方式有较大差异。在旅游服务领域,社会阶层高低的划分标准与消费者的教育状况、经济实力、政治身份有很大的相关性。

分析社会阶层对旅游购买行为的影响,对旅游企业的市场营销决策有一定的参考作用。处于上层社会的旅游者虽然人数少,但购买旅游产品的次数多,是提供豪华型旅游项目和服务的旅游企业必须争取的客源;处于中等阶层的旅游购买者队伍庞大,是购买旅游产品特别是购买高中档旅游产品的主力军,是大多数旅游企业必须努力争取的对象;处于下层社会的旅游者虽然数量众多,但旅游产品购买能力较低,偶尔出行也主要购买经济型旅游产品,是提供经济实惠型旅游产品的旅游企业应重点争取的对象。

旅游营销管理人员应在充分研究旅游者所处阶层,认识旅游购买行为相似性和差异性的基础上,进行旅游产品设计和定位,运用适当的沟通工具与目标旅游市场那个进行对话与沟通,正确引导购买行为。

(2) 参考群体。参考群体也成为相关群体,是指对一个人在认知、情感的行程过程和行为的实施过程中用来作为参照标准的某个人或某些人的集合。旅游消费者的参照群体是指直接或间接影响其消费态度和行为的社会群体。参考群体一般可以分为两类:一类是成员群体,另一类是非成员群体。在成员群体中,又分为首要群体和次要群体。首要群体是与消费者经常接触的人,同事、邻居、家人、亲朋好友等一些非正式群体,他们对消费者的购买决策影响很大;次要群体是不与消费者经常接触的正式群体,如旅游协会、民族团体,次要群体一般起导向作用。非成员群体又可分为向往群体和厌恶群体。向往群体,又称为崇拜群体,是消费者希望加入的群体,它可以使消费者有时疯狂地追随其行为模式,对消费者起到很强的模范作用;厌恶群体是消费者拒绝加入的群体,它使消费者做出厌恶甚至相反的购买行为。

参考群体特别是首要群体和向往群体对购买行为的影响较大,主要表现在三方面:第一,令消费者自觉地追随其行为,否则消费者的心理会有紧张感;第二,向消费者展示出新的行为模式和生活方式;第三,影响消费者的态度和自我印象。因此,营销人员应该关心和服务于旅游者的参考群体，特别是具倡导者地位的参考群体的消费行为和生括方式，利用参考群体来影响旅游者的消费态度，使更多的人追随它。

（3）家庭。旅游购买者是以个人或家庭为单位购买产品，家庭成员和其他有关人员在购买活动中往往起着不同的作用，并且相互影响，构成了消费者的购买组织。在对众多家庭旅游购买决策行为研究后，营销专家把家庭决策类型分为四类：一是丈夫主导型。即丈夫对决策起主导作用并在事实上做出最后的选择。二是妻子主导型。即妻子对决策起主导作用并在事实上做出最后的选择。三是孩子主导型。儿童对家庭旅游的影响作用很大，尽管儿童对旅游时间的长短、交通方式、旅游开支等决策没有多大的直接影响，但却可以决定选择哪一类旅游目的地，并影响者全家所共同参加的各种活动，四是民主协商型。这种决策是家庭成员共同做出的，家庭成员在决策过程中都起作用，任何一方对决策都没有明显的主导作用。

现代旅游企业营销人员发现，妻子在家庭旅游购买的决策权逐步扩大，孩子也越来越有发言权，特别在那些儿童、妻子、丈夫所谓的"太阳、月亮、星星"式结构的家庭，儿童对购买一些旅游产品的决策有较大影响力。

此外，家庭所处生命周期的不同发展阶段也会对旅游者购买行为产生重要影响。家庭生命周期是指一个新的家庭成立到此家庭消失的全部过程。一般可以划分为四个阶段：新婚期、满朝期、空巢期和年迈期。在不同阶段，旅游者行为特征有明显的不同，如表10-1所示。

表10-1 家庭生命周期各阶段的旅游者行为特征

家庭生命周期阶段	阶段范围界定	家庭特征	旅游者行为特征
新婚期	建立家庭，尚无子女	经济状况较好，消费购买量大	旅游率高，爱度假
满巢期	已有子女，家庭成员完整	家庭大量收入用于子女消费，储蓄心理，喜欢购买多组合、实用型产品	对旅游新产品感兴趣，喜爱广告宣传的促销产品
空巢期	子女独立，仅剩父母	对经济状况和银行储蓄感到满意	对适合老人特点的休闲、娱乐和旅游项目感兴趣，对旅游新产品不感兴趣
年迈期	父母退休或年迈，甚至丧偶	收入急剧下降，需要照顾、关怀	休闲娱乐旅游与上一阶段类似

资料来源：中国旅游网，http://www.cnta.com.

（4）角色与地位。角色是个人在各种不同场合起的作用，每一角色都伴有一种地位，地位是社会对个人的总评价。旅游服务消费者一般会选择与自己的角色和地位相匹配的旅游服务，旅游服务本身也象征一定的地位。例如，政府官员在公务会议期间的旅游，需要有豪华套房、高档先进的交通服务、一定级别的服务接待人员等与共相配。当然，炫耀型的旅游服务消费者的购买行为也可能超出其社会地位和角色。

一个人的角色和地位是会发生变化的，随着这种变化，消费者的购买行为也会发生转变。旅游企业要尽可能制定出各种角色和地位所需要的产品，满足不同身份消费者的需要，也为同一消费者当角色和地位变化后重新选择服务产品打下基础。

3. 个人因素

个人因素主要指消费者的年龄、职业、性别、个性、经济条件、生活方式、健康状况、居住地等。

（1）年龄。不同年龄的消费者，有不同的心理偏好、生理特征、旅游经验、收入水平、闲暇时间，这些决定了他们的购买行为存在较大差异。少年消费者有父母的经济支持，无忧无虑，处于身体的成长发育期，常与家人、同学或者老师集体出游，他们对外界的最大兴趣在于娱乐、动态的游戏活动，旅游企业要向他们提供富有童心、娱乐型、动态型、集体型的服务项目。青年人有足够的时间和精力，有行动的自由，往往喜欢探险性的服务产品，但经济实力较弱，他们一般选择服务程序较自由化的、参与性强的、快节奏的旅游产品。中年人有一定的时间、精力和经济收入，所以他们的旅游服务需求或者是公务型的，或者是家庭度假休闲型的。老年人有充裕的时间和较强的经济实力，但往往由于身体的原因，对旅游服务的品位要求较高，经常选择舒适、豪华、慢节奏的旅游服务产品。

（2）性别。性别对旅游服务消费者购买行为的影响主要由男女的生理和心理差异、传统文化所赋予的不同性别角色行为、不同性别在社会结构中所处的不同地位和由此带来的不同收入造成的。男女在诸如视觉、听觉、触觉等感觉刺激方面的差异导致消费者对旅游服务营销的感受不一样。女性比男性更关心旅游产品的安全问题，男性比女性更乐意购买冒险性、刺激性强的旅游产品。在购买过程中，女性一般比男性更细心，更会讨价还价等。

（3）职业。职业不仅决定了一个人的社会地位和经济收入，更决定了闲暇时间的多少和旅游服务需求的类型。收入的多少直接限制了消费者购买旅游服务产品的类型、品牌、购买方式以及购买频率。闲暇时间的长短影响了消费者购买旅游服务产品的时间点和享受服务的时间段。不同职业的消费者对服务产品的要求不一样，如担任企业高层主管职业的人士收入高、事物繁忙，多愿意选择放松型、闲暇型旅游产品；教师旅游购买行为主要集中在寒暑假；公务员旅游购买行为多集中在几个长假等。

（4）生活方式。旅游者的生活方式是受文化背景、社会阶层、生理、人生经历等因素影响，如个人的活动兴趣及态度等方面的表现。人的生活方式影响其消费行为，旅游营销人员应了解和研究旅游者的生活方式，根据旅游者的偏好建立起一致性关系，提供满意的服务。

（5）个性。个性是一个人所持有的心理特征，它导致一个人对自己所处的环境有相对一致和持续不断的反应。通常个性可以用自信、支配、自主、顺从、交际、保守等性格特征来描绘。比如，有时代感的、新潮服务常常成为开放个性消费者的选择而不被保守个性的消费者喜欢；强烈支配个性的消费者可能认为服务人员的周到服务使自己感到被动、受控制。

（6）经济状况。旅游消费是一种弹性较大的消费，旅游者的经济状况在很大程度上影响其对产品和服务的选择，影响其对某种特殊服务的消费决策。因此，旅游营销人员必须了解潜在旅游者的可支配收入变化情况以及对旅游消费支出的态度。当经济收入发生变化时，旅游营销人员应积极地调整服务的范围和标准。

（7）居住地。见异思迁、追求差异是多数旅游者的共同心理，旅游目的地在气候、地形、地貌、水文等方面与居住地的差异是导致旅游购买的重要因素。如居住在内地的人们向往碧海、蓝天、沙滩、闲鸥的滨海风光，居住在沙漠戈壁的人们向往杏花、春雨的江南美景，居住在江南水乡的人们期望领略骏马、秋风的塞北豪情。旅游企业推出与旅游者居住地差异明显的旅游产品，将激发人们的购买兴趣。

（8）健康状况。健康是所有旅游活动的必备条件，旅游服务的异地性决定了任何一项旅游活动都需要体力和精力。因此，人们在实施旅游购买行为时会视健康状况而定。健康状况不同的人，选择旅游产品也有一定的区别。例如，年老体弱者不愿意购买冒险旅游产品，如登山、蹦极、滑水、帆板等，而乐意购买疗养条件较好的旅游产品，如入住有温泉的酒店、选择有滋补价值的营养食品等，健康成为针对这类游客最好的卖点。

4. 心理因素

影响旅游购买行为的心理因素包括需要与动机、感觉与知觉、学习、信念与态度等。

人类的一切活动，包括购买行为都是为了满足自身的某些需要。需要，就是人感觉到缺少什么从而想获得它的一种心理状态。一种尚未满足的需要会使人产生内心的紧张和不安，当它达到迫切的程度时会发展成为一种驱使人们采取行动的强烈的内在刺激（也称为驱动力），当这种驱动力被外在刺激引向一种可以减弱或消除它的刺激物时便发展成为一种动机。因此，动机就是一种推动和维护人们为达到特定的目的而采取行动的思想意识，是行为的直接原因。当需要被满足时，人的紧张和不安状态就会被消除，心理也就重新恢复到平衡状态。人的需要和动机是多种多样的，但人的需要总是反映着有机体内部环境和外部生活条件的某种要求，动机总是与需要及实现需要的行为相联系。

根据需要与动机的起源性可以将其分为两种：一种是物质性需要及其引发的动机，即与人的物质性满足相联系的需要和动机；另一种是精神性需要及其引发的动机，即与人的精神性满足相联系的需要和动机。在实际生活中，人们的物质性需要与精神性需要、物质性满足与精神性满足往往是交织在一起的，消费越是向前发展这种现象越突出。

美国现代心理学家和行为学家亚伯拉罕·马斯洛（1908～1970）在他的著作《动机与人格》中提出了需要层次学说理论。他认为人的需要是按照一定层次排列的，从最迫切的需要到最不迫切的需要，依次是生理需要、安全需要、社会需要、尊重需要、自我实现需要五个层次。在这五个层次的需求中，低一层次的需要只要有了相对程度的满足，即可出现较高层次的需要，较高层次的需要也只要得到相对程度的满足，即可出现更高层次的需要。某一层次的需要未得到满足，这种需要会强烈地驱使他进行各种行为，去满足这种需要。

在马斯洛的需要层次中，旅游属于比较高级的需要层次，因为只有人们的温饱安全等基本需要满足之后，才能实现旅游的需要。如果这些低层次的基本需要得不到满足，旅游需要就很难实现。例如，2003年的非典疫情严重破坏了外出旅游的安全保障，这使得人们走下需要阶梯，退而求其次，寻求安全感。因此诸如瘟疫、自然灾害、空难、战争、犯罪活动、酒店火灾、食物中毒等事件都会激发起人们对低层次需要的渴望，因而会抑制旅游需要。

马斯洛的需要层次理论指出了各种需要之间关系的一种基本模式，对我们了解人的需要、动机和行为是非常有帮助的。需要与动机是一个较为复杂的问题，只有对其进行多角度的细致考察和具体分析才便于旅游企业在营销工作中加以把握。这里必须把握以下几点：

第一，人们的购买动机总是和满足一定的需要相联系的。但在一定时期内，人们的诸多需要中只有那些被明确意识，迫切地想要实现，并且达到激发和推动人们朝着一定方向行动的程度时才发展成为购买动机。因此，需要不等于动机。购买动机的形成是一个心理过程，营销人员不仅要善于了解人们的需要，而且要善于设计和运用适当的营销组合，刺激和促使人们认识并将某种或某些需要转变为足以引起购买行为的动机。

第二,在现实生活中,人们的各种需要和动机往往交织在一起,同一购买行为可能与多种需要和动机相联系,这里有两种基本情况需要注意:一是在各种需要和动机的强度大致相同时,这些需要和动机综合地决定着人们对某一事物的态度,旅游企业应注意运用营销组合从多个角度予以满足,以赢得顾客;二是在各种需要和动机的强度有所不同时,其中的主导需要和动机决定着人们对某一事物的态度,旅游企业要善于抓主导需要和动机开展有针对性的营销活动,以提高营销工作的效率。

第三,人的任何需要和动机都不会脱离一定的条件而产生,同时其满足与实现也不会脱离一定的条件而达到。因此,旅游企业不仅要了解旅游者需要和动机本身,而且应对需要和动机产生以及满足、实现的条件做出具体分析,否则也难以有效地开展自己的营销工作。

项目三 旅游产品的开发

任务1 旅游产品的概念及特征

【案例链接】

江西瑞金:打造特色旅游新产品吸引八方游客

2009年,随着"十一"国庆黄金周的到来,革命老区江西瑞金创新思路,推出红色旅游新产品,吸引了八方游客纷至沓来,饭店宾馆预订率达70%以上,旅馆招待所预订率为65%,预计黄金周7天时间,接待游客将超过10万。

为了迎接"十一"国庆黄金周,瑞金市一方面大力进行城市改造和景区景点建设,使城市品位和旅游综合服务功能得到极大提升;一方面深入挖掘主题旅游产品,推出了叶坪"共和国寻根游"、沙洲坝"红井思源游"、云石山"长征体验游"、烈士馆"缅怀祭奠游"、纪念馆"博览感悟游"等5大特色红色旅游新产品,并且还组织开展"红色文化进景区"活动,在叶坪景区推出了苏区经典历史情景再现表演节目,在宾馆酒店则推出了《红都魂》大型综艺晚会、《八子参军》音乐报告剧、《长征组歌》大合唱等晚间表演节目,极大地丰富了红色旅游的观赏性和趣味性。

瑞金是红色故都、共和国摇篮、红军长征出发地。第二次国内革命战争时期,中国共产党在瑞金领导工农红军坚持革命斗争五年多,中华苏维埃共和国第一、第二次全国代表大会都在瑞金召开,伟大的苏区斗争为瑞金留下了180多处革命旧址和纪念建筑、10265件珍贵文物,其中有国家级文物保护单位33处,省级文物保护单位4处。目前,国家和中央已有40个部、委、局在瑞金修复了他们的旧址"前身"。瑞金是国务院首批命名的全国爱国主义和革命传统教育基地,全国12大重点红色旅游区、30条红色旅游精品线路和100个红色旅游经典景区之一,成为人们铭记历史、缅怀先烈、接受洗礼、汲取力量的理想之地。

旅游产品是旅游市场营销组合四大要素之一,也是其中最重要的要素。因为在旅游市场营销组合中,首要解决的问题就是旅游企业以什么样的旅游产品来满足目标市场的需求。没有合理有效的旅游产品策略,也就无所谓旅游产品价格策略、旅游分销策略和旅游促销策略的制定。由此可见，旅游产品不仅是旅游企业赖以生存和发展的基础，也是旅游企业开始其经济活动的出发点。

1. 旅游产品的概念旅游

以服务形式表现出来的产品。它既是一个整体组合概念，也是各单项旅游产品的有机组合。对旅游目的地来说，旅游产品是该地区所提供的食、住、行、游、购、娱产品组合，即餐饮、住宿、交通运输、游乐点和娱乐设施、购物品的合乎比例的组合。对于旅游者来说，旅游产品则表现为一次旅游经历。例如，某人五一时购买黄山观光旅游产品，他首先要从居住地乘坐交通工具前往黄山，购买门票，然后才能享受黄山优美的自然风光。在游览黄山期间，他要购买食、住、行、游、购、娱等各项产品，黄山要为这个旅游者提供相应的旅游服务。其中任何环节出现纰漏，都会影响整个旅游产品的实现。

综上所述，所谓旅游产品，从供给者角度来说，是指旅游经营者凭借一定的旅游资源和旅游设施，向旅游者提供的满足其在旅游过程中综合需要的服务，通过旅游产品的生产与销售，旅游经营者达到盈利的目的。这里，旅游产品最终表现为活劳动的消耗，即旅游服务的提供。而旅游服务是与具有一定使用价值的有形物结合在一起的服务，只有借助一定的资源、设施、设备，旅游服务才能得以完成。而从需求者的角度来看，旅游产品是指旅游者支付一定的金钱、时间和精力所获得的满足其旅游欲望的经历。旅游者通过对旅游产品的购买与消费，获得心理上和精神上的满足。

2. 整体旅游产品概念

现代市场营销理论认为，一切产品都是围绕消费者需求中心发展而来的整体产品概念。所谓整体产品是指一切能满足消费者某种需求和利益的物质产品和非物质形态的服务，包括核心产品、形式产品和延伸产品三个层次。为了更好地把握旅游产品的内涵，旅游企业也需要从整体产品的三个层次来理解旅游产品。

（1）核心产品。核心产品反映的是服务或者产品的使用价值与功能，是顾客消费旅游服务产品的主要内容，是产品整体中最基本、最主要的部分。顾客购买某种服务产品，并不是为了获得其本身，而是为了满足某种特定的需求。比如，人们接受按摩服务，并不是为了让人在自己身上到处揉捏，让身体的穴位受到刺激，而是为了获得按摩后的轻松感觉，消除身体疲劳，或者治疗某些疾病。顾客愿意支付一定的费用，首先就在于购买服务产品的基本效用，并从中获得利益。

（2）形式产品。形式产品是指核心产品借以实现的形式或目标市场对某一需求的特定满足形式，也是产品的基本形式。它由五个特征所构成，即品质、式样、特征、商标及包装。如饭店就是包含许多出租房间的建筑物，以及员工的面貌等，通过这些因素，饭店提供给客人的核心利益才更易被客人认识，而且使世界上的饭店呈现出各自的特色。旅游企业应该力求完善旅游产品的外在形式以更好地体现无形服务，以满足顾客的需要，提高顾客的满意度。

（3）延伸产品。延伸产品是指旅游者购买旅游产品时所得到的附加服务与利益，它能给旅游者带来更多的利益和更大的满足。如售前咨询、售后服务、优惠条件等。延伸产品的概念来源于对市场需要的深入认识，因为购买者的目的是为了满足某种需要，因而他们希望得到与满足该项需要有关的一切。美国学者西奥多·莱维特（Theodore Levitt）曾经指出："真正的竞争不是发生在各个公司的工厂生产什么产品，而是发生在其产品能提供何种附加利益（如包装、服务、广告、咨询、融资、送货、仓储及具有其他价值的形式）"

由此可见，任何一种旅游产品的消费都是一个整体系统，不单满足某种需求，还能得到与此有关的辅助利益。相应的，旅游企业所出售的旅游产品也应是一个整体系统。在激烈的竞争中，只有向游客提供更完善的服务，才能满足游客所需。

3. 旅游产品的特殊性

旅游产品既不同于工农业生产的物质产品，也不同于一般服务行业所提供的服务性产品，它是一种特殊的产品，其特殊性主要表现在以下几个方面。

（1）旅游产品是一种整体性产品。现代旅游活动是一种综合性的社会、经济、文化活动，它要满足旅游者物质、精神等多方面的需要，因而要求旅游产品的内涵也必须是丰富多样的。因此，旅游产品是由食、住、行、游、购、娱等多种要素组合而成的综合产品。例如，一间客房、一顿美餐、一次游览活动都是整体旅游产品中的一个组成部分，也称单项旅游产品，只有通过旅行社将他们组合起来，才能形成组合旅游产品。通常，团队旅游者多数由旅行社安排参加包价旅游，即购买组合旅游产品；而散客旅游者或团队中个别旅游者，则根据自己的特殊需要购买单项旅游产品。

（2）旅游产品是一种动态性产品。从旅游者的角度来看，旅游产品是指旅游者花费一定时间、精力和费用所获得的一段旅游经历。这个经历包括旅游者从离开常住地开始到旅游结束归来的全部过程中，对所接触的各种事物和所接受的服务的综合感受。由于人的需要是不断变化的，因此旅游产品不同于一般物质产品稳定的形态，而是随着旅游者需求的变化，在内容、组合结构、服务质量上存在差异性。旅游产品的动态性一方面体现了其满足旅游者需求的灵活性；另一方面也增加了旅游产品和服务的难度。因而旅游产品的动态性特征要求旅游产品在各种单项产品和产品质量上应该是配套的，保证整个旅游活动过程各个环节的衔接和配合，才能使旅游者获得良好的旅游感受。

（3）旅游产品是一种服务性产品。旅游者的旅游活动主要是一种心理上的感受和精神上的满足，因此旅游经营者所提供的旅游产品是以服务为主的产品。也就是说旅游经营者凭借一定的旅游资源和旅游设施，向旅游者提供各式各样的劳务以满足旅游者的需求。旅游服务是与有一定使用价值的有形物质结合在一起的服务，一方面旅游服务的使用价值不是以物的形式来体现其效用，而是通过人的活动，即通过提供劳务发挥其有用性；另一方面旅游服务又必须借助一定的旅游资源、旅游设施和设备，有时甚至消耗一定的原材料得以实现，这就是旅游产品与一般服务产品的最大区别。

任务 2　旅游产品开发原则

旅游产品的开发是一项系统工程。为此，需要对旅游市场需求、旅游商场环境、投资风险、宏观政策、旅游基础设施、劳动力素质等进行深入分析，制定出符合旅游目的地实际的旅游产品开发、设计的最优方案。旅游产品开发中必须遵循一定的原则。

1. 独创性原则

在旅游产品开发中，个性即成功。只有为旅游者提供独一无二的旅游经历，才算是成功的旅游产品开发。所以，产品主题突出、鲜明，表现在具体内容上要有强烈的地域文化和民族文化特色。旅游者向往新鲜和刺激，因而旅游产品开发要着眼于旅游者的求异、求奇心理，让他们觉得产品独一无二。

2. 经济性原则

不论什么产品，经济效益总是其主要目标。没有利润的产品，无疑必将被市场淘汰，所以旅游产品开发要力求低投入、高产出。旅游产品开发要根据目标客源的需求，使他们的旅游需求得到满足，因此在开发之前应进行一系列可行性调查：对条件优越地区，如经济发达、地理位置、交通便利的，优先开发；对经济价值高、旅游资源较集中的地区，重点开发；避免因重复而造成资源的浪费，以实现旅游资源的优化配置。

3. 市场性原则

旅游产品的开发必须根据旅游者需求变化的趋势，做到适销对路。度假旅游、保健旅游、探险旅游和许多特色旅游产品的问世和第二代、第三代主题公园的出现，都是适应了市场需求而开发出来的。离开了市场，离开了旅游者的需求，任何开发出来的产品都会被抛弃。

4. 综合性原则

旅游产品是一种组合产品，构成的要素很多，其生产与开发涉及许多相关产品与部门，因此，为满足旅游者食、住、行、游、购、娱等需求，必须做到综合开发旅游产品，即各项服务设施要求配套齐全，并保持一定比例关系；在有限开发重点产品时，要照顾到次要产品的开发；在注重档次产品开发时，要兼顾一般产品的开发。

5. 可持续发展原则

可持续发展强调人类需要，也强调资源限制和代际公平。因此，旅游产品的开发要充分考虑旅游资源和环境的承受能力，确定合理的旅游资源和环境容量，使开发对生态环境的破坏减少到最少，确保旅游资源永续利用。具体来说，就是要利用先进的环保技术进行保护性开发、使旅游宾馆、饭店、厕所、餐饮点等的建设符合保护的要求，节约能源，改变传统的消费方式，努力提高并延长旅游产品的生命力。

任务3 旅游新产品开发策略

1. 旅游新产品的概念

一般来说，新产品是与原有产品相对的概念，在旅游市场营销中，新产品的概念需要从产品整体概念的角度来理解。即产品整体概念中任何层次的更新和变革，所引起产品在内容、质量、档次、品种、特色、结构和服务等某一方面或若干方面的变化，而与原有产品有一定的差异，并为顾客带来新的利益的产品都称为新产品。也就是说，只要具备以下条件之一的产品都可以称为新产品：新的原理、构思与设计；新的原材料；新的功能；更高的质量与服务；新的用途；新的市场或带给顾客新的利益。

新产品是一个相对的概念，它与老产品没有绝对的界限。许多新产品就是在原有产品的基础上，不断改进、创新、发展而来的。就旅游产品而言，具体可分为旅游目的地开发、旅行社产品的开发、旅游饭店产品的开发以及旅游景点的开发等。旅游目的地开发主要包括旅游基础设施的建设与完善、旅游资源的规划、上层设施的建设与完备，旅游管理与服务人员的培训等方面的内容；旅行社产品开发主要包括旅游线路的安排，旅游景点的搭配，旅游活动项目、日程、交通、食宿和购物等方面的内容；旅游饭店产品的开发主要是在涉及饭店的选址、设施与服务、饭店形象及价格等方面作出决策。

2. 旅游新产品的类型

旅游产品按照其自身所具有的创新或改革程度，大致可以分为四类。

（1）创新型旅游新产品，也称全新产品。它是指运用现代科技手段创造出来的具有新内容的旅游产品。这种产品能够满足旅游者一种新的需求，无论对旅游市场还是旅游企业而言都是新产品,它可以是开发一个新的旅游景点,开辟一条新的旅游线路或者是推出新的旅游项目等。创新型的旅游新产品创意策划难度大,所以研制开发周期长,而且投入资金、人力、物力较多,风险较大。例如,美国一家船舶公司在洪都拉斯建造一艘可容纳40000名乘客的海上城市——"自由"号巨型游轮;这个未来长期在热带海域游弋的现代城市,每两年绕地球一周,它三分之一的时间在航行,剩下的时间在世界各地旅游港口停靠;不少人已经为这种全新的生活方式动心,15%的豪华套间已被预订。

(2)换代型旅游新产品。换代新产品是指对现有旅游产品进行较大改革后生成的产品。如旅行社原来经营纯观光旅游产品,现在发展为观光度假型旅游产品。纵观世界旅游业的发展,旅游产品一般都会经历由传统的"一般性观光型产品"发展到"主题型观光产品",然后到"非观光旅游"的升级换代过程。第一代观光旅游产品主要是以自然文化资源为主,旅游方式多以参观为主,旅游地点也多为一些热点城市如北京、上海、西安等。第二代观光旅游产品仍是以自然文化资源为主,文化性和历史性的气息更浓,产品也已经不是第一代的机械连接与强行搭配,而是主题鲜明、集中的旅游路线如华东五市五日游等,旅游方式已由单项参观逐渐过渡到双方参与。第三代旅游产品在前两代旅游产品发展的基础上,强调人文资源与自然资源结合的一致性,特种旅游与专项旅游并重,同时观光与非观光结合的组合性旅游产品也将占一定比重,如烟台长岛推出的"渔家乐"产品。总之,换代型旅游产品意味着旅游产品结构正向高级阶段发展,它与原旅游产品在时间上是继起的,空间上是并存的,相互补充,互为促进。

(3)改进型旅游新产品。改进型旅游产品是指对原有旅游产品不进行重大革新,只是在原有基础上,进行局部形式上的改进,而不进行重大改革的旅游产品。这种旅游产品可以是旅游项目的增减或是服务的增减,也可以是配套设施的改进如团体综合包价旅游改为小包价旅游,客房服务增加儿童免费加床,西餐厅二十四小时营业,等等。总之,旅游产品的实质在整体上没有较大改变。

(4)仿制型旅游新产品。仿制新产品是指市场上已经存在,某旅游经营者对其进行局部的改进和创新,但基本原理和结构是一致的产品,它同换代产品和改进产品一起被称为市场新产品。仿制在旅游市场上极为常见,它是一种重要的市场竞争策略。因为全新产品投资多,宣传费用高,可能获得的利润极不确定,具有较大的风险,所以很多旅游企业往往采用一种"坐视"的态度,当看到某一旅游项目在市场上很畅销时,则迅速进行仿制并推向市场,如"夕阳红"旅游线路被众多旅行社效仿;深圳的"世界之窗"取得成功后,北京、长沙相继推出了"世界之窗"。

3. 旅游新产品开发策略

旅游企业要保持活力和在竞争中获得优势,很重要的途径就是进行新产品开发,这也是旅游业长期生存的必要条件。旅游部门和旅游企业常采用以下策略进行新产品的开发。

(1)资源重组策略。

旅游资源是旅游产品开发的依托。旅游部门和旅游企业必须更新资源观念,在充分了解和挖掘现有旅游资源的基础上,进一步进行资源的优化重组,进行产品的更新。

1)以文化为纽带组合旅游资源。旅游本质上是一种旅游者寻找和感悟文化差异的行为与过程。因此,可以分别以自然要素为对象的生态文化、以宗教与民俗为主体的传统文化、以高科技和新文化为代表的现代文化等多种类型的文化特色来整合旅游资源。而且,通过文化来组合旅游资源和开发旅游产品,有利于营造文化差异环境和内容的市场卖点。

2）从市场需求的角度来组合旅游资源。这也是目前各旅游企业最常用的开发策略。旅游开发首先要满足或创造旅游需求，激发旅游者的旅游动机。因此，从市场角度出发的整合方式首先要对旅游市场做深入调查和对旅游者消费行为进行分析，然后进行旅游线路或相关产品的开发。例如，旅行社针对老年人市场，专门推出"夕阳红"旅游专列，整个旅游行程也是为老年人量身定做的，一经推出，就受到欢迎。

3）从经济效益的角度来组合旅游资源。任何旅游企业最终目的都是为了盈利，旅游新产品开发要体现这一原则，即旅游资源组合要能够实现旅游资源价值增值和利润回报，提高产业贡献率。

（2）产品升级策略。

开发全新的旅游产品技术难度大、投资多，风险相对较高，因而旅游企业必须通过现有产品升级战略来不断地营造新的旅游产品来延长旅游产品的生命周期，以满足旅游消费者不断变化的市场需求。

1）提高旅游产品品质。提高产品品质的一个重要途径是持续对旅游产品生产设计与管理的完善与改进，对原有旅游资源进行深度开发，不断丰富原有旅游产品的内容。例如旅游餐馆推出24小时营业，旅行社给团体游客赠送旅游帽、旅行包等；又如，被誉为亚洲第一游乐园的东京迪斯尼乐园，自开园到现在，一直保持着游园人次的长盛不衰，但东京迪斯尼乐园仍耗巨资不断增添新的游乐场和器具来吸引游客和让来过的游客重新再来，被称为"永远建不完的乐园"。

2）提升旅游产品形象。是指在原有旅游产品形象的基础上提炼新形象，从而使旅游者从一个崭新的角度来认识原有的旅游产品，并产生强烈的兴趣。例如，丹麦针对自己的特色，推出"童话王国"，我国香港地区的旅游业也对自己重新定位，淡化了"购物天堂"，强调"动感之都"、"万象之都"，着重渲染香港生活的丰富多彩，包罗乡间漫游、名胜古迹、山间小道及博物馆等。

3）引入和应用高新技术设计大创意、大手笔的旅游项目产品。目前，我国仍处于旅游产品开发的初级阶段，无论在旅游资源文化内涵还是在景观审美特征的挖掘与展示方面，都未能依托科技手段与技术支持，以致难以推出参与性和娱乐性较强的、具有竞争力的高科技旅游产品。所以，创新意识较差和技术含量偏低就成为影响我国旅游产品开发的瓶颈因素。我国的旅游产品开发要改变科技投入的被动情况，必须积极寻求智力支持与技术的依托，通过全面利用现代的声、光、电、全息等技术，制作与推出具有一定轰动效应的高科技旅游产品，提高旅游产品的竞争力。

（3）品牌延伸策略。

品牌延伸策略，就是要凭借名牌效应开发旅游产品。旅游业经过这么多年的发展，已经形成了一些知名度高、信誉度较好的旅游名牌产品，并已经形成了一定的名牌效应。

1）保持和维护现有品牌质量。质量是企业的生命。而旅游企业的服务水平、产品质量、企业信誉和市场知名度又是现有品牌的载体，所以，旅游企业必须加强这方面的管理，维护和提高现有品牌的知名度与美誉度。

2）实施品牌延伸策略，提高现有品牌的利用效率。当旅游企业的品牌效应发展到一定程度时，可以通过组建松散的企业联盟，或进行品牌特许权经营，或组建多样化经营的综合性集团公司，将连锁加盟企业、相关行业企业与核心企业有机联系起来，共同使用现有品牌，以提高品牌的利用效率。例如,美国快餐业巨头麦当劳把自己的经营范围从汉堡店扩展到住宿,全世界第一家麦当劳旅馆已经于 2001 年 3 月 18 日在瑞士苏黎世机场附近正式对外营业。这家麦当劳旅馆的客房是严格按照麦当劳的宗旨设计的。旅馆虽然尚未正式评定星级,但麦当劳的规范管理,保证了品牌延伸企业的经营质量。

3) 规范管理,保证品牌延伸企业的经营质量。名牌产品的市场地位主要是由于产品优势、成本优势和营销优势组合而形成的市场竞争优势,最理想的名牌产品就是拥有高技术、高质量、高文化含量和低成本、规模化的产品。因此,应当在人才、技术、资金、管理等方面对品牌延伸企业进行全面质量管理,以保证其整体旅游产品的质量和信誉。

项目四　旅游服务质量与服务文化

任务 1　旅游服务质量概述

1. 旅游服务质量的概念

旅游的综合性和服务的无形性以及服务质量深刻的内涵,决定了旅游服务质量的抽象性和复杂性。对旅游服务质量的含义进行理解,旅游市场是一个必要的切入口。从旅游者角度看(旅游服务的需方),旅游服务质量是旅游者在旅游准备、旅游过程、旅游结束后对旅游服务的体验与其期望值所形成的价值反映。从旅游企业角度看(旅游服务的供方),旅游服务质量是旅游企业所提供的服务在旅游市场上的认可程度,市场是检验服务质量的公开场所,以旅游者的需求为标准,只有经过市场检验的服务质量才是合格的。根据旅游服务质量的定义可知旅游服务质量与服务结果、服务过程有关,还与企业过去服务业绩的积累有关。因此它包括以下方面的内容。

(1) 品牌性识别。对服务性企业而言,品牌是信誉、质量的象征,是企业在长期的经营过程中积累起来的一种无形资产。它是过去服务质量的积累,是现在服务质量的承诺,更是对未来服务质量的规划。当我们提到里兹·卡尔顿、希尔顿、香格里拉时马上可以联想到高质量、有特色的服务。服务品牌具有隐形的效应,它会间接影响旅游者对服务质量的评价和识别。

(2) 技术性质量。它是旅游服务结果的质量。即旅游企业提供的服务项目、服务时间、设施设备、服务质量标准、环境气氛等满足旅游者需求的程度。旅游企业提供的服务结果会直接影响旅游者感知的服务质量。例如,酒店为旅游者提供客房、餐饮、娱乐等服务项目。服务结果是旅游者感知服务质量的重要组成部分,对它的评价往往比较客观。

(3) 功能性质量。它是旅游服务过程的质量。功能性质量与服务人员的仪表仪容、服务态度、服务程序、服务方法等有关,还与旅游者的心理特点、知识水平、行为偏好等因素有关。同时受其他外在条件的影响,如在同一个旅游团中,旅游者对服务质量的评价会干扰其他旅游者对服务质量的感知。功能性质量的评价往往比较主观。

技术性质量和功能性质量相互作用、相互影响,是一个有机的统一体,在二者之间合理地分配资源,使二者达到动态的平衡,有助于服务质量达到最优化,在这些基础上的不断积累可以形成服务品牌。旅游企业在战略规划中应形成以服务品牌为中心、以技术性质量和功能性质量为基本点、以市场竞争为目标、以旅游者的需求为导向的综合平衡体系。优化服务体系的结构,形成总投入与总产出的最佳组合,使企业获得可持续的发展。

2. 旅游服务质量的特点

旅游服务质量的特点主要包括：

（1）整体性。旅游活动是一个综合的过程，食、住、游、行、娱、购缺一不可。在旅游过程中，旅游者要感受各个要素的服务。例如，在饭店感受客房服务，在餐厅中经历餐饮服务，在商场体验购物服务，在旅游景点品味导游服务等，最终形成整体旅游服务的印象。旅游服务质量的整体性要求旅游业的各个部门必须协同工作，共同提高服务质量，才能使旅游者获得满意的体验。

（2）脆弱性。旅游服务质量的脆弱性表现在：一是企业员工在服务的过程中由于自身或外在条件的原因易使每一次的服务出现差异性，这是个体服务质量的脆弱性；二是旅游的季节性决定了行业服务质量的不稳定性。在旅游旺季，游客数量超出接待人员提供优质服务的能力范围，会严重地影响服务质量。在旅游淡季，稀少的游客影响了员工提供优质服务的积极性，同样会使服务质量出现波动。服务质量的脆弱性会严重影响旅游企业和旅游目的地的形象，因此，减少服务质量波动是旅游企业管理的重要任务。

（3）阶段性。旅游活动伴随着服务关系，因此，旅游服务的质量可以分为三个阶段：第一个阶段是旅游者在客源地组团社所发生的服务关系的质量；第二个阶段是旅游者与目的地接待社以及旅游业其他部门所发生的服务关系的质量；第三个阶段是旅游者返回客源地与组团社发生的服务关系的质量。各个阶段以旅行社服务为纽带连接，各个阶段的服务质量相互影响，共同形成整体的服务质量。旅游服务质量的阶段性需要企业不仅关心自身的服务质量，更要关心相互之间的协作质量，包括组团社与接待社之间的衔接质量，接待社与酒店、餐厅、商场、旅游景点、娱乐场所之间的协作质量等。

（4）差异性。旅游者不同的文化背景、心理偏好、个人经历会影响他们对服务的评价。相同的服务对于不同的旅游者会有不同的评价。除此之外，其他因素变化也会造成服务质量的差异性。例如，在旅游过程中，旅游者之间的评价会相互干扰，因此旅游企业在提供标准化服务的基础上，更要提供有针对性的个性化服务。

任务2　顾客满意度——衡量旅游服务质量的客观标准

随着消费者自主意识的增强，企业间竞争的加剧，企业经营管理理念的变化，越来越多的企业感受到只有以顾客为中心，持续地令他们满意，才能与他们建立长期的关系，企业才能获得可持续的发展。而那些忽略顾客需求的企业，注定要在竞争中失败。20世纪70年代开始以塑造和传播企业形象为宗旨的CI战略风靡世界，许多企业从中获得了巨大的收益。20世亿90年代以后一种超越CI战略的CS战略勃然兴起。CS是英文（Customer Satisfaction）的缩写，意思是顾客满意。旅游业是具有鲜明特点的综合性服务行业，实施CS战略具有重要的意义。

1. 顾客满意度的内涵

顾客满意度是营销学中的一个新概念，源自日本企业提出的顾客满意战略。对旅游业而言，顾客满意度的内涵应从三个方面来理解。

（1）从旅游者层面上讲，顾客满意度是旅游者对旅游服务的消费经验的情感反映状态。这种满意不仅仅体现在对一项服务的满意，更是一种系统的满意。例如，在旅游过程中旅游者满意不仅仅体现在对住宿服务、餐饮服务、导游服务等单项服务的满意，更体现为对客源地组团社的服务、旅游目的地接待社的服务以及其他互动关系的系统满意。在旅游活动中，旅游者不仅追求物质方面的享受（豪华的住宿条件、美味的饮食），更看重精神方面的享受和心理的美妙体验（例如，自然景观的和谐优美；人文社会景观的深厚文化底蕴）以及服务人员得体的举止和精妙的讲解。

（2）从旅游企业层面上讲，顾客满意度是旅游企业用以评估和增强企业业绩，以旅游者需求为导向的一系列指标体系。它代表了企业在目标市场中所有购买和消费经验的实际和预期的总体评价，是对企业服务业绩和经营质量的衡量。旅游企业在管理层面上的顾客满意度研究，是对目标市场上所有顾客个人满意度的研究与顾客群体行为满足过程研究的综合。

从旅游行业层面上讲，顾客满意度是通过一系列预先设定的指标体系对行业的整体服务质量进行粗略的评估和把握，目的是促使全行业的服务水平不断地提高和改进，以适应国际化竞争的趋势。旅游行业顾客满意度在一定程度上反映了一个国家旅游业发展的整体水平。美国从1990年开始由美国质量协会、美国国家质量研究中心、密歇根大学商学院三家机构联合研究建立了美国顾客满意度指数（American customer satisfaction index，简称ACSI），并于1994年第一次公布了测评结果，其中包括旅游业的顾客满意度指标。

2. 影响顾客满意度的因素

旅游企业与旅游者互动关系的质量决定了顾客的满意度，对顾客满意度的评价要从其构成要素开始。影响顾客满意度的因素有三项：旅游者经历的服务质量、旅游者预期的服务质量和旅游者的感知价值。

（1）旅游者经历的服务质量。旅游者经历的服务质量是用旅游者对近期的旅游消费经验的评价来表示，它直接影响服务中的顾客满意度。评价的结果具有很强的主观性。在实际操作中，用以下两项指标来衡量旅游服务消费经验的构成：

1）旅游服务的个性化程度。这是指旅游企业针对旅游者不同的选择、不同的需求、不同的偏好，提供有针对性的个性化服务的程度。例如，里兹·卡尔顿酒店安装了一个可记录客户爱好需求并自动把信息传递到世界各地的知识系统，可以针对客人的不同偏好，提供有特色的个性化服务。最新的网络经济的迅猛发展，为旅游企业提高个性化服务创造了良好的条件。例如，http://www.ctrip.com 所提供的富有个性化的自助旅游。

2）旅游服务的标准化程度。这是指旅游企业提供标准化、程序化、规范化服务的可靠程度，是提供优质服务的基础。研究表明，提供标准化服务可以消除顾客的不满，但不能带来顾客的满意。因此，仅提供优质的标准化服务并不能使顾客真正满意。

（2）旅游者预期的服务质量。这是指旅游者对以往旅游消费的经验，加上各种渠道的宣传（服务品牌、广告、口碑）以及自身的心理偏好所形成的对未来旅游服务的预期。服务质量的预期既包括旅游者通过各种渠道所获得的信息——亲朋好友的口碑宣传、旅游企业的服务品牌和广告宣传等，又包括旅游者个人的心理因素，是旅游者在对旅游企业过去服务能力总结的基础上对未来服务质量的预测。企业不仅要引导旅游者形成合理的服务预期，同时要研究他们的预期，尽量满足他们的需求，甚至超过他们的预期。在一定条件下，旅游者预期的服务质量决定了他们的满意度。

（3）旅游者的感知价值。这是指旅游者所感受到的价值相对于自己所付出的货币价格的服务质量。将价格概念引入整个框架，使不同价位、不同企业的服务质量之间具有了可比性。在一定条件下，旅游者感知的价值越高，则其满意度也越高。旅游企业有必要深入研究企业自身的价值链以及旅游者的价值链,用服务创新来提升旅游者的满意度,同时为培育企业的核心竞争力奠定基础。

3. 顾客满意度的分析

在对顾客满意度的影响机制深入了解的基础上,可从旅游者的效应和消费两个角度分析有关顾客满意度的理论。

(1)旅游者的效应分析。

从经济学有关消费者效应的理论出发,通过分析旅游者效应的满足情况可以掌握旅游者对服务的满意度。旅游者愿意付出时间、金钱、精力去旅游,是因为他们预期在旅游中获得的总价值大于总成本,所以旅游者的满意度可用旅游者购买的总价值与总成本之比来表示,即顾客满意度=旅游者购买的总价值/旅游者购买的总成本。

两者的比值越大则顾客的满意度越高。旅游者购买的总价值是指旅游者在旅游中所获得的利益,包括以下四个方面:

1)技术性服务价值。这是旅游服务所产生的最终结果。它是旅游者关注的最基本的价值,是旅游者进行市场选择的基本条件。例如,旅游者选择不同性价比的旅游产品(不同星级的酒店和不同档次的旅行社)是因为它们带给旅游者的经历和感受是不一样的。

2)功能性服务价值。这是旅游者在旅游的过程中所获得的利益,是构成总价值的主要因素。正是在旅游中对服务质量的一次次评价决定了旅游者的满意状况。例如,旅游者在餐馆用餐,不但享受了美味,消除了饥饿,而且会对用餐的氛围、服务人员的举止、态度等作出评价,从而形成对这次餐饮服务的评价。

3)员工价值。这是旅游企业员工的业务素质、服务效率、应变能力、服务态度、职业道德等所产生的价值,属于技术性服务的附加价值。具有丰富的专业知识、态度热情周到、专注于旅游者需求的员工可以使旅游消费过程充满乐趣,增加旅游者的满意度,同时可以使旅游者产生重复购买的欲望。旅游是富有人文主义色彩的高级享受活动,企业要想提高顾客的满意度,首先必须提高员工的满意度,即提高员工的自身价值。

4)企业形象价值。这是技术性服务和功能性服务的延伸部分,是企业的价值观、经营理念、服务品牌、技术、质量等经过积累后外化为社会公众对其的有形评价。企业形象是宝贵的财富,从心理学角度分析,它满足了旅游者的虚荣心和尊重感,是吸引旅游者消费甚至形成品牌忠诚的内在灵魂,给旅游服务增添了无形的价值。

旅游者消费服务具有一定的风险性,这是由于购买活动具有一定的成本。旅游者购买的总成本包括以下四个方面:

1)货币成本。这是旅游者购买服务的货币价格。它是旅游者购买成本中的基本因素,只有服务的货币成本低于旅游者预期的货币成本时,购买行为才可能发生。货币成本是旅游者考虑消费的主要因素,但不是唯一因素。所以企业应把货币成本与感知的价值结合起来,而不仅仅是降低价格,使货币成本成为提示服务质量的重要线索。

2)时间成本。这是旅游者在旅游整个过程中由于咨询、消费、投诉等花费的时间量。不管在哪个过程中,旅游者等待的时间越长,其成本就越高,则满意度会越低。企业应不断提高服务传递系统的效率,采取有效的补救措施,以降低旅游者的时间成本。

3)信息成本。这是旅游者在作出购买决定之前,由于获取服务的信息而付出的金钱和时间。企业应通过各种渠道增加与旅游者的沟通和交流,如广告宣传、产品宣传册、旅游咨询等,增加服务信息的易获性，降低信息成本，使旅游者获得较高的消费净价值。

4）精神和体力的成本。两者属于非经济性成本，企业不应忽视这一点，在旅游前，提高咨询服务的易获性；旅游中，通过有形展示创造良好的消费氛围，增加舒适性，开展有趣味的娱乐活动等；在旅游结束后，保持通畅的投诉渠道。这些都是以降低旅游者精神和体力的成本为目的。

综上所述，要提高顾客的满意度，必须从提高旅游者购买的总价值，降低购买的总成本两个方面入手，而这一切源于对旅游者需求的研究。

（2）旅游者消费——评价分析。

旅游者的消费过程包括三个阶段：购前阶段、消费阶段、评价阶段。因此通过对每一个阶段影响顾客满意度重要因素的研究，可以对顾客满意度有更全面的理解。

1）购前阶段。从旅游者意识到旅游服务需要开始到购买旅游服务之前所发生的一系列活动，包括旅游信息的收集、购买风险的判断和选择方案的确定。其中影响顾客满意度的主要因素为：一是信息的充分性。这是指旅游信息的可获性和准确性是否可以使旅游者作出理性的消费决策。旅游者获得信息的渠道有两种——人际渠道和非人际渠道。在旅游者看来，人际渠道比非人际渠道更可靠，因此旅游者更看重人际渠道，如亲朋好友的口碑宣传、专家学者的客观评价等，而比较忽视非人际渠道，如广告宣传等。旅游者在信息不充分的条件下，选择的余地就会受到限制，旅游消费的满意度也会受到影响。二是决策的风险性。这是指旅游者作出购买决策造成自己不希望得到的或是产生不愉快结果的可能性。旅游者决策的风险主要有：身体风险、财产风险、精神风险。身体风险是指旅游者在旅途中身体的不适感或是意外伤害。财产风险是指旅途中由于意外而使旅游者随身携带的财物受到损害。精神风险是指旅途中由于各方面的原因影响了旅游者的美好体验所带来的精神伤害。由于决策具有风险性，因此旅游者会选择信誉较好的企业。如果顾客认为购买服务将要承担更多的风险时，他们不会轻易转换品牌。因为品牌忠城是顾客减少购买风险、节约购买支出的一种手段。

2）消费阶段。这是指旅游者参与消费服务的全过程。在此过程中，旅游者要接触各种有形的物质实体、服务人员以及其他旅游者，他们之间相互作用的质量会直接影响顾客的满意度。

其一，接触管理的有序性。旅游者在旅游的过程中要接触物质实体、服务人员和其他旅游者。旅游企业必须对这些接触点进行有针对性的管理。例如，经营现场的有形展示、旅游者参与服务的管理、旅游者相互之间影响的管理等。有序的接触管理，是提高旅游者感知服务质量的重要途径。

其二，服务传递的高效性。这是指服务人员及时向旅游者提供服务的反应性和服务效率。高效的服务传递系统可以简化服务步骤，缩短顾客等候的时间，对旅游者的要求迅速作出答复。高效的服务传递系统可以提高输出的服务质量。

其三，服务沟通的有效性。旅游服务的沟通是双向的，既包括服务人员对旅游者的引导，向他们传递可靠的服务信息，传播企业的服务理念；也包括旅游者向服务人员准确表达他们的要求。有效的服务沟通可以使旅游企业更好地掌握旅游者需求的信息，从而提供更有针对性的服务。而旅游者由于对服务企业有更多的了解也可以在服务过程中更具主动性，从而提高其满意度。

3）评价阶段。从旅游消费开始，旅游者就会对旅游服务质量所涉及的一些方面作出评价，购后评价是对前面两个阶段的总结。当然，旅游结束评价阶段中也会有一些因素对评价结果产生影响。

其一，投诉渠道的畅通度。这是指旅游企业有意识地引导旅游者表达自己的不满，并建立投诉抱怨的渠道以及有效管理这些渠道的机制。研究表明，在服务不满意的顾客中只有4%会直接对公司讲，在96%的不抱怨顾客中，25%下次不再光顾，4%抱怨的顾客比96%不抱怨的顾客更有可能再度购买。从中可以看出，不抱怨的旅游者不一定对服务满意。因此，旅游企业应注重引导旅游者将不满与抱怨通过合适的渠道发泄出来，这也是体现服务质量的重要方面，如在服务现场设立投诉专柜。另外应高度重视旅游者的投诉，对投诉迅速作出反应，及时答复，并将改进的结果及时向旅游者反馈。

其二，售后跟进接触度。这是指在旅游者消费后，旅游企业仍主动与旅游者保持联系，了解他们对服务质量的满意度、对服务改进的意见和建议、需求满足的状况等。企业跟进越及时，对旅游者最终的评价影响越大。同时与旅游者的接触要保持一定的频率，这有利于了解旅游者需求的变化趋势，并采取措施挽留初次购买者，巩固已有的消费群体。

其三，口碑宣传的激励度。这是对旅游服务非常满意的旅游者向亲朋好友和相关群体介绍企业的服务以及自己的美好经历。企业必须加强对这些旅游者的管理，从物质和精神方面激励他们，并与他们保持一定的联系。这一方面可以建立他们对企业的忠诚度；另一方面可以强化他们义务宣传的动力。

总之，在旅游过程中，旅游者会对各阶段的旅游服务作出评价，最终形成对整体旅游服务的满意度。企业应把整个过程作为整体进行管理，不能有所偏颇，否则旅游者的满意度不会有质的提高。

【案例点击】

全世界最受喜爱的航空公司欢迎投诉

英国航空公司是世界上最受喜爱的航空公司，该公司成功的很大一部分是以新的方式倾听顾客的心声和处理顾客抱怨。英国航空公司通过研究，发现那些没有向英国航空公司抱怨其遇到问题的顾客有50%转到竞争对手那里，而那些告诉公司他们所遇到问题的顾客有87%都留在了英航。显然，抱怨应该被鼓励。考虑到一位商务旅行乘客的平均生命价值为15万美元，鼓励抱怨和留住他们就显得非常重要。英航通过建立一种"使顾客感到友好"的模式，它的目标是：①有效使用顾客反馈来改进服务质量；②通过团队合作努力预防未来的服务失误；③按顾客的要求赔偿；④用实际行动而不仅仅是宣言来保留顾客。最基本的目标是：防止顾客流失。

为实现这个目标，英航设置了一套四步骤的过程：第一步是向顾客道歉，并接受这个问题——不是要责备某个人，而是成为顾客的代言人；第二步是反应速度，处理问题的时间绝对不超过72小时，并且最好是立即解决；第三步是让顾客相信问题正在得到处理；最后，尽可能通过电话处理抱怨，英航发现遇到问题的顾客喜欢单独同可以解决问题的顾客服务代表谈话。这个过程需要在系统和人员方面进行大量投资。为此，英航投资建立了一个名叫Caress的计算机系统，不需要任何纸面工作，而是通过扫描或人工录入将与投诉有关的所有客户信包输入顾客投诉数据库。这样，一个特定顾客的信息就很容易找到，数据可以根据各种类型进行分析。处理抱怨的步骤也由13个缩短为3个。顾客代表拥有各种工具和权利，他们被授权可使用任何必要的资源保留顾客。

开始时，无论是由于好还是坏的原因，英航知道只有10%的顾客直接同航空公司联系。

为了努力收集顾客的抱怨，英航建立了12个"倾听哨"和其他联系渠道，包括已付邮资的明信片、顾客集会、调查和一个"跟我飞"计划（即顾客服务代表与顾客一起飞行，在第一时间经历并倾听顾客反应）等沟通方法来提供抱怨的渠道。公司在希斯罗机场设立了一个小录像间，不满的顾客可以立即在机场进入录像间向总裁抱怨。

英航不仅使用这些信息和系统直接保留不满意的顾客，同时还为将来使用这些信息和数据进行改进建立了系统。他们使用这些信息设计出一般失误类型，并且设计出早期预警机制来警示公司注意潜在的失误。英航发现，他们在抱怨管理方面的所有付出都物有所值，在保留顾客方面所做努力的每一磅花费，都获得了两磅的回报。

4. 持续地改进服务质量是提高顾客满意度的根本

顾客满意度是由许多无形的元素组成的，是旅游者一种起伏不定的心理状态，处于动态变化中。旅游服务质量必须与这种变化同步，甚至要超过这种变化，才能维持较高的顾客满意度。因此要持续地改进服务质量，提高顾客的满意度，首先要把握服务质量与顾客满意度之间的互动关系。

（1）服务质量与顾客满意度之间的关系。

1）顾客满意度是衡量企业服务质量的唯一标准。服务质量是旅游企业生存和发展的生命线，旅游企业要采取必要的措施来控制、评价、反馈服务质量。但旅游企业对服务质量的认识与旅游者的认识之间会有所差距，这直接影响了顾客的满意度。一些旅游企业虽然重视服务质量，但实际效果并不好，根本原因在于没有弄清服务质量的唯一评价者是旅游者。美国著名营销学家柏拉所拉门、塞登尔、贝利所提出的服务质量差异模型，可以说明这一点。因此旅游企业提供优质服务的起点是充分了解旅游者的期望和需求。

2）顾客满意度的总体评价与服务质量多层次、多要素的矛盾。旅游活动涉及食、住、游、行、娱、购六要素，旅游者在游程中会对以上诸要素的质量作出评价。同时各要素也包含一些次级要素，它们也是旅游者评价服务质量的内容。例如，旅游者下榻酒店会对其中的硬件设施、服务项目、服务态度、礼貌礼节等服务要素作出评价。而顾客满意度是一种总体的评价，是对不同过程、不同层次、不同环节、不同要素质量的累加、综合。一旦某个过程、某个层次、某个环节、某个要素出现问题，就会影响其他方面的质量感知，最终影响顾客的满意度。例如，旅游者在飞机上遇到了空中小姐的不良服务，自然会影响接下来对酒店服务的评价。

3）服务质量不同要素的价值分析。旅游者有不同的文化背景、心理特质、个人经历，因此影响他们满意度的服务要素不尽相同，即具有相同满意度的旅游者会关注不同的服务要素。旅游企业应注重研究目标市场的动态，掌握旅游者的需求变化趋势，提炼旅游者关注的服务要素，在此基础上还要善于发现对提升顾客满意度贡献大的服务要素，对这类服务要素还应重点监控其变化趋势。只有真正掌握了不同服务要素在服务质量体系中的价值，才能体会服务质量的精髓。另外，研究不同服务要素与顾客的关系程度以及不同服务要素对顾客满意度的贡献大小，是进行有效服务创新的基础。

（2）旅游服务质量低下的原因分析。

在旅游服务质量管理过程中，组织的内在因素和外在因素都会影响服务质量，造成服务质量低下。而外在因素可以通过管理职能的完善来逐渐地改善，因此这里重点剖析造成服务质量低下的内在因素。

1）认识上的偏差。服务质量的复杂性和抽象性，使企业的高层管理人员难以正确把握服务质量在战略和竞争上的重要作用，结果造成了他们认识上的偏差。其一是他们不能通过表率作用在企业中树立正确的服务观念，直接的结果是员工对服务质量的忽视。其二是企业不能传递正确的服务文化，把服务质量当作专业人员的事情，忽略了服务质量的整体性，从而使旅游者感知服务质量的降低。

2）角色模糊。关于使旅游者满意的服务方式，服务人员和管理人员若不能达成共识，就会导致"角色模糊"。管理人员制定的服务标准和服务规范，需要服务人员的参与，才能在实施的过程中真正得到员工的认可。同时服务措施的实施需要管理人员对服务人员进行必要的指导才能保证实施的效果。可见服务人员和管理人员之间的沟通和交流应是双向的，才能使旅游质量管理工作更有针对性，避免"角色模糊"的发生。

3）缺乏远见。实际上，旅游企业应从企业服务文化的高度和战略的高度上认识服务质量问题，也就是说，要把服务质量作为旅游企业持续发展的核心，不断改进，持续提高，以服务质量为基础构筑企业可持续发展的核心竞争力。对待服务质量，旅游企业往往缺乏远见，一旦制定了有效的服务措施，认为就可以一劳永逸了，缺乏长远规划和系统思考，从而导致服务质量难以长期地令旅游者满意。

4）静态看待服务质量。随着社会的发展，旅游者的期望也处在动态的改变中。旅游企业的管理人员对环境变化所带来的需求变化缺乏足够的认识，不能及时对服务资源进行有效的组合和调整，从而导致服务质量落后于旅游者的需求。只有把握服务质量的变动趋势，得到组织机构和服务资源给予的充分的支持，才能持续地赢得旅游者的满意。

（3）改善旅游质量管理。

旅游服务质量低下的根本原因在于旅游企业对服务质量的属性缺乏足够的理解，从而不能掌握旅游者关心的服务质量问题。因此，在改善旅游服务质量方面，企业应根据旅游服务的特性，抓住旅游者的期望，激励员工认真对待关键时刻，并采取相应步骤，制定符合市场逻辑的旅游服务质量标准，进而建立高效、灵活的旅游服务系统，使企业的服务有所改善。改善旅游服务质量管理，首先应在战略高度上认识服务质量对于培育企业核心竞争力的重大作用；其次企业应积极地向员工传播优质服务的理念，理解服务质量对企业参与竞争的影响。在具体工作中，在了解企业存在质量问题的原因后，改善服务质量可以通过控制服务工作中的四种差距，来达到改善服务质量的目的。

1）控制顾客期望与管理者认知的顾客期望的差距。

①开展正规的市场调查，收集必要的数据，认真地分析调查的结果，使市场调查成为旅游企业与旅游者沟通的桥梁。

②增进管理者与员工之间的沟通，一线员工应主动将在服务中碰到的问题传达给管理人员，管理人员也应创造机会多接触旅游者，了解他们对企业服务质量的真实感觉。同时鼓励员工积极参与解决服务质量的问题。例如，酒店的管理人员可以进行走动式管理，一方面可以多接触顾客；另一方面也可以多了解员工的工作表现，增加与他们沟通的机会。

③旅游服务组织结构应尽量扁平化，减少管理层次，从而减少上下相互沟通的障碍。对一线职工，管理人员应大胆授权，鼓励他们积极解决服务问题。

④调整旅游企业网点的布局，缩短与旅游者的距离，便于与旅游者进行接触。

2）控制管理者对期望的认知与服务质量标准的差距。

①在企业与旅游者之间建立充分的服务关系，准确把握旅游者的需求与期望，重新设计正确的服务目标。

②根据旅游企业的不同特点制定切实可行的服务质量标准，对重复性、非技术性的旅游服务实行标准化管理。

3）控制服务质量标准与实际传递服务的差距。

①招聘合适的员工。研究表明，服务人员有5%的努力就能完成必要的工作，95%是员工的态度。因此招聘适合工作特点的员工，进行必要的培训，使员工不仅能胜任本职工作，而且有团队协作的精神。

②建立有效的监督控制体系。

③进行合理的工作设计。避免员工在企业和旅游者之间产生角色矛盾，企业尽量为员工提供必要的信息，降低员工产生角色不明的可能性。

4）控制实际传递服务和顾客感受的差距。

①加强旅游企业内信息的透明度，使员工了解企业的战略规划，各部门之间的工作计划等，以增强部门之间、员工之间相互协作的精神，从而实现企业的整体目标。

②避免夸大宣传对企业所提供的服务，以避免旅游者产生过高期望。企业的有关各种承诺，要与一线的服务人员很好地进行沟通。

旅游企业要找出服务中所存在的问题并不困难，关键要选择恰当的途径。企业内部要经常进行服务调查，观察一线员工和旅游者的动态。贴近员工，贴近顾客，真正用心去关心员工，接触顾客，帮助他们解决实际的问题，从而形成员工满意——旅游者满意——企业满意的良性循环。

总之，要改善旅游服务质量，只有依赖企业内部纵向之间、横向之间形成的相互制约、相互影响的服务质量网络，即每一名员工都向其他员工，同时又接受其他员工的服务。这样不管是企业的决策者、管理人员，还是一般的员工都是服务质量网络的一个节点，都应该向其他员工或顾客提供良好的服务，只有这样，企业的整体服务质量才会显著提高。另一方面，企业要经常审视物理世界和虚拟世界的价值链，发现新的价值增值空间，为旅游的价值链增添新的价值，这意味着旅游企业要不断地进行服务创新以实现服务质量的质变。

单元小结

旅游业是以旅游资源为载体，以旅游设施为条件，以旅游者为服务对象，为旅游者的旅游活动、旅游消费创造便利条件并提供其所需商品和服务的综合性产业。旅游资源、旅游设施和旅游服务是旅游经营运转中的三大要素。与之相适应的旅游饭店、旅游交通和旅行社构成了旅游业的三大支柱，在旅游业中居主导地位。

旅游业具有综合性、关联性、依托性、敏感性与涉外性等特点。

在当今世界，旅游业通常被认为是国民经济的重要收入来源之一。人们通常都很关注旅游给旅游目的地带来的经济效益和对国民经济的促进作用。但是旅游业的发展也并非是一国永不衰竭的"摇钱树"，而是利弊兼有，需认真研究对待。旅游业在"利"的方面，主要表现在：可以带动相关产业发展；可增加外汇收入，平衡国际收支；可以增加社会就业机会。但在"弊"的方面，在一国经济不景气时，它会引致物价上涨，导致通货膨胀；会影响到产业结构失衡，影响到国民经济的稳定，甚至会造成外汇漏损等问题。

旅游服务是旅游人员借助旅游景区景点和各种设施设备，通过旅游主客体之间行为接触和活动，为旅游者构造美好的旅游经历和体验，使其获得生理上和心理上的满足感，并使旅游企业和旅游从业人员获得利益的过程。

旅游业在当今世界有着广阔的发展空间，它已成为人们一种新的生活方式；其在国民经济中的地位和作用将会日趋提高；旅游业的经营已将实现集团化、网络化和国际化，旅游业竞争必会进一步加剧。同时，由于旅游服务产品是无形的，服务质量是由客人评价的，客人评价服务质量优劣的标准是否满足客人需求。而客人的需求又千差万别，既有共性的部分，又有个性化的部分，因此，要使服务上一个台阶，必须满足客人的个性化的需求，为客人提供个性化服务。此外，旅游的方式、需要实现的目标等均会产生不同的变化。

核心概念

旅游业　　旅游服务　　旅游需求　　旅游服务系统　　旅游产品　　整体旅游产品

训练题

1. 简述旅游业的特点。
2. 旅游对经济有哪些影响？
3. 什么是旅游服务？旅游服务有哪些特点？
4. 简述旅游需求的概念、特点及旅游需求的类型。
5. 分析影响旅游消者旅游需求的因素有哪些。

综合案例分析

"人质劫持事件"使菲律宾入境旅游业蒙上阴影

2010年8月23日上午9时左右，一辆装载25人（包括22名中国香港地区的乘客）乘客的旅游车在菲律宾马尼拉市中心基里诺大看台附近被菲律宾前警察劫持。经过谈判，6名香港游客于中午前获释。在事件持续了十余个小时后，菲律宾警方实施突击解救行动，香港游客中8人死亡，6人受伤，劫匪被击毙……

事件发生后，引起了全球旅游业的震惊，这将给菲律宾入境旅游业造成极大的损失。菲律宾旅行社协会（PTAA）总裁阿尔贝托已经确认，不少旅游团取消了旅行计划，理由是人质劫持事件。该事件使菲律宾政府受到广泛的批评，指责警方应付危机处理不当。阿尔贝托坦承人质劫持事件发生以后，许多游客都认为菲律宾不再是一个安全的旅游目的地。菲律宾旅行社协会表示，预计未来三个多月，旅游人数将减少至少10%，这将大大削弱旅游部门的努力，使旅游业收入大幅减少。

菲律宾旅游部副部长西米恩·马尔福瑞在出席广西桂林召开的第四届联合国世界旅游组织/亚太旅游协会旅游趋势与展望国际论坛时表示此次劫持事件已使菲律宾的入境旅游业遭受到了比较严重的打击，并且预计这种态势将至少持续三个月。在事发后的十几天中就有大约1000个到菲律宾的旅游团取消了行程，其主要来自中国大陆和中国香港，由此已经给菲律宾旅游业带来了约20万美元的旅游损失，而且可能会继续扩大到50万美元。

而香港理工大学酒店及旅游业管理学院教授宋海岩则预测，"劫持人质事件"对菲律宾入境旅游业的影响至少会持续两到三年。而由于东南亚国家地域文化和自然景观的趋同性，以及相差无几的出游成本，更多的国外特别是中国游客，或许会在今后一段时间内选择其邻国作为旅游目的地。

中国现代国际关系研究院、世界政治研究所所长高祖贵在接受凤凰网采访时指出，此次人质劫持事件的发生反映出菲律宾警方和有关安全力量确实存在欠缺，这样的事情如果发生的太多，或者在未来不断出现的话，显然会使人们对菲律宾的社会治安和相关部门的能力方面产生怀疑，这个怀疑自然就会扩展或者蔓延到人们对菲律宾整个环境，当然包括旅游环境，都会产生一些怀疑。这种怀疑一旦上升到一定程度，自然会对它的旅游业发展，对整个经济发展环境造成非常不好的影响。一个国家社会的安定和比较好的治安环境，不仅是发展经济和旅游，还有来自方方面面发展的一个重要的条件和基础，当人们到这个地方去消费和旅游，没有一个最最基本的安全保障的话，显然旅游是谈不上了，而且其他经济投资也谈不上了。如果说它相应的法治环境都没有的话，那整个的经济环境都会受到比较大的影响。这种局面再一次证明了，这不仅是菲律宾有这样的情况，其他所有的国家都有这个情况，所以当国际上的一些投资机构和咨询公司在评估一个国家的经济环境的时候，当地的政治稳定的情况、治安的状况和法治环境的改善状况，应该说是一个非常重要的方面。按这个标准来看的话，确实菲律宾方面是有所欠缺的，也给其他存在类似问题的国家提了一个醒。我们看到东南亚国家也有类似的多多少少的情况，这给我们提出了，如果要发展经济，特别是以旅游为重的国家和地区，首先良好的社会治安、良好的法治环境，还有一些良好的相关服务的环境，应该是比较重要的，这样才能吸引游客和更多的投资。

单元十一　会展服务营销

会展经济是一种新型经济形态,是社会生产力发展到一定历史阶段的产物,是与市场经济对信息交流的内在要求相适应的。在欧美国家,会展业被称为"城市的面包",是拉动经济增长的火车头。会展营销是建立在现代市场营销、服务营销、企业经营管理、企业服务等学科基础上研究会展企业营销规律的一门应用性学科。

- 了解会展营销的含义、特点、要素组合及模式划分;
- 了解会展营销的顾客服务的具体内容方法。

技能点

- 熟悉会展营销的产品策略、渠道策略、有形展示策略、促销策略;
- 掌握会展营销管理策划与控制的基本原理与技能。

项目一　会展营销概述

会展营销是建立在现代市场营销学、服务营销、企业营销管理学、企业服务学等学科基础上研究会展企业营销规律的一门应用性学科。

任务1　会展营销的含义与会展营销的特点

1. 会展营销的含义

会展营销是20世纪80年代所出现的"大市场营销观念"的产物。所谓的"大市场营销观念",是20世纪80年代市场营销战略思想的新发展。菲利普·科特勒在《哈佛商业评论》(1986年第二期)上发表的《论大市场营销》一文中指出企业已不能仅仅消极被动地顺从和适应外部经营环境,而应积极地去影响改变外部经营环境,并提出了"大市场营销观念"的战略思想。科特勒指出,企业的市场营销战略指除了4P之外还必须加上两个P,即"政治力量"(Political power)和公共关系(Public relations),成为6P,这种战略思想就是大市场营销。会展营销就是在大市场营销战略中产生的。企业通过产品参与会展,运用6P打开和进入某一市场,以创造和改变目标顾客的需要。

2. 会展营销的特点

会展行业的产品与其他行业产品相比，存在着许多特殊性，这些特殊性使会展营销不同于其他行业的营销。会展营销具有如下几个重要特点：

（1）会展企业是综合性企业，它的产品是组合型的，且具有无形性。会展企业为客人提供的是服务，客人参加会展活动后，没有留下任何物质产品。在客人参加会展活动过程中，会展企业给客人提供的是无形的服务，会展服务的无形性使客人在购买之前不可能事先了解服务的好坏，假如顾客以前未曾体验过会展企业的服务，那么他们在购买时要冒很大的风险。为了减少顾客购买会展产品前种种恐惧心理和担心，会展营销人员必须不断与客人进行交流，为他们提供可靠、有效的产品信息，通过会展广告、宣传小册子等宣传材料来展示会展产品，使无形的产品有形化，尽力将企业形象、服务水平以及产品能带给顾客的利益等充分地向公众传达，并使他们与众不同，而且还要真实可信，使顾客能辨认出来，为顾客所熟悉。

（2）会展产品还具有不可储存性。产品的不可储存性向营销人员提出了挑战，它要求营销人员将会展产品及时销售出去。假如营销人员不能把会展产品推销出去，那么其产品的价值就无法实现。

（3）由于会展产品的绝大部分属于服务，因此，会展产品还具有不一致性及质量难以控制的特点。这一特点也给会展营销增添了很大的困难。会展服务是由服务人员提供的，他们的素质、知识、技巧和态度各不相同，营销人员为了能使客人对会展服务产生良好的看法，就必须特别重视对会展企业服务人员的培训和激励工作，使会展企业服务标准化，以此来减少会展服务的不一致性和不稳定性。会展营销人员还可以通过各种检查制度来衡量客人对会展服务的满意度，以使减少服务质量不稳定情况的产生。

任务2　会展营销要素的组合

会展营销组合是会展企业依据其营销战略对营销过程中的构成因素进行配置和系统化管理的活动。

1. 会展营销组合的要素

会展营销组合由七个要素构成，即包括产品、价格、地点或渠道、促销、人员、有形展示与服务过程。

（1）产品。指会展产品必须考虑提供服务的领域、服务质量和服务承诺，同时还要注意品牌、保证以及售后服务等。

（2）价格。价格方面要考虑的因素包括价格水平、折扣、佣金、付款方式和信用。价格与质量间的相互关系，是会展企业必须予以重视的要素。

（3）地点或渠道。会展服务提供者所在地以及其地缘的可达性在会展销售中都是重要因素。地缘的可达性不仅是指实物上的，还包括传递和接触的其他方式。所以，销售渠道的形式及其涵盖的地区范围都与服务可达性的问题密切相关。

（4）促销。促销包括广告、公共关系、人员推销、销售促进或其他宣传形式的各种市场沟通方式。

（5）人员。把人员看作营销组合的一个要素，这在会展营销中有两方面的含义：其一，在会展公司和会展场馆中的任何人员，在顾客眼中其实就是会展产品的一部分，其工作人员担任着服务表现和服务销售的双重任务。也就是说，会展公司和会展场馆的服务提供者工作得如何，就像一般活动中销售能力如何一样重要。因此，营销管理必须和作业处理工作协调配合。其二，对会展业而言，顾客与顾客间的关系也应重视。因为一位顾客对一项产品质量的认知，很可能是受到其他顾客的影响。在这种情况下，管理者应面对的问题是如何在顾客与顾客间的相互影响中进行质量控制。

（6）有形展示。与一般服务业相比，会展业的显著特点是其有形展示的部分影响顾客对会展企业的评价。有形展示的要素包括实体环境及提供服务时所需用的实物装备。

（7）服务过程。服务产品和交付给顾客的过程是会展营销组合中的一个重要因素，所有的工作活动都是服务过程。服务过程包括一个产品或服务交付给顾客的程序、任务和日常工作。把服务过程看作营销组合一个独立的要素，是由于它对会展服务质量的重要性，这个要素对没有存货可以储存的服务行业而言其作用尤其突出。

会展服务过程的变化状况主要取决于人员。因此，服务过程和人员是紧密联系在一起的组合要素。会展服务过程因此也是一个在加强定位和产品开发中能起到实质作用的营销组合要素。

在以上会展营销组合的七项要素中，可以看出（1）至（4）是传统的产品营销组合要素，而会展营销组合的要素还要包括（5）至（7）项，即人员、有形展示和服务过程三项。这后三项正是会展营销组合特殊性的体现。这种特殊性表现出服务营销组合既是一种艺术，也是一项科学。

2. 会展营销要素组合的建立步骤

实践表明传统产品营销组合的层面和范围不适用于会展服务业管理。如以现有的结构和背景，提供服务的人并没有想到会展现有布局和陈列方式问题，但这些问题可能对于会展服务的购买有重要影响。事实上，一系列的要素（如人员、有形展示和过程）是传统产品营销组合框架所未能涵盖的。

会展营销要素组合的建立需经过以下四个步骤：

第一步，营销审计——审计企业可以为其目标市场投入的资格。

第二步，目标市场——以研究为依据，深入评估各种可能性。

第三步，设计组合——运用组合观念进行管理判断，建立自己本身独有的营销组合。

第四步，测试——根据组合规划者的构想进行检验。

经过以上四个步骤最后形成营销组合。

3. 会展产品定价的影响因素与会展企业定价目标

（1）会展产品定价的影响因素。影响产品定价的因素主要有三个方面，即成本费用、需求和竞争。成本是会展产品价值的基础部分，它决定着会展产品价格的最低界限。从定价的角度看，会展产品的成本费用可分为三种，即固定成本费用、变动成本费用和准变动成本费用。其中，固定成本费用是无论如何都要发生的费用。需求因素是指由于价格变动而相应引起的需求变动比率。它反映了需求变动对价格变动的敏感程度。竞争因素是指服务的无形性迫使顾客在消费时采用各种参照系，其中竞争者的同类服务就是最佳参照物之一；服务的同质性使这种参照更加容易导致激烈的价格竞争。

（2）会展企业的具体定价目标。会展企业的具体定价目标，要考虑如下五个方面的因素：一是生存。在不利的市场条件下，为确保能生存下去的定价，可能会放弃一些利润。二是利润最大化。为保证一定时期内取得最大利润的定价。三是销售最大化。是指为占据市场份额而定价。这可能包括最初亏损销售以赢得最大的市场份额。四是信誉。企业希望用定价确立其独占者的地位。星级饭店和大型商场就是典型例子。五是投资回报。基于为了实现所期望的投资回报定价。

任务3　会展营销模式的发展创新

会展营销的发展，使其营销模式在不断地扩展与变化，主要涉及到整合营销、关系营销、服务营销、网络营销等相关模式。在此，仅介绍会展企业对整合营销与关系营销模式的运用。

1. 整合营销

整合营销是会展企业在兼顾企业、顾客、社会三方共同利益这一目标驱动下，为了更好地协调企业内、外系统的关系和活动，在营销概念日益丰富和完善的基础上，演变和发展起来的一种更适合现代市场营销需求的新模式。

（1）整合营销与传统营销的区别。

首先，会展企业的整合营销理念打破了传统营销理念把市场营销只作为企业经营管理的一项重要功能这一框架。因为传统的营销理念的实质是把营销活动看成企业经营的一个职能。而整合营销要求会展企业的所有活动都合起来，所有部门共同努力为顾客的利益服务，营销活动要成为企业各部门的工作，即所谓的营销非功能化。

其次，整合营销理念改变了以往从静态的角度分析市场、研究市场、迎合市场的做法，强调以动态的理念，主动地迎接市场的挑战，更清楚地认识到企业与市场之间的互动关系和影响，不再简单地认为企业一定要依赖并受限于市场的发展，而是告诉会展企业应该努力地发现潜在市场，创造新的市场。因为在当今的市场形势下，创造市场也许比适应市场更为重要，创造市场比细分市场和确定目标市场也更为主动。

（2）整合营销的战略选择。

一要凸显会展企业个性。会展企业个性是指会展企业在会展市场中独一无二、为市场所认可和接受的独特形象。会展企业个性不是来自会展企业自身的设计，而是来自会展企业、顾客和环境的共同沟通，来自于会展企业、顾客和环境构成的价值系统。

二要确定会展企业核心价值观。整合营销要求确定企业核心价值观。会展企业核心价值观与会展企业个性相对应，是确保会展企业个性延续和发展的内在推动力，它是会展企业基本的和长期的宗旨。会展企业核心价值观包括正直、忠诚、热情、诚信、尊重、机会均等、进取性、奉献精神等内容。任何成功的会展企业都会有其独特的价值观。

三要树立会展企业的进取精神。整合营销要求确定了核心价值观的会展企业还必须具有进取精神，因为只有这样才能使核心价值观发挥作用，使会展企业个性得以凸显。进取精神是源自会展企业内部的一种冲动。进取精神是对动态复杂环境的一种适应性挑战，是一种巨大的内动力。只要有进取精神，会展企业就永远不会满足现状，会不断前进。

2. 关系营销

关系营销把营销活动看成一个会展企业与消费者、供应商、分销商、竞争对手、政府机构和社会组织发生互动作用的过程。关系营销的关键是建立并发展与相关组织和个人的良好关系，关系营销的核心是追求顾客忠诚。

（1）关系营销的特征。关系营销主要有四点特征：一是双向沟通；二是一对一营销；三是协同合作；四是互惠互利。

（2）关系营销的内容。关系营销强调发展下列关系：一是会展企业与顾客的良好关系；二是会展企业与竞争者的良好关系；三是会展企业供应商的良好关系；四是会展企业内部的良好关系；五是会展企业与政府和公众的良好关系。

（3）关系营销的层次。关系营销一般分为三个层次：一是一级关系营销，又称频繁市场营销或购买型关系营销；二是二级关系营销，又称社交型关系营销；三是三级关系营销，又称结构性营销，有时亦称为忠诚型关系营销。

项目二　会展营销的顾客服务策略

任务 1　会展营销的顾客满意度

顾客满意是会展营销的核心理念。顾客满意包括满意度、满意层次及五项具体指标。

1. 顾客满意度

顾客满意度，其一是感知效果低于期望，顾客就会不满意；其二是感知效果与期望相符合，顾客满意；其三是感知效果超过期望，顾客会满意、高兴或欣喜。

2. 满意层次

满意层次，其一是物质满意层，指顾客对会展企业产品的核心层，如会展产品的内容和形式等所产生的满意；其二是精神满意层，指顾客对会展产品的形式层和外延层，如会展产品有形展示和服务等所产生的满意；三是社会满意层，指顾客在对会展产品和服务的消费过程中所体验到的社会利益维护程度，主要指顾客整体（全体公众）的社会满意程度。它要求在会展产品和服务的消费过程中，要具有维护社会整体利益的道德价值观、政府价值观和生态价值观。

3. 满意感的五项具体衡量指标

满意感的五项具体衡量指标：其一经营理念满意，是指会展企业经营理念带给顾客的满意状态，它包括经营宗旨满意、经营哲学满意和经营价值满意等；其二行为满意，是指会展企业的全部的运行状况带给顾客的满意状态，包括行为机制的满意、行为规则满意和行为模式满意等；其三视听满意，是指会展企业具有可视性和产品可听性的外在形象带给顾客的满意状态，包括企业标志（名称和图案）、标准字、标准色等满意；其四产品满意，是指会展企业产品带给顾客的满足状态，包括会展产品质量满意、会展产品内容满意、会展产品设计满意和会展产品有形展示满意、会展产品品位满意和会展产品价格满意等；其五服务满意，是指会展企业服务带给顾客的满足状态，包括绩效满意、保证体系满意、服务的完整性和方便性满意，以及情绪和环境满意等。

任务 2　会展营销的服务策略

1. 会展服务承诺策略

会展服务承诺，是指会展企业通过广告、人员推销和公共宣传等沟通方式向顾客预示服务质量或服务效果，并对服务质量或服务效果予以一定的保证。会展服务承诺是服务广告及多种宣传等沟通活动的核心内容，会展企业的广告、人员推销和公共宣传等沟通活动，实质上都是对自己服务质量的承诺。

会展服务作为承诺服务的核心内容，对影响顾客的感知和期望，对引导服务人员的服务行为和贯彻执行服务标准都有重要意义。

（1）会议服务承诺是影响服务期望的一个关键因素。会展企业通过广告、宣传、推销、公共关系活动等沟通方式向顾客公开提出的承诺，直接影响着顾客对服务的期望。因此，会展服务承诺可以用来引导、控制和调节顾客的服务期望。当顾客对会展企业的兴趣不大和力度不高时，可以增加承诺的内容和力度，以增强顾客对自己的兴趣和提高顾客对服务的期望。当会展企业认为顾客期望过高和由此带来不利影响时，可以减少服务承诺的内容和力度，以此调节顾客对服务的期望。

（2）会展服务承诺有利于降低顾客感知伴随购买行为及享用服务的各种风险的机会。由于会展服务的无限性，顾客通常要承担较大的认知风险，而会展服务承诺是对服务效果的一种"有形"的预示（对服务效果的描述）和保证（如赔偿金额）。会展服务承诺可以起到一种保险作用，因而可以降低顾客由于多种不同的认知风险而产生的心理压力，增强顾客对服务的可靠感、安全感，从而促进会展营销。

（3）会展服务承诺有利于服务机构树立顾客导向的服务理念。会展服务承诺要对顾客有吸引力，承诺的内容（服务质量标准）必须是顾客最关心的，这就推动会展企业关注顾客和深入了解顾客对服务的各种期望和要求，树立以满足顾客期望和要求为导向的服务理念。

（4）会展服务承诺有利于信息反馈和便于顾客监督服务机构的活动。会展服务承诺的提出实际上就是一种信息的反馈机制，它为顾客提供了评判服务质量是否合格的依据，这有利于顾客意见的反馈和便于顾客监督。

（5）会展服务承诺有利于服务机构开展内部营销活动。会展服务承诺不但是针对顾客的，而且是针对机构自己的员工。会展服务承诺所承诺的质量标准，对顾客是一种吸引力，而对服务人员是一种鞭策力、一种挑战，也是一种激励。这有利于增强服务人员的责任心和振奋他们的精神。事实上，会展企业致力于推销服务承诺，这本身体现了一种气魄、一种信心、一种企业精神，对会展企业的人员会起到激励作用。

2. 会展服务承诺的履行

会展企业不但要敢于和善于提出服务承诺，而且要切实和有效地履行服务承诺。会展服务承诺与（实物）产品承诺不同，产品承诺是关于物的承诺，而会展服务承诺是关于人、行为及政策的承诺，其中包括运行部门（或一线人员）、二线人员和顾客（就参与意义上讲）等三类人。产品承诺的履行比较容易而会展服务承诺的履行比较困难，因它涉及会展企业的政策、程序、服务和人的管理。在服务过程中，上述几类人的行为都可能偏离服务承诺的内容，从而影响会展服务承诺的履行。在履行会展服务承诺时应注意：

（1）加强运行部门与营销部门的协调。

会展服务承诺的履行，需要加强运行部门与营销部门的协调。在会展服务承诺的问题上，营销部门与运行部门之间沟通和协调的不够，会影响会展服务承诺的履行，造成会展服务承诺与会展服务实绩之间的差距。因为营销部门是承诺者，运行部门是承诺履行者，承诺者与履行者之间缺乏沟通和协调，就容易造成服务实绩与服务承诺之间的脱节。加强运行部门与营销部门协调的管理策略有：

1）加强横向沟通，例如，利用工作会议促进运行部门与营销部门的实施。
2）利用项目（团队）管理加强运行部门与管理部门的协调。
3）将运行部门与营销部门的办公地点安排在同一办公室里。

会展企业可以利用每次工作会议促进运行部门与营销部门的交流。双方通过交流进一步了解彼此的目标、能力和限制因素，以便加强配合。采用项目（团队）管理的服务机构，可以利用项目组（团队）加强运行部门与营销部门的协调。如广告公司通常采用项目管理，在广告项目组（团队）里，有营销人员，即客户联系人员或广告业务人员，也有艺术设计、拷贝制作、广告制作、媒体联系等运行人员。广告公司可以通过广告项目组促进运行人员（部门）与营销人员（部门）之间的交流和合作。服务机构有意安排运行部门与营销部门在同一地点办公，也有利于这两个部门之间的协商。

（2）加强二线人员的配合。

会展服务承诺的履行，需要二线或者后勤支援人员的配合。二线人员是指办公室人员和支持性服务人员。二线人员较少直接接触顾客，对顾客的期望和要求以及与之相关的服务承诺了解得不如一线人员多，这可能影响他们在服务过程中履行服务承诺的责任心及反应。

改善二线人员配合的管理策略包括：

1）为二线人员创造直接接触顾客的机会。

2）建立二线人员的服务承诺机制。

3）对二线人员的业绩考核增加履行服务承诺方面的考核。会展企业可以有计划地组织二线人员的期望和要求，同时也让顾客了解二线人员是在满足顾客期望和履行承诺方面做出的努力和存在的问题，从而增强二线人员服务和配合服务承诺履行的责任心。建立二线人员的服务承诺制度，是另一个策略，会展企业可以让二线人员或部门对一线人员提出服务承诺，以保证二线服务的质量和由此支持一线人员对顾客承诺的履行。会展企业还可以考核二线人员在履行服务承诺方面的业绩，并以此推动他们配合一线人员履行服务承诺。

（3）加强顾客的配合。

会展服务承诺的履行，还需要顾客的配合。顾客在参与服务过程时，顾客的行为会影响服务质量和效果，顾客有效的参与行为是保证服务质量和满意度的必要条件，因此，会展企业对自己承诺的履行，离不开顾客的有效参与和配合。顾客不配合，会展企业承诺的服务效果就难以达到，服务承诺就难以履行。顾客予以配合，会展企业的承诺就比较容易履行，加强顾客配合的管理策略主要有：加强对顾客的指导和教育；加强与顾客的沟通和协调。

会展企业对顾客进行服务指导和教育，可以帮助顾客理解在服务过程中他们的角色要求和期望，其中包括顾客的配合活动和责任。因此，越是加强对顾客的指导和教育，顾客对服务的配合责任就可能越强。加强与顾客的沟通和协调，也可以促进顾客的配合。

项目三　会展营销的产品策略

任务1　会展产品的概念和层次

1. 会展产品的概念

会展营销中的会展产品是指顾客参加会展活动整个过程中所需产品和服务的总和，是以提供会展服务为核心利益的整体产品。

2. 会展产品的层次

会展营销管理者应该理解会展产品的五个层次，并对其进行运用。会展产品包括基本服务与扩大服务，它们共同组成服务产品。基本服务是服务产品赖以存在的基础，扩展服务是使基本产品组合于竞争者产品的部分。会展营销的起点在于如何从整体产品的五个层次来满足顾客的需求。

会展产品的五个层次中，越内层的越基本，越具有一般性，越外层的越能体现产品的特色。由此，第一层次是最基本层次，是无差别的顾客真正所购买的服务和利益，实际上就是会展企业对顾客需求的满足，也就是说，会展产品是以客户需求为中心的，因此，会展产品的价值是由顾客决定的，而不是由会展企业决定的。第二层次是抽象的核心利益转化为提供真正服务所需的基本产品。第三层次是期望价值。这里的期望价值是顾客购买会展产品时希望获得的，与会展产品匹配的条件与属性。第四层次是附加值，指增加的服务和利益。这个层次是形成会展产品与竞争产品差异化的关键。未来竞争的关键，就在于其产品所提供的附加价值。第五层次是潜在价值，指会展产品的用途转变，由所有可能吸引顾客的因素组成。

任务2　会展产品服务包

服务包是指在某种环境下，所提供的一种会展产品被认为是一个包裹，集合各种利益和服务的提供。服务包一般具有以下三个主要内容：

1. 核心服务

核心服务是指顾客可感知及得到的构成服务产品的核心服务和利益，由产品层次中的核心利益及期望价值组成。

2. 便利性服务

便利性服务是指提供该项服务所需的基本物质基础、辅助物品、有形产品及相关的辅助服务。

3. 支持性服务

支持性服务是指基本服务以外的顾客能够感受或在其模糊意识中形成的其他利益。

服务包的组成与服务产品的五个层次是有所对应的，然而二者不是完全等同的，服务包对应的主要是全面感知质量的技术产出方面，是营销管理者针对顾客心理和行为特点所作的设计，服务包所包含的要素，决定着顾客所能得到的利益。其中，核心服务好比细胞核，顾客真正购买服务产品的核心利益即在于此；便利性服务好比细胞质，没有它们，细胞核就会很快因缺乏支撑与营养而消亡；而支持性服务则好比细胞壁，决定着服务包细胞体的规模。对一个富有生命力的服务包来说，三者缺一不可。这里需要强调的是防止把便利性服务和支持性服务混为一谈，以至于服务包缺少其一。因为二者间的界限不很明显，如短途航班中的正餐在长途航班中就变成一种便利性服务。

任务3　会展基本服务和会展扩展服务

会展产品的基本服务与扩展服务共同组成会展整体产品，基本服务是会展产品赖以存在的基础，扩展服务是使基本产品区分于竞争者产品的部分。会展产品策划要考虑这两方面的因素，从而使会展服务增值。

1. 会展基本服务

基本服务是通过物质和体系上的保障来向客户提供的具有平均质量的核心利益，体现了企业最基本的功能，包括服务产品的前三个层次，或可以理解为基本服务包中的核心服务和便利性服务。

想顾客所想是会展基本服务必须具备的特性。有关的调查表明信守服务承诺绝对是顾客所期待的核心产品，它给你的回报是你赢得了客户的忠诚。在所有对你服务批评意见中最不可动摇的一点，就是你所能为顾客提供的最根本的服务。可感知性在于服务的有形展示因素，如环境、服务态度等。反应速度指的是员工乐于助人、行动敏捷，如服务企业对顾客的电话问询处理得如何，可从以下方面衡量：铃响几声后电话接通，接线员的态度友好还是生硬等。依赖感是让客户对服务企业的专业知识和服务态度放心。

服务质量是判断一项会展产品好坏的最主要依据，基本服务质量意味着会展产品最基础的质量。一项基本服务的总和质量由三个部分组成：①企业形象，即公司的整体形象以及其整体魅力。②技术性质量，即提供的服务是否具备适当的技术属性（如展台的设计、布置等）。③功能性质量，即服务是如何提供的。

2. 会展扩展服务

扩展服务包括扩展的服务包中的支持性服务、从内向外第二及第三层次，及产品的附加价值层与潜在价值层属于扩展服务。它是客户所能获得的与其他类似产品形成差别的进一步的利益，以此因素增强产品的吸引力，从而形成品牌的差异化，目标顾客为这些差别往往愿意支付更高的费用。扩展服务的范围很广，包括服务要素在服务组合中的一切可能的扩展，这些扩展服务处于不停的运动变化之中，可推动基本服务的发展。这种推动体现在两个方面：①当某种附加的扩展服务被竞争者模仿到一定程度时，它就转化成某种期望价值而成为基本服务的一部分。②在用扩展服务为基本服务增值方面表现得特别出色的企业会把这种专业技能发展成为一种能够出售给其他组织的外购性服务，此时一种新的基本服务产品出现了。

营销中有一句名言：如果一名顾客对产品或服务非常满意，他会告诉三个人；如果他不满意，则要告诉至少九个人。而在会展产品方面，据统计，人们要把好的经历讲四次，而会把糟糕的经历讲十七次。

项目四　会展市场销售渠道策略

任务1　会展销售渠道的分类与协调

1. 会展销售渠道的含义与分类

会展销售渠道是会展企业借以把会展产品交付给顾客的一整套相互依存、相互协调的有机系统。在会展服务营销中，企业为了获得竞争优势，应该寻找会展产品分销商，扩大和方便顾客对会展产品的购买。销售过程涉及参与从起点到终点之间流通活动的个人和机构。分销渠道亦可作为信息传递的途径，对企业广泛、及时、准确地收集市场情报和有关销售、消费的反馈信息起着重要的作用。企业如果能正确地选择分销渠道，采取合适的分销渠道策略，使商品销售渠道畅通无阻，不仅能保证商品及时的销售，而且能加速企业资金周转，降低销售费用，提高企业的经济效益。在现实生活中，服务领域同样存在分销渠道，企业需要找到散布于各地的机构和居民点，使其产品接近目标消费者并为其所购买。

会展销售渠道按照会展产品到顾客手中是否经过中间商可分为直销服务渠道和经过中间商的服务渠道。

（1）会展市场直销方式。

直销是指不经过中间商，而直接向最终顾客提供会展服务的过程。

直销方式的特点是：①对服务的供应与表现可以保持较好的控制。若经由中介机构处理，往往可能产生失去控制的问题。②可提供真正个性化的服务，能在其他标准化、一致化以外的市场，形成服务产品的差异化。③可以在同顾客接触时直接了解顾客的目前的需要，这些需要的文化及其对竞争对手产品的意见等信息。④在需要某一特定专业个人提供服务的情况下，公司业务的扩充便会遇到种种问题。⑤采取直销有时便意味着局限于某个地区性市场，尤其是在人的因素所占比重很大的服务产品中更是如此。因为此时不能使用任何科技手段作为服务机构与顾客之间的桥梁。

（2）经过中间商的营销方式。

会展企业也经常通过中介机构来销售会展服务产品，这些中介机构便是中间商。会展市场中间商将会展企业与会展客户连接起来，这也意味着他们将介入会展企业的销售工作，同时很大程度上影响着会展企业的产品销售。

会展中间商的作用，主要表现在：①它起着沟通会展企业与顾客的作用。我们常说，消费者是企业的"上帝"，而"上帝"对本企业生产的产品感觉如何呢？这需要企业花大力气去调查研究。此时，如果有一些优秀的会展中间商，能及时地汇总顾客的意见和建议，转达给会展企业，以达到提高会展产品质量的目的。②参与会展市场经营活动，如市场调研、市场预测、促销活动。因为会展中间商一般都拥有自己的消费者，所以容易与消费者联络，收集第一手材料。③简化了与消费者接触的程序，降低了交通费用与成本。假设有三家会展企业，他们要接触到三位消费者就需要九次联系活动，这意味着此三家企业可以不需拥有庞大的销售队伍、推销设备及设施，还可简化交易联系，节省大量的时间。

会展中间商的职能，主要表现在：①调查市场，收集反馈信息。与会展企业相比，会展中间商拥有更好的调查研究市场的条件。因为在消费者眼里，他既是卖方，又是消费者利益的保护者，一旦消费者对产品的质量有所不满，便会向会展中间商投诉。这就形成一个庞大的信息网，通过它，会展中间商生产企业提出建议，使产需对路，努力实现最佳经济效益。②参与促销，扩大客源。能否不断地扩大客源是会展企业成功与否的关键，这就需要会展中间商与企业共同开发市场，参与各种促销活动，吸引各个层次的顾客。③组合会展产品。会展产品和旅游密切联系，会展中间商可以向参加会展的人提供包括食宿、交通、购物在内的旅游产品，和会展产品一起形成一个系列满足消费者的不同需求。

2. 会展销售渠道的冲突与协调

渠道冲突是指某渠道的成员意识到另一渠道成员正在从事会损害、威胁其利益或者牺牲其利益为代价获取稀缺资源的活动，从而引发他们之间的敌对和报复等行为。会展营销渠道作为一个系统也存在着冲突的现象。根据系统学的原理，和谐、高效的整体作用往往大于各部分作用的简单加总。服务渠道成员的合作所产生的整体渠道利润将高于各自为政的利润之和。通过合作，渠道成员能够更有效地了解目标市场，为其提供可靠的服务，满足顾客的需求。

（1）渠道冲突的种类，按其作用方向分，可分为垂直渠道冲突、水平渠道冲突和多渠道冲突；按其性质分，可分为功能性冲突和病态性冲突；按产生原因分，可分为竞争性冲突和非竞争性冲突。

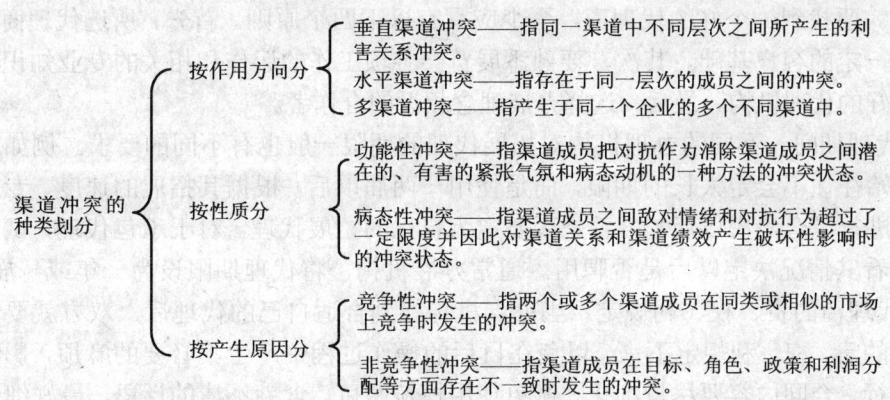

（2）渠道冲突的协调。渠道中存在冲突是正常的，服务商必须正确地面对它。如果服务商对冲突置若罔闻，那么冲突对于渠道成员之间的关系和渠道的健康发展都是有害的。因此，服务商应该着手解决渠道冲突。

1）信息密集型的策略。解决冲突的信息密集型策略涉及在解决冲突过程中公开的信息交换，信息交换意味着某种控制力的丧失。因此，信息交换和合作就成为信息密集冲突解决过程得以实施的条件。公开共享信息的方法不仅有利于分享信息的双方，而且有利于信息的接收者。

2）信息保护型的策略。采用这一策略时，双方都不期望在解决冲突的过程中形成共同的目标，分歧的范围和特征被看作是不变的，而且存在的是一种"零和博弈"，即双方的利益和为零，你赢了我就输了。它的特征是采取威胁或承诺也不能够改变彼此行为，只有通过第三方的协调或仲裁才能解决冲突。

一般而言，渠道成员应该尽可能地使用信息密集型的冲突解决策略，因为这样可以使渠道关系更长久，渠道成员的关系更加密切，更易于合作，提高效率。

任务2　智选展览市场中间商

1. 展览市场中间商的种类

一般来说展览会的中间商主要有以下几种：

（1）独家代理。独家代理招展，就是在保证一家摊位数的基础上，一个地区选择一家代理机构作为独家代理，所有来自这一地区的摊位不管是否由代理直接招来，都计入代理的摊位中，统一支付代理佣金，且不管以后该公司通过代理或直接报名，都仍算入代理的名下，作为代理的永久客户。

（2）一般代理。一般代理是指办展机构在同一地区同时设立几个代理商作为自己展览会的招展代理，同时规定各个代理之间的权限和利益，而且招展的条件必须统一，以免造成混乱。

（3）承包代理。承包代理就是代理机构向办展机构承诺在展览会开幕前卖出一定数量的展位，并且双方签订合同，不论是否完成约定的展位数量，代理商必须按商定的展位费付给办展机构。

2. 选择展览市场中间商需注意的问题

（1）选择拓展代理的原则。如何选择一个胜任的拓展代理商就成为主办者盈利与否的一个关键因素。要找到一个好的代理商，至少应具有以下四个原则。首先，所选代理商对象应该对于展会有一定的客户基础。其次，要熟悉展览会各项工作的运作和相关的专业知识。再次，选择信誉良好的代理机构。最后，选择办展理念相近的合作者。

（2）代理期间。不同的办理机构对拓展代理的期限一般也有不同的要求。例如对于独家代理，刚开始往往不会定太长的期限，而是使用一两届以后，根据其招展的速度、专业性和其资质评定，进行综合考虑以后，再看是否要定为自己的招展代理。对于承包代理，试用一届或一年以后，看其情况决定以后是否聘用。通常办展机构，将代理期限设为一年或一届。

（3）代理商的责、权、利规定。当办展机构找到合适自己的代理后，双方就要以合同的形式将各自的责、权、利规定下来，以免在日后的操作过程中产生不必要的麻烦，影响招展工作的顺利进行。合同内容要尽量细化，避免使用模棱两可、含糊不清的话语，最好细化到每一项具体的工作。

3. 会展销售渠道的选择

选择高效的营销渠道之前，先要确定计划工作的目标。目标包括预期要达到的顾客服务水平，进入市场的重点、中介机构应发挥的作用等。值得注意的是，在制定渠道目标时，会展经营者必须考虑以下几个方面：

（1）会展产品的种类、数量、质量以及竞争能力；
（2）会展市场的需求结构；
（3）会展中间商的营销能力；
（4）竞争对手情况；
（5）会展产品的市场重点；
（6）会展市场的变化趋势；
（7）政治、经济环境的影响程度。

在渠道目标确定后，会展企业就要开始确定销售渠道的策略，包括：

（1）直接销售策略和间接销售策略。当会展产品的消费者购买频率低，但购买量大时，会展企业往往采用直接销售策略，因为消费者会谋求供应关系相对稳定，加上具体交易时，产需双方往往需要较长时间协商谈判才能达成协议，因此直接销售途径比较适宜。

（2）长渠道与短渠道策略。渠道的长短，是指企业经销产品时通过中间商的个数，选择中间商的环节多的销售渠道称为长渠道，环节少的渠道称为短渠道。长渠道的选择主要看中间商的销售能力，包括他的推销速度、经济效益、市场信息等。中间商的销售能力大，需配置的中间商的环节就可减少；反之，为保证产品的覆盖面，就要加长营销渠道。

（3）宽渠道与窄渠道策略。渠道的宽窄取决于每个渠道层次使用中间商的个数，在客源不太丰富且十分分散的地方，渠道宽能保证一定客源；在客源丰富且相对集中的地区，自然要选择窄渠道。在决定渠道的宽窄时，有三种方案可供选择：①独家营销渠道；②密集型销售渠道；③择优型渠道。会展市场的销售渠道策略有多种，选择哪一种要根据不同会展企业、不同的会展市场重点而定，而且渠道策略一经选定并不是一成不变的。由于会展市场随政府、经济、科技等因素不断地发生着变化，所以为适应市场，会展企业必须具备灵活性，不同时期选择不同的销售渠道。

项目五 会展营销的有形展示策略

任务 1 会展营销有形展示的含义

有形展示,是指在会展营销管理的范畴内,一切可传达服务特色及优点的组成部分。有形组成部分暗示会展企业提供服务的能力,可让顾客产生期待或记忆,如内部的实体环境、员工形象及外部的品牌载体、业务信息等因素。在产品营销中,有形展示基本上就是产品本身;而在会展营销中,有形展示的范围较广泛。事实上会展企业不仅将环境视为支持及反映会展产品质量的有力实证,而且将有形展示的内容由环境扩展至包含所有用以帮助生产服务和包装服务的一切实体产品和设施。这些有形展示,若不能妥善管理和运用,它们可能会给顾客传达错误的信息,影响顾客对产品的期望和判断,进而破坏会展产品及会展的形象。

有形展示是会展服务市场营销组合策略的七大要素之一。产品营销首先强调创造抽象的联系,而会展服务营销则将注意力集中于通过多种有形的展示来宣传服务产品。会展企业通过对服务环境、员工、品牌载体、信息资料等所有这些为顾客提供服务的有形线索的管理,提供整理服务感受,增强顾客对服务产品的理解和认识,促使顾客做出购买决定,并在适当的时候成为顾客回忆的线索。因此,了解服务有形展示的类型和作用,创造良好的服务环境,加强有形展示的各种管理,具有重要的战略意义。

任务 2 会展服务有形展示的作用

服务有形展示的作用综合地讲是降低目标顾客感性认识的风险,增强目标顾客的消费欲望和信心,培养顾客忠诚,来配合会展企业的营销总战略。因此在最初制定营销战略时,就应考虑如何对有形因素进行展示,传递怎样的感觉给顾客和员工,留下什么样的记忆。有形展示作为企业不可触知服务可触知化、差别化的一种手段,在会展营销组合中占有重要地位。

会展服务有形展示的作用,包括如下几个方面:
1. 利用感官刺激,可让顾客感受到服务给自己带来的利益

产品的外观是否能满足顾客的感官需要将直接影响到顾客是否真正采取行动购买该产品。同样,顾客在购买不可触知的服务时,也希望能从感官刺激中寻求到某种购买的驱动力。服务有形展示的一个潜在作用是调动顾客的视、听、嗅等感官,努力在顾客的消费经历中注入新颖的、令人激动的、娱乐性的因素,从而改善顾客的厌倦情绪。如顾客期望现代化的会展展馆的建筑外观能独具特色,期望格调高雅的会议厅能真正提供优雅、舒适的环境。因此,会展企业采用有形展示的实质是通过有形物体对顾客感官方面的刺激,让顾客感受到无法触知的服务所能给自己带来的利益,进而影响其对服务产品的需求。

2. 引导顾客对服务产品产生合理的期望

顾客对服务是否满意,取决于服务产品所带来的利益是否符合顾客对之的期望。但是,服务的不可触知性使顾客在使用相关服务之前,很难对该服务做出正确的理解或描述,他们对

该服务的功能及利益的期望也是很模糊的，甚至是过高的、不合乎实际的期望又往往使他们错误地评价服务及做出不利的评语，而运用有形展示则可让顾客在使用具体服务前能具体地把握服务的特征和功能，较容易地对服务产品产生合理的期望，以避免因顾客期望过高而难以满足所造成的负面影响。当然，为了保证这个期望值的适当性，内外部的有形展示必须相互配合，保证目标顾客所接受服务产品的应有质量。

3. 影响顾客对第一产品的第一印象

对于新顾客而言，在购买和享用某项服务之前，他们往往会据第一印象对服务产品做出判断。既然服务是抽象的，不可触知的，有形展示作为部分服务内涵的载体无疑是顾客获得第一印象的基础，有形提示的好坏直接影响到顾客对企业服务的第一印象。这一印象有真实印象与心理印象之分。

4. 促使顾客对服务质量产生"优质"的感觉

服务质量的高低并非由单一因素所决定。服务设施、服务设备、服务人员的仪表仪态都会影响顾客感觉中的服务质量。有形展示及对有形因素的管理也会影响顾客对服务质量的感觉。优良的有形展示及管理就能使顾客对服务质量产生"优质"的感觉。因此，服务企业应强调使用适用于目标市场和整体营销策略的服务展示。通过有形因素提高质量意味着对微小的细节加以注意，可见性细节能向顾客传递公司的服务能力以及对顾客的关心。为顾客创造良好的环境，提高顾客感觉中的服务质量。

5. 成为顾客回忆曾经接受过的服务的有形线索

当顾客在某展览馆参加展览活动的时候，展馆的现代化外形、充满独特魅力的内部装饰都给他留下了深刻印象。过一段时间后，这些无形因素随着时间流逝逐渐淡漠直至成为遥远的记忆。然而，当顾客的这些感觉更趋于无形的时候，看见了该展馆的一条广告，这就会帮助他回忆起以往的美好经历。这种记忆还会使他在适当的时候向其亲人、朋友、同事推荐，从而形成一种口碑效应。

6. 帮助顾客识别会展企业及其产品的形象

有形展示是服务产品的组成部分，也是最能有形地、具体地传达会展企业形象的工具。会展企业形象或服务产品形象的优劣直接影响着消费者对服务产品及会展企业的选择，影响着会展企业的市场形象。形象的改变不仅是在原来形象的基础上加入一些新东西，而且往往要打破现有观念，所以它具有挑战性。要让顾客识别和接受会展企业形象的变更，更需借助于各种有形展示，使消费者相信本会展企业的各种变化。

7. 协助培训服务员工

从内部营销的理论来分析，服务员工也是会展企业的顾客。由于服务产品是"无形"的，从而顾客难以了解服务产品的特征与优点，那么，服务员工作为会展企业的内部顾客也会遇到同样的难题。如果服务员工不能完全了解企业所提供的服务，会展企业的营销管理人员就不能保证他们所提供的服务符合企业所规定的标准，所以营销管理人员利用有形展示突出服务产品的特征及优点时，也可利用相同的方法作为培训服务员工的手段，使员工掌握服务知识和技能，指导员工的服务行为，为顾客提供优质服务。

项目六 会展促销策略

任务1 会展促销组合与营销沟通系统

在会展市场中，营销的作用越来越重要，促销作为营销的一个组成部分，所包含的内容越来越多，分工也越来越细。因此，各种促销手段的使用将直接影响营销活动的效果。

1. 促销及促销组合

促销，是指让顾客及时和尽可能多地了解会展产品，以达到加快销售的目的。促销组合，是指五种主要促销手段的综合运用。促销的五种手段包括大众推广、公共关系、人员推销、销售促进和网络营销等。促销组合如图11-1所示。

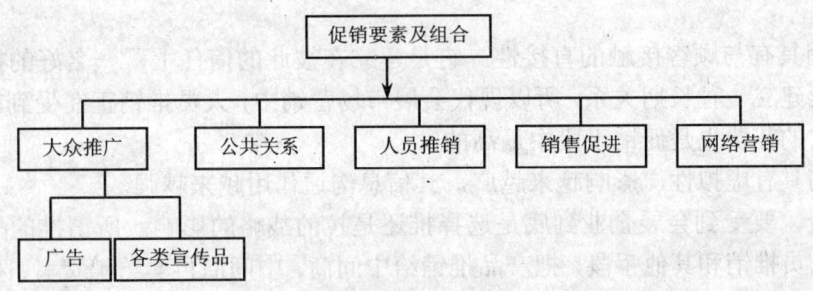

图11-1 促销组合

人员推销是指推销员与消费者直接交流，促成买卖交易的实现。大众推广和销售促进又称作非人员推销。大众推广主要是向大众传播信息，增强客源市场的公众对自己所提供的产品的了解，提高自身的知名度。销售促进包括为了刺激需求而采取的能够较快产生作用的促销措施，如举办或参加展览会，开展有奖推销，示范表演，放映介绍产品的电影、录像、幻灯片等。

2. 建立有效的营销沟通系统

大型会展企业要管理一个复杂的营销沟通系统。企业与中间商、顾客和各类公众进行沟通，中间商又与他们的顾客和各类公众进行沟通，顾客彼此之间以及与其他公众之间又经口头的方式进行沟通，同时，每个群体提供的信息又反馈给其他各个群体。要使信息传递有效、迅速，企业必须建立有效的营销沟通系统。其主要步骤如下：

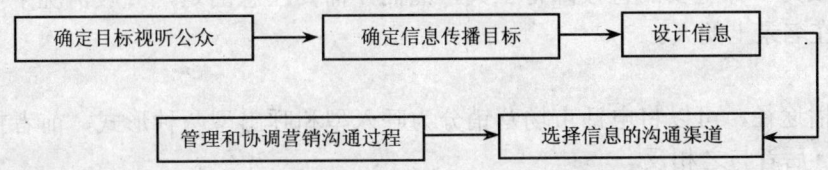

3. 确定促销预算

促销预算是指对促销方面应投入费用的估计。正如知道了拥有多少资金才能对行动做出计划一样，它是进行促销活动的基础。

确定促销预算的方法，一般有三种：①销售百分比法；②竞争对手相似法；③目标法。

4. 促销组合策略

每个会展企业对促销手段的侧重点不同。展览场馆可能注重公共关系，因为展览场馆本身就是人与人接触的地方，搞好公共关系能使顾客回头率提高，并吸引新的顾客；会展代理商则侧重人员推销。不论将促销手段如何组合，首先会展企业要考虑他们的特性与成本。

大众推广具有高度公开性、普及性和引注目的特点，它能为会展企业树立一个长期的形象。

销售促销具有刺激性，能产生强烈迅速的反应，例如增速小礼品、价格优惠等，但它的效果只是短时间的，对建立长期的品牌不甚有效。

公共关系具有沟通性。它可通过各种有效的社会手段，把社会公众所需了解的本企业信息和社会公众及本企业职工提出的要求与意见进行双向传递和处理，进而增加本企业商品和服务的品种和数量，改善并提高商品和服务的质量，使之在各方面最大限度地与公众的利益要求取得一致，从根本上树立本企业的形象和声誉，扩大企业的市场占有率，获得理想的经济效益和社会效益。

人员推销具有与顾客接触的直接性。它是建立在彼此的信任上，一名好的推销人员，能使顾客与企业建立一种长期关系，所以现代会展市场营销中，人员推销正在受到越来越多的重视，但同时它的花费也是促销手段中最高的。

网络营销具有虚拟性，影响越来越广，其信息沟通作用越来越强。

促销组合，要受到会展企业到底是选择推还是拉的战略的影响。所谓推的战略，就是会展企业运用人员推销和其他手段，把产品推销给中间商，中间商再卖给消费者；拉的战略则用广告等措施，吸引顾客购买会展产品。

不同目的、不同时期，会展企业的战略会不同。如展览场馆为吸引顾客，就积极开展公共关系，并用广告等宣传工具引起大家注意，这是拉的策略；而会展代理商要扩大对零售商的销售，就会派推销人员上门推销，这是推的策略。不管会展企业侧重于哪一种战略，促销组合都要与之相适应，而且还要考虑企业本身的能力和顾客能否接受的心理。

任务2　会议的促销策略

会议主办者常用的促销策略主要有五种，即直接邮寄、电话营销、广告宣传、网络促销、综合策略。

1. 直接邮寄

对会议促销来说，密集的直接邮寄最有效且成本最低。

电子邮件正在成为一种重要的直接邮寄工具，然而，需要注意的是，一般情况下电子邮件只能寄给那些列在名录上的人。

2. 电话营销

按照信息的传播途径，可以将电话市场营销分为呼入型和呼出型两种形式，前者指潜在客户给公司打电话，后者与之相反。

对于会议公司而言，电话营销主要具备四种功能。其一是呼入型电话系统可作为对直接邮寄或媒体广告等宣传的答复方式；其二是在开展销售访问之前筛选潜在客户，从而使得个人访问更具针对性，并有效节约营销成本；其三，利用电话安排与客户之间的约见，这是达到销售陈述目的的有效手段；其四是无论是呼出型电话还是呼入型电话，都可以作为会议公司建立和更新营销数据库的信息来源。

3. 广告营销

一般在会议前 6 个月开始广告宣传。进行广告宣传需要精心挑选各类媒体，并把它们整合到整体营销计划中。如果要选择广告代理商，则选择那些对特定产业、会议以及所要宣传的会议主题熟悉的代理商。

4. 网络促销

若以营销主体为标准，可以把会议领域使用互联网的用途基本上分为两种。第一种是会议公司或酒店自己建立网站，供会议主办单位（或策划人）和其他客户直接了解本公司的经营业务以及酒店的会议设施；另一种是把会议公司或酒店的情况作为自身经营活动的一个方面，如各种酒店预订中心网站等。

会展网站是会展业自身具有的宣传工具，要注重会议网站的建设，充分发挥它的宣传作用。

5. 综合策略

会议营销的内容十分庞杂，但仍然有规律可循。在采用传统营销策略的基础上，营销人员还应该综合考虑与会者的需求和会议自身的特点。综上分析，主办者要成功地营销一次会议，可以重点从四个方面去努力，具体内容如下：

（1）明确会议营销的主体方向。

（2）尽可能接近和了解潜在与会者。

（3）努力开拓促销范围。

（4）重视合作。会议主办承办与中介组织应与政府会议主管机构以及会议与旅游单位或部门通力合作。以实现更好的营销效果。

任务 3　展览的促销策略

1. 建立目标参展商数据库

（1）目标参展商数据收集的渠道。

1）在各行业的企业名录中收集。很多行业都有行业内企业的名录，组展方可以从中找到大量的参展商信息。

2）联合各地商会、连锁协会、行业协会等行业组织，与其建立密切关系，从中了解行业内企业的情况，尤其是参加同类展会的企业情况。

3）与政府相关部门建立联系。政府主管部门对其所主管行业的企业有较详细的了解，可以从中获取信息。

4）在举办的同类展会中，收集参展商的信息。

5）通过各种专业媒体、专业网站收集信息。

6）与各个国家或当地的相关办事机构保持良好的合作，掌握相关信息。

（2）建立目标参展商数据库的步骤。

1）选择与展览会的内容价值定位相同的企业。

2）将相关可用的资料经过编排输入计算机。

3）随机检验数据库的有效性。目标参展商数据库建立的目的是招展服务，数据库的界面应友好、简洁、分类准确，便于查询，要适合在局域网上应用，出现问题能随时参与调整。

2. 制定招展方案

招展方案应包括以下几个方面内容：

（1）产业分布特点。
（2）展区和展位划分。
（3）招展价格。
（4）招展函的编制与发送。
（5）招展分工。
（6）招展代理。
（7）招展宣传推广。
（8）展位营销办法。
（9）招展预算。
（10）招展总体安排。

项目七 会展营销的管理

任务1 会展营销管理的含义与特点

会展营销管理是指对会展企业的经营项目和营销活动进行计划、组织、执行和控制，以便能创造、建立和维持与会展企业总体目标的目的。

会展营销管理包括很多工作。一般来说，会展营销管理应包括分析、计划、执行及控制等内容。

会展营销管理有如下一些特点：

（1）会展营销管理是一种包括分析、计划、执行和控制的过程。
（2）会展营销管理的目的在于使期望中的交易达成。
（3）会展营销管理的实施可增加企业和客人双方的利益。
（4）会展营销管理着重产品、价格、促销和销售渠道的相互协调和适应，以实现有效的营销。

任务2 会展营销的策划

1. 会展营销策划的意义

首先营销策划可以使会展企业营销活动有明确的行动方案；其次是营销策划能使会展企业营销人员对整个营销过程进行有效控制。

2. 会展营销策划的类型

营销策划根据企业的实际需要可以分成综合营销策划和专项营销策划两种。两者的区别在于营销策划的内容和范围不同。企业的营销活动大致可分为两大块，即确定目标市场与占领目标市场，因此营销策划大致也围绕这两个方面开展。其可根据营销活动涉及的范围可以确定是做综合营销策划还是做专项营销策划。

任务3 会展营销的控制

会展企业营销控制是指为了确保企业实现预期的营销目标而采取的一系列有意义的行动。它是会展企业营销管理的主要职能之一，并与分析、计划、执行等职能密切结合，形成会展企业完整的营销管理系统。

会展企业营销的控制主要包括：会展企业决策当局对营销部的控制；会展企业营销部门对其他部门的控制；营销部门对外界中间商的控制；营销部门对营销人员的控制；营销部对营销计划成效的控制；营销部门对营销方案的控制。

会展企业营销的控制过程，是一个包括多步骤的复杂过程：①确定哪些内容需要营销评估；②确立绩效标准；③确定会展企业营销活动的实际结果；④将营销活动实际结果与绩效标准进行比较；⑤要分析原因并提出改进措施。

会展企业营销控制程序很复杂，可以分成多种类型，但重点应控制的是年度营销计划控制、获利性控制和战略性控制。会展企业的外部和内部营销环境是一个不断变化的动态环境，其中有些因素的变动常会影响营销计划的执行工作，因此，为了确保营销计划的实现，营销人员必须进行年度营销计划控制，还要对会展企业各种经营项目、细分市场、中间商等进行获利性控制。这种控制有利于营销人员做好产品市场开发和扩展决策，并有利于会展企业选择合适的销售渠道。战略性控制最常用的手段是会展企业营销争斗。会展企业要经常回顾企业的总体经营情况，及时调整营销手段和方法，从而使企业的经营适应环境变化。

单元小结

会展营销在欧美国家被称为"城市的面包"，是拉动经济的火车头。会展营销是建立在现代市场营销、服务营销、企业经营管理、企业服务等学科基础上研究会展营销规律的一门应用性学科。

会展营销是在大市场营销战略中产生的，它是企业通过产品参与会展，运用6P打开和进入某一市场，以创造和改变目标顾客需要的一种营销方式。会展营销与其他行业营销相比有如下几个特点：一是它的产品是组合型的，且具有无形性；二是会展产品具有不可储存性；三是会展产品具有不一致性与质量的难以控制性。

会展营销组合由七个要素构成，即产品、价格、地点或渠道、促销、人员、有形展示与服务过程。

会展营销的发展，使其营销模式不断地扩展与变化，主要涉及到整合营销、关系营销、网络营销等相关服务模式。会展营销涉及到一系列的营销策略，主要有顾客满意度、服务、产品、渠道、有形展示、促销等战略。

核心概念

会展营销　整合营销　关系营销　顾客满意度　会展有形展示　会展产品服务包

训练题

1. 会展营销具有哪些特点？
2. 会展营销组合包含哪些要素？
3. 会展企业确定定价目标时需要考虑哪些影响因素？
4. 什么是会展服务承诺？会展承诺有何重要意义？
5. 会展营销管理有哪些特点？

综合案例分析

案例分析1 从"上海新国际博览中心"看会展服务的有形展示

上海新国际博览中心由德国慕尼黑国际博览集团、德国汉诺威展览公司、杜塞尔多夫展览有限公司及上海市浦东土地发展（控股）公司联合投资组成。建成初期就达到室内展览面积45000平方米和室外展览面积20000平方米。2002年春又一新馆落成开放。目前5个可租用展厅的室内展览总面积达57000平方米。全部竣工后，上海新国际博览中心将拥有200000平方米的室内展览面积和50000平方米室外展览面积。

上海新国际展览中心由中德合作，是国内首个集高度功能性和独特的建筑设计风格为一体的展览场所。新展馆功能性的理念和建筑由投资方和知名的芝加哥建筑师Helmut Jahn先生共同合作。上海新国际博览中心的建成标志着亚太地区最具现代感、最有效的展馆落成。

上海新国际博览中心是德国最大的三家展览公司首次联袂，并携同中方合作伙伴打造，为国内外展商提供高度完善的性能及优质的服务。慕尼黑、杜塞尔多夫和汉诺威等专业展会的主题正不断融入中国市场。此外，展馆还恭候其他展会组织机构的光临。与国际展商、中国行业协会及部委机构的紧密合作也源自慕尼黑、汉诺威和杜塞尔多夫展览公司的专业独到的策划及活动理念，体现了国际水准。上海新国际博览中心地理位置优越，交通十分便捷，有地铁、磁悬浮列车和高架道路通达。

案例分析2 米其林（Michelin）为参展企业提供展览会服务营销

2003年4月21日—27日，备受国人关注的第十届上海国际汽车工业展览会在上海新国际博览中心成功举办。德国慕尼黑展览公司和IMAG公司的加盟，为本次展览会的现代化管理提供了不可多得的经验。在本届车展上，参展商各显神通，以期吸引更多的专业观众。其中，米其林的营销策略赢得了一致认可。

米其林是世界著名的轮胎制造商，其产品由于耐用、美观而得到了全球众多汽车生产厂家的青睐，但它没有以展台展出的形式参加这次车展，而是赞助修建了车展的新闻中心。事实上，米其林一直积极参与着国际五大车展的新闻中心建设，在其管理和运作方面积累了丰富的经验。

1. 服务展会，宣传推广

本次上海车展的新闻中心占地800平方米，分成资料区、工作区、采访区、休息区和新闻发布区五个功能区。而在新闻中心的白色大蓬内，人们随处可见米其林的品牌标志——可爱的米其林宝宝，正中心的一块展示区则陈列着米其林的最新产品；在休息区还适时播放DVD，介绍米其林公司的品牌形象。

由真人扮演的米其林充气宝宝时常穿梭于展馆和新闻中心之间，并友好地与人们合影或为他们指路，给所有的观众留下了深刻的印象。此外，米其林还为每一位记者准备了一个可盛装人员资料的尼龙拖带（带轮子），为媒体着想的心思可见一斑。

2. 注重细节，特色服务

米其林为记者提供舒适的工作环境，建立亲切友好的关系，更有针对性地提供"极具特色的服务"。当米其林的名字和标志频繁地出现在各类媒体的新闻报道中时，甚至当汽车制造商意识到新闻中心的存在时，米其林品牌已经深入人心了。由此可见，米其林的营销策略无疑是高明的。

当然，这与米其林的产品性质也是紧密相关的。相对于汽车制造商而言，米其林的目标客户主要是汽车生产商或零部件分销商，因而借助新闻中心来吸引他们以及媒体的注意从原理上来分析是可行的。

3. 长期参与，品牌制胜

长期投身于世界著名车展的新闻中心赞助，无疑是一种目标长远的策略。说到底，车展新闻中心并不是一块很大的"蛋糕"，但米其林抢占了最先、最优的位置并把它越办越好，而最初的运作经验也成了以后继续赞助的资本，从而形成了一个良性循环。长期参与的优点还在于不仅和专业媒体建立了持久、友好的关系，而且彼此之间的信任和亲近可以促进米其林产品在展览会外的营销及公关活动。另外，与各主办单位的长期合作关系对营销来说也是一笔极其宝贵的财富。

4. 以人为本，服务至上

米其林公司的新闻稿上有这么一段文字："我们积极参与新闻中心的建设充分体现了米其林的企业文化和经营理念……这种承诺不仅体现在我们不断创新的产品上，更体现在极具特色的服务上。"新闻中心是米其林"特色服务"理念的完美体现，从这个角度来讲，米其林的这种展览营销策略不是独立的、短暂的，而是被有机地融入整个产品营销和企业文化中。即使从细微之处来看，精致的尼龙拖袋以及可爱的充气林米其林宝宝也充分阐释了它的人性化精神与创新姿态。

（资料来源：王春雷.会展市场营销.北京：旅游教育出版社，2007）

案例分析 3　将展会营销变为服务突"危"的首选平台

2009年2月26日至3月1日在深圳会展中心举办了第七届中国（深圳）国际黄金珠宝玉石展览会。在金融危机影响下，该珠宝展览的多种创新求变思路成为业内关注的焦点。

1. 展会成拓展商机绝佳"阵地"。本届展会有来自菲律宾、土耳其、波兰、斯里兰卡、美国等10个国家及中国香港和台湾地区的300多家珠宝企业参展，展会的规模及参展企业的国际性，使其成为中外客商互相交流新技术、新材料、新产品的良好平台。

在参展企业方面，本届展会获得多家深圳本地及国际知名珠宝企业的大力支持。在市场低迷、危机重重的关口，展会成为各大参展企业规避风险、拓展商机的绝佳阵地。

2. 展会平台助产业升级。国际金融危机虽然给国内珠宝业带来重重压力，但同时也带来转型升级的契机。展会帮助参展企业牵线搭桥寻找新商机，建立零售终端业务，让企业利用展会平台，实现企业及品牌的提升，抢占市场先机。作为"珠宝之都"深圳2009年的首场"大秀"，业界将依托这个平台，化中国珠宝业"危机"为转机。

3. 同舟共济服务升级。本届珠宝展安排了多项"共渡难关"的特色活动，其中包括由中国黄金协会承办的"黄金日"专题活动，推广国内的黄金产品、培育民族品牌以及推动黄金消费；举行全球珠宝市场的行情和未来走势研讨会；组织买家赴工厂参观活动等。

该展览会还提供更多免费服务，如主办方开通的珠三角客商免费穿梭巴士、现场免费翻译服务、协助买家生意洽谈、产品检测服务等，将为深圳会展行业共度时艰提供示范和宝贵经验。

> 服务营销

深圳会议展览业协会秘书长孙翌伦指出，年初大型展会的探索，将为今年其他展会提供借鉴和学习榜样，在全球经济不景气的环境下，"会展要争取成为突'危'的首选平台"。

（资料来源：http://www.aorta-show.com/news/2/26/bd0fa61a1fa318ce011fa60649f3000e.html）

案例分析4　世博营销：海尔全球化战略的营销盛宴

历时5个多月的2010上海世博会进入收官阶段，全球企业世博营销即将进入盘点期，对企业来说，世博会不只是一场展现优良产品与发明的世界级盛宴，更是品牌传播的重要战场。在盘点世博营销之时，海尔世博营销以全球海尔纷落世博会的创新形式，以开设物联之家、推出庞大阵容物联网家电的创新技术，以及连续不断、丰富多彩的与观众互动的创新内容，成为世博营销的一个经典案例。

全球化战略

历时184天的世博，更像是海尔对他的全球化战略的一个巡演。

2010年3月27日，青岛海尔与山东省上海世博会参展工作领导小组办公室签署战略合作协议，正式成为山东馆的合作伙伴。此举宣告海尔集团正式启动全球世博营销计划，之后美国海尔、欧洲海尔、澳洲海尔，先后与美国馆、意大利馆、新西兰馆、世贸中心协会馆建立赞助合作关系，成为百年世博史上，第一家由全球各地分公司同时赞助多个世博馆的企业。

作为中国崛起的缩影，海尔从全球角度出发，于1999年实施国际化战略，并于四年前进入全球化品牌战略阶段。

世博营销是海尔继2008北京奥运营销活动后，启动的又一次重大的营销活动。海尔作为2008年北京奥运会唯一的白电赞助商，成功地为奥运会37个场馆提供了逾6万件绿色整套家电。与赞助奥运相比，海尔世博营销开始新的创新，进一步凸显了其在全球各地的本土化实力。

"海尔对世博会的全面参与，功底源于其稳健的全球化品牌战略的成功。"海尔全球品牌运营总监张铁燕表示，海尔进军全球市场，成功实施其"走出去，走进去，走上去"的国际化品牌战略，独创了"海尔全球化模式"。

美国是海尔全球化的第一站，在走出去阶段，海尔以"先难后易"的缝隙策略，锁定在消费者有需求但是竞争对手没有主攻的缝隙产品，独创性地推出课桌冰箱、公寓酒柜、小青蛙彩电等产品，赢取市场份额；走进去阶段，海尔通过研发、制造、销售三位一体和产品、渠道、营销、管理的本土化经营，努力将海尔品牌融入美国生活。海尔推出的当地化的主流产品进入包括美国前10大连锁渠道在内的主流渠道，创下一个地点，7小时销售7000台空调等许多精彩的营销案例；走上去阶段，海尔将自己定位为有第一竞争力的美好住居生活解决方案的提供商，打造出海尔法式对开门冰箱、海尔意式三门冰箱及美式大容量洗衣机等一大批高端时尚产品。与此同时，海尔品牌建设稳步发展。

之后，海尔大规模开拓海外市场，模式采用在美国试验田取得的经验。经过20年的发展，海尔在全球搭建了三维营销的体系，也就是研发、制造和营销的结合，到目前为止海尔在海外成立了8个研究中心，建立了19个工厂，有4个工业园，产品进入160多个国家和地区。海尔进入全球发达国家的主流市场。

在海尔在全世界取得一定知名度之后，海尔需要的是在全世界知名度的进一步提升。

世博给它提供了机会，世博会享有"经济、科技、文化领域内的奥林匹克盛会"的美誉，更因为其举办时间长、展出规模大、参展国家多而影响深远。世博会攒动的人头证明海尔的选择是正确的。

而关于世博的策划早在奥运会期间就已经启动。对此，张铁燕说："我们在考虑世博的时候，海尔没有考虑说做一个非常简单的赞助，而是和各地的海外子公司讨论。最后决定赞助当地的国家馆，实际上是当地子公司的一种企业社会责任的体现。"

海尔借助世博会，向中国展示了它作为一个世界品牌的风范，同时世界各地的子公司赞助国家馆又进一步向世界传播了它的知名度。

如今，海尔已为全世界超过160多个国家和地区的消费者提供产品和绿色生活解决方案。据世界知名市场调查机构欧睿国际（Euromonitor）发布的全球家用电器市场调查结果显示，2009年底海尔品牌以5.1%的全球市场份额成为全球第一白色家电品牌。2010年2月26日，美国《福布斯》杂志文章称，"海尔是中国企业海外品牌建设的典范"。

抢占"物联网"高地

与某些企业只要挤进世博赞助名单就算胜利相比，海尔的赞助更有策略。

赞助上海世博会，海尔采用不同形式对自身产品有目的地呈现，比如物联网。这是将自己的品牌策略在这种独特的企业文化熏陶及战略指导下的一次真实应用。

在青岛海尔赞助的山东馆完整地呈现了"海尔物联之家"U-Home 2.0美好住居解决方案。

在约300平方米的展厅中，海尔展出了多款绿色智能家电，比如具有能自动给手机发短信的可实现智能安防的空调，可扫描衣物材质、洗涤剂和水质并智能计算洗涤时间的节能洗衣机，能自动检测食物储备的冰箱，能控制家电、电灯和窗帘的电视界面等，至于全新的无尾电视、3D电视产品，则更是突破了传统电视的技术局限，开创了三网融合时代。

在全球冰箱领域，目前唯一能够生产和提供物联网冰箱的只有海尔一家。在世博的海尔体验区，我们看到，这种物联网冰箱不仅可以储存食物，而且可以通过连接网络，实现冰箱与冰箱里的食品进行对话。同时，海尔物联网冰箱还能与超市相连，让消费者足不出户就知道超市货架上的商品信息，并能根据设定的程序自己购物，另外，还能够根据消费者放入及取出冰箱内食物的习惯，制定合理的膳食方案。

比起欧美日等国，中国物联起步毫不逊色。早在2006年，海尔的物联网产业布局就已开始，海尔当年建立的"数字化加点重点实验室"，如今已成为包括物联网在内的家电核心技术的国际制高点，而海尔于2008年建立的数字家电领域唯一一家工程实验室——"海尔数字家庭网络国家工程实验室"，以及6800余名研发人员组成的物联网时代的数字家电研发和产业化基地为U-Home的不断支持提供了创新温床，在U-Home 2.0中，海尔实现了从单一的网络控制向双向的智慧对话的飞跃，通过电网、通讯网、互联网、广电网，进而就可以实现家电与外界的沟通，从而做到人与家、人与家电、家电与环境之间的智慧对话。

数字化整合营销"未来"

在"物联之家"，一个小女孩说，"将来我要成为家庭主妇，我会用什么工具呢？"而早在她八九岁的时候，海尔就帮她做出了选择。

从9月底的数据显示，中央电视台、东方卫视、上海电视台和华东一线的电视台对海尔的播报达到45次，共发布新闻600多篇，同时像新浪、搜狐、网易等门户网站发布新闻达到了14700多条。

经历世博营销，海尔的人气飙升。

从 3 月 27 日，海尔与世博山东馆举行签约仪式、正式拉开海尔世博营销活动帷幕开始，海尔世博营销伴随着一个个签约仪式启动，以及海尔周、海尔日、全球新品鉴赏会、"希望小学走进世博"等精彩活动，持续不断地在五大合作场馆展开，加之"海尔物联之家"展区，更吸引了数百万观众的参与。

与此同时，海尔在全国各地展开了一系列的营销活动。一切都是环环相扣，而且理所当然。

"世博会营销是海尔数字化整合营销的一个组成部分，海尔真正要达到的是园内与园外联动，线下实体活动与线上网络活动实现互动，给消费者创造精彩体验，最终拉动对品牌的美好认知。"海尔全球品牌运营总监张铁燕道出了海尔营销的秘密。

在网上，海尔打造了一场精彩的"海尔把世界带回家"的网络世博盛宴活动，让网民直接体验精彩世博。以网为媒，海尔网络世博活动直接与消费者进行互动营销，截至目前吸引了 1800 万网民直接参与。

在国内市场，海尔同步开展了系列"把世界带回家"的终端营销活动，启动规模空前的"世博精品巡展"，直达卖场，直抵消费终端，使世博营销走出世博园，让全球消费者在家门口就能够体验到家电产业的最新科技，最俏的世博精品，与各地市场营销体系结合，形成互动。

从奥运营销，到世博营销，海尔以国际化视野和创新思维彰显了全球化品牌影响力。全球著名市场研究机构益普索（Ipsos）公司，对中国城市消费者钟爱的世博概念品牌进行调查。数据显示，海尔在总评榜上排名第一。此外，海尔在"最契合'以人为本'的品牌"、"最契合'富有社会责任感'的品牌"等 7 个分项指标中，囊括 5 项第一。

（资料来源：经济观察报 2010 年 10 月 25 日）

单元十二　创新营销

创新是企业成功的关键，企业经营的最佳策略是抢在别人之前淘汰自己的产品，这种把创新理论运用到市场营销中的新做法，就应是营销的创新。营销的创新应包括营销观念的创新、营销产品的创新、营销组织的创新和营销手段的创新。本单元所介绍的创新营销只限于服务营销领域中的创新。创新营销是提高服务营销企业市场竞争力最根本、最有效的途径。

- 了解创新的意义；
- 学会通过创新营销，能科学地整合各种资源，并能提高产品的市场占有率。

- 熟悉创新营销；
- 掌握创新营销的主要策略和基本技能。

项目一　全方位认识创新营销

任务1　创新营销的含义及必要性

1. 创新营销的含义

创新营销（Markting Innovation）就是根据营销环境的变化情况，并结合企业自身的资源条件和经营实力，寻求营销要素在某一方面或在整个系列中的突破或变革的过程。

根据市场营销活动顺序，本任务主要是了解创新市场的服务营销，实质上就是树立新的服务市场营销观念并把握它们的主要的策略和基本技能。

2. 创新营销的必要性

创新营销是我国企业与国际竞争环境接轨的必然结果，亦是企业在竞争中生存与发展的必要手段。国内市场与国际市场的对接直接导致我国企业竞争环境的改变和竞争对手的增强。而面对这一切，我国企业表现出诸多的劣势，尤其是营销观念落后这一致命弱点，使企业面对强大的竞争对手和高超的营销手段不知所措。而要解决这些问题，则须从营销管理方面入手进行变革和创新。因为创新营销是提高企业市场竞争力最根本、最有效的途径。另外，通过创新营销，企业能科学合理地整合各种资源，并能提高产品的市场占有率。

任务 2　创新营销的原则与方法

1. 掌握创新营销的原则

为使创新营销长盛不衰，企业应遵循以下原则：

（1）产品是创新的根本。没有一个百年企业是依靠一时的前卫理论和"点子"一直发展的。当别的企业在炒作概念的时候，优秀的企业始终坚持把优秀的产品是最好的营销当作自己的理念，只有在产品的基础上创新营销，才是永远能够保持活力的营销，才能不断创新。

（2）渠道是企业创新营销取之不竭的源泉。无论是眼下流行的"终端制胜论"还是"大批发萎缩论"，企业的营销是绝对不能没有渠道的。在现实生活中，我们经常会看到很多企业通过渠道变革来达到营销创新的目的，并且取得了空前的成功。

（3）要把创新营销提升到战略的高度。目前国内许多企业在营销上搞得有形有色，但基本上没有几个能够把自己的营销创新坚持下来并发扬光大。一旦营销掌门人换掉，企业的营销创新就换了一种思路，最终受损失的是企业。如果我们的企业能够把企业营销创新当作一种战略，这种尴尬的局面就不会出现，企业也就不会因为换人而换思路了。

（4）服务是别人永远无法复制的制胜法宝。服务过程对服务企业很重要，在服务营销过程中必须重视服务表现和服务递送。在服务的过程中服务人员愉悦、专注和关切的态度对提高顾客的满意度或消除顾客的不满都是有好处的。一个服务企业的服务质量追求与特色是永远无法复制的。

例如当海尔宣布自己的服务营销战略时，曾经有很多企业跟进，第一是家电行业的美菱，服务人员去用户家里服务时，必须随身带着红地毯，避免弄脏用户的地板，但由于各种原因，没多久就销声匿迹了；而海尔始终把服务创新当作自己的营销战略贯彻于始终，不管别人说海尔产品质量怎样怎样，但凭海尔的服务特色，海尔的营销战略就是成功的，至今国内，还没有一个企业能够把自己的营销创新贯彻到战略高度并且如此彻底，这就是海尔成功的基本因素之一。

2. 创新营销的方法

企业在营销实践中，一方面应敢于把国际先进的营销做法创造性地加以应用，另一方面要大胆提出和实施新的营销方法。营销方法创新主要体现在如下几个方面。

（1）事件营销，即通过或借助某一有重要影响的事件来强化营销、扩大市场的方法。

例如，某房地产项目在营销策划时，在某项目推广造势阶段，将项目的地理位置与国家乒乓球训练基地要扩建的本无关联的两件事联系起来，使本无地理优势的项目，一时间变成了抢手货。正是这种营销思维，创造了营销的佳绩。

（2）柔性营销，即企业适时灵活地调整营销活动适应并满足个性化需求的一种方法。采用这一营销方法，要求企业改变以往高度统一的集中管理，实行面向实际的灵活性的分散管理。

（3）网上营销，即在互联网络上开展营销活动的一种方法。

（4）零库存营销，即采用先接订单后生产、库存为零的一种营销方法。

（5）无缺陷营销，即在整个营销活动过程中不给顾客留下任何遗憾的方法。包括产品无缺陷——100%的保证质量，销售无缺陷——100%的保证挑选，服务无缺陷——100%的保证满意。

3. 创新营销应注意的问题

（1）要注意在营销创新中必须创造价值。这是创新营销是否有价值的最重要的评估标准，这里的价值包括经济价值和顾客价值。不创造经济价值对企业没有任何意义，而不创造顾客价值的营销创新，就无法获得经济价值。因此，创造顾客价值是营销创新的关键。顾客价值不仅表现在产品功能上，顾客为购买而付出的精力、体力、时间及货币都属于顾客价值范畴，甚至包括情感。所以在营销创新中，必须创造顾客价值，否则，难以提高企业的核心竞争力。

（2）要注意创新营销的切实可行性。创新要在分析宏观、微观环境的基础上创造出来，而非凭主观想象创造出来，要切实可行、易操作，尤其是要注意文化的影响。营销创新是就某时某地情况而进行的营销要素的排列的最佳组合，要注意文化的可控和不可控制性，还可能存在着入乡随俗和入乡不随俗的问题。还要注意营销创新活动对社会是否有负面影响。

（3）要注意创新营销组合。企业创新营销往往是一个营销环节的成功，但要注意营销组合。一方面或一个环节的创新要有其他营销组合要素的配合，否则这种营销成功就要大打折扣。由此可见，营销创新的实质是创新的组合，企业的创新工作应与营销组合相互配合。

（4）要注意运用合力。在创新营销时要求运用团队的力量。日本企业就特别强调团队精神，因为团队的合力总要大于个体的力量。在营销创新方面，团队的力量就显得更为重要了，因为团队的创新较个人创新多些完整性和可行性，而且在执行过程中，对于整体的沟通与理解要强于个体，效果也自然出人意料。

项目二　掌握服务性产业营销创新的内容

如前所述服务性产业当今已成为现代经济社会的主角，成为决定竞争实力的主要力量，因此加强服务营销创新具有十分重要的现实意义。

服务营销是以物质财富为基础，以提高顾客效用为目标所进行的营销服务活动，其具有过程和产品的双重属性。服务产业的功能，主要体现在四个方面：消费性服务、生产性服务、分销服务和社会服务。因此服务性产业营销创新的内容也主要体现在这四个方面。

一个服务系统由下列元素组成：服务提供者——服务机构、组织、个人；服务对象——顾客（可以是组织或个人）；服务设施、设备和支持物品——服务设施的空间分布、设备特点、服务过程所需要的各种物品等。这些要素的不同组合方式以及它们之间的关系决定着服务系统的结构和特点，并影响服务系统整体功能的发挥。服务性产业营销创新，就是要争取使以上要素达到最佳组合的状态。

任务1　服务系统的类型

1. 服务工厂型

其基本特征是：服务机构固定，服务成本中设施设备所占比重大，服务设施集中在一个地点，服务对象即顾客要到服务地点接受服务。按照服务系统内各个功能单元设备方式和顾客运动方式考察，可以划分为两类：一是流水线型服务系统，即服务系统内各个单元按照一定的顺序排列，服务者顺序接受服务，类似制造业中的生产流水线。流水线型服务系统是普遍采用的形式之一，如医院、学校、储蓄所、公园等。如患者到医院就诊，需经挂号、等待医生的诊断并开处方、交费、取药等一系列活动。学生接受教育服务，必须由低年级到高年级，不断地学习考试，最终拿到毕业文凭。从教育服务的提供者学校的角度看，学校是一个生产流水线，学生则是被加工的产品，通过对学生进行知识传授和训练，经过考核，输出合格的产品——一定水平的毕业生。二是个性化服务系统，顾客在接受服务过程中不必做空间移动，服务系统内部的设备和服务人员围绕服务对象进行安排，类似于制造业中的产品定位布置，按照顾客的要求服务。如在理发店中，顾客坐在椅子上，理发师可以根据顾客对发型的要求完成洗、染、剪、烫等服务过程。

2. 服务项目型

通常是指在计划的时间内，在限定的资源条件下，按顾客的要求提供服务的过程。如律师事务所为客户的专项诉讼案件提供的法律服务，咨询公司根据企业的要求进行的营销策划，会展中心受企业委任提供的商品展示和促销服务，研究设计单位为企业提供的可行性报告等。

通过对服务系统的分类与分析，可以看出尽管服务系统的类型有所不同，但如何提高服务系统的效率、有效发挥其总体功能却是管理创新的核心。服务管理的内容可以归纳为两个层次：第一个层次是服务战略管理，即在对企业内外部环境分析的基础上，以市场需求为导向，确定服务企业的总目标和发展方向，解决企业全局性和长远性发展问题。第二个层次是职能管理，即企业在总目标的指导下，解决如何以最低的成本提供高质量服务产品，以增强创新服务、优质服务的竞争力问题。

任务 2　创新服务的管理

创新服务战略管理的核心是回答三个基本问题，即服务企业存在的前提是什么，这其中包括企业的宗旨、环境分析、竞争策略、战略措施、经营成果等，使服务企业更有效地整合企业内外部资源，在市场竞争中求得生存与发展。

服务企业的职能管理包括运营（生产）、财务、营销三项基本职能，运营（生产）职能承担着生产实物产品或供应服务的功能，财务承担跟踪、监控经营状态和加快资金周转的功能，营销承担产品或服务的商品化功能。在企业经营目标已经确定的条件下，运营起着将投入企业的人力、财力、物力资源整合为产品或服务的作用。运营效率如何，将决定企业的成本和利润，因此是管理的重点。具体包括以下方面：

第一，市场需求预测，这是正确决策的基础和前提。通过预测把握需求的变化趋势，使服务企业更好地规划资金的服务能力，适应消费者需求。

第二，服务质量管理，它是服务管理的重点之一。其基本目标是提高顾客满意度，通过持续不断地开展改善服务质量的活动，力争做到服务产品功能性、经济性和舒适性的统一，最大限度满足顾客的需求。

第三，服务机构的定位和布局，这是决定服务企业经营成败的关键，历来为服务行业的决策者所重视。在综合考虑各种影响因素的基础上，科学合理地确定服务机构的地理位置，并优化其内部服务设施的布局，能使服务企业为消费者提供方便、快捷的服务，同时也会给企业带来丰厚的回报。

第四，服务项目管理，解决在资源约束条件下，通过对服务项目中各种活动的合理安排、科学调度，以最低的成本为顾客提供高质量服务的问题。

第五，服务系统中的库存管理，运用经济订货批量模型和收益管理策略降低库存损失，达到以最低的库存费用获得最大收益的目的。

第六，实现服务供给与需求的均衡，在服务需求预测的基础上，合理调整服务设施的能力以适应消费者需求，或者采用灵活的定价策略引导消费者。

第七，现代管理方法和手段在服务管理中的应用包括决策技术、信息技术和系统优化技术等。

项目三　懂得企业创新营销的步骤

一些企业的老板们总这样感叹：市场越来越难做，竞争越来越激烈。现在的营销从哪里去思考？企业要如何创新营销？根据多年企业的营销实例和最近几年来市场的发展状况，可以总结出以下五点。

任务1　产品创新

如果企业自身条件所限，很难投入大量资金人才进行产品技术创新，就应使自己的产品有一定的特色，在市场竞争的同类中有自己突出的一面。如产品的名称、功能、工艺、概念、包装、广告、定位、价格，在产品销售过程中的每一个细节和环节，等等，但创新的前提是产品的质量永远是第一位的。产品是营销的基础，也是核心，产品创新必然带动其产品策略、渠道规划、品牌传播、终端变革等一系列的创新探索。要开发有差异化的、永远比竞争品快半步的、有独特卖点、有溢价能力的新产品，以满足消费者喜新厌旧、标新立异、追求时尚、个性化消费日益提高的需求。

如安徽华泰集团是一家仅靠卖瓜子就在几年内卖出一个年销售额达到10亿元的休闲食品企业，其洽洽品牌，目前已经成为炒货行业的第一品牌。洽洽之所以能成为行业第一，关键是洽洽能在不同的时间段里，分别使出了推动自身快速增长同时也能引领整个行业向前发展的产品创新绝招。

任务2　产品结构与市场结构的创新

企业的创新营销首要任务就是认清企业本身，结合市场，量身订做，寻找适合企业发展的营销战略和市场策略。当成本难以领先，企业实力薄弱，难以支撑市场高投入时，企业可以选取差异化战略；抑或以小博大，选择集中战略，锁定适合企业发展的区域市场，打造样板市场，培养企业发展的根据地。

任务3　营销团队的建设

团队是介于组织与团体之间目前最流行的一种合作方式。其精髓是沟通、分工、合作、共同进步，以形成一个目标明确、有战斗力的业务工作，如果还是停留在"单打独斗"的层面上，团队合作失去了意义，甚至出现 1+1<2 的情况。要创造一个优秀的团队，它至少应具备三个条件：优秀的核心、制定完善和团队文化。

任务4　营销网络的再造升级

企业在创业初期易受机会驱使，先赚钱再发展，采取掠夺式渠道营销，就是在选择营销渠道的时候不怕乱，不怕多，采取先乱后治理的办法先把企业本身壮大了再说。产品的发展阶段一定做到渠道的精耕和重点客户两手抓。建立大客户的管理意识，做好业务员的培训工作，防止单兵作战，保持产品和服务的领先优势，建立营销的领导体系。

任务5　品牌培育

在差异化战略的基础上界定品牌个性。而一切落到实处，要打造品牌个性、培育市场差异，必须从产品做起，用产品与消费者交流，完成品牌印象。因此将品牌战略与品牌个性融入产品已成为中小企业建造自身品牌的一个重要课题。要想让消费者接受产品，首先要培育产品的附加值——建立产品内涵。然后通过市场设计把资源形成概念传播到市场中。这就是我们常说的资源形象化、形象资源市场化的道理。创新营销让消费者清晰地认识到产品的品质优势，建立自己独有的品牌形象与个性，利用强大的资源将产品力转换为品牌力至关重要。

单元小结

创新营销是根据营销环境的变化情况，并结合企业自身的资源条件和经营实力，寻求营销要素在某一方面或在整个系列中的突破或变革的过程。一个企业为使创新营销长盛不衰，应遵循以下四项原则。一是产品是创新的根本；二是渠道是企业创新营销的取之不竭的源泉；三是要把创新营销提升到战略的高度；四是服务是别人永远无法复制的制胜法宝。创新营销应注意四个问题。首先要注意在营销创新中必须创造价值；其次，要注意创新营销的切实可行性；第三要注意创新营销组合；最后，要注意运用合力。

服务性产业营销创新的内容主要包括：消费性服务、生产性服务、分销服务和社会服务。

创新服务战略管理的核心是回答三个基本问题，即服务企业存在的前提是什么，服务企业的基本目标是什么，实现企业目标的策略是什么。

核心概念

创新营销　　　柔性营销　　　网上营销　　　零库存营销
无缺陷营销　　服务工程型　　服务项目型

训练题

1．创新营销的必要性是什么？
2．创新营销应掌握哪些原则与方法？
3．创新营销管理的重点主要包括哪些方面？
4．企业创新营销要经过哪些步骤？

综合案例分析

案例分析：餐饮业服务创新园中的一支奇葩——海底捞

问题提出

我国专门针对餐饮业服务创新的系统研究较为缺乏，有一些针对零售服务创新的研究，主要是关于服务创新的原因和措施，少数涉及零售业服务创新方式问题，但对餐饮服务创新进行细致的研究者还不多见。基于此，特选录中国餐饮业的代表企业——海底捞案例以飨读者。

海底捞成立于1994年，当时仅仅是四川简阳市卖麻辣烫的小餐店，如今已经成为全国知名的火锅连锁店，成为中国餐饮百强企业，成为餐饮行业的成功典范。学术界与业界经过研究，都把海底捞成功的关键集中在其"新颖的服务"上，可是海底捞是如何进行服务创新的呢？又如何保证现有的服务措施能够准确实施呢？探索其背后的原因对中国整体餐饮行业的发展能提供一种新的思路。

餐饮业服务创新的驱动力

在零售服务创新驱动力理论上，国外学者Martin将零售服务创新的驱动力分为两类——外部投入和内部投入。外部投入包括顾客参与和信息技术商、咨询和金融机构等行业外机构；内部投入包括中高层管理者、顾客接触人员和非接触人员以及顾客信息使用。同时他们还对顾客信息的使用进行单独的研究。通过对美国122家零售企业管理者进行访谈，Martin揭示出外部投入中的顾客参与，内部投入中的中高层管理者、顾客接触人员和非接触人员以及顾客信息使用是零售服务创新成功的关键要素，而外部投入中的信息技术商、咨询和金融机构等行业外机构并不对零售服务创新的成功产生显著影响。

笔者对海底捞的门店管理人员及一线员工进行访谈，访谈涉及的问题有以下六个：是否有顾客参与服务创新，是否搜集了顾客的信息？是否借鉴了竞争者的创新服务？是否有供应商参与了服务创新？中高层管理者是否参与服务创新？顾客接触人员是否参与服务创新？非顾客接触人员是否参与服务创新？通过对访谈结果的整理分析，得出海底捞服务创新的主要驱动力源于以下三个方面：外部顾客、内部中高层管理者和顾客接触人员。

（一）外部顾客

顾客信息是海底捞服务创新驱动力的重要来源。如开设在海底捞等待区的"美甲服务"，其产生的驱动力，就源于顾客在等待服务时所显示出的需求。海底捞发现年轻女性已经成了海底捞的主力消费群，其中多数是年轻时髦的女孩子，她们喜欢时尚、美丽，喜欢新鲜事物，很多女性会在闲暇的时候去美甲，而在海底捞等候就餐时，女性客人总是喜欢谈论美容的话题，于是海底捞把美甲这一服务引入其等待区。另外一个例子是海底捞针对儿童的服务，此项服务也是基于海底捞的主要目标客户——家庭聚餐的需求所开发的。海底捞发现，有很多带着幼儿的顾客，吃饭时还要抱着睡着的孩子，吃饭、聊天都十分不便，于是海底捞专门在餐厅的一些特殊位置安置婴儿床。这些位置一般通风比较好，而且环境相对比较安静，当顾客的孩子睡着了，服务人员便会把孩子抱到婴儿床上，盖上被子，还有专人看护，解决了家庭聚餐的后顾之忧。

（二）内部中高层管理者

外部因素有了，但如缺少内部的推力，服务创新也是很难产生的。海底捞对店长及以上管理人员的考核分了多个项目，其中创新是一项重要的考核内容，各店经理每个月都要向总部提交一个服务创新的评估和报告。报告上将详细列出各店员工最近的一些服务想法和创意，而几位核心高层则会在月底进行讨论，负责对此进行总结和评比。通过这种方式，让内部中高层管理者逐渐主动推动服务创新，使这个系统得以永续发展下去。

（三）顾客接触人员

海底捞特别注意鼓励员工的创新意识，尤其是一线服务人员的服务创新意识。那些被人们广为称道的细节服务其实都是员工提出的建议。如就餐中，服务员会为长发的女顾客递上头绳和发卡，戴眼镜的顾客也会得到擦镜布；每隔15分钟，就会有服务员主动更换你面前的热毛巾；如果你带了小孩子，服务员还会提供帮你喂孩子吃饭等服务。在海底捞等待区等待的时候，服务人员为等位顾客还提供有免费食品和饮料。此外，还会提醒顾客可以在等待区内打牌、下棋、免费上网，顾客还可享受免费修指甲和免费擦皮鞋的服务。员工的主动创新是需要得到认可的。在海底捞火锅店，员工的服务创意一旦被采纳，就会以员工的名字来命名。"包丹袋"就是典型的一例。这是一个防止顾客手机被溅湿的塑封袋子。由于是一名叫包丹的员工最早提出了这个创意，即用员工的名字命名。当"包丹袋"在其他店也开始使用时，这些店会给这位员工交纳一定的费用。如此一来，对于海底捞的员工来说不但得到了尊重，还给了更多员工以鼓励。

餐饮业服务创新的保障机制

服务创新的保障机制即促进驱动力要素不断输入信息的机制或力量。Johnson等在研究新服务开发过程时认为，团队、组织环境及资源是创新的保障机制。Hristov等认为，战略、文化、激励以及可用资源等都是创新的保障机制。

通过对海底捞的实地调查及采访，结合海底捞企业的相关资料，文章针对下面四个主要问题进行研究：公司战略是否以优质服务及不断的服务创新为核心？公司文化是否鼓励创新行为？公司团队是否有强烈的创新意识？公司是否有明确的激励创新的物质和非物质制度？通过对资料的分析，得出了海底捞服务创新实现的保障机制，主要包括：公司战略，即强调顾客服务以及服务创新的重要性；组织环境，主要包括文化和团队，其中文化是指公司鼓励创新并把创新付诸于行动的氛围，团队是指公司人员是否有能力和意愿进行有效的创新；管理机制，主要表现为激励机制。

（一）公司战略

海底捞始终奉行"顾客至上"、"三心服务（贴心、温馨、舒心）"的服务理念，向顾客提供贴心、周到、优质的服务，消费者对于餐饮的要求不仅仅是在食物上，更看重的是服务，需求层次不断提高，要使顾客满意必须不断创新。

（二）组织环境

1. 公司文化。公司文化就是建立"信任与平等"，奉行"员工是品牌的代言人、尊重员工"的经营理念，海底捞致力于提高员工满意度，采用关怀式管理，树立员工与企业是一体的概念，采取人性化的管理。海底捞的晋升制度也是采取内部晋升制，因此，每一位员工都能全心投入如何能更好地满足顾客需求，为企业的发展献计献策。作为服务行业，只有提高服务者的服务意识，才能真正提高服务质量。而企业员工都是贴近消费终端的服务人员，他们可以更了解顾客的感受。

2. 公司团队。海底捞的晋升制度与创新密切相关，任何新来的员工都可以通过以下方式得到晋升：一线员工—优秀员工—领班—大堂经理—店经理—区域经理—大区经理。也就是说一位普通的员工要想晋升到较高的职位，前提是你被评为优秀员工，而优秀员工的评判标准之一就是服务创新能力。

海底捞经常通过开展评比和组织优质服务竞赛活动等方式，来促使员工相互学习，相互竞争，争做服务标兵，从而提高员工投身服务创新的积极性。每个月评选一次先进员工，其中被公司采纳的创新意见是主要的评选标准。"评先进"对海底捞的员工来说意义重大，因为海底捞的员工多数来自农村，更渴望能得到他人的认可和尊重。海底捞让员工感觉到公司对他们的认可和尊重，有效地激发了他们的工作热情和积极性。同时，优秀员工还具有榜样效应，可以激发其他员工向榜样学习、向榜样靠拢，争取有朝一日自己也能成为优秀员工。

（三）激励机制

海底捞特别注意鼓励员工的创新意识，专门设立了创新奖，奖励数额为 10～1000 元不等。海底捞每天有一个小时的午会制度，所有的员工把工作中存在的问题以及自己的解决方法都提出来。如果建议得到了认可并且付诸实施，则会获得创新奖。

海底捞认为要想让员工在工作中充满激情地开展服务，积极投入服务创新，首先要给他们提供良好的生活环境，解决他们的后顾之忧。海底捞在四川简阳建了一所私立寄宿制学校，海底捞员工的孩子可以免费在那里上学，只需要交书本费；海底捞的员工宿舍离工作地点不会超过20分钟，全部为正规住宅小区，且都会配备空调，有专人负责保洁以及洗衣服；公寓甚至配备了上网电脑，满足年轻员工对于上网的需求；如果员工是夫妻，则考虑给单独房间。

餐饮业服务创新过程

Johnson 等总结出了新服务开发过程的"循环模型"。这一模型表现为创新的过程包括设计、分析、发展和全面推广四个阶段。这个模型在海底捞火锅具体管理流程中的应用如下：

（一）设计阶段

在海底捞，细节服务都是由员工创意出来的，最初只是员工自发的一个想法，由员工提出新建议，大家讨论后觉得可行就会去实施。

（二）分析阶段

海底捞已经形成了一个代表着创新意识的红、黄、蓝榜机制。海底捞每月以店为单位进行创意统计，每个月九号，各个片区的店经理都要向总部提交一个创新的评估和报告，上面将详细列出各店员工最近的一些想法和创意，而几位核心高层则会在月底进行讨论，负责对此进行总结和评比，确定哪些是在本店可行的，哪些是可以推广到全国连锁应用的。如果一个店这个月是蓝榜，那代表无创新，黄榜则代表本店应用，红榜则代表全国可以推广。

（三）发展阶段

通过层层培训建立海底捞标准化的服务流程，如海底捞的标志性接待动作被规范成：右手抚心区，腰微弯，面带自然笑容，左手自然前伸作请状。

（四）全面推广阶段

海底捞成立了一个培训学校。在培训学校里，公司请来教授把自己的多年经验变成统一的教材，避免了培训内容不一致的情况，在此基础上对优秀员工进行培训。

这四个阶段呈现"环状"的结构，表征四个阶段有着可重复性，以及对过往线性过程的颠覆。

综上所述，在当今竞争激烈的零售业中，餐饮企业想要通过不断创新的服务赢得市场，必须做到：企业的中高层及一线员工应主动参与并主导服务创新活动，强化对顾客需求信息的搜集和挖掘；制定以创新理念为核心的企业战略，拥有鼓励创新和不断学习的企业文化，并且要有具备强烈创新意识和创新能力的团队；按照一定的新服务开发流程，依次进行新服务的设计、分析、发展和最后的推广，从而使得新服务得以有效执行。

（资料来源：《商业时代》2010年21期　作者：张心悦，西南科技大学经济管理学院）

单元十三 直复营销

直复营销起源于 20 世纪 20 年代美国的直销，是无店铺零售的一种主要形式。当初的直销，是与一系列仔细挑选的单个消费者之间的直接联系，目的在于能够作出迅速的响应并且培养持久的客户交流。直销者直接与客户交流，经常是互动的、一对一的方式，通过详尽的数据库，直销者可以选择出很窄的细分市场甚至是单个购买者的需求，定制其营销产品和需求传达的信息。

直复营销，又称"直效营销"、"直接营销"。它是个性化需求的产物，是传播个性化产品和服务的最佳渠道。

- 了解直复营销的含义；
- 熟悉直复营销的特点；
- 知晓直复营销与人员营销的异同。

技能点

- 掌握直复营销的主要形式；
- 通晓直复营销和 CRM 的关系，以及面临的政策与道德问题。

项目一　全方位了解直复营销的概念

任务1　直复营销的含义

直复营销起源于 20 世纪 20 年代的美国，又称"直效营销"、"直接营销"。它是个性化需求的产物，是传播个性化产品和服务的最佳渠道。根据美国直效营销协会（ADMA）的定义，直复营销是一种相互作用的营销系统，它利用一种或多种广告媒体，在任何地方均可产生一种可衡量的反应或交易。经过多年的演进，直复营销逐渐转化为多种形式出现，如目录邮购、电视购物、网络购物等。现在直复营销几乎遍及全球所有市场经济发达的国家，其名称或操作模式可能不同，但本质相同，他们都笃信下列精神：①更精确的目标客户；②一对一的双向沟通；③个性化的直接沟通；④可测性；⑤营销战略的隐蔽性；⑥任何地点的沟通；⑦关注顾客终生价值和长期沟通。

无论是把直复营销作为完整的商业模式，还是作为一个更广泛的营销组合补充，直复营销都会给买卖双方带来好处。具体来说，直复营销对买方带来的好处有：它很方便、易于使用，购买过程隐秘，客户可以在任何时候查看邮购目录或登录公司网站；消费者经常可以与卖方的电话、网站互动，提出他们想要的信息、产品或者服务的确切构成，然后购买。对于卖方而言，直复营销是建立客户关系的有力工具，使用数据库营销，商家能够瞄准小的消费群甚至是单个的消费者，提供个性化的产品和服务满足他们的特殊需要和愿望，并且通过个性化的沟通推广商家的提供物；商家可以选择直销的时机，使其在合适的时候到达潜在的客户，由于因特网一对一的互动性，直复营销还使卖方能够接触其他渠道无法触及的购买者。

任务2　直复营销的特点

1. 直复营销降低了整体客户成本

直复营销剔除了中间商加价环节，从而降低了商品价格；同时让客户无须出门就可以购买到产品或服务，减少客户时间、体力和精力成本的支出，增加了客户的让渡价值。

2. 互动性

互动性指营销人员和消费者之间的直接联系，它包括两层含义：营销人员怎样在目标市场上提供旨在引起消费者反应的刺激物；消费者怎样对此作出反应。通过与消费者的互动，营销人员可以获得与消费者保持联系的有效信息。

3. 目标化

目标化指营销人员选择产品或服务信息的接收者的针对性强，信息的接收者可以是购买过该产品或服务的消费者，或是极有可能成为主顾的潜在消费者。直销人员通过定期检查每次推销的结果，可以获得有关目标客户的更准确的信息，从而不断修订目标客户名录。

4. 可控性

可控性指的是对营销活动的管理，包括制定目标和计划、作出预算和评估结果。它是一个循环的过程，营销人员可以根据过去活动的结果制定未来的计划，并且可以监控，可以判断其是否成功，可以让营销人员了解如何确定有效的途径，以及通过这些途径进行产品或服务的销售过程中哪些因素在起作用。

5. 连续性

连续性指通过保留现有的客户群，向他们推销其他产品或更新的产品。在企业中，很多利润来源于忠实的客户，因此连续性显得很重要。通过与客户的相互联系获得的重要数据能帮助营销人员更好地与客户进行沟通，及时了解他们的兴趣和偏好，以及他们对过去营销活动的看法。

6. 方便性

直复营销较少受时间和空间的限制，它是通过媒体来获得客户反应和达成交易的。因此，媒体的性能在很大程度上影响了直复营销的效率和效益。一方面，直复营销可以利用许多媒体；另一方面，现代媒体技术发展迅速，越来越不受时间和空间的限制。因此，直复营销在时间和空间上有很大的自由度。

项目二　掌握直复营销的主要形式

任务 1　掌握电话营销

使用电话直接向消费者销售产品或服务，已经成为主要的直复营销沟通工具。电话的普及，尤其是免费电话的开通，使消费者更愿意接受这一形式，设计得当、定位准确的电话营销有许多优点，包括方便的购买过程及更丰富的产品和服务信息，免费 800 号码则用于接收来自电视和广播广告、邮件或者购物目录的订单。需要注意的是，有时针对性不强的电话营销活动可能会使许多消费者十分恼火，所以，在具体操作中要争取瞄准向潜在客户群进行电话营销。

任务 2　直接邮寄营销

直接邮寄营销就是把产品、宣传资料、订购卡、折叠广告或其他东西寄送给目标客户，以此来推销产品并完成交易。直接邮寄这种方式非常适合直接的、一对一的沟通和传播，这需要有针对性地选择目标市场，实现个性化，具有柔性，并且容易衡量营销结果。

任务 3　购物目录营销

购物目录营销是营销者按照选好的客户名单邮寄商品目录，或者有目录随时供客户索取。目录营销所涉及的商品范围极为广泛，消费者几乎可以通过这种方式购买到任何产品。随着因特网的迅速发展，越来越多的购物目录正在电子化，而且购物几乎不受时空的限制，运营成本也很低，发展势头迅猛。

任务 4　电视直销

电视直销有两种主要形式，第一种是广告直销，即直销商买下电视时段，制作广告宣传片来介绍产品或服务，提供一个免费电话的购物号码，并劝说人们立即购买。第二种是开设家庭购物频道，就是该频道的所有电视节目或者整个频道都专门用来销售产品和服务，随着有线和卫星电视覆盖范围的扩大，购物频道也越来越走进普通百姓的家庭。

任务 5　信息亭营销

一些企业把信息和取得这些信息的机器——称为信息亭，放在商场、酒店、机场和其他地方，客户可能使用配有触摸屏计算机的信息亭来了解其中的信息，从而作出选择性的购买行为。和现有的其他事物一样，随着众多企业整合现实世界和虚拟世界的实力的提高，信息亭也正在向网络化方向发展。

直复营销的发展势头十分迅猛，除以上方式以外，网上营销、面对面直销等方式也十分活跃。常见的直复营销方式如图 13-1 所示。现在，更强大的一种方法是整合直销，这涉及精心地在多种媒体和多种促销活动之间的协调，通过多媒体、多阶段的营销活动，可以大幅度提高客户的回应概率，提高了直复营销的效率和效益。

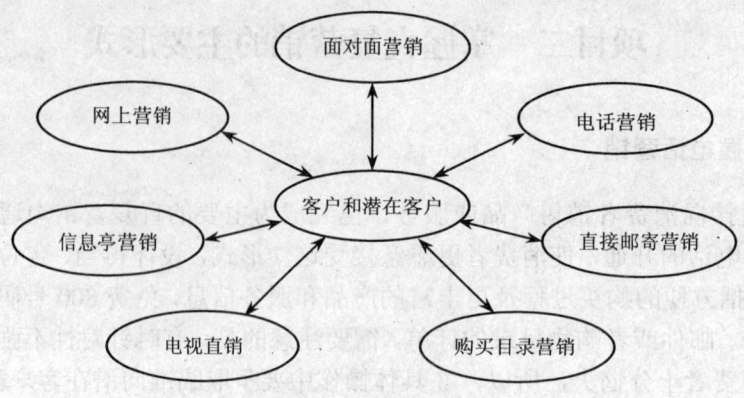

图 13-1 直复营销的主要形式

项目三 直复营销与人员直销的异同

任务1 直复营销与人员直销的相同点

世界直销联盟讨论报告指出:"应注意不要将直销（direct selling）和直复营销（direct marketing）或远距离销售（distance selling）等名词混淆。"

直复营销与人员直销是"无店铺零售"的两种形态，都属于"无店铺零售"。之所以要把"直复营销"划归为"无店铺销售"，是因为直复营销公司与消费者交易的本质是通过"非人员的媒体来完成的"，这个交易的行为和过程不是在店铺内完成的。尽管有时直复营销公司的商品是让顾客去零售店铺购买，但是，零售店铺只不过是顾客"领取"商品的一个场所，顾客去零售店铺购买商品之前就已经完成了交易行为。

任务2 直复营销与人员直销的区别

直复营销又有三个显著区别于人员直销的特征。

1. 形式上的区别

人员直销是绕过较多的中间环节，由生产厂家或是专门组建的直销公司招聘专职和兼职的销售人员，并进行严格培训，组成直销网络，形成一套严格的管理和激励制度，由销售人员把商品直接销售给顾客的一种零售方式。

而直复营销是指生产商不经过任何层次的中间商而直接将产品销售给消费者，采用直复营销方式可规避中间环节带来的风险。由于消费者接触商品和购买商品时，均没有销售人员出现在消费者面前（注意：即使消费人员出现在消费者面前也不是去完成商品销售，而是完成送货、调查等服务工作），所以，就不存在销售人员为了完成商品销售而与消费者进行面对面或者一对一的促销说明，直复营销也就不需要对销售人员采取培训会议的方式来最大限度地提高其忠诚度、综合素质和销售技能，以完成商品销售。

2. 媒介物的区别

人员直销强调的是人，其主要媒介是具有丰富经验的销售人员。按照营销学的观点，直销属于产品促销策略中的人员推销。

而直复营销强调的不是人，基本上没有销售人员参与，并且尽量将销售人员数量降至最低限度，它主要通过邮寄目录、电话、电视、直接响应广告或最新兴起的网络等方式来销售产品或服务。也就是说，消费者接触直复营销公司商品的桥梁是非人员的媒体，比如直接邮件、国际互联网、购货目录、VCD光盘等。并且，直复营销公司与消费者商品交易达成的载体不是销售人员，而是高科技媒体，比如电脑、电话、电子商务等。

3. 情感上的区别

人员直销是通过企业培训的销售人员与顾客面对面地交流完成整个交易的。从这个意义上说，直销不仅是一种销售方式，同时也是一种情感沟通方式。通过这种销售方式，达到企业与顾客的互动。

任务3　直复营销包含的内容

直复营销包括购货目录营销、邮购营销、电话营销、传媒（电视、电话、报纸、杂志）营销以及网络营销。企业通过这些没有任何感情色彩的媒介，完成整个产品营销过程。直复营销更强调的是择货和购货的便利性，不带人员沟通的感情色彩。

由此可见，直复营销与人员直销方式相区别的关键点是：在完成商品销售或服务时，销售人员是否与消费者进行面对面或者一对一的促销说明，而并非是一些人所言的双向交换信息。双向交换信息是任何一种营销方式都具备的基本特征，因为没有双方的信息交换就能轻而易举地完成一种商品或者服务的交易，这是难以想象的。直销公司可以采用直复营销中的某些营销行为，如顾客可以通过公司的购货目录了解商品，然后再通过电脑、手机等高科技载体向公司订货，最后由公司的直销员送货，但我们却不能够认为它的经营模式就是直复营销。也就是说，人员直销中可以有直复营销；但直复营销中却不包括直销。

项目四　通晓直复营销和 CRM 的关系以及面临的政策与道德问题

任务1　直复营销和 CRM 的关系

1. 直复营销离不开 CRM 数据库的支持

CRM 数据库包含客户和潜在客户的经过处理的数据，企业通过数据库可以获得目标客户的信息，向他们销售产品和服务。CRM 数据库具有信息反馈作用，能够反映客户与商家建立关系的整个过程，企业可以利用数据库来预测未来交易的情况，并及时查看、分析客户流失的情况和原因。此外，CRM 可以通过客户数据来全面分析测量客户带给企业的价值及衡量客户的满意度。

2. CRM 有助于维护直复营销客户的忠诚

在直复营销中，维护客户忠诚度越来越重要，同时受直复营销中给客户隐私保护和道德问题的困扰，忠诚度的维护越来越困难，对现在客户和潜在客户的培养和挖掘被认为是企业获得进一步成功的关键。CRM 为实现这一目标提供了便利和可能，同时通过即时的反应和即时的服务，建立和维护了客户的忠诚度。

任务2　注意直复营销面临的公共政策和道德问题

采用直复营销方式的商家或个人和他们的客户应该建立一种共赢的关系，然而在很多情况下，直复营销也会出现阴暗的一面。有少数直销人员采取不正当的手段来获取客户的信息，甚至采用虚假的手段来欺骗和伤害消费者，造成了一些负面影响。

需要注意的是，过度的直复营销有时会惹恼甚至侵犯消费者。大多数的消费者不喜欢太嘈杂、时间太长、没完没了的直接回复式电视商业广告片。更为恶劣的是，一些邮寄广告，目的就是要误导或欺骗购买者，以此来蒙蔽消费者。

侵犯隐私可能是摆在直复营销行业面前最棘手的公共政策问题，消费者一不小心无意中就泄露了其个人信息，有时就成为企业客户数据库的资料。所以我们认为，数据库的广泛使用侵扰了消费者的隐私，如果企业建立数据库的动机偏离正常营销的方向，消费者就可能遭遇侵犯隐私的销售压力。

单元小结

直复营销，又称"直效营销"、"直接营销"，它是个性化需求的产物，是传播个性化产品和服务的最佳渠道营销方式。直复营销是一种相互作用的营销系统，它利用一种或多种广告媒体，在任何地方均可产生一种可衡量的反应或交易。

直复营销主要有6个特点。其一是直复营销降低了整体客户成本；二是互动性；三是目标化；四是可控性；五是连续性；六是方便性。

直复营销的主要形式有：电话营销、直接邮寄营销、购物目录营销、电视营销、信息亭营销等。

直复营销与人员直销是"无店铺零售"的两种形态，都属于"无店铺零售"。但二者又有显著区别，其在形式上、媒介物上和情感方面是完全不同的。

直复营销离不开CRM数据库的支持，同时CRM也有助于维护直复营销客户的忠诚。但采用直复营销方式的商家或个人应和他们的客户建立起一种共赢的关系，需注意直复营销面临的公共政策与道德问题。

核心概念

直复营销　　直销　　直接邮寄营销　　购物目录营销

训练题

1. 直复营销有哪些特点？
2. 直复营销一般采用哪些形式？
3. 直复营销与人员直销有哪些异同？
4. 直复营销与CRM有何关系？
5. 直复营销方式存在哪些负面效应？

综合案例分析

案例1 戴尔计算机公司直销案例

戴尔计算机公司1984年由迈克尔·戴尔创立。目前戴尔公司已成为全球领先的计算机系统直销商,跻身业内主要制造商之列。在美国,戴尔公司是商业用户、政府部门、教育机构和消费者市场名列第一的主要个人计算机供应商。戴尔公司设计、开发、生产、营销、维修和支持包括外围硬件和计算机软件等在内的广泛产品系列。通过直线联系,是首家向客户提供免费直拨电话技术支持,以及第二个工作日到场服务的计算机供应商。戴尔曾不止一次地宣称过它的成功法则之一:坚持直销。

戴尔的模式习惯被称为直销,在美国一般称为直接商业模式(direct business model)。所谓戴尔直销方式,就是由戴尔公司建立一套与客户联系的渠道,由客户直接向戴尔公司发订单,订单中可以详细列出所需的配置,然后由戴尔公司按单生产。戴尔所称的直销模式实质上就是简化、消灭中间商。

1. 网上直销

戴尔进一步推行其直销模式,建立了公司的网上销售渠道。在美国,戴尔公司的网上销售现已占销售总额的近一半。戴尔不仅打算利用国际互联网销售产品,还想用互联网整合从零部件供应商到最终用户的整个供应链。

2. 直销的代价

首先,直销在广告宣传上的投入是非常大的。如另一个直销成功的美国Micron公司,去年的销售额达30亿美元,净利润为28.59%,甚至超过了英特尔公司。可它去年仅在美国的广告投入就高达4000万美元。由于缺少面对面与客户交流的计划和诸多的销售网点,直销厂商必须加大其他方面的宣传力度。另外,从表面上看,直销越过了分吃利润的中间商,节省了可观的销售成本,但事实是,公司首先得拥有一个日益庞大和复杂的全球信息和通信网络,包括免费的电话和传真支持。其次,与一般PC厂商相比,采取直销模式的公司需要更强大的计划、培训、投资和管理能力,而这一切的确是一笔不小的投入。

3. 直销分析

(1)直销产品的特点是什么

直销最成功的案例都发生在PC行业,而其他行业不多,这说明了直销所应有的一些行业特性,就是对产品的要求是更新快、技术含量高的某些行业。正因为PC的更新换代、降价飞快,如CPU、内存等零部件随时面临降价压力,厂商对零件进货的时间、数量要求会高到以天甚至以小时为计算单位,这对于分销是不可能的。同时,正因为这种精打细算,摒弃分销渠道,厂商才能够以合理的利润定价,使得产品能以最快速度及最低的价格到用户手中,同时对用户的需求了如指掌。

(2)直线销售与传统的销售模式相比有何优势

直线销售关注的是与顾客建立一种直接的关系,让顾客能够直接与厂家互动。通过这种互动,不管是通过国际互联网,还是通过电话,或者与销售员面对面互动,戴尔的顾客都可以十分方便地找到他们所需要的机器配置。这样,戴尔可以按照客户的订单制造出完全符合顾客需求的定制计算机。

有了这样一个直线销售模式，顾客还可以享受到其他好处。如顾客能够得到一种高价值的解决方案，因为戴尔坚持为顾客提供最新技术的计算机。每当英特尔公司或微软公司（Microsoft）推出新的产品或软件和硬件时，戴尔随即可以集成一种新的系统产品卖给顾客。这样，由于顾客与戴尔之间有着一种直接的互动关系，他们可以直接找戴尔订单制造出最新技术的定制计算机。与此同时，戴尔也将直线销售模式引入服务领域。如果顾客的计算机出了问题，他只需拨一个全国统一的免费电话，戴尔的工作人员就可以直接在电话中为他解决问题。对于笔记本电脑，戴尔还有国际保证。如果顾客去新加坡或中国香港开会，只要拨打当地的免费服务电话，当地就会派工程师来解决问题。

（3）这种优势能为顾客带来何种附加价值

总体来说，通过直线销售模式，顾客不仅可以直接与戴尔公司互动，可以买到具有很好价格性能比的计算机，收到很好的投资回报，因为戴尔提供的是最新技术和最完善的服务。

戴尔之所以致力于为顾客提供最新技术，是因为顾客通常可以从中得到两大益处：第一，最佳价格性能比，同等价格可以买到速度更快的机器，或者快得多的速度只需要稍高一点的价格。第二，最新技术总是有更高的可靠性、稳定性和更多的性能。所以，对于顾客来说，投资回报要高得多。在服务方面，戴尔为顾客提供全国范围的保修服务。通过直线销售模式，戴尔能够准确了解顾客信息，很好地跟踪顾客服务。戴尔是很少几个能够提供现场服务的供应商之一。

（4）建立直线销售模式对技术有何要求

戴尔建立了一个服务电话网络。中国有94个免付费电话可以直接打到厦门工厂。目前，戴尔每个月在顾客免付费服务电话上要花10万美元。在厦门，戴尔有一个计算机电话集成系统（CTI系统），它可以对打入电话进行整理，并检查等候时间，因为戴尔要求不让打进电话的顾客等候太长时间。戴尔每天都可以看到顾客的等候比，了解有多少顾客在线上。尤为重要的是，戴尔建立了一个顾客信息数据库，其中包括中国所有顾客的信息。顾客打电话过来，只需把计算机的序列号告诉服务的工程师，工程师把序列号输入计算机，便能准确查出顾客所购计算机的所有配置。这样，服务工程师在帮顾客解决问题时，就更为方便、快捷。多数时候，这些问题都是一些使用上的问题，戴尔可以在30分钟内通过电话解决问题。尽管这些成本都计入开支，戴尔依然能有可观的利润，因为通过直线销售模式，节省了很多开支。采用非直线销售模式的企业要花费很大的精力去培训和支持其代理商，它们需要保持2~3个月的库存量。戴尔没有库存，只有当顾客下订单时才生产，这样能够有很好的现金流量。

（5）这种直线销售模式是否能够适合中国市场

根据戴尔的分析，中国市场跟美国市场非常相似，其技术成熟度整体上可能稍稍落后于美国。但中国市场如此之大，能与美国技术同步的那部分市场依然是一个非常大的市场份额。戴尔所选择服务的也正是这一部分市场，其技术和用户成熟度与世界其他地区非常接近，这些用户与美国市场也并没有太大的不同。例如，戴尔70%的产品卖给了在中国的跨国企业，如花旗银行、摩托罗拉、通用电气、强生等。使用戴尔计算机的人跟欧美等国的同事一样，使用的是同样的软件，因为这些公司是国际性的公司，他们用的是国际性解决方案，因此说这些用户（打进中国市场时的目标客户）的成熟度与西方国家基本相同。

根据戴尔的销售数据显示，大约50%的顾客是中国本地的用户，如电信、银行和一些政府部门，这些用户都积极引进高性能的计算机。从1999年4月初开始，戴尔向中小企业客户

（进入后的延展客户）发展。

（6）戴尔的直线销售模式是否能适用于其他行业

多数产品都适用直线销售模式，而且在当今世界上，越来越多的人会愿意接受直销。所有的大众化标准产品都有机会实现直线销售模式。实现了直线销售模式，可以节省很多原本用于销售渠道、代理商、展厅等方面的开支，把这些钱转送给顾客。这样，产品可能更便宜，或者更有成本效益。

案例2　天狮集团的直销成功经验

不同于我国直销行业中的其他企业的是，天狮集团称得上是民族英雄，仅仅15年的时间，它就发展成为一个以高科技生物产业为龙头，集科、工贸、房地产、教育、文化、服务、运输为一体，国内资产规模达16亿元的跨国企业。它的成功经验主要有以下几点。

1. 开发高品质的拳头产品

创造健康人生、挑战现代生物技术是天狮集团（以下简称天狮）追求的永恒目标；体验现代文明、品味健康生活是天狮对全球消费者的最大承诺。天狮以"健康人类，造福社会"为己任，致力于给人类健康、信心、希望、成功和财富，以及具有无限发展前途的健康事业，以天狮产品带给人们全方位的精心呵护。

天狮深知，产品品质要比荣誉更重要，所以天狮在产品质量上下足了工夫。科技创新是天狮快速发展永不衰竭的动力。中国科学院微生物研究所、中国生物工程学会、上海医科大学、上海肿瘤研究所等科研机构都是天狮走高科技生物工程发展之路的坚强后盾。天狮以尖端的生物技术为依托，致力于发掘祖国传统医学和养生文化精髓。集团从德国、意大利、美国引进了近亿元的成套自动化设备，极大地保证了产品的生产质量。企业通过了ISO9001:2000国际质量体系认证，部分产品通过了美国FDA认证。天狮现拥有2项国家级发明专利，多项生产技术、工艺位居国内外先进行列，曾多次获得国际荣誉及奖项，并被联合国自然科学院授予"国家生态安全最佳企业"荣誉。

保健品可以说是天狮的拳头产品。仅就中华人民共和国卫生部批准的来说，天狮保健品就有补钙、免疫调节、调节血脂、排毒养颜、抗肿瘤等15个功能系列，占中国现有保健品22种功能的70%以上；论品种数量，天狮产品在中国式和国际市场推出的已达197个。

2. 走出去，创建全球直销网络

作为目前国内最大也是最成功的民营直销企业，直销一直是天狮最核心的营销模式。

（1）国内的营销模式

利用特许来构建自己的专卖店体系，是天狮的一大特色，它在短短几年内就建立了一个足以睥睨群雄的专卖店网络，发展速率几乎是一天一家。目前天狮在全国已建立了33个分公司，发展了1800多家特许加盟店。事实上，这种专卖店是由原来的分区办事处改装的，专卖店实际上就是一个直销中转站，有销售的功能，也有形象展示的功能，但更多的是一种物流功能。对于天狮来说，这种物流中枢机构的建立势在必行，因为其产品线太长，品种繁多，没有专门的区域库存周转和形象展示点，产品不仅会在区域内运转不灵，反应迟滞，还会延缓区域内的拓展速度。

事实上，直销的最大优势就在于能将单一品牌包装下的系列产品借助直销商进行完整的展现,这种基于人际网络的展现能够得到消费者最大的信任,这是倚重经销商分销的传统模式难以达到的。而正规直销组织体系的完整构选必须有三个部分,即业务组、行销组和服务组。行销组的功能是发现市场机会,开发新产品和制定市场推广策略,辅助直销商的业务展开;业务组的功能是对直销商在业务拓展能力上提供支持,主要是直销员的选择、评定和资格审查,当然,最重要的还是直销员的技能培训和心理辅导;服务组承担的是行政事务,它着重调节和辅助行销组和业务组的工作,其下辖的部门一般是电脑部、财务行政部和仓储部。

(2)国外的直销系统

为了企业的持续发展,1998年天狮远征海外,开始了国际市场的打拼。

在初始市场选择上,套用天狮执行总裁钱港基的一句话:"许多公司在进入欧洲市场的时候,都晓得不能将欧洲市场作为一个市场来做,因为欧洲有好多个国家,每个地方的消费能力和接受能力都不一样。"因此,天狮在奔赴海外第一站的选择上相当谨慎,最终将俄罗斯确定为首选。理由很简单,俄罗斯作为一个横跨欧亚的大国,是中西方文化的交汇地,战略作用显著。因此,天狮从1998年开始,以其主打保健产品"高钙素"全力首攻俄罗斯,尽管当时的俄罗斯政局不稳,金融危机的迹象也已初现端倪,但凭着产品极具优势,天狮在俄罗斯迅速站稳了脚跟。但从俄罗斯这个国家的整体市场来看,天狮的市场占有份额并不大。历经两年的打拼,天狮在俄罗斯的整个直销网络也早集聚了20万民众,与整体的市场份额相比照,这并不是一个多么了不起的数字。

直销模式的核心是人际网络的推广,产品要真正在一个市场上形成口碑并快速地铺陈开来,必须要有品牌以及品牌本身所蕴含的良好的公信力,这样才会吸引人群的关注和直销商的加盟。此时,天狮在俄罗斯的品牌形象提升已经显得迫不及待,为了提升自己的品牌形象,天狮于2000年8月3日在俄罗斯圣彼得堡举行了天狮首届"八三国际庆典大会",大会规模空前,精英集聚,名人荟萃,其中甚至还有前苏联总统戈尔巴乔夫和当任俄罗斯外交部长等政界要人。借助这大手笔的事件营销策划,天狮产品迅速在俄罗斯走红,直销商数量也猛然增多好几倍。

这种影响力很快借助俄罗斯的枢纽地位迅速辐射到欧洲。紧随俄罗斯之后,天狮在乌克兰、匈牙利、波兰以及德国和法国等国家也相继建立了天狮保健品直销网点。

为了进一步巩固并扩大这种市场影响力,天狮再一次模仿俄罗斯成功的事件营销手法,将其运用到欧洲几个主力市场的推广上。为此,天狮在2002年11月1日召开了"天狮柏林全球表彰大会",11月4日又在德国莱茵河畔举行了"天狮精英颁奖仪式"等,这一系列的造势活动使天狮在欧洲市场名声大噪,就连市场反应最为保守的英国人也终难抵制来自古老东方的极度诱惑,可以说,天狮在欧洲市场的开拓上大获全胜。

3. "六网互动":符合中国特色的直销方式

50多年前,网络直销在美国诞生,随着科学技术、经济资源的重新组合,西方简单化的直销模式已不适应变化了的新形势。以中华儒商作为商业道德基础,以当今世界最先进的直销理念为形式,天狮创造了独特的超越一般直销理念的捆绑式营销模式,并且在此基础上发展为"六网互动",这是人类营销史上的伟大创举!

天狮创造性地提出的"六网互动",即由人力资源网、国际教育网、国际物流网、国际资本运作网、国际旅游网、国际互联网织就的立体化网络相互作用,既是一种营销概念,又是一种经营模式;"六网"之间既是一个相对独立的个体,又是一个有机结合体;既有原则性又有灵活性。可以说六网互动是对传统营销方式的挑战与变革,是具有中国特色的直销方式。

单元十四　关系营销

 **本章导读**

关系营销是20世纪80年代末90年代初首先兴起于西方企业界的一种新型营销观念，是由西方的营销学者对大量企业的思想、营销策略、营销行动进行分析总结之后提出的，以建立、维护、促进、改善、调整"关系"为核心，对传统的营销观念进行革新的理论。关系营销一词是1983年首先引入文献的，1985年美国营销学者巴巴拉·本德·杰克逊在产业营销领域提出这个概念，他认为："关系营销是指获得、建立和维持与产业用户紧密的长期关系"。营销大师科特勒也指出："在这个新的变化的世界里，企业唯一可以持续的竞争优势是它与消费者、商业伙伴及公司员工的良好关系。"关系营销被誉为"20世纪90年代及未来的营销理论"。

 **知 识 点**

- 理解客户关系与营销的内在逻辑关系；
- 了解关系营销的含义。

技 能 点

- 掌握关系营销的具体实施方法；
- 通晓关系营销策略的内含与策划；
- 掌握关系营销策略的流程。

项目一　认识关系营销

任务1　关系营销的概念

1. 关系营销的含义

关系营销（Relation Marketing）是把营销活动看成一个企业与消费者、供应商、分销商、竞争者、政府机构及其他公众发生互动作用的过程，其核心是建立和发展与这些公众的良好关系。

关系营销以系统论为基本思想，将企业置身于社会经济大环境中来考察企业营销活动，认为正确处理与上述个人及组织的关系是企业营销的核心，是企业成功的关键。

2. 关系营销的本质特征

关系营销是企业与客户、企业与企业间的双向信息交流，是企业与客户、企业与企业间的合作协同为基础的战略过程；是关系双方以互利互惠为目标的营销活动；是利用控制反馈的手段不断完善产品和服务的管理系统。表 14-1 所示了关系营销与交易营销的区别。

表 14-1 关系营销与交易营销的区别

交易营销	关系营销
关注一次性交易	关注客户保持
较少强调客户服务	高度重视客户服务
有限的客户承诺	高度的客户承诺
适度的客户联系	高度的客户联系
质量是生产部门所关心的	质量是所有部门所关心的

从表 14-1 可以看出，关系营销的本质特征可以概括为以下几个方面。

（1）双向沟通。在关系营销中，沟通应该是双向而非单向的。只有广泛的信息交流和信息共享，才可能使企业赢得各个利益相关者的支持与合作。

（2）合作。一般而言，关系营销有两种基本状态，即对立和合作。只有通过合作，才能实现协同，因此合作是"双赢"的基础。

（3）双赢。即关系营销旨在通过合作增加关系各方的利益，而不是通过损害其中一方或多方的利益来增加其他各方的利益。

（4）亲密。关系能否得到稳定和发展，情感因素也起着重要作用。因此，关系营销不只是要实现物质利益的互惠，还必须让参与各方能从关系中获得情感的需求满足。

（5）控制。关系营销要求建立专门的部门，用以跟踪客户、分销商、供应商及营销系统中其他参与者的态度，由此了解关系的动态变化，及时采取措施消除关系中的不稳定因素和不利于关系各方利益共同增长因素。此外，通过有效的信息反馈，也有利于企业及时改进产品和服务，更好地满足市场的需求。

任务 2　关系营销的组织设计与实施

1. 关系营销的组织设计

为了对内协调部门之间、员工之间的关系，对外向公众发布信息、处理意见等，通过有效的关系营销活动，使得企业目标能顺利实现，企业必须根据正规性原则、适应性原则、针对性原则、整体性原则、协调性原则和效益性原则建立企业关系管理机构。该机构除了协调内外部关系外，还担负着手机信息资料、参与企业的决策等责任。

2. 关系营销的资源配置

面对当代的客户、变革和外部竞争，企业的全体人员必须通过有效的资源配置和利用，同心协力地实现企业的经营目标。企业资源配置主要包括人力资源和信息资源。人力资源配置主要是通过部门间的人员转化、内部提升和跨业务单元的论坛和会议等进行的。信息资源共享方式主要是：利用计算机网络、制定政策或提供帮助削减信息超载、建立"知识库"或"回复网络"及组建"虚拟小组"。

3. 关系营销实施中的关系协调

关系营销的效率提升需要与外部企业建立合作关系，外部企业必然会与之分享某些利益，增强对手实力；另一方面，企业各部门之间也存在着不同利益，这两方面形成了关系协调的障碍。具体的原因包括：由于利益不对称，担心失去自主权和控制权，片面的激励体系等因素而担心损害分权。此外，关系各方环境的差异会影响关系营销的建立及双方的交流，跨文化间的人们在交流时，必须克服文化所带来的障碍。

4. 关系营销的效率提升

与外部企业建立合作关系，必然会与之分享某些利益，增强对手的实力，另一方面，企业各部门之间也存在着不同利益，这两方面形成了关系协调的障碍。对于一个现代企业来说，除了要处理好企业内部关系，还要有可能与其他企业结成联盟，使企业关系营销的效率得到提升。

项目二　关系营销策略

任务1　企业与客户的关系营销策略

关系营销中，企业与客户的关系处于核心地位，客户是企业生存和发展的基础，市场竞争实质上是一场争取客户资源的竞争，因此任何企业都必须取信于客户。忠诚的客户会重复购买某一产品或服务，而不会选择其他品牌。所以企业与客户的关系越持久，每一个客户所带来的销售额和利润额就会上升。由于客户需求的差异性，决定了企业不能为市场提供无差异的产品和服务，而要根据不同客户的需求特点提供差异化、个性化的产品和服务。此外，企业还可以采用会员制、客户俱乐部等形式来更好地密切双方关系，增强客户信任。企业吸收购买一定数量产品或愿意支付会费的客户成为俱乐部会员，不断为会员提供新产品信息、新产品试用、优惠价格等各种特别服务，以此加强企业与客户之间的相互了解，提高客户的忠诚度。

任务2　企业与供应商的关系营销策略

任何企业都不可能独自解决所需要的各种资源，许多资源都要由供应商来提供，与供应商的关系好坏决定了企业所能获得资源的数量、质量及速度。因此，企业与供应商之间的关系必须从传统的对立关系转变为紧密的合作伙伴关系，只有这样才能保证企业所需资源能够及时、稳定、保质保量地被提供，甚至还能得到供应商同意延迟付款所带来的资金支持，不但保证了企业生产的持续，而且对资金周转紧张的企业也暂时缓解了财务的压力。所以，企业应把供应商看作同生共赢的合作伙伴，而不是争夺利益的对立面。

任务3　企业与竞争者的关系营销策略

传统观念认为同行是冤家，为争夺有限的市场份额，企业之间往往激烈竞争，其结果势必会导致营销成本剧增，企业效益大降，两败俱伤。精明的企业家与营销专家已经悟出"化敌为友、战略联盟"的重要性。如今，"联盟"之风已在全球盛行。同行企业只有改变低层次的恶性价格竞争而通过合作联盟的形式才能进行生产要素互补，从而提高综合竞争力，既有利于发挥自己的资源优势，又能使社会资源得到更好的配置。关系营销倡导的这种新型企业竞争关系，必将形成企业间共赢的良性市场环境，促进整个行业的繁荣进步。

任务4　企业与内部员工的关系营销策略

企业内部的员工和部门构成了内部市场。没有满意的员工，就没有满意的客户，任何一家企业要想让客户满意，首先得让内部员工满意。只有对工作感到满意的员工，才可能以更高的效率为客户提供更加优质的产品。企业应加强与员工的沟通，切实关心员工的利益，培养员工的自豪感和团队意识，通过满足其工作需要来吸引、开发、激励和保留优秀的员工，增强企业的凝聚力。可以说，内部营销既是关系营销的基础，又是关系营销成功的必要条件。

任务 5　企业与相关者的关系营销策略

企业作为一个开放的系统从事活动，必须拓宽视野，注意企业与股东、政府、媒介、社区、名流、国际公众、金融机构、学校、慈善团体、宗教团体等的关系。相关的关系营销策略可借助公共关系模式来实施。

1. 宣传型公共关系

宣传型公共关系，是指通过各种传播媒介和内部沟通方法，充分开展宣传活动，以获得公众的好感和认同，树立良好的企业形象。根据对象的不同，此模式又分为对内宣传和对外宣传两种形式。对内宣传，其主要目的是让员工等内部公众了解企业发展中的各种情况，以便鼓舞士气取得谅解与支持。常用的媒介有：企业报纸、宣传窗、讨论会等。对外宣传，其主要目的是让有关公众及时、充分了解对企业有利的有关信息，形成良好的社会印象和认同。其形式有不借助媒体的宣传，如举办展览会、技术交流会等；借助媒体的宣传，一是花钱做广告，二是不付费的宣传，如新闻报道、记者专访、专题通讯等。

2. 交际型公共关系

交际型公共关系，是指以直接地人际交往行为进行的公共关系活动，其目的是加强企业与社会的广泛联系，沟通信息、增进感情，以形成有利于企业发展的人际环境。其特点是直接性、灵活性和富有人情味。其方式有团体交际和个人交际两种，具体形式有联谊会、座谈会、招待会、舞会等。

3. 服务型公共关系

服务型公共关系，是指以提供优质服务、实惠服务为主要手段的公共关系活动，目的是用实际行动来获得公众的好评。服务型公共关系活动包括商品信息咨询、商品展销、多种售后和附加服务等。

4. 社会型公共关系

社会型公共关系，是指企业举办或资助各种社会性、公益性活动而开展的公共关系活动，目的是扩大企业影响，提升企业良好的社会声誉。具体形式有：赞助教育与福利事业、参与社会公益活动、支持文体活动等。

5. 征询型公共关系

征询型公共关系，是指以收集社会信息为主要内容的公共关系活动。通过信息采集、舆论调查、民意测验等工作，为企业经营管理决策提供咨询，使企业适应市场变化与公众的期望。

项目三　关系营销策略流程

任务 1　组织设计与资源配置

关系营销的管理，必须设置相应的机构。对内要协调处理部门之间、员工之间的关系，对外要向公众发布信息、征求意见、搜集信息、处理纠纷,等等。管理机构代表企业有计划有准备分步骤地开展各种营销活动,把企业领导者从繁琐事务中解脱出来,使各职能部门和机构各司其职、协调合作。资源配置包括人力资源配置和信息资源共享等。

任务2　文化整合

不同企业有不同的文化。推动企业差异化战略的企业文化可能是鼓励创新、发挥个性及承担风险;而成本领先的企业文化,则可能是节俭、纪律及注重细节。如果关系双方的文化相适应,将能强有力地巩固企业与各子市场系统的关系并建立竞争优势。

任务3　关系营销的效率提升

与外部企业建立合作关系,必然会与之分享某些利益,增强对手的实力,此外,企业各部门之间也存在着不同利益,这两方面形成了关系协调的障碍。对于一个现代企业来说,除了要处理好企业内部关系,还有可能与其他企业结成联盟,使企业关系营销的效率得到提升。

单元小结

关系营销是把营销活动看成一个企业与消费者、供应商、分销商、竞争者、政府机构及其他公众发生互动作用的过程,其核心是建立和发展与这些公众的良好关系。

关系营销的本质特征,主要体现在:双方沟通;合作;双赢;亲密与控制五个方面。

关系营销的组织设计与实施过程中一是要应注意关系营销的资源配置;二是要注意实施中的关系协调。

关系营销有五大策略。一是企业与客户的关系策略;二是企业与供应商的关系营销策略;三是企业与竞争者的关系营销策略;四是企业与内部员工的关系营销策略;五是企业与相关者(主要有股东、政府、媒介、社区、名流、国际公众、金融机构、学校、慈善团体、宗教团体等)的关系营销策略。

核心概念

关系营销　　交易营销　　战略联盟　　人本管理

训练题

1. 关系营销具有哪些本质特征?
2. 关系营销如何实施?
3. 关系营销应注意哪些策略?
4. 叙述关系营销策略的流程。

综合案例分析

案例1　中国国际航空公司与中国工商银行的关系营销

早在2001年2月,中国国际航空公司就与中国工商银行共同签署了一项关于国航旅客奖励计划,这项计划与工行牡丹国际卡持卡人消费奖励结合实施。此项合作的开展在国内第一次实现航空里程累积奖励与银行卡消费积分奖励有机结合，其主要内容是：国航知音会员使用中国工商银行发行的牡丹国际信用卡每消费 2 元人民币或者港币可获得 1 点消费积分，每消费 1 美元可获得 4 点消费积分，每 5000 点消费积分可兑换 5000 公里国航知音里程。达到规定的累计里程时，可获得由国际航空公司提供的免费机票、免费升舱及其他方面的奖励与服务。这项合作，实践证明，确为双方客户提供了全面、优质的服务，实现了双方客户资源的优势互补，从而也为后来双方所开展的更为密切与深层次的合作打下了坚实的基础。

（资料来源：根据中国管理咨询网的资料改写）

案例 2　海尔的关系营销

海尔早在 2000 年 2 月就开始在全国各地成立"海尔俱乐部"，俱乐部章程规定：凡购买海尔产品总量达到会员资格要求的消费者，都有机会成为海尔俱乐部的会员，获得会员资格的消费者将会享受延长保修期 5 年，参加俱乐部定期的文体活动，会获赠半年当地报纸等一系列优惠政策。

（资料来源：中国品牌营销网）

知识链接 1：战略联盟

战略联盟是现代企业竞争的产物，它是指一个企业为了实现自己的战略目标、与其他企业在利益共享的基础上形成的一种优势互补、分工协作的松散式网络化联盟。它可以表现为正式的合资企业，即两家或两家以上的企业共同出资并且享有企业的股东权益；或者表现在追求长期竞争优势过程中为达到阶段性企业目标而与其他企业的结盟，通过相互交换互补性资源形成合力优势，共同对付强大的竞争者。

知识链接 2：人本管理

人本管理是一个与"以物位中心"的管理相对应的概念，其核心是重视人在经营生产中的作用。人本管理把人视为企业最重要的资源，研究人的本质和行为，并主张管理不能单纯着眼于企业组织的技术要求，还应考虑企业组织的社会需求，既要提高生产效率和经济效果，又要满足人的心理和社会需求。

知识链接 3：忠诚顾客

顾客忠诚是从顾客满意概念中引出的概念，是指顾客满意后而产生的对某种产品品牌或公司服务的信赖，维护和希望重复购买或享有服务的一种心理倾向。顾客忠诚实际上是一种顾客行为的持续性，客户忠诚度是指客户忠诚于企业的程度。

单元十五　数据库营销

本章导读

数据库营销充分利用现代科技成果,挖掘客户信息,利用客户知识支持决策;利用数据挖掘、数据仓库等现代信息技术,通过对客户信息资料进行收集、整理和分析,识别谁是企业的客户、客户的类型及需求特征和购买行为,还可借助市场调研等多种途径获取客户知识,并对这些知识进行传递、整合、分发,以为企业提供决策支持。

知识点

- 了解数据库营销的内涵、特点及作用;
- 懂得数据库营销的独特价值;
- 熟悉一对一定制营销。

技能点

- 掌握数据库营销的实际应用;
- 掌握一对一营销的实施步骤的运用技能。

项目一　数据库营销的内涵、特点及作用

任务1　数据库营销的内含

数据库营销(Database Marketing Service,DMS),是指企业通过客户关系管理系统收集和积累消费者大量的信息,经过处理后预测消费者有多大可能去购买某种产品,以及利用这些信息给产品以精确定位,有针对性地制作营销信息,达到说服消费者去购买产品的目的。

数据库营销在欧美国家已经得到了广泛的应用。在中国内地,也已经开始呈现快速发展的势头。包括 DM(Direct Mail,定向直邮)、EDM(E-mail DM,电子邮件营销)、E-Fax(网络传真营销)和 SMS(Short Message Server,短消息服务)等在内的多种形式的数据库营销手段,得到了越来越多的中国企业的青睐。

任务2　数据库营销的特点

数据库营销着重于给客户提供全方位的、持续的满意服务,从而和市场及客户建立长期稳定的关系。同时,利用综合信息技术、网络、通信技术相结合的计算机信息管理系统(MIS)

建设强大而完善的数据库，构筑网络营销和电子商务的基础。

数据库营销的特点：①以客户为中心，沟通对象为明确的客户联系人；②采用直接媒体进行一对一互动沟通；③数据分析为营销策略改进提供依据；④是动态循环和持续改进的营销流程，综合投资回报率高；⑤削弱消费者对于购物的感性需求的满足（购物选择的乐趣）。

数据库营销不仅仅是一种营销方法、工具、技术和平台，更重要的是一种经营理念，它改变了市场营销模式与服务模式，甚至改变了营销的基本价值观。

任务 3　数据库营销的基本作用

数据库营销在西方发达国家的企业里已经相当普及，从全球来看，数据库营销作为市场营销的一种形式，正越来越受到企业管理者的青睐，其主要作用体现在以下几个方面：①更加充分地了解客户的需要；②为客户提供更好的服务。客户数据库中的资料是个性化营销和客户关系管理的重要基础；③对客户的价值进行评估。通过区分高价值客户和一般客户，对各类客户采取相应的营销策略；④了解客户的价值。利用数据库的资料，可以计算客户生命周期的价值，以及客户的价值周期；⑤分析客户需求行为。根据客户的历史资料不仅可以预测需求趋势，还可以评估需求倾向的改变；⑥市场调查和预测。数据库为市场调查提供了丰富的资料，根据客户的资料可以分析潜在的目标市场。

项目二　网络数据库营销的独特价值

与传统的数据库营销相比，网络数据库营销的独特价值主要表现在三个方面：动态更新、客户主动加入、改善客户关系。

任务 1　注意动态更新

在传统的数据库营销中，无论是获取新的客户资料，还是对客户反映的跟踪都需要较长的时间，而且反馈率通常较低，收集到的反馈信息还需要繁琐的人工录入，因而数据库的更新效率很低，更新周期比较长，同时也造成了过期、无效数据记录比例较高，数据库维护成本相应也比较高。网络数据库营销具有数据量大、易于修改、能实现动态数据更新、便于远程维护等多种优点，还可以实现客户资料的自我更新。网络数据库的动态更新功能不仅节约了大量时间和资金，同时也更加精确地实现了营销定位，从而有助于改善营销效果。

任务 2　客户主动的加入

仅靠现有客户资料的数据库是不够的，除了对现有资料的不断更新、维护之外，还需要不断挖掘潜在客户的资料，这项工作也是数据库营销策略的重要内容。在网络营销环境中，客户数据的增加要方便得多，而且往往是客户自愿加入网站的数据库。请求客户加入数据库的通常做法是在网站设置一些表格，在要求客户注册为会员时填写。但是，网上的信息很丰富，对客户资源的争夺也很激烈，客户的要求是很挑剔的，并非什么样的表单都能引起客户的注意和兴趣，客户希望得到真正的价值，但肯定不希望对个人利益造成损害，因此，需要从客户的实际利益出发，合理地利用客户的主动性来丰富和扩大客户数据库。在某种意义上，邮件列表可以认为是一种简单的数据库营销。数据库营销同样要遵循自愿加入、自由退出的原则。

任务 3 改善客户关系

客户服务是一个企业能留住客户的重要手段，在电子商务领域，客户服务同样是取得成功的最重要因素。一个优秀的客户数据库是网络营销取得成功的重要保证。在互联网上，客户希望得到更多个性化的服务。比如，客户定制的信息接收方式和接收时间，客户的兴趣爱好、购物习惯等都是网络数据库的重要内容，根据客户个人需求提供针对性的服务是网络数据库营销的基本职能，因此，网络数据库营销是改善客户关系最有效的工具。

项目三 掌握数据库营销的实际应用

任务 1 辅助营销决策

营销决策是建立在充分、准确的营销信息基础之上的，为了快速、高效地获取营销信息，企业需要花大量的时间、精力和金钱进行调查，而获得的结果还不尽如人意，往往会出现这样那样的偏差。然而营销数据库尤其是与需求者消费行为有关的数据库，具有传统调查所没有的客观性。利用数据挖掘和智能分析技术，稍微对这些数据库的形成过程和管理加以改进和分析，总结出数据的统计规律，就可以使这些数据变成营销决策最有价值的信息来源。

如麦德龙公司从客户管理数据库中获得各种有用信息，据此及时调整市场营销策略。①客户最后一次购买的时间。由此判断客户光顾的频率，如果客户长期没有光顾，就要调查原因，是对上次的购买不满意还是有其他竞争对手进入；②客户每次的平均消费额。这组数据能够说明客户结构和客户定位，以确定企业是否有足够的潜在市场；③客户的地域分布。通常，商场附近的客户应是主要客户群，如果不能很好吸引这部分客户，商场生存则存在危机；④客户所处的行业、单位及住所。通过这种分析，可以了解客户的具体组成，并对客户群进行细分，可以有针对性地开展广告、促销等活动；⑤客户在一定期限内购买额的比较，通过这种比较，可以知道客户购买态度的变化，如果购买量下降，要引起企业的重视；⑥根据不同的商品类别细分客户。比如将客户划分为食品客户组、家电客户组、服装客户组等，了解他们对不同商品的需求状态，决定各种不同商品的规模结构等。

数据库营销就是企业通过收集和积累消费者的大量信息，经过处理后预测消费者有多大可能去购买某种产品，以及利用这些信息给产品以精确定位，有针对性地传播营销信息说服消费者去购买产品。数据库营销还能够帮助售后服务部门为客户提供个性化服务，通过数据库的建立和分析，各个部门都对客户的资料有详细全面的了解，可以给予客户更加个性化的服务支持和营销设计，使一对一的客户关系管理成为可能。

任务 2 客户分类营销

许多企业热衷于争抢客户，扩充客户数量与规模，却花很少精力去辨别和保护他们的最佳客户；同时去除次要客户，也很少花精力考虑去竞争者手中争取客户。基于数据库的客户分类营销则可以避免上述问题，利用数据库中的详细资料，管理者能够深入到信息的微观程度，加强客户区分的统计技术，计算每位客户的赢利率，然后去抢夺竞争者的最佳客户，保护好自己的最佳客户，培养自己极具潜力的客户，甚至主动放弃自己的最差类客户。收益率最高的客户是主要客户，企业应该提供特别的服务和优惠的条件，将主要资源集中在这些客户方面，并要防范竞争对手瞄准这些客户发动的挖墙脚竞争行为。

任务3　提升客户关系管理水平

争取新客户的成本是保持老客户成本的 7~10 倍，而流失 1 个老客户的利益损失需要 20 个新客户才能弥补。忠诚、持久而稳定的客户群就成为组织最宝贵的资源，而客户关系管理则是维系客户关系的良好手段。

以数据库为基础的客户关系管理，为关系营销奠定了基础，关系营销强调与客户之间建立长期的友好关系以获取长期利益，进行客户管理，争取为客户创造价值，培养客户忠诚度，建立长期稳定的关系，确保企业生存与发展有坚实稳定的客户和市场基础。数据库营销作为一种营销体系，可以应用到企业客户关系管理中，从客户获取、客户升级、客户忠诚度维护、客户挽留到流失客户赢回等各个环节。

任务4　营销知识共享

知识化是当今人类社会的重要特征。由于消费市场多元化和全球化、信息技术突飞猛进、产品周期短期化、竞争对手日益增加等原因，企业在满足客户需求时呈现出前所未有的复杂性和不确定性。从产品的研发、售前服务、售中促销、售后跟进等各个环节，从一对一营销、定制营销到关系营销，都需要及时、准确的营销知识。营销知识的共享管理涉及知识的集约过程、知识的应用过程、知识的交流过程和知识的创新过程，如果不依托客户数据库，传统的营销知识管理跟不上现代营销的需要。正是在这个意义上，我们认为数据库营销促进了营销知识的共享，这种共享不仅在营销职能部门之间，而且涉及企业各部门、企业上下游伙伴、客户和其他利益相关者之间。

任务5　注意防范营销黑洞

经销商和推销员是容易形成市场营销黑洞的环节，也是营销腐败的高发区域。在职业道德、企业文化和法律法规暂时无法很好规范的情况下，利用营销数据库可能使问题的解决出现转机。

1. 代理制

市场营销中对终端经销商进行控制，在总代理体制下变得异常困难。这是因为客户是直接与终端经销商接触的，他们掌握丰富的市场信息，而企业是直接与总代理接触的，并不会与客户直接接触，无法获取确切的市场信息。因此，存在企业与终端经销商之间的信息不对称问题，最终形成实力强大的终端经销商直接控制市场、间接控制生产企业的格局。企业想要真正控制市场，只有采用小区域独家代理制，取消金字塔式的总代理制，直接面对众多终端经销商，继而直接掌握市场信息，打破与终端经销商在市场信息掌握上的不对称困局。

2. 推销员

推销员在市场第一线，独自掌控与最终用户直接接触的所有信息。诸如用户名单、联系人详情、销售承诺、回款细节等，企业最终仅仅掌握销售数量和金额，对用户名单联系人详情、销售承诺、回款细节等关键客户关系信息皆是空白，形成企业与推销员之间的信息不对称。借助客户关系管理系统，企业将推销员发展的所有用户的销售相关信息登录在计算机中，形成客户数据库（档案），防范最终用户的所有信息被推销员独自掌控，也可以将发展用户、签订合同、发货收款改由不同的推销员进行，推销员主要充当销售代表，功能职责主要限定在发展用户，防范最终用户的所有信息被推销员独自掌控。

项目四　开展一对一定制营销

一对一营销是基于信息技术的发展提出的新的营销理念，就是将市场细分到消费者个体，根据其使用习惯和需求特点提供个性化服务。

任务1　一对一营销的含义与内容

1. 一对一营销的含义

一对一营销（One-to-One Marketing），亦称"121营销"或"1对1营销"或"忠诚度营销"等，是一种客户关系管理（CRM）战略，它为公司和个人间的互动沟通提供具有针对性的个性化方案。一对一营销的目标是提高短期商业推广活动及终身客户关系的投资回报率（ROI）。最终目标就是提升整体的客户忠诚度，并使客户的终生价值达到最大化。通俗一点说，一对一营销就是以不同的方式对待不同的客户。一对一营销鼓励企业建立客户的基础，而不是竭力追求增加市场的占有率。它鼓励企业长期不断地与客户进行相互交流，并让这种交流促成一种"学习型关系"。

它与实行传统营销方式不同的是：长期以来，很多企业以市场为王，把整体市场份额的提升为金科玉律，在某种程度上轻视了客户，忽视了各种类型客户的个体差异特征，一厢情愿人为地给客户制定了一条唯一的消费和接受服务的途径，把自己的思维定式强加给客户的指导思想。实行传统营销的公司的成功方向是赢得更多的客户，而实行一对一营销的公司的成功方向是更长久地留住客户。一对一营销不只关注市场占有率，还尽量增加每一位客户的购买额，也就是在一对一的基础上提升对每一位客户的占有程度。传统营销依靠区分产品来进行竞争，而一对一营销依靠区分客户来竞争。传统营销通过推出新产品及对产品进行延伸，尽量对产品进行实际意义上的区分，或者利用品牌和广告制造出一种观念上的区分；而一对一营销的企业一次照料一位客户，它所依赖的是将每一位客户与其他人区分开来。

2. 一对一营销的内容

就本质而言，一对一营销实则是"忠诚度营销"的一种别称，旨在通过影响获利行为、树立客户忠诚度，实现客户终生价值的最大化。

（1）与客户一对一沟通交流。商家需要掌握客户的需求倾向、偏好和购买习惯等基本信息，应当根据客户的区分有针对性地与客户建立有效的信息沟通交流平台和措施，搜集最新的客户信息，挑选出最有价值的、有用的信息，并改进产品或服务。具体来讲，在与渠道客户沟通交流时，这种沟通平台和措施需要根据该成员的级别与价值而定。可以是数字化网络化的，也可能是电讯化的和人工化的。在与最终客户的沟通交流中，沟通的接触点多了，企业就必须通过多种方式尽可能地挖掘企业的产品、服务、广告宣传路径中与客户的接触点，在一些重要的接触点上设置与客户反馈沟通的装置。

（2）一对一定做产品和服务。企业知道了客户所想之后，就能为客户量身定做产品和服务了，这也是一对一营销中极其重要的一环，我们称为"响应客户需求"，企业的对策可能是大批量定做，也可能是小批量的定做；既可能是大范围的定做，也可能是小范围的定做。通常这种定做流程包括预先作出多种产品模块，然后把正确的模块组合在一起以满足个体客户需求。当然，定做还包括产品包装、客户偏好的附加特色、商品的物流运送、结账方式，甚至是对销售人员挑剔的需求都在内。总之，客户不同价值的、不同需求的客户的喜好设计定制他们想要的产品和服务，凸现专门化、个性化特征，满足客户的价值感和尊崇感，就是一对一定制的目的。

（3）一对一的销售组织。在目标客户群体中，商家可按照客户对企业的贡献度将客户划分为几个等级的群体进行区分。所以，由于每个级别的客户群体对企业的贡献度的差异，应该分别制定不同的销售政策，同时也应该成立与之相对应的销售组织专门为其服务。在一对一的销售组织实施过程中，需要注意两个问题：一是客户信息的收集、整理和储存，建立客户资料数据库，由市场信息分析处理中心进行信息的整理、分析和储存，而各销售组织则尽量地采用录像、录音、数码快照、电子邮件、个人数据传输设备等方式进行工作。二是市场、客户信息的共享，实施了一对一的销售组织后，固然各销售组织专一地对应一个客户群体进行工作。但不可忽视的是，不要忘记了各客户群体之间的重叠交集的属性。所以在实施一对一的销售组织当中，企业应当建立各专营团队间的信息交换系统，使企业里的每一个团队都能够共享企业的"公共记忆"，以确保信息资源的有效利用。

（4）一对一的客户服务。一对一的客户服务往往集中在销售的终端，包括促销场所、仓库出货、送货上门、上门维修、电话咨询等许多接触点的服务。而实施一对一服务的对象也是根据不同的客户群体对于企业的贡献度来划分的，对于贡献度大的客户群体，给予多一些的服务是理所应当的。

（5）服务文化培育更需深入。新的品牌经营观念将重点放在关系和客户服务上，企业要想培育一个在客户心目中有分量的、具有亲和力的、满意的品牌，那么就应该通过培育品牌文化，使企业中的每个人都接受"服务等于成功"的经营理念，使得让客户满意成为企业最原始的动机，而将终端的每一次的交易结束视为"一段友好关系的开始"。这样使客户获得完美的消费体验，改观看法和偏见，提升客户对品牌的信任度和忠诚度，最大限度地转化竞争对手的客户为己所有。"一对一营销"的实施实际上是建立在定制的利润高于定制的成本的基础之上的，这就要求企业的营销部门、研究与开发部门、制造部门、采购部门和财务部门之间通力合作，培育合作的服务文化。

任务 2　一对一营销的实施

一对一营销的基础和核心是企业与客户建立起一种新型的学习关系，即通过与客户的一次次接触而不断增加对客户的了解。实际业务中，企业可能通过以下 4 步来实现一对一营销。

1. 识别客户

"销售未动，调查先行"，掌握每一位客户的详细资料对企业来说相当关键。可以这样认为，没有理想的客户个人资料就不可能实现一对一营销。这就意味着，营销者对客户资料要有深入细致的调查和了解。对于准备实行一对一营销的企业来讲，关键的第一步就是能直接挖掘出一定数量的企业客户，而且大部分是具有较高服务价值的企业客户，建立自己的客户数据库，并与客户数据库中的每一位客户建立良好关系，以最大限度地提高每位客户的服务价值。

（1）掌握详细的客户信息。仅仅知道客户的姓名、住址、电话号码或银行账号是远远不够的，企业必须掌握包括消费习惯、个人偏好在内的其他尽可能多的信息资料。企业可以将自己与客户发生的每一次联系都记录下来，如客户购买的数量、价格、采购的条件、特定的需要、业余爱好、家庭成员的名字和生日等。

（2）持续掌握客户的动态信息。仅仅对客户进行某次调查访问不是一对一营销的特征，一对一营销要求企业必须从每一个接触层面、每一条能利用的沟通渠道、每一个活动场所及公司每一个部门和非竞争性企业收集来的资料中去认识和了解每一位特定的客户。

2. 差异化分析

一对一营销较之传统目标市场营销而言，已由注重产品差别化转向注重客户差别化。从广义上理解客户差别化主要体现在两个方面：一是不同的客户代表不同的价值水平；二是不同的客户有不同的需求。因此，一对一营销认为，在充分掌握了企业客户的信息资料并考虑了客户价值的前提下，合理区分企业客户之间的差别是重要的工作。

客户差别化对开展一对一营销的企业来说意义重大。首先，企业不可能有同样的精力与不同的客户建立服务关系，也不可能从不同的客户那里获取相同的利润，所以，客户差别化可以使企业的一对一工作有的放矢，以集中企业有限的资源，从最有价值的客户那里获得最大的收益。其次，企业也可以根据现有的客户信息，重新设计生产行为，从而对客户的价值需求作出及时的反应。第三，企业对现有的客户数据库进行一定程度的差别化，将有助于企业在特定的经营环境下制定适当的经营战略。

3. "企业—客户"双向沟通

要赢得真正的客户忠诚，关键在于企业—客户双向沟通的互动。一对一营销的关键就在于它能够和客户之间建立一种互动的学习型关系，并把这种学习型关系保持下去，以发挥最大的客户价值。一对一营销的企业善于创造机会，让客户告诉企业他需要什么，将来需要什么，并且记住这些需求，把其反馈给客户，由此永远保住该客户的业务。

在"企业—客户"双向沟通的互动中，首要的是沟通效率，而沟通效率的提高取决于对相关信息作出反应的及时性和连续性。现在许多企业通过网络向他们的目标客户传输及获取最新的信息，这种沟通保持互动的连续性且不受时空的限制。企业与客户的互动，它的平台和措施应视该成员的级别价值而定，可以是数字化、网络化的，也可以是电讯化和人工化的。

4. 定制服务

一对一营销的最后一步是定制服务。识别客户也好，与客户沟通也好，最终的目的是通过掌握客户需求来满足客户需求，并与客户建立长期的关系。要实现定制服务这一步，企业可以从以下几个方面展开对生产过程进行重构。一是将生产过程划分出相对独立的子过程，进行重新组合，设计各种微型组件或微型程序，以较低的成本组装各种各样的产品以满足客户的需求，二是采用各种设计工具，根据客户的具体要求，确定如何利用自己的生产能力满足客户的需要。

一对一营销最终实现的目标是为单个客户定制一件产品，或围绕这件产品提供某些方面的定制服务，比如开具发票的方式、产品的包装式样等。一对一营销的实施是建立在定制的利润高于定制的成本的基础上的，这就要求企业的营销部门、研发部门、制造部门、采购部门和财务部门之间通力合作。营销部门要确定满足客户所要求的定制规格；研发部门要对产品进行高效率的重新设计；制造与采购部门必须保证原材料的有效供应和生产的顺利进行；财务部门要及时提供生产成本状况与财务分析等，协调配合完成。

单元小结

数据库营销是企业通过客户关系管理系统收集和积累消费者大量的信息，经过处理后预测消费者有多大可能去购买某种产品，以及利用这些信息给产品以精确定位，有针对性地制作营销信息，达到说服消费者购买产品目的的一种营销方式。数据库营销的特点是：它以客户为中心，沟通对象为明确的客户联系人；二是采用直接媒体进行一对一互动沟通；三是数据分析为营销策略改进提供依据；四是通过动态循环和持续改进的营销流程，综合投资回报率高；五是削弱消费者对于购物的感性要求的满足（购物选择的乐趣）。

数据库营销的基本作用：一是可以更加充分地了解客户的需要；二是可以为客户更好地服务；三是可对客户的价值进行评估；四是可了解客户的价值；五是可分析客户需求行为；六是可更好地针对市场调查与预测。网络数据库营销的独特价值主要表现在三个方面：动态更新；客户可主动加入；可改善客户关系。

一对一营销是基于信息技术的发展提出的一个新的营销理念，它是将市场细分到消费者个体，根据其使用习惯和需求特点提供个性化服务的营销方式。一对一营销的内容包括：一是与客户一对一沟通交流；二是一对一定做产品和服务；三是建立一对一的销售组织；四是进行一对一的客户服务；五是要精心地培育合作文化。一对一营销的实施首先要识别客户；其次是要进行差异化分析；三是要"企业—客户"双向沟通；四是要定制服务。

核心概念

数据库营销　　一对一营销　　DM　　EDM　　E-Fax　　SMS

训练题

1. 数据库营销有哪些特点？
2. 数据库营销有哪些作用？
3. 一对一营销的含义是什么？它包括哪些具体内容？
4. 企业需通过哪些具体步骤实现一对一营销？

单元十六　CRM 的营销自动化

本章导读

在工业社会向信息社会渐变的过程中，企业的市场营销理论也经历了由传统的"以生产为中心"的观念向"以客户为中心"观念的转变。传统的市场营销的变量组合是 4P，即产品、地点、价格和促销，这与大规模生产、营销、采购及被动消费经济特征相适应。随着以 Internet 为代表的网络经济的到来，消费者需求的多元化和市场竞争的更加激烈，市场营销的变量也正经历由传统的 4P 演变成以客户为中心的 4C，即客户的需求、客户购买产品的成本、便利程度及与客户的交流。毫无疑问，基于 4C 的市场营销策略着重从客户端入手，即从客户的定位和客户的需求为出发点来确定市场营销策略。企业关注的将不再仅仅是市场占有率，而更应该关注客户占有率、客户的满意度和客户的忠诚度。由此，企业需要一个信息顺畅、行动协调、反应灵活的 CRM 营销子系统，营销自动化（Marketing Automation，MA）也就顺应出现了。

知识点

- 认识何谓 CRM 的营销自动化；
- 通晓 CRM 营销中的概念营销与逆向营销；
- 通晓 CRM 营销中的协同营销与整合营销；
- 通晓 CRM 营销中的体验营销。

技能点

- 掌握概念营销、逆向营销、体验营销、协同营销、整合营销的各自特点与技能。

项目一　认识 CRM 的营销自动化

任务 1　营销自动化的概念

1. 营销自动化的含义

营销自动化，也称为技术辅助式营销，其着眼点在于通过设计、执行和评估市场营销行动和相关活动的全面框架，赋予市场营销人员更强的工作能力，使其能够对直接市场营销活动的有效性加以计划、执行、监视和分析，并应用工作流技术，优化营销流程，使一些共同的任务和过程自动化。

2. 营销自动化的功能和组件

CRM 管理环境下，要求 MA 组件能够实现以下功能：一是增强市场营销部门执行和管理通过多种渠道进行的多个市场营销活动的能力，具体来讲，包括基于 Web 的和传统市场的营销宣传、策划；二是可对活动的有效性进行实时跟踪，并对活动效果作出分析和评价；三是帮助市场营销机构管理、调度其市场营销材料、库存的宣传品及其他物资；四是实现对有效需求客户的跟踪、分配和管理；五是在销售和服务项目管理中，实现客户的个性化营销。

CRM 的 MA 子系统应当包含以下几个模块：

（1）高端营销的自动化。CRM 的高端营销及管理主要集中在涉及 B2C 营销的企业（如银行和电信服务业等）中。B2C 公司一般都具有极为庞大的用户规模，其用户数量可能达到上万甚至数以百万计。应用 MA 主要可以帮助这些企业制定营销计划，管理和跟踪计划的执行，同时 CRM 应用中还会帮助用户建立一个数据仓库，由相关成熟的数据挖掘、管理来支持 MA 的功能实现。在涉及高端营销的 CRM 营销应用系统产品提供方面，主要是一些传统的数据库技术企业和基础硬件厂商。

（2）Web 营销及自动化。Web 营销是指以互联网为主要传播手段和工具平台，实施网络调查、网上论坛、E-mail 营销等一系列针对目标客户和市场的营销活动，以期达到满足客户需求、实现企业业务目标的营销模式。

Web 营销绝大多数用在 B2B 市场上，应用的企业可能具有较少的用户规模，但目标用户都具有现成的网络联系方式，企业除利用邮寄、传真和电话外，还主要使用 Internet 作为营销工具。CRM 的 MA 系统由以下三个功能模块组成：一是活动管理系统，可以设计并执行单渠道或多渠道的营销推广活动，可以追踪细分客户对这些活动的效果反映，活动管理系统的功能还可以扩展到销售部门使用，即用以规划和执行部分销售活动；二是营销内容管理系统，可以检查营销活动的执行情况，评估营销活动收益，协调多种营销渠道，防止渠道间的营销策划发生交叉或冲突；三是营销分析系统，分析营销的活动和方式支持，支持营销数据的整理、控制和筛选，就结果及特别问题及时作出报告和分析，确保产生的客户数据和相关的支持资料能够以各种有效的形式散发到各种销售渠道和决策部门，以便进一步改进营销策略。

任务 2 CRM 与 Web 营销的关系

企业应用 CRM 系统还将实现网络营销的功能，即利用互联网，企业通过与客户的交互活动满足其需求，实现产品或服务的价值。CRM 系统中的 Web 营销是真正以客户需求为中心的营销模式，它所具有的功能特点有以下三个方面。

（1）从针对的对象看，Web 营销关注对现有客户的服务，也关注对潜在客户的开发和市场机遇的把握。

（2）从系统的应用范围来看，Web 营销是开放性的，希望吸引尽可能多的注意力和潜在需求的表达。

（3）从功能和内容上看，Web 营销提供全面的个性化产品定制、问题解答、服务响应，以及新产品介绍、相关信息发布等。

（4）从最终目的看，Web 营销将为 CRM 系统扩大企业和产品的知名度，为销售和服务流程提供支持，并最终提高整个业务操作流程的效率和最终效益。

在 CRM 应用系统中，对于 Web 营销进行了完整的流程分析和功能整合，企业利用网络传递的信息，树立了部分交易成立的有效条件，或是构成了履行商务合同的部分义务，因此大大增强了 Web 营销的功能。同时 Web 营销作为 CRM 系统的重要功能之一，它与业务操作流程中的销售和客户服务形成了一个互动的循环过程，彼此之间具有极强的相互依赖性；它作为企业前端业务的关键流程，与客户发生直接的接触和交互，因此，对于企业整个业务的开展具有重要的意义。Web 营销的进一步发展，将会把 B2B、B2C 模式有机地结合起来，最大限度地实现企业内部办公自动化和外部交易的电子化连接。

Web 营销在 CRM 系统应用中要克服的难点，首先是需要针对客户的网络应用程度进行深入调查研究，如对目标客户的网络应用状况、对目标市场产生重要影响的网络媒体等要了解清楚，以便确定相应的应对策略；其次，Web 营销由于已涉及交易成立的实质条件，或已构成商业合同履行的部分条款，因此，对其发展的后续工作要充分考虑到安全性、真实性、时效性等一些复杂的技术问题和法律问题。

任务 3　Web 集成管理

Web 集成管理是指在 CRM 系统中，对与客户接触的 Web 渠道、信息的处理和相关技术支持进行的管理活动。企业在 CRM 应用中开展 Web 集成管理的主要工作是建立统一的企业信息门户，以及在此基础上管理和建设 Web 营销网站，实现不同渠道信息的传递和交流。

CRM 通过 Web 集成管理，将使得 Internet 的应用不再仅局限于围绕着业务应用本身，而且被延伸到用于客户的直接访问和提供快捷的信息传递服务上。因此，建立企业信息门户将成为 Web 集成管理的重要任务，在具体建立时需要注意以下几个方面的问题。

1. 以客户需求为导向

网站营销的关键在于如何理解"客户需求导向"这一核心问题，其最大的优势在于可以使企业掌握用户的需求信息，能为客户提供个性化的服务，要围绕如何使企业的门户网站能够吸引客户并满足客户的需求来建设营销网站。

2. 准确的客户和市场定位

营销网站必须满足特定的客户和市场的需求，企业要建立成功的营销网站，就必须重点考虑自己的客户和细分市场，并在此基础上作出正确的市场定位。

3. 从客户的角度设计网站的结构

客户是营销网站最重要的使用者，因而一定要把方便留给访问者，从客户的角度来设计网站的结构，增加客户在线购买产品或使用有偿服务的可能性。

4. 不断利用 CRM 系统改进网站

一方面，利用 CRM 系统中的数据分析管理子系统可以清楚地了解企业营销网站的点击率、访问量，以及从接触转化为实质交互的可能，从而发现网站结构或设计问题，进行及时的改进；另一方面，可以借助综合的业务操作流程和客户合作流程推广企业的网站，使其具有更高的知名度和美誉度。

项目二　CRM营销中的概念营销与逆向营销

任务1　概念营销

1. 概念营销的含义

概念营销是以客户需求为中心，以产品（或服务）质量为保证，结合消费者消费偏好，通过对企业产品（或服务）的分析、总结，提炼出一个客观合理、操作性强、高度概括的特定概念，借助于现代传媒，对产品概念进行大规模的广告宣传，以引起消费者对企业产品（或服务）的关注与认可，进而产生购买行为的一种新型营销策略。

2. 概念营销的特征

概念营销的产生有其深刻的社会经济背景，其前提基础是计算机网络的发展和社会科学技术的进步。近年来，随着社会的发展，行业之间、行业内部的分工越来越精细化和深刻化，人们对专业以外知识的最新进展情况很难进行深入了解，由此就造成了信息的不对称性。一般情况下，卖方比买方拥有更多有关产品的信息，买卖双方不完全的信息博弈使得商家对消费者的消费观念加以积极引导，就有可能塑造出新的产品概念和服务理念，创造出新的市场空间。在当前消费者的价值观念、生活方式呈现多元化，消费需求呈现多样化、个性化的趋势下，概念营销则顺应消费者追求新的产品、新的消费方式等价值观念的需要应运而生。概念营销的特征主要包括以下几个方面。

（1）创造需求性。消费者的需求可以分为现实需求和潜在需求，作为企业来讲，既要重视消费者的现实需求，也不能忽视消费者的潜在需求，企业可以通过细致的市场调查和科学的预测，正确把握消费者的消费心理和消费趋势，在此基础上，生产出符合消费者需求的新产品，在新产品上市之初，推出某一特定概念，通过各种促销方式向消费者宣传，以引起消费者的注意，充分挖掘其消费潜力，创造出新的需求。

（2）差别性。随着科技的进步和社会的发展，各企业同类产品之间的性能差异不断缩小，整体产品日趋同质化。企业要制造区别于其他产品的亮点，必须要在其产品上形成与其他产品的差异。而从这些差异中提炼出来的产品概念，往往能够突破产品的同质化，起到战胜竞争对手的积极作用。

（3）创新性。概念营销是一种崭新的观点和思维方式，它能以独特的视角，去审视消费者的现实需求和潜在需求，从而在某一方面或某一层次满足消费者的消费需求。它是企业在某一领域或某一方面的追求或突破，是新价值与新功能的结合体，更能贴近消费者的现实生活。

（4）风险性。概念营销同时也存在一定的风险，如消费者接受与否的风险、行业竞争加剧的风险、跟随着模仿的风险，因此，企业在应用概念营销时，应结合自身实际，不可盲目使用。

（5）周期性。概念营销的概念和企业的产品一样，不是长盛不衰的，也具有类似的投入、成长、成熟、衰退的生命周期。概念的推出和退出，随时代的变迁而改变，也就是说，某个概念在某个时间段内可能会流行，一旦脱离这个历史阶段，旧的概念就会被新的概念所取代，从而完成了自己的历史使命。

3. 概念营销中概念提炼的方法

概念提炼就是要求生产企业对消费者购买本企业产品或服务的理由进行高度概括，准确地把握消费者容易接受的差异化概念，并用通俗易懂的语言表达出来，以吸引消费者注意力的一种方法。

（1）从权威方面提炼。新产品上市，利用权威言论、权威发表的论文、权威部门提供的数据、权威机构的认定、权威单位的试用等方法，以吸引消费者的关注与认同；并唤起消费者对新产品的期待，从而迅速占领消费市场。

（2）从产品的整体概念中提炼。概念的提炼要以产品或服务的整体概念为基础，通过对核心产品、形式产品、外延产品的全面分析，提炼出一个适合消费者接受的概念，如图 16-1 所示。

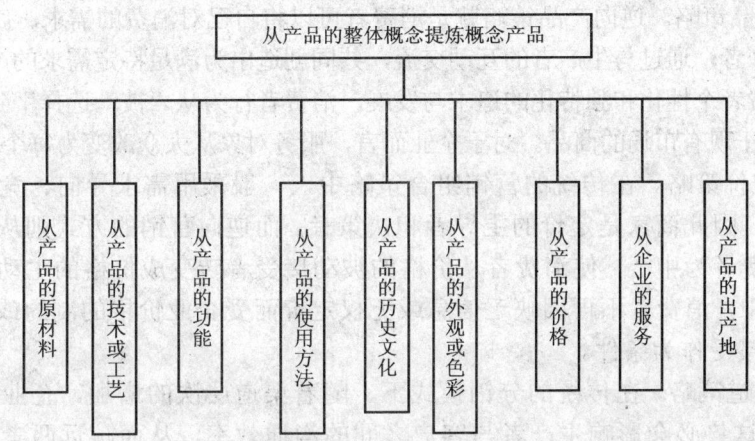

图 16-1　从产品的整体概念中提炼概念产品的方法

（3）从消费者的需求中提炼概念。概念的提炼必须以消费者的需求为出发点，通过对消费者现实需求和潜在需求的全面分析，了解消费者心理活动的特点和变化规律，从而针对不同的消费者，提出可以使消费者接受的产品概念。

任务 2　逆向营销

传统的营销思维是先制定营销战略，后选择相应的战术；而逆向营销理论则认为战略应当自下而上发展而来，即先制定战术，这就是逆向营销的核心思想，它的最大特点就是逆向。

1. 逆向营销的含义

逆向营销是以市场为导向，以客户需求为中心，其核心思想是企业在制定战略时，要求突破传统思维，采取从下而上的逆向思维，即从战术到战略的营销方法，以求营销策略最能适应企业的发展。

2. 逆向营销的现实意义

（1）逆向营销有利于企业转变经营观念。长期以来，受短缺经济的影响，企业形成了以企业为中心的经营观念。面对当前的市场环境，逆向营销要求企业以市场为导向，以客户的需求为出发点。实施逆向营销的企业，要有效地贯彻战术需要，就必须及时调整营销组合策略，使企业的战略适应战术的需要，从而建立起以市场为导向的经营理念。

（2）逆向营销有利于企业把握市场机会。逆向营销认为，在当前竞争环境复杂多变的情况下，先制定战略，然后根据战略需要再制定战术的静态思维不适应市场动态发展的需要。逆向营销强调"从市场中来,到市场中去",即企业要根据环境制定行之有效的营销组合,使公司的战略为市场服务,因而有利于把握市场机会。

(3)逆向营销有利于企业营销实践的发展。逆向营销观念强调企业从市场中找到与众不同的战术,然后再以战术为基础制定战略,并通过战略来促进战术的执行,从而使得企业形成长期的、综合的竞争优势。

3. 逆向营销的营销组合策略

逆向营销源于企业以客户为中心的营销理念,在整体的营销思考和操作上,它改变了原有的 4P 营销运作模式,而是着眼于 4C 的基础,从反向使营销战略得以实施。

(1)逆向产品策略。逆向产品策略就是消费者可以将自己对消费的需求、产品的构成或要求直接传递给生产者,通过与生产者的互动交流,共同创造出为满足特定需求的产品。这种逆向产品策略导致消费者个性化和独特化的追求与发展,消费者行为从"被动选择"到"主动参与和设计",不再受限于现有市场的商品。对于企业而言,服务对象从大众改变为每个不同的消费者。

(2)逆向定价策略。在传统的营销组合策略中,一般采用需求导向、竞争导向和成本导向的定价方法,因此商家是定价的主导者和决策者。而逆向营销的方式则从消费者的利益出发,一切以消费者为中心,使消费者从价格的被动接受者转变成价格的主动制定者或影响者。在议价过程中,消费者不再因缺乏信息或无权定价而受企业价格的制约或控制,最终的价格将以消费者接受作为条件。

(3)逆向渠道策略。在传统的分销模式下,随着渠道层次的增加,企业与终端客户的距离越来越远,这势必会影响生产者与客户之间的沟通效率,从而疏远两者之间的距离。要有效避免这些问题,企业在进行渠道选择时,首先就需要从渠道的终端开始向上考虑,反方向从分销渠道金字塔模型的底部向金字塔的顶部运动;其次,要运用现代沟通技术和手段加强与客户的沟通,尽量缩短客户与生产者之间的距离;再次,不同产品、不同服务和不同客户往往需要不同的分销渠道,消费者可以成为分销通路的主动参与者或影响者,营造灵活多样的针对消费者的分销渠道。

(4)逆向促销策略。现代企业促销的根本目的是扩大销售,通常采用人员推销、广告、销售促进和公共关系等方式进行促销。在传统促销组合中,营销人员一般以商家为中心,采用拉式或推式的策略来促进产品或服务的销售,至于消费者的感受却考虑得较少,甚至许多时候是带有强制性质的促销活动。逆向促销将原来的广告播放形式改成点播形式,在这种观念指导下,一方面,未经客户的允许,商家不得随意向客户发送广告或信息,否则认为是对客户的一种干扰;另一方面,商家不得单方面制定广告等促销计划,否则其内容和形式将受到质疑,甚至产生事与愿违的后果。因此,逆向促销活动发展成为企业与客户间的互动式交流与沟通,消费者不再是促销活动的被动接受者,而是有权选择或拒绝商家的促销活动。

项目三 CRM 营销中的协同营销与整合营销

任务 1 协同营销

1. 协同营销的含义

协同营销是指公司寻求与自身品牌定位相一致的企业进行合作,其核心要旨就在于抓住一切商业机会，充分利用各种内外部资源，协同创造客户价值，并提高企业自身的营销效率。

当前，产品的分销及推广越来越让企业家头疼，由于消费者需求的多样性、市场流通环节的复杂性，导致生产商和经销商都更重视分销模式和渠道建设。加上产品和服务的同质化倾向，以及市场竞争的白热化，使得企业纷纷寻求市场营销的"蓝海"。"蓝海"战略要求企业突破传统血腥的市场竞争所形成的"红海"，拓展新的非竞争性的市场空间。协同营销是为开辟营销管理模型的蓝海，并且用协同的商业模式来贯彻执行。

20世纪后期发生的最为深刻的变化是信息网络技术的飞速发展，客户的个性化需求越来越苛刻，企业原有的信息优势逐渐丧失。对于任何一家企业来说，满足客户全部的需求，组合都是非常困难的。于是，企业产生了发展协同伙伴关系的渴望，与最能为其客户提供个性化产品和服务的企业结成联盟，从而突破企业自身实力界限，创造更大的竞争优势。这已不再是线性价值链的一个组成部分，而是一个动态互动的网络。由于这种网络的形成与发展是以客户价值为中心的，因此称为价值网络。具体来讲，价值网络的组成成员如下。

（1）客户。客户不再是传统意义上的被动接受者，而成为企业协同营销中的积极参与者，客户可以通过介入企业产品设计、介入企业服务过程、介入企业品牌塑造等途径参与价值的创造。

（2）核心企业。由于对客户的认知是散布于整个价值网络的，因而核心企业的任务就是将这些认知整合起来。虽然所有的企业都能够成为价值网络的组成部分，但只有能理解需求，并能获得客户信任的企业才能有效地承当起核心企业的角色。简而言之，核心企业是围绕客户需求组合构建业务架构的公司。在价值网络中，核心企业凭借自身能力能够给客户带来不可替代的、最为核心的价值。具备这种能力的核心企业或是产业中的技术领导者，或具备出色的品牌运作能力。无论是何种类型的核心企业，它们凭借其能力对其他成员企业具有直接或间接的约束力，进而能够对价值网络进行有效的管理。

（3）成员企业。成员企业可以来自资源供应者、优势互补者、同业合作者及社会伙伴等方方面面，在核心企业总体规划下组织生产、服务，通过统一的网络渠道进行销售。价值网络中的各企业之间实质上是价值互补关系，各环节的企业通过价值增值来获得整体的竞争优势。

2. 协同营销的主流方式

（1）水平协同营销。它是指不同行业之间的企业之间通过共同分担营销费用，协同进行营销传播、品牌建设、产品促销等方面的营销活动，以达到共享营销资源、巩固营销网络目标的一种营销理念和方式，实质是企业在某一特定营销活动内容上的平行合作。具体实施时，一是共同开发市场，企业可根据产品与其他产品之间的关系，寻求营销创意，制定协同策略；二是共同开发产品，企业在共同开发产品的水平协同营销中较多采取的是产业集群形式。

（2）垂直协同营销。它是指在一个产业的上下游企业之间通过各自资源的互补达到推动整个产业发展的目的。这是企业在不同的营销活动内容上的合作，企业分别承担某一营销活动，最终形成合作优势。垂直协同的产业链体现了核心企业与上下游企业、客户的关系。不管核心企业和其他网络成员的业务处于价值链的哪个环节，它们拥有共同的终端客户，都必须牢记终端客户的需求。核心企业在产业链这一价值网络中协调网络成员的行动，为终端客户服务。客户需求将会直接驱动价值网络形成个性化、定制化的价值链，进而驱动每一位网络成员，保证价值让渡的效率。

（3）交叉协同营销。随着水平、垂直方向协同营销的发展，交叉协同开始出现。交叉合作又被称为全方位合作或全面合作，兼有上述两种协同形式的优点，其重要性将越来越被人们重视。与水平协同相比较，实施交叉协同的企业没有任何的行业相关性，完全打破传统的行业界限。

任务2　整合营销

1. 整合营销的含义

整合营销（Integrated Marketing），是一种对各种营销工具和手段的系统化组合，其目的是为了建立、维护和传播品牌，以及加强客户关系，而对品牌进行计划、实施和监督的一系列营销工作。整合就是把各个独立的营销综合成一个整体，以产生协同效应。

整合营销包含两方面的含义。首先，各种营销职能——推销人员、广告、产品管理、营销调研等必须彼此协调。其次，营销必须是公司其他部门接受思考客户的观念。营销并非是一个部门的工作，而是整个公司的导向问题。

整合营销传播与传统营销的"以产品为中心"相比，更强调"以客户为中心"，它强调和客户多渠道沟通，建立其品牌关系。与传统营销 4P（产品、价格、渠道、促销）相比，整合营销传播理论的核心是4C：一是暂不要卖你所能制造的产品，而是卖那些客户想购买的产品；二是暂不考虑定价策略，而去了解消费者要满足其需要与欲望所需付出的成本；三是暂不考虑渠道策略，而应当思考如何给消费者方便以购得商品；四是暂不考虑怎样促销，而应当考虑怎样和客户进行平等的双向沟通。

2. 整合营销传播的分步操作

整体营销具有鲜明的特征：一是在整合营销传播中，消费者处于核心地位；二是以建立资料库为基础，深刻全面地了解消费者；三是整合营销传播的核心工作是培养真正的消费者价值观，与那些最有价值的消费者保持长期的紧密联系；四是不管企业利用什么媒体，其产品或服务的信息一定得清楚一致；五是以各种传播媒介的整合运作手段进行传播，凡是能够将品牌、产品类别和任何与市场相关的信息传递给消费者的过程与经验，均被视为可以利用的传播媒介。

整体营销的分步操作思路如下。

（1）系统整合营销资源。整合营销理论认为，在营销可控因素中，产品、定价、渠道等营销变量是可以被竞争者仿效甚至超越的，唯独商品与品牌的价值难以替代。而商品与品牌的价值和消费者的认可程度有关，即在消费者心目中如何看待企业商品及品牌。一个有效的整合传播策略的背后，是产品与传播的整合，是管理与文化的整合，是战术与战略的整合。整合营销传播必须和企业的长远战略结合起来考虑，要以消费者的需求为导向，设定自己的发展方向，逐步建立自己的核心管理能力和技术能力，将企业的使命和市场需要对接。

（2）以建立客户关系为目标。整合营销传播企划模式思考的焦点是品牌与客户及其他利益相关者的关系。关系的建立、维护、强化过程，是一个渐进的过程。在这一过程中，以连续性的、一致性的品牌信息，同客户及其他利益相关者进行双向沟通是成功的关键。

（3）坚持传播的一致性，强调协调与统一。企业营销活动的协调性，不仅仅是企业内部各环节、各部门的协调一致，而且也强调企业与外部环境协调一致，共同努力以实现整合营销。

（4）坚持以整体为中心，着重以消费者为中心并把企业所有资源综合利用，实现企业的高度一体化营销，整合既包括企业营销过程、营销方式及营销管理等方面的整合，也包括对企业内外的商流、物流及信息流的整合。

项目四　CRM营销中的体验营销

任务1　体验营销

1. 体验营销的含义、特点及核心

随着生活水平和生活质量的提高，现代社会中人们的消费观念不再停留于仅仅获得更多的物质产品，以及获得产品本身；相反，消费者购买商品越来越多是出于对商品象征意义和象征功能的考虑，即人们更加注重通过消费获得个性的满足。企业要想在市场上立于不败之地，必须根据消费者需求的新特点，引导和创造满足个性需求的市场。于是，体验营销应运而生。

（1）体验营销的含义。

所谓体验（Experiences），就是人们响应某些刺激（Stimulus）的个别事件（Private Events）。体验通常是由于对事件的直接观察或是参与造成的，不论事件是真实的还是虚拟的。体验会涉及顾客的感官、情感，情绪等感性因素，会包括知识、智力、思考等理性因素。

体验营销，指的是企业通过采用让目标顾客观摩、聆听、尝试、试用等方式使其亲身体验企业提供的产品或服务，让顾客实际感知产品或服务的性能，促使顾客认知、喜好并购买这种产品或服务。随着"体验"变成可以销售的经济商品，"体验消费"旋风开始席卷全球产业，继"服务经济"之后，"体验经济"已开始大行其道。

（2）体验营销的特点。

适合实施体验营销的行业，产品或服务要满足产品具有不可察知性。所谓产品的可察知性，是指通过人们的外部感官即可获得的产品认知，这种品质的产品一般不需要经过体验消费者即可辨其优劣，而具有不可察知性的产品则必须经过体验才能分辨其优劣，即产品品质必须通过使用才能判定。经使用才能判定品质的商品或服务，实施体验营销才具有意义。与传统营销相比，体验营销具有以下不同的特点。

1) 焦点在顾客体验上。体验为顾客提供知觉的、情感的、认知的、行为的，以及关系的价值，而产品或服务成为创造顾客体验的工具。

2) 关注消费情景。体验营销与将竞争范围限定于特定的产品类别的传统营销相比，体验营销考虑的是消费情境而非产品。也就是说，他们想到的不是"洗发精、刮胡刀"而是"浴室中的修饰品"，不是"热狗"而是"临时的一餐"，不是"交通"而是"旅行"。体验营销人员考虑的是，什么样的产品符合这种消费情境，以及这些产品的包装、广告如何在使用产品之前就能增加顾客体验。而且，体验营销人员相信，影响一个品牌最有力的机会，是发生于购买之后的阶段。这些体验是顾客满意与品牌忠诚的关键决定因素。

3) 顾客是理性与情感兼备的动物。消费者常作出理性的选择，但他们也受感情驱使。顾客想要的是娱乐、刺激、情感、行动与喜好有创意的挑战。

从上面的对比分析可以看出，体验营销是基于传统营销但又超越传统营销的新的营销范式，它更能适应当今社会发展的趋势，更能满足消费者更高层次的需求。体验营销的出现使得从"品牌等于识别"发展到"品牌等于体验"，它使企业的提供物（Offering）的内涵丰富化，成为对传统营销有价值的补充,品牌概念也因此外化为:品牌=在市场中的声望+对市场的承诺+顾客的体验。

(3) 体验营销的核心。

体验营销的核心就是顾客参与,体验营销让消费者充分发挥自身的想象力和创造力,主动参与产品的设计、创造和再加工。通过创造性的消费来体现独特的个性和价值,获得更大的满足和成就感。体验营销的焦点是在顾客体验上,把顾客作为价值创造的主体,及时回应消费者的感情诉求;人性化的体验营销不仅要从顾客理性的角度去开展营销活动,更要考虑消费者的情感需要。体验营销就是寻求消费活动中导致消费者情感变化的因素,掌握消费者的心理特点,在营销活动中采取有效的心理方法,激发消费者积极的情感,从而使体验营销真正地活起来、动起来,让消费者能在体验消费中享受快乐、消费快乐。

【体验营销案例 1】

1974 年,美国普拉公司成功推出了"拍立得"(一次成像)相机,为了迅速推广这种新产品,他们在推出地点上颇费了一番心思,最终选择了游人如织的迈阿密。于是,在风和日丽的一天,普拉公司经过精心策划在迈阿密海边浴场导演了一场美女不慎溺水、帅哥挺身救险的惊心动魄的一幕,同时,其安排了一名摄影者用"拍立得"相机拍下了救险的全过程;60 秒后就可以取到的逼真相片让在场的游客惊讶不已。当然,结果也是令人满意的,"拍立得"在上市之后,人们争相购买。

【体验营销案例 2】

某厂开发了一种新产品——气功激发仪,在某商场柜台摆放了 3 个月,却无人问津。忽然,有一天,该产品被顾客抢购了 198 个,产品由滞转畅的原因是,推销员不仅向顾客介绍了商品的功能性,还现场让观众参与了体验。该推销员让一位患肩周炎的老人试用了一下产品,当即老人的胳膊不仅能抬起,而且伸直弯曲也不疼,围观群众无不叹服,争相购买。

以上案例是让消费者"试看"和"试用",通过让消费者参与体验产品的功能和效用,从而激发消费者的购买欲望。这样不仅形象地介绍了商品,使顾客从视觉、嗅觉、味觉、听觉、触觉等感觉途径形象地接受了商品,同时也起到了证实作用,胜于营销人员的雄辩。因此,体验营销应该定义为是一种新的促销手段,其具有的核心及增值点是顾客参与。

2. 体验营销的类型

顾客对体验的重视为企业提供了新的营销机遇,同时对企业的营销策略也提出了挑战。那么,如何创造令人难忘的顾客体验呢?美国哥伦比亚大学商学院教授史密特提出的战略性体验模块(Strategic Experience Module)对企业开展体验营销提供了参考框架。

从顾客角度看,顾客体验包括感官体验、情感体验、思考体验、行动体验和关联体验等几种形式,营销人员可以根据各种顾客体验的特点,以及其所提供的产品或服务的特点来塑造不同类型的体验。

(1) 感官体验。感官体验以感官为诉求对象,通过感官刺激打动消费者。感官营销目标是创造知觉体验的感觉,它经由视觉、听觉、触觉、味觉与嗅觉来完成;可以用来实现企业及其产品在市场上的差别化,诱发消费者兴趣并增加产品的附加价值。感官营销发挥作用的机理是:刺激(生动有意义的)——过程(多种媒体的最佳运用,保证认知一致性与知觉多样化)

——结果（创造附加份值，产生令人难忘的体验）。例如，典型的感官电视广告是以快速步调、快速切入的形象与音乐，来晕眩观众的感官，以期短时间内留下强烈印象。感官营销对于新品牌产品来说未必能直接导致顾客的购买行为，但对于已有品牌的重复购买行为则有明显的提示和引导作用。

（2）情感营销。情感营销的诉求对象是顾客内在的感情与情绪。从心理学角度看，人们的情绪是由三个主要层面所触发的：事件（发生的事）、媒介（人、机构、场所）、目标（对象）。一个人关注某个事件，是因为他对其结果感兴趣；关注媒介时，是因为对他人的行动感兴趣；关注目标时，是对特定目标的属性感兴趣。情绪是诱发的反应，任何一种诱发的反应都是世界观的体现；情绪是复杂和多样化的，包括喜欢与憎恶、欢乐与沮丧、快活与愤慨等。当然，寻求欢愉与避免痛苦是生活的核心原则之一，创造正面的情感是情感营销的目的。

情感大多发生于消费期间，因此，消费情景对情感的形成至关重要。面对面的服务和互动，常常是导致顾客满意或造成顾客不满的主要来源。不过，在消费前的情感沟通往往也是可以影响情感体验的形式，例如，情感电视广告常常采用人生片段的表现手法，激发人们的情绪，并逐渐建立情感。情感的建立对于培养顾客的忠诚意义重大，如中华牙膏的电视广告：小孩子拿着牙膏皮去换各种玩具和食品，后来渐渐长大了……这则广告勾起了多少人对童年美好的回忆，由此培育和建立消费者对品牌的情感。德国大众汽车公司推出新甲壳虫汽车，迎合了人们的怀旧情结，具有异曲同工之效。

（3）思考营销。思考营销诉求的是智力，利用出色的创意，引发消费者参与和思考。为此，营销人员需要了解顾客的知识结构（不同知识结构的人会进行不同的思考，未必都朝着营销人员期望的方向思考），以及清楚他们注意与专注的对象，从而有效地诱发顾客做有意义的思考，达成企业的营销目标。联想集团的广告词"人类失去联想，世界将会怎样"便是诱发人做积极思考，从而引起人们对品牌兴趣的典型。思考营销的精髓是，引起顾客对企业与其品牌做创意思考。

（4）行动营销。行动营销旨在设计和创造与身体、较长期的行为模式及生活形态相关的顾客体验，也包括与他人互动所发生的体验。行动营销通过塑造与改变社会典范，同时也利用或诉诸于社会典范，通过偶像引导消费者产生行动。

生活方式的行为的改变并不一定是理性思考的结果，而常常表现出非理性和情绪化的特点，受到他人特别是参照群体的影响（如歌星、影星和球星）。耐克公司堪称行动营销的典范。该公司通过展示NBA巨星"飞人"乔丹的风采和以"尽管去做"（Just Do It!）为主题的宣传攻势，使得耐克在市场中牢固地建立了强势品牌的地位。

（5）关联营销。关联营销超越个人的感觉、感情、认知与行动，将个人与理想中的自我、他人或是某种文化产生关联。它诉求的是与自我改进有关的个人渴望，是要让别人产生好感，通过让人和一个较为广泛的社会系统（如某个人群、某种文化或某个国家等）产生关联，来建立强有力的品牌关系。关联营销活动展现给顾客可产生关联的对象，彰显消费的社会文化含义，提示顾客通过消费某种产品或服务增强自己的社会识别或身份，与某个特定人群建立紧密的归属关系。

美国的哈雷·戴维森公司是关联营销方面做得非常出色的企业。哈雷已经成为一种生活方式，追求自由奔放与无拘无束。从摩托车到装饰品再到身上的纹身图案，车主将它们看成是身份识别的标志，在哈雷车主之间建立了相互紧密的联系，建立了归属感。正如Winkinson在《纽约时报》的一篇文章中写到的："如果你骑一部哈雷摩托车，你是兄弟；如果你不骑哈雷摩托车，你就不是。"

3. 体验营销的实施策略

开展体验营销不仅意味着营销策略的转变，同时对企业的经营理念和营销管理也提出了新要求。成功开展体验营销，需要抓好以下4个方面的工作。

（1）设计好的体验。顾客体验本质上是一个持续性的过程，企业不能任其自然，让顾客体验随机地、自发地形成。企业要提供的顾客体验应该是经过精心设计的，必须对顾客有价值并且与众不同；顾客在购买前能够知道自己将得到什么样的体验，也就是说，必须有稳定性和可预测性，这两个特征对于企业建立差异化竞争优势十分关键。

（2）注重顾客心理需求分析和产品心理属性的开发。当人们的物质生活水准达到一定程度以后，其心理方面的需要就会成为其购买行为、消费行为的主要影响因素。企业营销应该重视顾客心理需求的分析研究，发掘出有价值的营销机会。要满足顾客的心理需求，企业必须加强产品心理属性的开发，重视产品的品位、形象、个性、情调、感性等方面的塑造，营造出与目标顾客心理需要相一致的心理属性，帮助顾客形成或者完成某种感兴趣的体验。在未来的市场竞争中，心理属性因素将越来越多地成为营销成败的关键性因素。

（3）注重整体营销的协调性。传统的营销活动同样强调整体协调，但是体验营销在这方面会提出更高的要求。体验营销是一种满足心理需求的产品（服务）的营销活动，它通常是和营造一种氛围、制造一种环境、设计一种场景、完成一个过程紧密结合在一起的，而且还要求顾客的积极参与。这种"体验的制造"要比某种物质属性的制造更复杂、更微妙，没有高度的整体协调性，很难收到预期的效果。因此，体验营销富有更强的挑战性。

（4）强化创新意识。开展体验营销不仅意味着营销策略重点的转移，同时对企业的经营理念、作业流程和部门关系等都提出了新的要求，因此，进行组织变革成为必然。组织变革不仅意味着组织结构的改变，更重要的是创新意识的加强和创新文化的形成；企业应以顾客、体验为导向，充分发挥内部员工的创造力，同时广泛吸收和利用外部创新资源，如咨询公司等，共同致力于创造整体顾客体验。

任务2　顾客口碑效应

在市场营销传播过程中，口碑传播正发挥着越来越重要的作用。一项调查表明，一个满意的顾客会引发8笔潜在的买卖，其中至少有一笔可以成交；一个不满意的顾客足以影响25个人的购买意愿。中国人民大学舆论研究所的一项调查表明，现代人们对媒体的态度发生了很大的变化，企业"一厢情愿"式的自吹自播已经发挥不了最大效果，媒体的权威性已经面临极大的诚信挑战；相比而言，走人际传播渠道的口碑营销，因为可信度强、记忆程度深而对消费者产生了较大的影响，尤其难得的是，口碑营销的传播成本几乎为零；正是人类传播信息的天性，以及人们对口碑的高度信赖，在21世纪这个竞争全球化、经济一体化的知识经济时代，人际关系传播作为人类的"零号媒介"，正继续显示着它神奇的行销力量。口碑是一个相当有效的沟通工具，它与传统沟通方法的重要差异在于，"人脉传播"是直接的、经验的、面对面的过程，在人们的抉择过程中有着巨大的影响力。

顾客口碑价值是顾客向他人宣传本企业产品品牌而导致企业销售增长、收益增加时所创造的价值。顾客口碑价值的大小与顾客自身的影响力相关。顾客影响力越大，在信息传达过程中的"可信性"越强，信息收受者学习与采取行动的倾向性越强。同时需要明确的是，顾客影响力有正有负，正的顾客营销力有利于企业树立良好形象，为企业发展新顾客，对企业有利；

而负的顾客影响力来自于顾客对企业的抱怨,它将企业的潜在顾客甚至是企业的现有顾客推向企业的竞争对手,企业若不及时处理,后患无穷。

此外,顾客口碑价值还与营销范围相关,顾客口碑传播的范围越广,可能受到营销的人群越多。当然,顾客口碑价值最终仍需体现在受影响人群为企业带来的直接收入的多少上,因此受影响人群的购买价值的高低与顾客口碑价值成正比。

单元小结

营销自动化,也称为技术辅助式营销,其着眼点在于通过设计、执行和评估市场营销行动和相关活动的全面框架,赋予市场营销人员更强的工作能力,使其能够对直接市场营销活动的有效性加以计划、执行、监视和分析,并应用工作流技术,优化营销流程,使一些共同的任务和过程自动化。

在 CRM 营销中包括概念营销、逆向营销、协同营销、整合营销、体验营销等营销方式。

核心概念

营销自动化　概念营销　逆向营销　体验营销　协同营销　整合营销

训练题

1. 何谓概念营销?它具有哪些特征?
2. 何谓逆向营销?它具有什么现实意义?
3. 逆向营销的营销组合策略是什么?
4. 协同营销包括哪些主流方式?
5. 何谓体验营销?它具有哪些特点?体验营销的实施策略有哪些?

单元十七　服务营销中的电子营销

本章导读

在数字时代，因特网改变或革新了企业为客户创造价值提供服务的方式。在当今，CRM等越来越多的营销管理系统依靠数字信息，而数字信息需要通过电信网络进行连接，以进行各种各样的服务营销活动。

知识点

- 了解服务营销中的电子营销内容、领域；
- 重点了解网络营销的概念、特点、优势；
- 了解网络营销的环境；
- 了解网络营销的策略；
- 了解网络营销的发展趋势。

技能点

- 掌握电子业务的操作技能；
- 掌握电子商务销售与购买过程中的服务技能；
- 掌握网络营销策略；
- 学会运用各种技术手段进行网络宣传。

项目一　电子营销

任务1　电子营销的概念

电子营销，简单的说，就是指企业使用因特网对其产品进行的沟通、促销和销售活动。我们知道电子商务包括电子营销和电子购买，电子营销是电子商务的营销方面。电子营销的对面是电子采购，也是电子商务的购买方面，主要是指企业向那些在线的供应商购买产品、服务和信息。

任务2　电子营销是数字时代的产物

1. 数字时代的几种力量

数字时代的企业需要全新的营销理论和实践，因特网革新了企业为客户创造价值和建立客户关系的方式。可以说，数字时代已经从本质上改变了客户对便利性、速度、价格、产品信息及服务的观念。数字化和连接、网络的扩张、新形式的中间商及客户定制奠定了数字时代的 4 种基础力量，如图 17-1 所示。

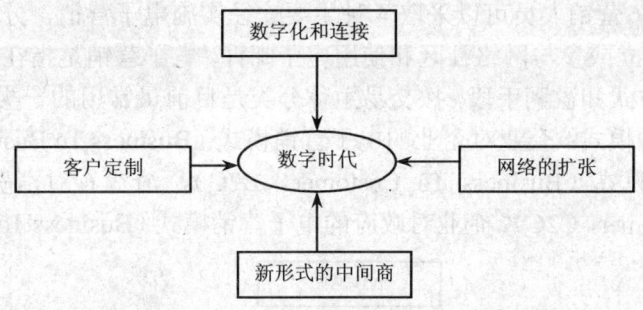

图 17-1 形成数字时代的力量

（1）数字化和连接。今天，CRM 等越来越多的营销管理系统依靠数字信息，而数字信息需要通过电信网络进行连接。常见的网络有：一是内部网，是一种将企业内部人员彼此连接并将其连到公司网络上的网络；二是外部网，是一种把公司和其供应商、分销商及其他外部合作伙伴连接起来的网络；三是因特网，是一个范围更广的公共计算机网络，连接着世界上各种类型的用户，构成一个庞大的信息库。

（2）因特网的扩张。因特网使用上的爆炸性增长形成了数字时代的核心，在 21 世纪里，因特网成为一项革命性的技术，方便了成千上万的消费者和企业。最新的研究表明，现在的许多消费者在做出很多重大的决策前，一般都要先在因特网上查询信息。企业要在今天的市场上获得竞争优势，必须很好地使用因特网的技术。

（3）新形式的中间商。新技术使得很多企业家创办了网络公司，这就是数字时代的新形式中间商。当前，网络公司迅速的扩张和成功的崛起使得许多传统的制造企业及零售商感到担心，传统的店面型零售商，从书店、音乐商店、花店到旅行社、股票经纪人及汽车销售商，都在担心被网络公司这一新型的中间商所取代。

（4）客户定制。传统的经济围绕着制造商，它们主要关注生产、产品和业务流程的标准化。今天的经济围绕着信息，信息很容易形成差异化、客户定制化及个性化，并且信息很容易传递。客户定制是 CRM 管理强调的，主动去为市场、为客户需要设计产品，同时也给客户机会让他们设计自己需要的产品。

2. 数字时代的营销业务

（1）电子业务。电子业务涉及电子平台——内部网、外部网和因特网，去处理公司的业务。当前，许多企业建立了内部网，方便了雇员之间的沟通及公司内部信息的共享；同时，许多企业都建立了自己的门户网站来展示和促销自己的产品，还有一些企业建立外部网连接其主要的供应商和分销商，以方便信息交换、订单处理、交易及电子支付。

（2）电子商务。电子商务比电子业务更具体，电子业务包括所有在企业内部或是企业与客户之间的以电子为基础的信息交换，电子商务是指通过电子方式支持的销售和购买过程，主要是指使用因特网来构建非实体的营销空间。

（3）电子营销。电子商务包括电子营销和电子购买。

任务 3　电子营销的几个领域

1. 电子营销展示

如图 17-2 所示，营销人员可以采取 4 种主要途径实施电子营销，分别是创建网站、在网上做广告或促销、建立或参与网络社区和使用电子邮件。电子营销是指在网络环境下基于互联网技术的企业交易方式和盈利手段，按交易主体分类是目前最常用的一类分类方法，我们可以将电子营销分为 4 种模式：企业对企业的电子营销模式（Business To Business，B2B）、企业对消费者的电子营销模式（Business To Customer，B2C）、消费者对消费者的电子营销模式（Customer To Customer，C2C）、企业对政府的电子营销模式（Business To Government，B2G）。

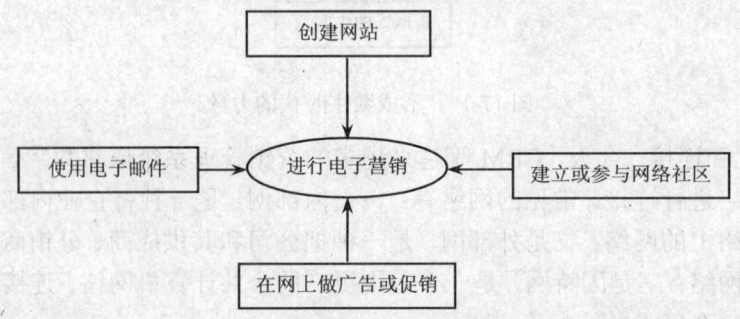

图 17-2　电子营销展示的常用途径

2. 企业对企业的电子营销模式（B2B）

企业对企业的电子营销模式指的是通过因特网、外联网、内联网或者私有网络，以电子化方式在企业间进行交易的商务活动模式。这种交易可能是在企业及其供应链成员间进行的，也可能是在企业和任何其他企业间进行的。这里的企业可以指代任何组织，包括私人或者公共的、盈利性的或者非营利性的组织。这种电子交易模式的功能包括 5 个方面，即供应商管理、销售管理、信息传递、库存管理和支付管理。

3. 企业对消费者的电子营销模式（B2C）

企业对消费者的电子营销模式是指企业通过因特网向最终消费者提供商品零售或为消费者提供所需服务的商务活动模式。它是随着万维网的发展而迅速发展起来的、以网络零售业为主的一种电子交易模式，这也是一般人最为熟悉的电子交易类型，如经营各种鲜花、书籍、玩具和软件等商品的网上商店。美国的亚马逊网上书店和国内的当当网络书店都属于这种模式。

4. 消费者对消费者的电子营销模式（C2C）

消费者对消费者的电子营销模式指的是消费者之间通过因特网进行相互交易的模式，如个人拍卖等形式。它是消费者之间的一种自由交易，实现了个人之间的商品流通。该电子交易模式可以分为两种典型的运作方式：买方集中式和卖方集中式。买方集中式的电子交易模式是一种以卖方为主的网络拍卖模式，在该模式中，由销售商品的个人在交易平台上发布拍卖信息，多个买家竞买直到最终成交。卖方集中式的电子交易模式是一种以买方为主的网络拍卖模式，在该模式中，由求购商品的个人在交易平台上发布求购信息，多个卖家竞卖直到最终成交。

5. 企业对政府的电子营销模式（B2G）

企业对政府的电子营销模式指的是企业和政府之间进行电子交易活动的商务模式。企业和政府机构可以利用主要的 Web 站点，更有效地交换信息、完成各种交易。例如，政府可以将采购信息公布在因特网上，通过网络方式进行招标，企业可以通过网络进行投标。该电子交易模式无论是对于企业还是政府，都具有很大的积极意义。对企业来说，一方面可以随时随地了解政府的动态，另一方面可以减少中间环节的时间延误和费用；对政府来说，可以提高办公的公开性和透明性。

项目二　网络营销

网络营销是电子营销中一种主要的营销方式。因此，只有熟知网络营销，才能更加自如地运用各种电子营销方式。

任务 1　网络营销的概念、特点及优势

1. 网络营销的概念

网络营销（cyber marketing, online marketing），是指企业通过使用互联网在更大程度上更有利地满足顾客需求的过程。也即依托网络工具和网上资源开展的市场营销活动，是将传统的营销原理和互联网特有的互动力相结合的营销方式，它既包括在网上针对网络虚拟市场开展的营销活动，也包括在网上开展的服务于传统有形市场的营销活动，还包括在网下以传统手段开展的服务于网络虚拟市场的营销活动。

2. 网络营销的特点

与传统的营销方式相比，网络营销具有以下特点：

（1）交互性。市场营销学作为一门应用性的管理科学，要求管理者面对市场和营销环境的不断变化，不断作出销售决策。企业利用网络开展市场营销，不但能快速准确地掌握顾客需求的第一手信息资料，而且能将企业和产品信息及时提供给消费者。

（2）差异性。消费个性化和竞争白热化使营销者越来越注重差异性和集中性市场营销策略的应用，企业营销策略的制定必须建立在有效的市场细分和对各细分市场需求深入了解的基础上。企业有效利用网络高效收集和加工处理信息的优势，可以了解消费者的不同需求，从而使针对消费者的营销活动更加个性化。

（3）直复性。网络营销的直复性是指顾客不但可以通过网络"直接"向企业订单购买商品，而且还对企业的营销努力有一个明确的"回复"（买或不买，买多买少）。企业可以根据统计到的回复数据，评价以往营销努力的效果，并及时改变营销策略，模拟出最佳的营销方案。

3. 网络营销的优势

正是有以上的特点，网络营销与传统的营销方式相比具有明显的优势。

（1）网络营销能够降低企业营销信息传播成本。因为网络传媒具有传播范围广、速度快、无时间地域限制，无时间版面约束，内容详尽，多媒体传送，形象生动，双向交流，反馈迅速等特点，有利于在节约传播成本的前提下提高企业营销信息传播的效率。

（2）网络营销可以降低交易成本。因为网络营销无店面租金成本，且能实现产品直销，能帮助企业减轻库存压力。同时企业可以通过网络营销活动提高营销效率和降低促销费用，如通过与供应商信息共享，减少中间环节因信息不准确带来的损失，降低采购成本等。

（3）网络营销可以帮助缩短生产周期。一个产品的生产是许多企业相互协作的成果，因此，产品的设计开发和生产销售可能涉及许多关联企业，通过网络营销可以将过去由于信息封闭导致的分阶段合作方式改进为信息共享的协同并行工作方式，从而最大限度地减少因信息封闭而等待的时间。

（4）网络营销可以增加无限商机。网络技术可以使企业同任何一个国家或地区消费者消除地域上的阻隔，从而减少国家多地区间的市场壁垒。它为每个企业在虚拟的自由市场体系中营造了一个无法比拟的平等机会，尤其是世贸组织决定暂不对网络贸易征收关税，网络营销更是为企业架起了一座通向国际市场的绿色通道，使企业能轻而易举地进军国际市场。

（5）可以快捷高效地实现产品、服务、信息一体化。网络营销在产品销售、服务及信息传递方面与传统营销模式的区别，将使开展网络营销的企业更高效地向消费者提供产品和服务，以及相关的信息，从而为消费者提供更多的象征性价值。

任务2 网络营销环境

1. 网络营销环境的定义

网络营销环境就是影响企业网络销售能力和效果的外部各种参与者与影响力。企业的网络营销环境分为微观和宏观两个层面。微观环境就是与企业紧密相连、直接影响企业网络销售能力的各种参与者，包括企业本身、企业外部供应链、企业网络销售平台、网上销售中介、网上顾客、网上竞争者和网上公众。宏观环境是指营销网络营销微观环境的一系列巨大的社会力量，主要有网络用户、政治法律、技术、社会文化等。

2. 网络营销环境特点

互联网上包含无数信息资源，受到市场营销者的青睐，企业上网已经成为必然趋势。企业通过网络做广告、宣传产品，将网络上的营销活动扩展到营销的整个过程。市场营销环境是市场营销者的行为时空。互联网自身构成了一个市场营销的基本环境，环境构成的5个要素如下。

（1）提供资源。互联网是各种信息的载体，能提供企业所需要的各种信息。信息是市场营销过程的关键资源，各种信息正是互联网的血液，互联网最终将全面反映现实世界的各类信息。

（2）动态变化。互联网信息的更新速度是所有媒体中最快的，几乎所有现实世界的最新动态都可以迅速出现在网上，信息的不断更新是互联网的生命力所在。

（3）多因素互相作用。企业活动的各因素在互联网上通过网址来体现，如企业、金融、服务、顾客等，主要是通过鼠标的单击进行相互联系。

（4）反应机制。企业可以将自己的信息通过网站存储在互联网上。企业通过互联网上的信息调整自己的决策。

（5）全面影响力。互联网与每一个上网者都发生作用，每一个上网者都是互联网上的一份子，他可以基本无限制地接触互联网的全部，并在这一过程中受到互联网的影响。因此，互联网已经不再是传统意义上的电子商务工具，而独立成为新的市场营销环境。

3. 网络营销环境的优势

（1）易运作。互联网只需要企业上网就能进入网络环境中，这减少了许多传统营销环境的中间环节。因此，互联网环境缩短了市场营销者与顾客之间的距离，信息的广泛直接交流不仅提高了营销效率，也使市场营销者对其环境的适应能力得到加强，但同时也使企业的市场竞争环境变得更加复杂多变，市场强度将大幅度提高。

（2）公平性。在互联网上，无论是大企业还是小企业都可以公平竞争。小企业在互联网上找到与大企业公平竞争的契机。

（3）灵敏度高。互联网是一个迅速变化的空间，各种各样的用户可能在其中出现，但其总能迅速地做出反应，由另一个用户提供答复和解决问题的途径。

（4）全球性。目前全球几乎所有的国家和地区都已加入了互联网，企业通过互联网可以与全球市场进行联系，从而大大削弱了商业活动的地理空间限制。

（5）可视性。互联网以数字化的方式全面反映着现实世界，使市场营销能轻松地直接进入所选择的环境，浏览到企业所需要的各种形式的信息。

（6）交互性。互联网使得市场营销者与其环境进行实时信息沟通，高效率地完成全部信息交换过程，拓展了市场营销的时间概念。

（7）能动性。上网用户既是网络环境的接收者，又是网络环境的创造者，环境与其主体密不可分，同时大量的职能信息处理软件使互联网能够主动为用户服务。

任务3　网络营销策略

1. 网络营销组合策略

网络营销组合策略应根据网络营销的特点来制定，主要包括产品策略、价格策略、渠道策略、促销策略。

（1）产品策略。产品策略主要表现在新产品的开发上。企业利用网络与顾客交互，能及时准确地把握市场需求的特征；通过网络展示虚拟产品及反馈消费者的评价和意见，及时改进产品研究开发工作，降低新产品开发成本。

（2）价格策略。价格策略的重点是解决价格制定、价格协商和付款方式及其安全性等问题。尽管网上信息自由共享的特点使个市场主体对某种产品的价格信息都有比较充分的了解，从而使每个卖主在激烈的市场竞争中使该产品的价格水平趋于一致。但另一方面，网络信息沟通"一对一"的方式和定制营销的发展，使产品生产趋向于非标准化，从而为非标准化打下了物质基础。网上商品最后成交价格更多的是买卖双方协商的结果。

（3）渠道策略。网络渠道可以传输信息流、商流、资金流，但商品实体的流动必须借助传统的运货方式或专门化的社会实体分配系统才能实现。在当今社会配送企业数量少、配送成本较高的情况下，网络营销企业可以借助传统商业所交织的完善配送系统，将其产品及时送到客户手中。

（4）促销策略。互联网为从事网络营销的企业提供了一种理想的促销载体，但网络广告并不是简单地将传统形式的广告传到网上，而必须提供充分的资讯，借助事实逻辑来说服顾客。另外，网络互动性的特点，可以使营销者和顾客进一步交谈及建立个人联系，网络营销人员可以通过电子邮件与客户交谈和回答问题，指导并帮助顾客完成购买活动；网络营销企业利用网络论坛、电子邮件、新闻组等，塑造良好的网络形象，获得理想的公关效果。

2. 网络营销竞争策略

营销策略是根据企业的目标、资源与环境，拟定一系列的营销活动，通过比竞争者更具价值、更有效率的服务与产品，扩大市场销售规模，进而实现计划的营运目标。网络营销的优势是能结合问卷、网络、资料库，以最新、最快、最详尽的方式得到顾客信息。再通过网络上互动的资料修订与智慧型的统计分析功能,拥有大量的主要顾客与潜在顾客的完整资料。网络营销的竞争策略就是如何利用这一优势,扩大主要顾客与潜在顾客的购买规模。可以采用的策略包括以下几种。

(1) 扩大产品线规模。利用"一亩田多次耕耘的观念",不局限于主要产品,而依据拥有的资料,主动分析社会的消费需求与欲望,进而开发多种类型的产品,增减产品的购买规模。

(2) 强化顾客关系。加强与顾客的双向互动,通过顾客资料的运用与分析,设法掌握更多的顾客特性,进而开发出更多的顾客需求。

(3) 营销渠道多元化。将传统营销渠道与包括网络在内的各种新型渠道进行紧密结合,以建立最大的顾客接触。这属于多元营销渠道策略,除了能扩大市场占有率,还能创造出许多意想不到的新需求。

(4) 消费需求准确化。通过分析归纳顾客资料,可以更准确地定位目标市场,因此也就可以做出有效的市场促销。再利用网络的多媒体功能,使新上网的顾客留下深刻的印象,进而增加市场顾客的规模,扩大网络营销的效益。

3. 网络营销策划

(1) 准确、客观的市场定位。

网上营销同传统的营销相比有较大的区别,因此其市场定位也有其独特的特点。要准确客观进行网上营销的市场定位,必须搞清以下几个关键问题。

1) 产品或服务是否适合在网上进行营销。如何判断你的产品或服务是否适合在网上进行营销?一般来说,标准化、数字化、品质容易识别的产品或服务适合在网上进行营销。所谓标准化的产品或服务,是指这种产品或服务发生变化,以至于消费者很容易识别其性能。例如,书这样的商品,太标准不过了,这样的商品就适合网上营销。所谓品质容易识别,是指产品或服务有不同于其他同类产品或服务的地方,以至于消费者很容易识别其品质。例如,一个商品的品牌。

2) 分析网上竞争对手。网上的竞争对手往往与现实中的竞争对手一致,网络只是市场营销的一个新战场。对竞争对手的分析不可拘泥于网上,必须确定其在各个领域的策略、营销手法等。在网上要及时访问竞争对手的网页,一般对手的最新动作包括市场活动会及时反映在其网页上;而且要注意本企业站点的建设,以吸引更多的消费者光顾,更多的竞争对手分析可在现实中实现。

3) 目标市场客户应用 Internet 的比率。网上营销并非万能,它的本质是一种新的高效营销方式。目标市场客户应用 Internet 的比率,无疑是一个非常重要的参数,假若目标市场的客户基本不使用 Internet,那在 Internet 上营销显然是不值得的,如面对这样的情形,则可以通过 Internet 完成原来传统营销方式的一部分功能,如广告宣传等。

4) 确定具体的营销目标。与传统营销一样,网上营销也应有相应的营销目标,须避免盲目性。有了目标,还需进行相应的控制。网上营销的目标总体上应与现实中的营销目标一致,但由于网络面对的市场客户有其独到之处,且网络的应用不同于一般营销所采用的各种手段与媒体,因此具体的网上市场目标确定应稍有不同。在目前,网上营销刚刚起步发展,目标不应定得过高,重点应是如何使客户接受这种新颖的营销手段。

5) 准确的市场定位决定着营销方式。定位是整个网上营销的基础,由此决定网页的内容和营销形式,进行营销的产品、服务通过网页实现,而网页建设的质量则直接影响营销方式的成功与否。

（2）运用各种技术手段进行网址宣传。

1）导航台上的网址注册要保证排名，特别是入口网站和信息服务网站。当然，这必须考虑商家的网上营销预算。

2）BBS。可开辟一块信息空间，若能成为热点，则其效果也非常好。

3）Newsgroup。进行专业宣传可考虑这一手段。

4）Mail-list。这都是些免费资源。不过，发电子邮件的方式要得当，千万不要让消费者对您的举动反感。

5）免费广告资源。效果一般，不太理想。

6）有偿广告投入。效果稍好于免费广告，尤其是在分类广告上的网址宣传。

7）与传统媒体宣传配合，这一点非常重要。

（3）对客户的问题进行快速反馈。

1）Internet 的高速传播特点要求商家为客户提供快速回应，通常的承诺是 24 小时回复。

2）开辟收费区进行一对一实时咨询服务。

（4）充分运用面向技术的市场营销技术。

成功的市场营销必须采用更先进的技术。新技术在企业的市场推销过程中将会发挥越来越重要的作用，并将会给企业的市场营销活动带来深刻的变化。传统的概念认为，企业的市场营销部门与先进的技术及自动化毫不相干。然而实践证明，这样的观点是极其错误的。事实上，激烈的市场竞争，已把许多企业的市场营销部门推向了技术的最前沿。

然而，综观国内大量企业的营销现状可以发现，迄今为止大多数企业的市场营销部门所采用的依然是战术性而不是战略性的 IT 方案。因而，随着市场竞争的日趋激烈，实施面向技术的市场推销战略，已经成为许多企业的当务之急。

（5）虚拟服务"现实"化。

Internet 是虚拟的生活空间，同时也是一个虚拟的市场，因此，虚拟服务"现实"化很重要。一般应注意以下几个方面。

1）取得客户信任是网上营销是否成功的关键。

2）网站内容宜直观、忌花哨。

3）利用多媒体技术手段将服务或产品"真实"地再现在 Internet 上。

4. 网络营销的发展趋势

虽然网络与 3C（计算机、通信、消费品）的结合已经产生商业应用的机会，但由互联网所具备的潜力来看，目前的发展与应用还只能说是在萌芽阶段。分析 CNNIC 历年的《中国互联网络发展状况统计报告》，可知网络营销的发展趋势有以下三点。

（1）关于新网站推广：口碑宣传不可忽视。

CNNIC 的历次统计报告都显示，搜索引擎的其他网站的链接等是用户得知新网站的主要途径，而且近年来搜索引擎的重要性在持续增加，关于用户获知新网站的途径中，有一项重要事实很少受到关注，那就是用户之间互相介绍的作用，在调查中分为两个选项："朋友、同学、同事的介绍"和"网友介绍"。

应注意的是，用户口碑宣传也是一种新网站推广的重要方法。口碑宣传有什么特点？应该如何利用口碑宣传来进行网站推广？这已成为网站推广方法中一个值得深入研究的问题。

(2) 关于目标客户：注重年轻群体。

2007～2010 年网民年龄结构对比情况如图 17-3 所示。

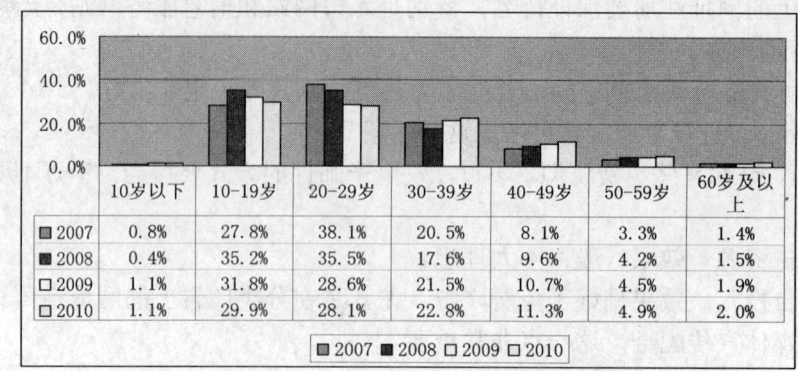

资料来源：根据 CNNIC《中国互联网络发展状况统计报告》（2007～2010 年）整理

图 17-3　2007～2010 年网民年龄结构对比

调查结果显示，网民中 10～29 岁的年轻人最多，达 60%。因此，企业网络营销的目标客户群还是应重点放在年轻群体上，重点提供适合年轻人的产品或服务。不过值得注意的是，中老年网民占比虽小但是呈逐年增加的趋势。

(3) 网上交易的最大问题仍是质量和安全问题。

CNNIC 调查表明，用户认为目前网上交易存在的最大问题中，"产品质量、售后服务及厂商信用得不到保障"仍是用户关心的第一要素。

【扩展阅读】

绿色营销

所谓"绿色营销"，是指社会和企业在充分意识到消费者日益提高的环保意识和由此产生的对清洁型无公害产品需要的基础上，发现、创造并选择市场机会，通过一系列理性化的营销手段来满足消费者以及社会生态环境发展的需要，实现可持续发展的过程。绿色营销的核心是按照环保与生态原则来选择和确定营销组合的策略，是建立在绿色技术、绿色市场和绿色经济基础上的、对人类的生态关注给予回应的一种经营方式。

绿色营销管理包括以下 5 个方面的内容。

(1) 树立绿色营销观念。绿色营销观念是在绿色营销环境条件下企业生产经营的指导思想。传统营销观念认为，企业在市场经济条件下生产经营，应当时刻关注与研究的中心问题是消费者需求、企业自身条件和竞争者状况三个方面，并且认为满足消费需求、改善企业条件、创造比竞争者更有利的优势，便能取得市场营销的成效。而绿色营销观念却在传统营销观念的基础上增添了新的思想内容。

(2) 设计绿色产品。产品策略是市场营销的首要策略，企业实施绿色营销必须以绿色产品为载体，为社会和消费者提供满足绿色需求的绿色产品。所谓绿色产品是指对社会、对环境改善有利的产品，或称无公害产品。

(3) 制定绿色产品的价格。价格是市场的敏感因素，定价是市场营销的重要策略，实施绿色营销不能不研究绿色产品价格的制定。一般来说，绿色产品在市场的投入期，生产成本会高于同类传统产品。但是，产品价格的上升会是暂时的，随着科学技术的发展和各种环保措施的完善，绿色产品的制造成本会逐步下降，趋向稳定。企业制定绿色产品价格，一方面当然应考虑上述因素，另一方面应注意到，随着人们环保意识的增强，消费者经济收入的增加，消费者对商品可接受的价格观念会逐步与消费观念相协调。

（4）绿色营销的渠道策略。绿色营销渠道是绿色产品从生产者转移到消费者所经过的通道。企业实施绿色营销必须建立稳定的绿色营销渠道。

（5）搞好绿色营销的促销活动。绿色促销是通过绿色促销媒体，传递绿色信息，指导绿色消费，启发引导消费者的绿色需求，最终促成购买行为。

【综合案例】

炒作产品概念　美的豆浆机陷信任危机

去年火爆的豆浆机市场成就了九阳的行业地位，也火了一批行业短期投机谋利者的梦想。一位业内人士透露，2008年国内豆浆机企业一下子涌现800多家，主要集中在广东的顺德、中山两地。其中，品牌企业接近100家。

据了解，美的自去年进军豆浆机业后，面对巨大的市场需求，在自身并无生产线的前提下，只能采取在外寻找加工贴牌的方式。对于美的目前热推的可打干豆的豆浆机，一位业内人士坦言，这其实就是企业进行产品功能炒作的一种噱头。

由于美的在家电业的影响力较大、品牌基础好，因此美的一进入豆浆机市场就取得了一定的市场订单。但苦于美的豆浆机在当时并无专业生产基地，无法在短期内满足市场的订单需求，最终采取了在外加工贴牌的方式。

据了解，美的豆浆机加工贴牌工厂最多时近10家，主要在顺德和中山。记者调查后发现，中山好妈咪电器、顺德科顺电器都给美的豆浆机贴牌。中山好妈咪在销售自有品牌豆浆机时，还会向商家和消费者介绍一句"我们是给美的贴牌的"，突显其实力。

知情人士透露，由于美的自身并未在豆浆机产品上积累专业制造经验和工艺流程，对外加工贴牌工厂的选择上，美的多是以贴牌企业现有的质量体系为准，在这种情况下，美的对外的豆浆机质量体系和稳定性难以保障。

记者在由中国电子商会主办的3·15消费电子投诉网上看到，关于美的豆浆机的投诉不少。其中一位河南郑州的马先生投诉，今年3月23日在超市购买美的健康大礼包，包括电磁炉、豆浆机。3月28日第一次使用就出现机头底断裂、内部线圈可见等问题。该消费者表示，第一次用就出现严重质量问题，心里比较气愤。

一位豆浆机领域的资深人士梁先生透露，豆浆机其实很简单，主要就是电机、外壳、发热棒、电脑板等关键零部件。除了电脑板是由企业自主开发，其他部件都从外面批量采购。目前，广东地区的豆浆机工厂50%以上是承揽加工贴牌业务，产品故障率在10%左右。

进入豆浆机市场较晚的美的，为了快速抢占一席之地，只能通过制造一些技术概念来吸引眼球。最具代表性的便是干豆制豆浆机，其主打概念就是节省时间、防止泡豆污染。

对于美的这一概念新品，许多消费者在连锁卖场向记者表示，产品概念倒是很新的，不过并不愿意尝试，还是习惯湿豆打豆浆。而一位顺德豆浆机生产企业的技术人员也透露，干豆打豆虽节省了时间,但机器的噪音问题无法解决。此外,干豆打豆浆的口感确实不错,但对于营养流失问题,业界一直存在很大的质疑声音。

许多营养专家在接受记者采访时纷纷表示,中国制作豆浆有一套完善的传统工艺流程,传承了千年并非轻易可以改变。他们主张,人们在自制豆浆时,为了保证营养还是要先泡豆,中间工艺不能随便取舍。

家电营销专家洪仕斌一针见血地指出,美的这款豆浆机就是打着技术创新旗号,进行产品功能的概念炒作。但美的忽视了一点,消费者越来越成熟了,对于概念炒作与功能夸大已建立抗体,不会轻易受骗。

(资料来源:杨明·中国企业报·消费电子周刊,2009-04-24)

单元小结

电子营销,简单的说就是指企业使用因特网对其产品进行的沟通、促销和销售活动。

电子营销是数字时代的产物。数字时代的营销业务包括电子商务、电子业务、电子营销。

网络营销是指企业通过使用互联网在更大程度上更有利地满足顾客需求的过程。也即依托网络工具和网上资源开展的市场营销活动,是将传统的营销原理和互联网特有的互动力相结合的营销方式,它既包括在网上针对网络虚拟市场开展的营销活动,也包括在网上开展的服务于传统有形市场的营销活动,还包括在网下以传统手段开展的服务于网络虚拟市场的营销活动。

网络营销具有交互性、差异性、直复性的特点。它与传统的营销方式相比具有明显的优势。一是网络营销能够降低企业营销信息的传播成本;二是网络营销可以降低交易成本;三是网络营销可以帮助缩短生产周期;四是网络营销可以增加无限商机;五是可以快速高速地实现产品、服务、信息一体化。

网络营销的实施要注意研究经营策略,主要研究组合策略(主要包括产品、价格、渠道及促销策略)、竞争策略、网络营销策略等。

核心概念

关系营销　　一对一营销　　数据库营销　　直复营销　　概念营销
逆向营销　　情感营销　　　电子直销　　　体验营销　　整合营销

训练题

1. 如何实施以客户为中心的营销策略?
2. 如何实施关系营销策略?
3. 数据库营销实际应用的意义体现在哪些方面?

参考文献

[1] 张健仁．第三产业经济学．北京：中国人民大学出版社，1998.
[2] 石昌广．中国的服务经济．北京，中国广播电视出版社，1991.
[3] [美]格鲁诺斯著．服务市场营销管理．吴晓云译．上海：复旦大学出版社，1998.
[4] 陈祝平．服务市场营销．大连：东北财经大学出版社，2001.
[5] 陈祝平．国际营销理论与实务．上海：立信会计出版社，1997.
[6] [美]凯斯和费尔著．经济学原理（下）．北京：中国人民大学出版社，1994.
[7] [芬兰]费率诺斯著．服务市场营销管理．吴晓云等译．上海：复旦大学出版社，1998.
[8] 刘丽文，杨军．服务业营运管理．北京：中国税务出版社，2005.
[9] 陈祝平．发展服务产业是市场经济本质的要求．服务经济，1993（增刊）．
[10] 陆亨俊．服务业：美国经济的常青树．经济参考报，1999-04-26（3）．
[11] 季辉，王冰．服务营销．北京：高等教育出版社，2009.
[12] Kotler, P. Marketing Management. Beijing NJ: Tsinghua University Press/Prentice-Hall, 1997.
[13] 叶万春．服务营销管理．北京：中国人民大学出版社，2003.
[14] 王丽华．服务营销．北京：中国旅游出版社，2007.
[15] 吴晓云．服务营销管理．天津：天津大学出版社，2006.
[16] 韦福祥．服务质量评价与管理．北京：人民邮电出版社，2005.
[17] 郭国庆．市场营销学概论．北京：高等教育出版社，2008.
[18] 李辉等．服务营销（第二版）．北京：高等教育出版社，2009.
[19] 柴小青．服务管理教程．北京：中国人民大学出版社，2003.
[20] 郭国庆．服务营销管理．北京：中国人民大学出版社，2009.
[21] 李双杰．企业绩效评估与效率分析．北京：中国社会科学出版社，2005.
[22] 郑吉昌．服务营销管理．北京：中国商务出版社，2005.
[23] 龚维新．现代金融企业营销．上海：立信会计出版社，1994.
[24] [美]米什金．货币、银行和金融市场经济学．北京：北京大学出版社，1998.
[25] 亚瑟·梅丹（英）著．金融服务营销学．王松奇译．北京：中国金融出版社，2000.
[26] 叶伟春．金融营销．北京：首都经贸大学出版社，2009.
[27] 王爱俭．滨海新区金融创新理论与实践．天津：天津教育出版社，2009.
[28] 万后芬．金融营销学．北京：中国金融出版社，2003.
[29] 王方华，彭娟．金融营销．上海：上海交通大学出版社，2005.
[30] [英]亚瑟·梅丹著．金融服务营销学．王松奇译．北京：中国金融出版社，2000.
[31] 陶婷芳等．上海金融业营销现状剖析．财经研究．1998，1.
[32] 刘金章．直销学概论．南京：东南大学出版社，2006.
[33] 阎剑平．服务营销教程．北京：中国纺织出版社，2004.

[34] 贝政新，王志明．金融营销学．北京：中国财政经济出版社，2004．
[35] 林有宏，黄宇芳．电信行业精确营销方法与案例．北京：人民邮电出版社，2007．
[36] 雷江升．旅游服务营销管理目标模型研究．商业时代，2006．
[37] 刘伟．旅游概论．北京：高等教育出版社，2003．
[38] 樊雅琴．旅游市场营销．北京：中国发展出版社，2009．
[39] 孟丽，杨颖．旅游概论．云南：云南大学出版社，2006．
[40] 王晨光．旅游营销管理．北京：经济科学出版社，2004．
[41] 孙洪波，李广成．旅游概论新编．上海：华中科技大学出版社，2008．
[42] 罗青苗．国内旅游业服务营销研究综述——以旅游业主要组成部分为视角．科技经济市场，2007．
[43] 李昕．旅游管理学．北京：中国旅游出版社，2006．
[44] 郑向敏．旅游服务学．天津：南开大学出版社，2007．
[45] 孙静．旅游服务教程．哈尔滨：哈尔滨工业大学出版社，2004．
[46] 卿前龙，毕斗斗，曾春燕．中国旅游业发展：趋势与前瞻．吉首大学学报，2009，（4）
[47] 王德静，贺湘辉．旅游营销学．北京：清华大学出版社，北京交通大学出版社，2009，2．
[48] 蔡瑞林．客户关系管理实务．北京：北京交通大学出版社，2009．
[49] 高苏．服务论．北京：中国旅游出版社，2007．
[50] 王小平．服务竞争力．北京：经济管理出版社，2003．
[51] 刘松萍等．会展营销．北京：北京电子科技大学，2003．
[52] 王春雷．会展市场营销．北京：旅游教育出版社，2007．
[53] 江小涓．服务全球化与服务外包：现状、趋势及理论分析．北京，人民出版社，2008．

BOOK

体现了"就业导向、校企合作、双证衔接"的特点

《现代服务领域技能型人才培养模式创新规划教材》丛书是由中国高等职业技术教育研究会立项的《现代服务业技能人才培养培训模式研究与实践》课题（课题编号：GZYLX2009-201021）的研究成果。

该课题与人力资源社会保障部的《技能人才职业导向式培训模式标准研究》的《现代服务业技能人才培训模式研究》子课题并题研究，形成了包括市场营销、工商企业管理、电子商务、物流管理、文秘（商务秘书方向、涉外秘书方向）、艺术设计（平面设计方向、三维动画方向）共6个专业8个方向的人才培养方案。结集成《现代服务业技能人才培养培训方案及研究论文汇编》由中国水利水电出版社正式出版。

市场营销专业精品教材

中国高等职业技术教育研究会科研项目优秀成果
现代服务领域技能型人才培养模式创新规划教材

联系人：杨谷　　联系电话：010-82562819/20/21/22转222　　电子邮箱：yg@wsbookshow.com

中国水利水电出版社
www.waterpub.com.cn

万水书苑
www.wsbookshow.com

BOOK
电子商务专业精品教材

免费电子教案

本社的高职及本科教材多数配有电子教案，您可以从中国水利水电出版社网站的"下载中心"（http://www.waterpub.com.cn/softdown/）或万水书苑（http://www.wsbookshow.com）下载。
咨询与服务电话：010-010-82562819/20/21/22 转 222，312，322，213。

免费样书寄送

如果您对本社的某一种或多种教材感兴趣，可以通过电话或邮件等方式和我们联系，我们将免费寄送。

中国高等职业技术教育研究会科研项目优秀成果
现代服务领域技能型人才培养模式创新规划教材

联系人：杨谷　　联系电话：010-82562819/20/21/22转222　　电子邮箱：yg@wsbookshow.com